国家出版基金项目
NATIONAL PUBLICATION FOUNDATION

陝西碑刻文獻萃編

明清卷（下）

吴敏霞等 編著

中華書局

本册目録

728.1746　三神祠記

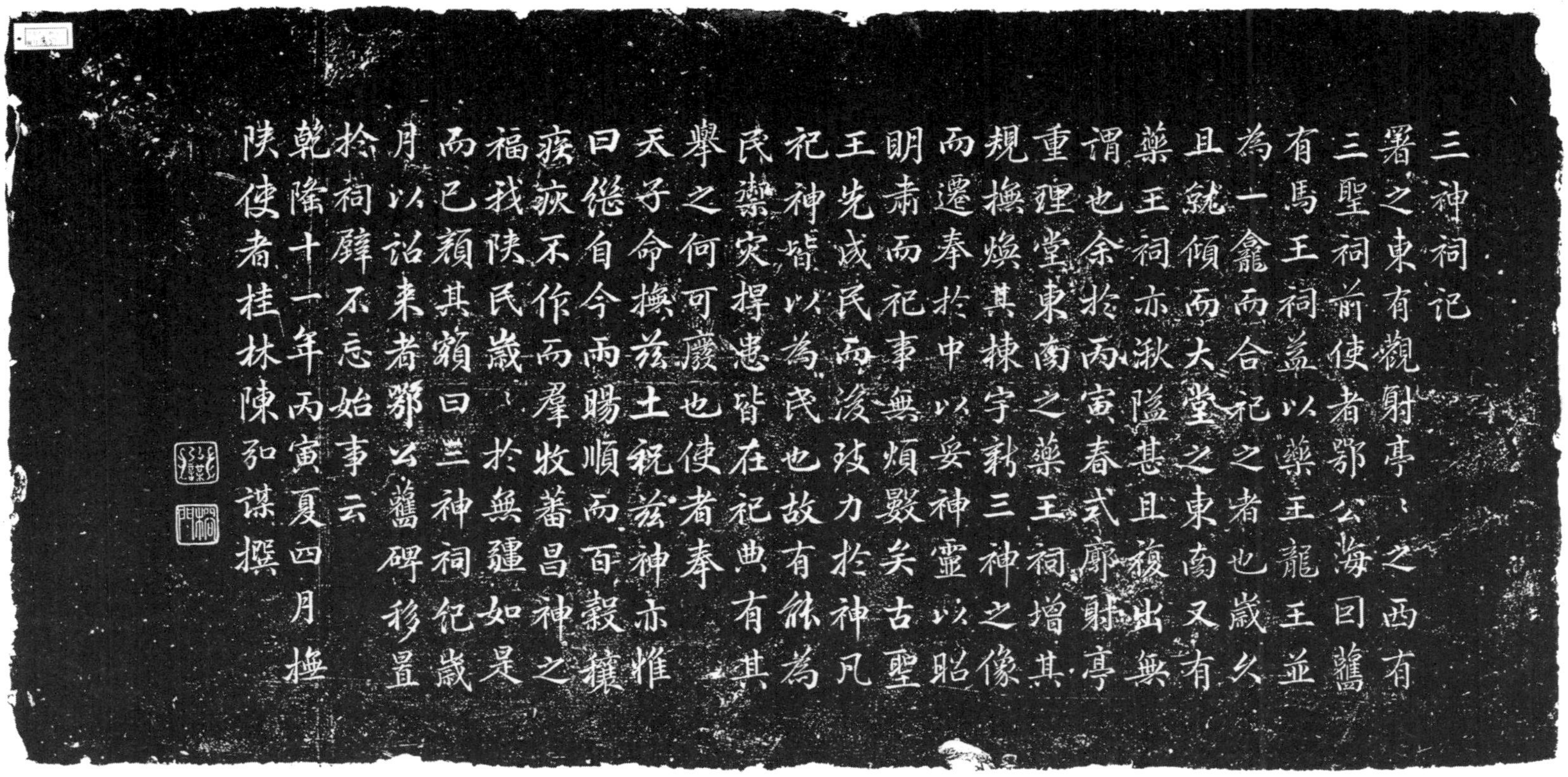

説 明

清乾隆十一年（1746）四月刻。碑長方形。長86厘米，寬43厘米。正文楷書25行，滿行11字。陳弘謀撰文。文後鈐有“弘謀”及“榕門”兩印。原在咸寧縣巡撫署。現存西安博物院。

釋 文

三神祠記」

署之東有觀射亭，亭之西有」三聖祠。前使者鄂公海因舊」有馬王祠，益以藥王、龍王並」爲一龕，而合祀之者也。歲久」且就傾，而大堂之東南又有」藥王祠亦湫隘甚，且複出無」謂也。余於丙寅春式廓射亭」，重理堂東南之藥王祠，增其」規撫，焕其棟宇，新三神之像」，而遷奉於中，以妥神靈，以昭」明肅，而祀事無煩數矣。古聖」王先成民而後致力於神，凡」祀神皆以爲民也。故有能爲」民禦災捍患，皆在祀典，有其」舉之何可廢也。使者奉」天子命，撫兹土，祝兹神，亦惟」曰繼，自今兩暘順而百穀穰」，疾疢不作，而群牧蕃昌，神之」福我陝民歲歲於無疆，如是」而已。顏其額曰“三神祠”，紀歲」月以詔来者。鄂公舊碑移置」於祠壁，不忘始事云」。

乾隆十一年丙寅夏四月

撫」陝使者桂林陳弘謀撰」

按

撰者陳弘謀，字汝咨，號榕門。臨桂人。雍正元年（1723）進士，選庶常，改吏部文選司郎中，遷監察御史。巡撫陝西者四，巡撫湖南、江蘇者二，巡撫甘肅、江西、河南、福建者一，總督兩廣、兩湖者一。乾隆二十八年（1763）遷兵部尚書，調吏部尚書，加太子太保、經筵講官，再授東閣大學士，仍兼工部尚書。乾隆三十六年（1771）卒，年七十七。謚文恭。主要著述有《培遠堂文集》《五種遺規》《陳榕門先生遺書》等。

729.1755　平定準噶爾告成太學碑

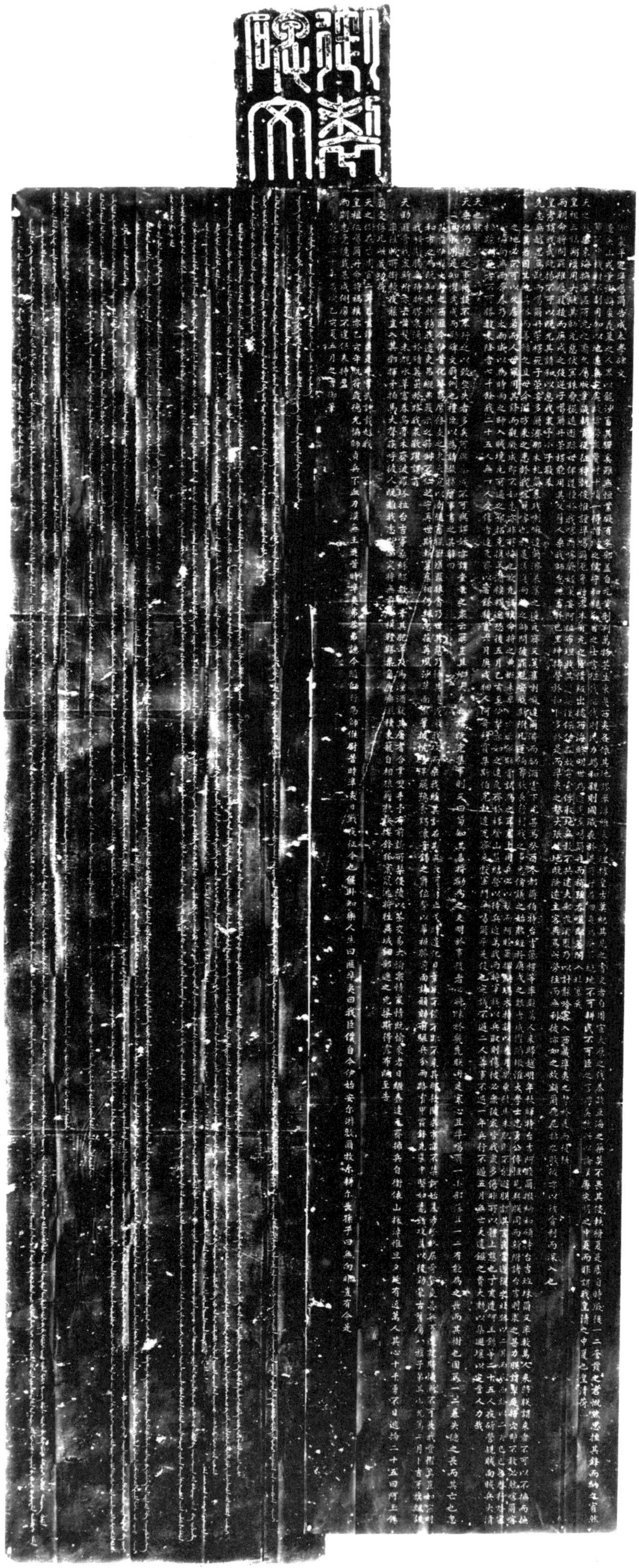

説 明

清乾隆二十年（1755）五月刻。碑螭首方座。通高559厘米，寬172厘米。額文2行，滿行2字，篆書“御製」碑文」”。正文分左右兩部分，右爲漢文，左爲滿文。漢文楷書25行，滿行108字。現存西安碑林博物館。《西安碑林全集》著録。

釋 文

御製平定準噶爾告成太學碑文」

遼矣山戎，薰粥旃裘，毳幕之人，界以龍沙，畜其騨奚，雖無恒業，厥有分部。蓋自元黄剖判，萬物芸生。東夷、西夷，各依其地。謬舉淳維，未爲理據。皇古莫紀，其見之書史者，自周宣太原之伐，秦政亘海之築，莫不畏其侵軼，猾夏是虞。自時厥後，一二奮發之君，慨然思挫其鋒，而納之宥。然」事不中機，材不副用，加以地遠無定處，故嘗勞衆費財，十損一得。搢紳之儒守和親，介胄之士言征伐，征伐則民力竭，和親則國威喪。於是有“守在四夷，羈縻不絶，地不可耕，民不可臣”之言興矣。然此以論漢、唐、宋、明之中夏，而非謂我皇清之中夏也。皇清荷」天之寵，興東海，撫華區。有元之裔，久屬版章，歲朝貢，從征狩，執役惟謹。準噶爾、厄魯特者，本有元之臣僕，叛出據西海，終明世爲邊患。至噶爾丹而稍强，吞噬鄰蕃，闌入北塞。我」皇祖三臨朔漠，用大破其師。元惡伏冥誅，脅從遠遁迹。毋俾遺種於我喀爾喀，厥姪策妄阿拉布坦，收其遺孽，僅保伊犁。故嘗索俘取地，無敢不共。逮夫部落滋聚，乃以計襲哈密，入西藏。準夷之勢，於是而復張」。兩朝命將問罪，雖屢獲捷，而庚戌之役，逆子噶爾丹策楞能用其父舊人，乘我師怠，掠畜於巴里坤，擣營於和卜多，於是而準夷之勢大張。然地既險遠，主客異焉。此勞往而無利，彼亦如之。故額爾德尼招之敗彼，亦以彼貪利而深入也」。皇考謂我武既揚，不可以既，允其請和，以息我衆，予小子敬奉」先志，無越思焉。既而噶爾丹策楞死，子策妄多爾濟那木札爾暴殘，喇嘛達爾濟篡奪之。達瓦齊又篡奪喇嘛達爾濟，而酗酒虐下尤甚焉。癸酉冬，都爾伯特台吉策楞等率數萬人來歸。越明年秋，輝特台吉阿睦爾撒納、和碩特台吉班珠爾又率數萬人來歸。朕謂來者不可以不撫，而撫」之莫若因其地其俗而善循之，且毋令滋方來之患於我喀爾喀也。於是議進兩路之師，問彼罪魁，安我新附，凡運餉籌馱長行利戰之事，悉備議之。始熟經於庚戌之艱者，咸懼蹈轍，唯大學士忠勇公傅恒見與朕同。而新附諸台吉，則求之甚力。朕謂犁庭掃穴，即不敢必。然喀爾喀」之地，必不可以久居，若而人毋寧用其鋒而觀厥成。即不如志，亦非所悔也。故凡禡旗命將之典，概未舉行。亦云偏師嘗試爲之耳。塞上用兵必以秋，而阿睦爾撒納、瑪木特請以春月，欲乘彼馬未肥，則不能遁。朕謂其言良當，遂從之。北路以二月丙辰，西路以二月己巳，各啓行。哈密」瀚海向無雨，今春乃大雨，咸以爲時雨之師。入賊境，凡所過之鄂拓克，攜羊、酒、糗糒迎恐後。五月乙亥，至伊犁，亦如之。達瓦齊於格登山麓結營以待，兵近萬。我兩將軍議以兵取，則傷彼必衆。彼衆皆我衆，多傷，非所以體上慈也。丁亥，遣阿玉錫等二十五人夜斫營，覘賊向。賊兵大潰」，相蹂躪死者不可勝數，來降者七千餘。我二十五人，無一人受傷者。達瓦齊以百餘騎竄。六月庚戌，回人阿奇穆霍集斯伯克執達瓦齊來獻軍門，準噶爾平。是役也，定議不過二人，籌事不過一年，兵行不過五月，無亡矢遺鏃之費，大勳以集，遐壤以定，豈人力哉」？天也。然」天垂佑而授之事機，設不奉行之，以致坐失者多矣。可與樂成，不可與謀始，亦謂蚩蚩之衆云爾，豈其卿大夫之謂。既克集事，則又曰：苟知其易，將勸爲之。夫明於事後者，必將昧於幾先，朕用是寒心。且準噶爾一小部落耳，一二有能爲之長，而其樹也固焉；一二暴失德之長，而其亡也忽」焉，朕用是知懼。武成而勒碑文廟，例也。禮臣以爲請，故據實事書之。其辭曰」：

茫茫伊犁，大乾之西。匪今伊昔，化外羈縻。條支之東，大宛以南。隨畜獵獸，蟻聚狼貪。乃世其惡，乃恃其遠。或激我攻，而乘我緩。其計在斯，其長可窮。止戈靖邊，化日薰風。不侵不距，不來其那。款關求市，亦不禁訶。始慕希珍，終居奇貨。吏喜無事，遷就斯惰。漸不可長，我豈懼其。豈如宋明」，和市之爲。既知其然，飭我邊吏。弗縱弗嚴，示之節制。不仁之守，再世斯斬。篡奪相仍，飄忽荏苒。風沙革面，煎鞏披忱。集泮飛鴞，食黮懷音。錫之爵位，榮以華裾。膝前面請，願效前驅。分兵兩路，雪甲霜鋒。先導中堅，如晁錯攻。益以後勁，蒙古舊屬。八旗子弟，其心允篤。二月卜吉，牙旗飄颻」。我騎斯騰，無待折膠。泉涌於磧，蕪茁於路。我衆歡躍，謂有」天助。匪啻我衆，新附亦云。黃髮未睹，水草富春。烏魯木齊，波羅塔拉。台吉宰桑，紛紛款納。牽其肥羊，及馬湩酒。獻其屠耆，合掌雙手。予有前諭，所禁侵陵。以茶交易，大愉衆情。衆情既愉，來者日繼。蠢達瓦齊，擁兵自衛。依山據淖，惟旦夕延。有近萬人，其心十千。勇不日逃，掄二十五。曰阿玉錫」，率往賊所。銜枚夜襲，直入其郛。揮矛拍馬，大聲疾呼。彼人既離，我志斯合。突將無前，縱横鞬韇。案角鹿埵，隴種東籠。自相狼籍，孰敢攖鋒。狐竄鼠逃，將往異域。回部遮之，凶渠斯得。露布既至，告」廟受俘。凡此蕆功，荷」天之衢。在古周宣，二年乙亥。淮夷是平，常武詩載。越我」皇祖，征噶爾丹。命將禡旗，亦乙亥年。既符歲德，允協師貞。兵不血刃，漠無王庭。昔時準夷，弗恭弗謓。今隨師行，爲師候尉。昔時準夷，日戰夜征。今也偃卧，知樂人生。曰匪準夷，曰我臣僕。自今伊始，安尔游牧。尔牧尔耕，尔長孫子。曰無向非，豈有今是」。兩朝志竟，億載基成。側席不遑，保泰持盈」。

乾隆二十年歲次乙亥夏五月之吉御筆」

730.1755　分撥定界碑

撥定界碑

南安昌村界内夫撥無粮地及銀粮攤粮地共壹百陸拾捌項
叁拾貳畝捌分貳厘捌毫
西畔官路東下尺處自北往南澗壹千叁百伍拾肆步貳尺
上頂護崖荒鹻地
北畔自官路東下尺處起至黄河邊西長叁千肆百壹拾壹
步鄰北安昌辛庄禹王廟道
南畔自官路東下尺處起至東長玖百叁拾壹步即折往南
斜澗貳[illegible]壹拾叁步又自西至東斜長貳百叁拾貳步俱
降下魯村隨轉遶北澗壹百叁拾貳步遶東斜長捌百肆
拾貳步再折往南澗陸拾步俱鄰鄭家庄仍自西至東斜
長壹千貳百捌拾伍步鄰北八王庄通衢古路
東畔北半節自北往南澗肆百捌拾捌步貳尺伍寸至黄河
南半節自北往南澗肆百捌拾捌步貳尺伍寸至許村
外有官路西老崖下地北畔自下尺處起西至墩臺長叁步
又自墩臺至老崖長貳百玖拾柒步南畔自下尺處起西
至老崖墩臺長貳百叁拾叁步
乾隆貳拾年陸月　吉日立

説 明

清乾隆二十年（1755）六月刻。碑圓首。通高111厘米，寬50厘米。額文竪書1行，楷書“分撥定界碑”。正文楷書17行，滿行22字。額文兩側飾鳥雲紋，碑身四周飾纏枝花紋。現存大荔縣步昌鄉南灣學校。《大荔碑刻》著録。

釋 文

南安昌村界内丈撥無粮地及銀粮灘粮地，共壹百陸拾捌頃」叁拾貳畝捌分貳厘捌毫」。

西畔官路東下尺處，自北往南闊壹千叁百伍拾肆步貳尺」，上頂護岸荒鹻地」。

北畔自官路東下尺處起，至黄河東西長叁千肆百壹拾壹」步，鄰北安昌、孟辛莊、禹王廟道」。

南畔自官路東下尺處起，至東長玖百叁拾壹步，即折往南」斜闊貳百壹拾叁步，又自西至東斜長貳百叁拾貳步，俱」鄰下魯村。隨轉遇北闊壹百叁拾貳步，迤東斜長捌百肆」拾貳步，再折往南闊陸拾步，俱鄰鄭家莊。仍自西至東斜」長壹千貳百捌拾伍步，鄰北八里莊，通衢古路」。

東畔北半節自北往南闊肆百捌拾捌步貳尺伍寸，至黄河」。南半節自北往南闊肆百捌拾捌步貳尺伍寸，至許村」。

外有官路西老崖下地，北畔自下尺處起，西至墩臺長叁步」，又自墩臺至老崖長貳百玖拾柒步。南畔自下尺處起，西」至老崖墩臺長貳百叁拾叁步」。

乾隆貳拾年陸月吉日立」

731.1759　華山記

華山記

余髮未燥時即慕秦中有太華者高五千仞險峻奇絶欲登覽之有志未逮迄今髦矣寓長安十年始克躬親其勝爰為之記歲乾隆乙亥之冬十月既望因公陪黄中堂於華陰由城南八里許至雲臺觀過小犢抵玉泉院拜陳圖南卧像進谷口則乘肩輿緣澗東西行兩壁間細石中約五里許有巨石塞谷口開一門為第一關自此深入兩壁可三里東壁遥見希夷峽有遺蜕明嘉靖末姚直指殯於祠内其南東峰上為唐金仙公主脩道處又南二里許為婆羅坪又南約三里至第二關自關以上有峻阪二十餘折約三四里阪窮則青柯坪也俯計山麓已二十里之上矣坪之西為壯斗坪東為雲臺峰南為蓮花峰之北址仰視皆在天際遊者過寥陽洞抵迴心石未有不胆落者葢千尺幢為升嶽門户非鐵絙不為功也幢高百餘尋陡峻直上坎級僅容足趾入自其壁中行賈勇而上歇通天門下百餘武復有百尺峽者險亦如之但差縮耳再度二僊橋猢猻愁車箱谷上老君犂溝視千尺幢之險不相逕庭過此則嶺脊矣嶺北為雲臺第一門可三里許為雲臺峰由嶺矚目良長諸峰羅其東毛女諸峯環其西爛炬諸峰撁於北争高競秀仰視□峰猶若兒孫之邇高曾也自雲臺峰南向復出第二門過千人砭由日月巖轉金天洞三元洞至閣王□南望乃見僊人掌在東峰下至此南巘窮行嶺脊上南度升岳御道遠望三峯隱若天塹不可以階幸有蒼龍嶺自東垂下濶不盈二尺或一尺行人飛度南過將軍樹又南過宗土祠仙掌在其東北隅由宗土祠循玉女峯西南至細辛坪實南峰之肩臂北有朝陽洞洞旁分二谿一自細辛坪北去直界山嶺為二道其東則東峰及玉女峯西則南峰一自玉井東去抵玉女峰下與南谿合中有二十八宿潭為瀑布飛流遊客至細辛坪東過太極東玄門崖循南下有小峰即衛𡛼卿園棋處循西北登蓮花峯有巨靈足跡及神香子斧劈石又循嶺南下望南峯聳立雲中其峰大小凡五而南峰獨高上有仰天黒龍等池下瞰東西峰若肩之戴頭顱葢□西峰兒孫雲臺諸峰南峯又兒孫東西峰也由峯頂東南下為避詔岩又下為賀老避静處險難殫述循西北至西峰有捨身崖天羅地網其外為仙油損二十一日午右仍由蒼龍嶺下青柯坪所謂五千仞者非親歷之安能瞭如指諸掌哉前之記者有王履李攀龍許孚遠范守已等或失則煩或失則簡且有顛倒錯訛者余謹記之以公同好

乾隆二十四年歲次己卯仲春錢江鄭□□□氏

説明

清乾隆二十四年（1759）二月刻。碑圓首。高151厘米，寬58厘米。額文楷書“皇清”二字。正文楷書18行，滿行52字。易大鶴撰文，鄭炳書丹。現存西安碑林博物館。《華山碑石》《西安碑林全集》著録。

釋文

華山記」

三楚遊士易大鶴鳴九氏撰」

余髮未燥時，即慕秦中有太華者，高五千仞，險峻奇絶，欲登覽之。有志未逮，迄今髦矣。寓長安十年，始克躬親其勝，爰爲之記曰：乾隆乙」亥之冬十月既望，因公陪黄中堂於華陰，由城南八里許至雲臺觀，過小瀆，抵玉泉院，拜陳圖南卧像。進谷口，則乘肩輿，緣澔東西行兩」壁間細石中。約五里許，有巨石塞谷口，開一門，爲第一關。自此深入兩壁可三里，東壁遥見希夷峽，有遺蜕。明嘉靖末，姚直指殯於祠内」。其南東峰上爲唐金仙公主修道處。又南二里許爲婆羅坪。又南約三里，至第二關。自關以上，有峻阪二十餘折，約三四里。阪窮，則青柯」坪也。俯計山麓，已二十里之上矣。坪之西爲北斗坪，東爲雲臺峰，南爲蓮花峰之北址，仰視皆在天際。游者過寥陽洞，抵迴心石，未有不」胆落者。蓋千尺幢爲升嶽門户，非鐵絙不爲功也。幢高百餘尋，陡峻直上，坎級僅容足趾，人自其壁中行，賈勇而上，歘通天門。下百餘武」，復有百尺峽者，險亦如之，但差縮耳。再度二僊橋、猢猻愁、車箱谷，上老君犁溝，視千尺幢之險，不相逕庭。過此則嶺脊矣。嶺北爲雲臺第」一門，可三里許爲雲臺峰。四顧矚目，良長諸峰羅其東，毛女諸峰環其西，蠟炬諸峰揖於北，争高競秀。仰視三峰，猶若兒孫之遡高曾也」。自雲臺峰南向，復出第一門，過千人砭，由日月巖轉金天洞、三元洞，至閻王砭。南望乃見僊人掌在東峰下。至此，南巖窮。行嶺脊上，南度」升岳御道。遠望三峰，隱若天塹，不可以階。幸有蒼龍嶺自東垂下，闊不盈二尺或一尺，行人飛度。南過將軍樹，又南過宗土祠，仙掌在其」東北隅。由宗土祠循玉女峰，西南至細辛坪，實南峰之肩臂。北有朝陽洞，洞旁分二谿：一自細辛坪北去，直界山嶺爲二道，其東則東峰」及玉女峰，西則南峰；一自玉井東去，抵玉女峰下，與南谿合，中有二十八宿潭，爲瀑布飛流。遊客至細辛坪，東過太極東玄門崖頭，南下」有小峰，即衛叔卿圍棋處。循西北登蓮花峰，有巨靈足迹及神香子斧劈石足。循嶺南下，望南峰聳立雲中，其峰大小凡五，而南峰獨高」，上有仰天、黑龍等池。下瞰東西峰，若肩之戴頭顱。盖東西峰兒孫雲臺諸峰，南峰又兒孫東西峰也。由峰頂東南下，爲避詔岩，又下爲賀」老避静處，險難殫述。循西北至西峰，有捨身崖，天羅地網。其外爲仙油損。二十一日午右，仍由蒼龍嶺下青柯坪。所謂五千仞者，非親歷」之，安能瞭如指諸掌哉？前之記者，有王履、李攀龍、許孚遠、范守己等。或失則煩，或失則簡，且有顛倒錯訛者。余謹記之，以公同好」。

乾隆二十四年歲次己卯仲春

錢江鄭炳虎文氏書」

732.1759　重修龍門學署記

重脩龍門學署記

余自癸酉来司韓鐸見學舍傾圮謀所以脩葺之而力有未逮丙子秋霪雨數日尊經閣淌塌余亟思倡議重新維時邑有南橋西路諸工費逾二萬有奇雖學宮為教化之地苟倡其議人當無裹足不前者而工費浩繁一時欲助恐未能共襄其事乃商之同僚謀之紳士人情咸踴躍爭先兩年以来自櫺星門以及尊經閣盖將次重新矣曰有言於余者曰今大工既舉而學舍數椽不足以蔽風雨是亦韓人士之羞也余方以講學之任自慙未能豈敢兢兢以安居為念而諸紳士復慨然解囊前後二十餘人約醵銀四十餘两於是後室之隨者盖之大堂之傾者葺之劉薛吴申諸庠士又取脩學宮之贏建治事房三楹於堂之東偏學署於今亦稱完繕焉余以是見韓之人心風俗獨為醇厚而茲舉雖細正未可忘也因綴數言以志其姓氏且將以升堂而自勵云

捐銀紳士　貢生劉東位　國學魏經魁
武舉雷同天　貢生胡增昌　國學張宏澤以上各五兩　薛吞萬以上各二兩
國學馮士惇　庠士薛宗彥　楊清泉以上各二兩　庠士薛汝源　孫志仁以上各二錢五分　一兩
庠士趙璧　薛帥君　薛錫琦　賈應瑞　吉友德　樊大章　黄寉
晉重華　石溪一　張永燦　樊磬賢　馮錦　雷順天以上各一兩
監修學宮庠士　吴姬英　劉紹向　薛繩烈　申厥智

乾隆二十四年九月上浣闕南黄元春撰

邑貢生王杰書

説明

清乾隆二十四年（1759）九月刻。碑長方形。長82厘米，寬56厘米。正文楷書25行，滿行18字。黄元春撰文，王杰書丹。現存韓城市博物館。

釋文

重修龍門學署記」

余自癸酉来司韓鐸，見學舍傾圮，謀所以修葺」之，而力有未遑。丙子秋，霪雨數日，尊經閣湔塌」。余亟思倡議重新，維時邑有南橋西路諸工，費」逾二萬有奇，雖學宫爲教化之地，苟倡其議，人」當無裹足不前者。而工費浩繁，一時佽助恐未」能共襄其事。乃商之同僚，謀之紳士，人情咸踴」躍争先。两年以来，自欞星門以及尊經閣，盖将」次重新矣。因有言於余者曰：今大工既舉，而學」舍數椽不足以蔽風雨，是亦韓人士之羞也。余」方以講學之任自慚未能，豈敢兢兢以安居爲」念。而諸紳士復慨然解囊，前後二十餘人，約醵」銀四十餘两。於是後室之陋者盖之，大堂之傾」者整之。劉、薛、吴、申諸庠士又取修學宫之羸，建」治事房三楹於堂之東偏，學署於今亦稱完繕」焉。余以是見韓之人心風俗獨爲醇厚，而兹舉」雖細，正未可忘也。因綴數言以志其姓氏，且将」以升堂而自勵云。

捐銀紳士：

貢生劉秉仁、國學魏經魁」、武舉雷同天、貢生胡增昌、國學張宏澤，以上各五两。國學田全明、薛養萬，以上各三两」。國學馮士惇、庠生薛宗弟、楊清泉，以上各二两。庠士薛汝源、孫志仁，以上各一两二錢五分」。庠士趙璧、薛輔君、薛錫玠、賈應瑞、吉友德、樊大章、黄雀翼」、晋重華、石漢一、張永燦、樊啓賢、馮錦、雷順天，以上各一两」。

監修學宫庠士：

吴姬英、劉紹向、薛繩烈、申厥智」

乾隆二十四年九月上浣

關南黄元春撰」

邑貢生王杰書」

按

書者王杰，字偉人，號惺園、葆淳、畏堂，陝西韓城人。乾隆二十六年（1761）一甲第一名進士。歷官修撰、浙江學使、侍讀學士、禮部侍郎、吏部侍郎、兵部尚書、東閣大學士，入直軍機。卒謚文端。所著有《葆淳閣集》《惺園易説》等。《清史稿》有傳。

733.1760　方啓昇墓碑

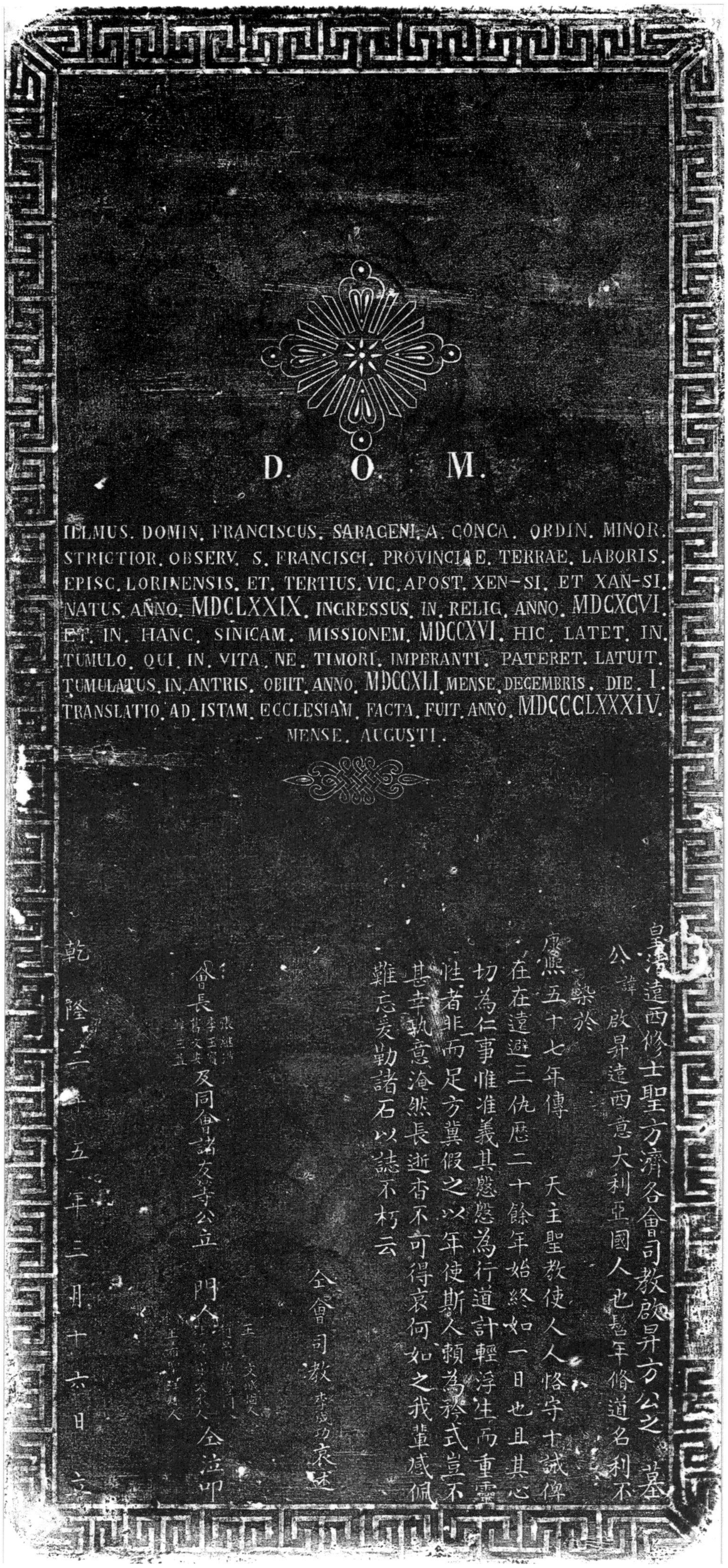
D. O. M.

ILLMUS. DOMIN. FRANCISCUS. SARAGENI. A. CONCA. ORDIN. MINOR. STRICTIOR. OBSERV. S. FRANCISCI. PROVINCIAE. TERRAE. LABORIS. EPISC. LORINENSIS. ET. TERTIUS. VIC. APOST. XEN-SI. ET XAN-SI. NATUS. ANNO. MDCLXXIX. INGRESSUS. IN. RELIG. ANNO. MDCXCVI. ET. IN. HANC. SINICAM. MISSIONEM. MDCCXVI. HIC. LATET. IN. TUMULO. QUI. IN. VITA. NE. TIMORI. IMPERANTI. PATERET. LATUIT. TUMULATUS. IN. ANTRIS. OBIIT. ANNO. MDCCXLI. MENSE. DECEMBRIS. DIE. I. TRANSLATIO. AD. ISTAM. ECCLESIAM. FACTA. FUIT. ANNO. MDCCCLXXXIV. MENSE. AUGUSTI.

皇清遠西修士聖方濟各會司教啟昇方公之墓

公諱啟昇遠西意大利亞國人也髫年修道名利不染於

康熙五十七年傳　天主聖教使人人恪守十誡俾在在遠避三仇歷二十餘年始終如一日也且其心切為仁事惟准義其懇懇為行道計輕浮生而重靈性者非一而足方冀假之以年使斯人賴為矜式豈不甚幸孰意淹然長逝杳不可得哀何如之我輩感佩難忘爰勒諸石以誌不朽云

全會司教李成功哀述

門人[illegible]全泣叩

會長[illegible]及同會諸友等公立

乾隆二十五年三月十六日立

説 明

清乾隆二十五年（1760）三月刻。碑高126厘米，寬56厘米。正文分上下兩段，上段横排拉丁文，其上方鎸天主聖號；下段竪書楷體漢字12行，滿行20字。李成功撰文。碑四周飾幾何圖案。現存西安市高陵區通遠坊天主教堂。《高陵碑石》著録。

釋 文

皇清遠西修士聖方濟各會司教啓昇方公之墓」

公諱啓昇，遠西意大利亞國人也。髫年修道，名利不」染。於」康熙五十七年傳天主聖教，使人人恪守十誡，俾」在在遠避三仇。歷二十餘年，始終如一日也。且其心」切爲仁，事惟准義，其慇慇爲行道計，輕浮生而重靈」性者，非一而足。方冀假之以年，使斯人賴爲矜式，豈不」甚幸。孰意淹然長逝，杳不可得，哀何如之。我輩感佩」難忘，爰勒諸石，以誌不朽云」。

仝會司教李成功哀述」

會長張繼漢、李玉寶、葛文安、韓三益及同會諸友等公立

門人：王文，城固人；趙崇德，潼關人；杜興智，文水人；德鐸王希聖，洋縣人，仝泣叩」

乾隆二十五年三月十六日立」

按

方啓昇，義大利人，爲第一位到通遠坊傳教的外籍主教，康熙五十年（1711）就任陝西教區第三任主教，在通遠坊購置荒地，建成聖堂七間。是碑精雕細刻，融漢文與古羅馬拉丁文於一體，對研究中西文化交流史具有較高的史料價值。

734.1761　重建軒轅廟記

説明

清乾隆二十六年（1761）十一月刻。碑砂石質。高192厘米，寬83厘米。正文楷書22行，滿行57字。高麟勳撰文。碑四周邊飾波浪紋。現存黄帝陵軒轅廟碑廊。《黄帝陵碑刻》著録。

釋文

重建軒轅廟記」

今上以古帝王之治治天下，岳貢川靈，發祥献瑞。官勤於職，民篤其順。殊方異域，莫不晏然稱至治。歲舉郊祀外，凡國有大慶，概政典之可昭告者，莫不特」遣卿貳走玉帛牲祝以将虔事。廟貌之弗整弗飭，則責歸封疆之官厥土者。吾鄜州所轄中部縣，古坊州地」，軒轅黄帝陵廟在其封内。余奉」天子命，來牧是邦，謁」帝陵廟畢，瞻仰榱題，周視垣墉，多朽落頽圮者，遂概（慨）然動修葺志。歷閲古碣記，知」帝廟創自漢代，唐大曆中置城北橋山之西麓，宋開寶間移今所。元、明以還，代經補綴。我」朝定鼎後」，聖祖朝重修」，憲廟時，鄜牧李公如沆再修，盖新之者屡矣。今而弗舉，奚以潔明禋肅祀事耶？謀諸前令王，不果行。再謀諸今縣大夫鞏侯，鞏侯躬其勞，倩余請于各大憲，各」大憲爲請於朝，可其事。余遂俾鞏侯以今年夏採木於山，取水於淵。羅匠氏于他邦，範金合土，以冶以陶，以椓以築，以繩以直，以斲以甍，以黝以堊」，以繪以朱。其坍者、缺者、蝕剥者，裂而張、隙而滲者，湫不可足者，凹凸而失平者，横斜偏曲不如法者，莫不一一舉而新之。是役也，經始于秋七月之望」日，報竣于冬十月之廿有一日。于」帝所居正殿易其鴟尾，更其瓴甋，琉璃璵璠，分道一色。其間爲碑亭三楹，爲更衣亭三楹。爲大照墻一，衡三丈有奇，高半之。爲左右翼墻各一，長各六丈。照」墻外爲石防，十有一丈，如其長之数，而作磚欄以衛之。爲宫墻一百六十丈有奇，庇之以木，脊其巔以瓻之。門内外暨碑亭南北作中甬道三十餘丈」，緣之以石，如其長之数而两之。事皆似因其功，實倍于創。廟内外共靡金錢九十餘萬有奇，工夫二千八百有奇。費取諸公，無擾民。于是玉殿瓊臺，紺」壁紅墻，與古柏虬影，煙嵐翠巘，掩映差参。而上下前後左右四旁，遂莫不炳炳然新光焕發矣。今年十有一月，恭逢」皇太后七十萬壽，普天率土，莫不同慶。來歲之春，必將大祀于群后岳瀆。或者玉帛牲祝，不辱虔事，且以慰我」皇上法古則先之思，以盡下執事之大分。余且新膺」簡擢，將有荆南之行，庶區區之心，不留遺憾歟！鞏侯諱敬緒，甘肅當亭人，戊午舉于鄉，嘗屡篆中州，能其官，授今職，其肩事罔不實，例并記之」。

乾隆二十六年十有一月日」

誥授中憲大夫湖廣荆州府知府前知直隸鄜州事加三級又軍功加一級長白高麟勳謹撰

中部縣知縣鞏敬緒督修」

按

碑述清朝對軒轅廟歷次維修，次述此次重修經過。據史籍和碑刻記載，有清一代對軒轅廟的整修達十餘次。此次重修主事官員：鄜州知州高麟勳，字遜功，鑲黄旗漢軍高炯佐領下蔭生，乾隆二十三年六月由安徽和州知州調任陝西鄜州知州。中部縣知縣鞏敬緒，字理齋，號北園，甘肅鞏昌府伏羌縣舉人。歷任河南林縣、封邱和桐柏、陝西中部等縣知縣。

735.1763　興樂堡東渠堡分水碑

説 明

清乾隆二十八年（1763）七月刻。碑圓首。高150厘米，寬56厘米。額文楷書“皇清”二字。正文楷書21行，滿行67字。額文兩側飾獅舞繡球圖案，碑四周飾蔓草紋。現存華陰市興樂坊。《華山碑石》著録。

釋 文

同州府華陰縣正堂加三級湯，爲遵憲勒石，照號輪流，以均水利以垂永久事，案蒙同州府正堂加五級紀録六次又軍功加一級隨帶李，轉奉」分守潼商兵備兼管水利道加三級紀録四次屠，詳據本縣東渠堡民潘必明、樊繼鳳、鮑居清等，在於」撫憲轅門呈控興樂堡民張朋等私建假碑霸水一案，緣興樂堡民所建碑記，原係康熙五十一年間，西與太和堡民争大敷峪之水、東與竹峪堡民争竹峪渠之水，經前縣簡判断」明白，衆議立碑，以垂永久，並非興樂堡民私立，以便與東渠堡共争此水也。衹以碑文内序断竹峪、太和之外，亦有“大敷峪之水，分爲六號，每號一日夜，周而復始”數語，實爲東」、興兩堡用水之憑。則今兩堡争論，固不得不援此碑文以断两造争水之曲直矣。乾隆二十七年閏五月内，正值需水灌地之時，輪至興樂堡放水，而東渠堡民恃在上流，私行」刨水，以致下流水微。經興樂堡民雷歡、張三兒等往上查，知史天直私刨。两相角鬬，張三兒毆傷史天直，控縣訊明，均有不合，各予□懲，所争水渠諭俟秋後親勘。詎東渠堡民」潘必明等不俟勘断，輒赴撫憲轅門呈控。奉批道憲查報，轉行下縣。經前縣顧親詣查驗情形，丈量地畝，碑係東渠、興樂同建，議定六號分水。原□□公並因東渠堡據」在上游，請於需水之時，許令該堡首先放水一日夜，以下五號拈鬮輪灌等情，由本府轉詳。而東、興兩堡潘必明、張朋等，又赴道憲轅門互相具控。復飭□再行勘查。經本」縣查明：東渠地畝實止四頃九十四畝八分，即以成數作五頃而論，興樂堡共地二十七頃一十八畝四分零，固已五倍東渠之地而尚有餘。今以原與太和□□敷峪應得七」分之水，作爲六號輪用，是東渠一段不及五頃之地，業已作爲十號，而興樂每段五頃有餘之地，亦止作爲五號。潘必明等□得尚謂不公。且以東、興二堡向與太和竹峪争水」控，經官断，東、興二堡公議，勒石以垂永久。經今五十餘年之碑，潘必明等何得謂爲私立？上年閏五月間，輪至興樂用水，而東渠私行刨挖，固已首先肇衅。今諭秋後勘断，輒敢」捏稱縣不究問，上控撫憲，刁誣尤属顯然。迨於奉批檄縣勘訊明白，建碑並非私事，分號久有由來，念其地近水頭，断令先使一日，而其誣控之罪，且爲祝網；詎又在於」道憲處控稱地畝丈量不清，分號强符私議，且稱竹峪、西渠俱係上足下用，必欲儘伊地畝灌足，而後放水下流。夫竹峪之水業經前縣簡断，令按日分用，現在遵照無異，並無」上足下用之説，則西渠之是否上足下用，固可無庸傳訊矣。迨批飭本縣一再親詣覆勘地畝，並無不符。而道憲又親詣該處驗明地畝，更属井井分明。詰其分水經歷多年」，何以忽思翻異？竪碑顯在廟門，何以謂爲匿在伊村？在樊繼鳳、鮑居清猶止語塞無詞，而潘必明則稱地在水頭，不應與下游之興樂一體分號，恃在撫憲聳准定思從新另」断，則其倚强逞刁，冥頑不靈，萬難寬貸。所應據實詳請，飭行嚴懲。其樊繼鳳、鮑居清念係随同附和，或應量予末减，以警虚妄而戒貪頑者也。至於議請需水之時，先聽東渠放」水一日，次輪興樂堡民分號拈鬮，然而遇旱方議，勢易起争，似應飭令每年無論需水與否，定以春分節起，東渠即先放水一晝夜，以後聽興樂堡一二三四五號輪灌，每六日」一周，直至霜降節止。以後放水長流，不必再行拘論。其有需水之時，敢於刨挖阻塞，凌亂號次，希圖霸占水利者，控官即便嚴拿，枷示渠旁，限滿，重杖以懲。並請將此断飭令勒」碑，以垂永久，等因奉道憲詳，蒙撫憲批允，飭遵在卷，合行勒碑示衆，各宜稟遵毋違。須至碑者」，官定西渠堡食水槽渠，計槽寬七寸，高三寸，以垂永久」。

又定水口只許頑石堆磊，不得灌沙鋪蓆，謹記石末」。

乾隆二十八年歲次癸未孟秋中浣之吉

奉憲諭興樂堡、東渠堡仝立」

按

如此碑刻在陝西境内多有，皆因利用自然形成之河水澆灌田地而産生糾紛，上訴至官府進行評判，官府根據查明事實作出裁决，最終形成文字以資憑證，并勒石存照。這或對今天的水利司法具有一定的借鑒作用。

736.1766　修學碑記

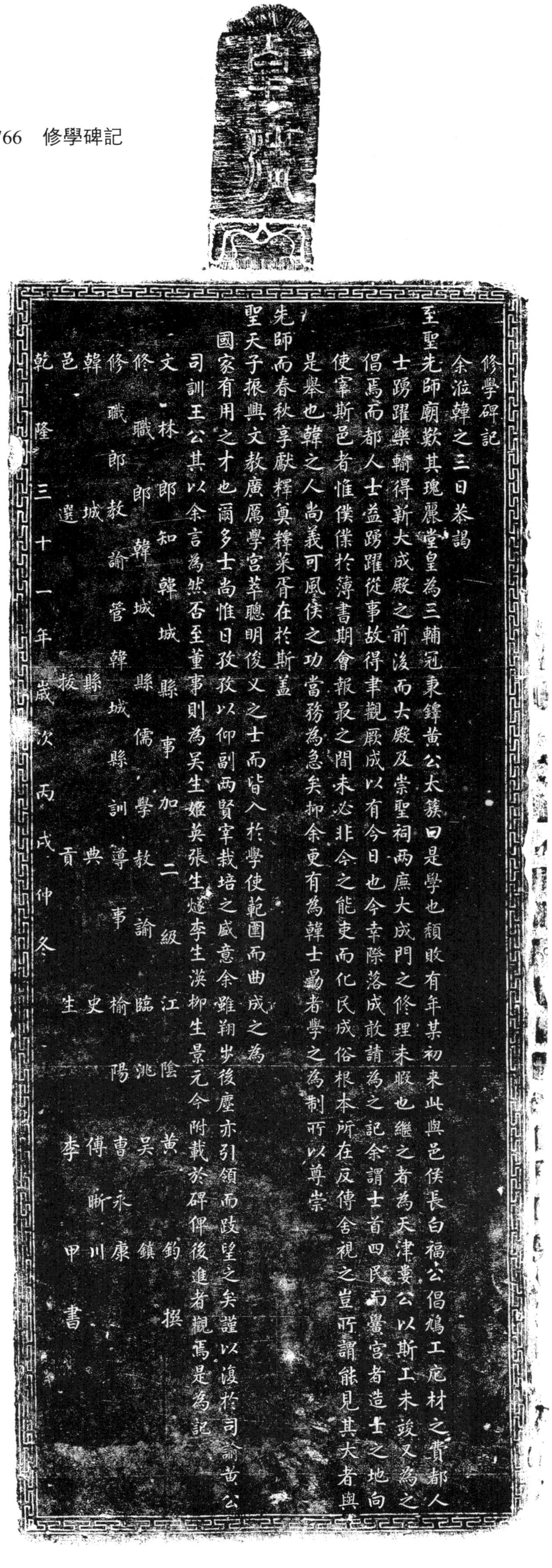

修學碑記

余涖韓之三日恭謁

至聖先師廟歎其瑰麗堂皇為三輔冠東鐸黃公太簇曰是學也頹敗有年某初来此與邑侯長白福公倡鳩工庀材之費都人士踴躍樂輸得新大成殿之前後而大殿及崇聖祠兩廡大成門之修理未暇也繼之者為天津婁公以斯工未竣又為之倡焉而都人士益踴躍從事故得聿觀厥成以有今日也今幸際落成敢請為之記余謂士首四民而黌宮者造士之地向使宰斯邑者惟僕僕於簿書期會報最之間未必非今之能吏而化民成俗根本所在反傳舍視之豈所謂能見其大者與是舉也韓之人尚義可風侯之功當務為急矣抑余更有為韓士勗者學之為制所以尊崇

先師而春秋享獻釋奠釋菜胥在於斯蓋

聖天子振興文教廣厲學宮萃聰明俊乂之士而皆入於學使範圍而曲成之為

國家有用之才也爾多士尚惟日孜孜以仰副兩賢宰栽培之盛意余雖翔步後塵亦引領而跂望之矣謹以復於司諭黃公司訓王公其以余言為然否至董事則為吳生姬英張生燧李生漢柳生景元今附載於碑俾後進者觀焉是為記

文林郎知韓城縣事加二級江陰黃釣撰

修職郎韓城縣儒學教諭臨洮吳鎮

修職郎教諭管韓城縣訓導事榆陽曹永康

韓城縣典史傅晰川

邑選拔貢生李甲書

乾隆三十一年歲次丙戌仲冬

説明

清乾隆三十一年（1766）十一月刻。碑螭首。通高310厘米，寬86厘米。額文篆書“皇清”二字。正文楷書17行，滿行47字。黄鈞撰文，李甲書丹。額文兩側飾二龍戲珠圖案，碑身四周飾幾何圖案。現存韓城市博物館。

釋文

修學碑記」

余莅韓之三日，恭謁」至聖先師廟，歎其瑰麗堂皇，爲三輔冠。秉鐸黄公太簇曰：是學也，頹敗有年。某初来此，與邑侯長白福公倡鳩工庀材之費，都人」士踴躍樂輸，得新大成殿之前後，而大殿及崇聖祠两廡、大成門之修理未暇也。繼之者爲天津婁公，以斯工未竣，又爲之」倡焉。而都人士益踴躍從事，故得聿觀厥成，以有今日也。今幸際落成，敢請爲之記。余謂：士首四民，而黌宫者，造士之地。向」使宰斯邑者惟僕僕於簿書期會報最之間，未必非今之能吏。而化民成俗，根本所在，反傳舍視之，豈所謂能見其大者與」。是舉也，韓之人尚義可風，侯之功當務爲急矣，抑余更有爲韓士勗者。學之爲制，所以尊崇」先師，而春秋享獻、釋奠、釋菜，胥在於斯。盖」聖天子振興文教，廣厲學宫，萃聰明俊乂之士而皆入於學，使範圍而曲成之，爲」國家有用之才也。爾多士尚惟日孜孜，以仰副两賢宰栽培之盛意。余雖翔步後塵，亦引領而跂望之矣。謹以復於司諭黄公」、司訓王公，其以余言爲然否。至董事則爲吴生姬英、張生燧、李生漢、柳生景元，今附載於碑，俾後進者觀焉。是爲記」。

文林郎知韓城縣事加二級江陰黄鈞撰」

修職郎韓城縣儒學教諭臨洮吴鎮」

修職郎教諭管韓城縣訓導事榆陽曹永康」

韓城縣典史傅晰川」

邑選拔貢生李甲書」

乾隆三十一年歲次丙戌仲冬」

按

碑所記乾隆年間韓城縣學在兩任知縣福通阿、婁杰倡議修理之後，焕然一新，“瑰麗堂皇，爲三輔冠”。反映了乾隆朝對學校修建及士人培養之重視，爲研究清代縣學提供了資料。

737.1768　重修草堂寺碑記

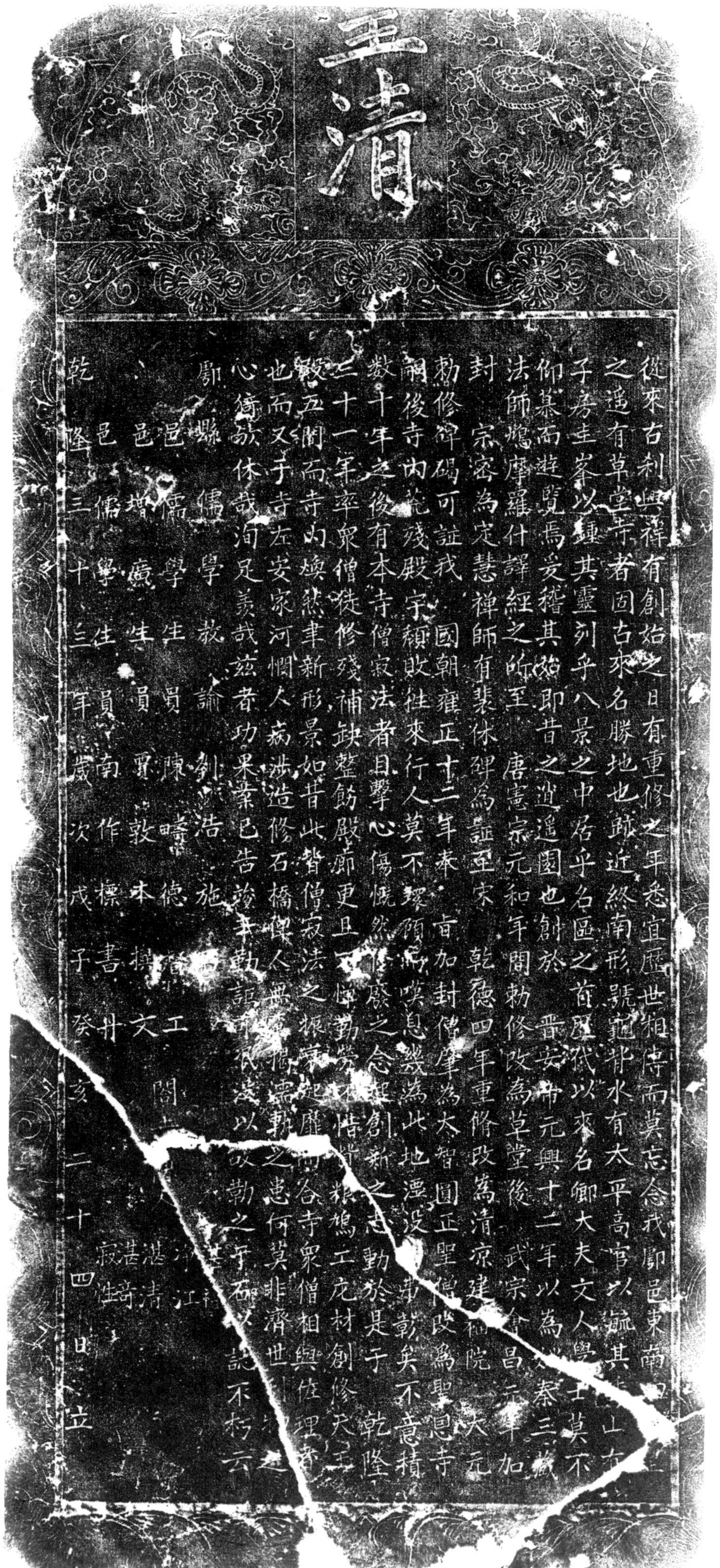

清

從來古刹興禪有創始之日有重修之年悉宜歷世相傳而莫忘念我鄠邑東南
之遥有草堂寺者固古來名勝地也跡近終南形號龜背水有太平高官以毓其山右
子房圭峯以鍾其靈列乎八景之中居乎名區之首歷代以來名卿大夫文人學士莫不
仰慕而遊覽焉爰稽其始即昔之逍遥園也創於晉安帝元興十二年以為秦三藏
法師鳩摩羅什譯經之所至唐憲宗元和年間勅修改為草堂後武宗會昌元年加
封宗密為定慧禪師有裴休碑為証至宋乾德四年重修改為清凉建福院大元
勅修碑碣可証我國朝雍正十二年奉旨加封僧肇為太智圓正聖僧改為聖恩寺
祠後寺內殘殿宇頹敗往來行人莫不躁頓嘆息幾為此地湮没[illegible]勤彰矣不意積
數十年之後有本寺僧寂法者目擊心傷慨然[illegible]修廢之念興創新之志勤於是于乾隆
二十一年率衆僧徒修殘補缺整飭殿廊更且[illegible]惮勤勞不惜[illegible]辛鳩工庀材創修天王
殿五間而寺內煥然聿新形景如昔此皆僧寂法之振[illegible]起廢[illegible]合寺衆僧相與佐理者
也而又于寺左安家河間人病涉造修石橋俾人無[illegible]揭[illegible]需勤之患何莫非濟世之道
心猗歟休哉洵足羨哉兹者功果業已告竣[illegible]予勤[illegible]以[illegible]勤之乎碑以誌不朽云
鄠縣儒學教諭劉浩施[illegible]　[illegible]江
邑儒學生員陳疇德[illegible]工　閻[illegible]
邑增廣生員賈敦本撰文　湛清
邑儒學生員南作標書丹　湛奇
寂法
乾隆三十三年歲次戊子癸亥二十四日立

説　明

清乾隆三十三年（1768）十月刻。碑圓首。通高112厘米，寬48厘米。額文楷書"皇清"二字。正文楷書18行，滿行34字。賈敦本撰文，南作標書丹。額文兩側飾以線刻雲龍紋，周邊飾以寶相花紋。現存西安市鄠邑區草堂寺碑廊。《户縣碑刻》著録。

釋　文

從來古刹興祥，有創始之日，有重修之年，悉宜歷世相傳而莫忘。念我鄠邑東南四十里」之遥，有草堂寺者，固古來名勝地也。迹近終南，形號龜背，水有太平、高官，以毓其秀；山有」子房、圭峰，以鍾其靈。列乎八景之中，居乎名區之首。歷代以來，名卿大夫，文人學士，莫不」仰慕而遊覽焉。爰稽其始，即昔之逍遥園也。創於晋安帝元興十二年，以爲姚秦三藏」法師鳩摩羅什譯經之所。至唐憲宗元和年間，敕修改爲草堂。後武宗會昌元年，加」封宗密爲定慧禅師，有裴休碑爲証。至宋乾德四年重修，改爲清凉建福院，大元」敕修碑碣可証。我國朝雍正十二年，奉旨加封僧肇爲大智圓正聖僧，改爲聖恩寺」。嗣後，寺内荒殘，殿宇頽敗，往來行人莫不環顧而嘆息，幾爲此地湮没而弗彰矣。不意積」数十年之後，有本寺僧寂法者，目擊心傷，慨然修廢之念起，創新之志動，於是于乾隆」三十一年，率衆僧徒修殘補缺，整飭殿廊，更且不憚勤勞，不惜貲粮，鳩工庀材，創修天王」殿五間，而寺内焕然聿新，形景如昔。此皆僧寂法之振衰起靡，而合寺衆僧相與佐理者」也。而又于寺左安家河，憫人病涉，造修石橋，俾人無厲揭濡軌之患，何莫非濟世利物之」心。猗欤休哉！洵足羡哉！兹者功果業已告竣，辛勤詎可泯没，以故勒之于石，以誌不朽云」。

鄠縣儒學教諭劉浩施石」

邑儒學生員陳疇德督工」

邑增廣生員賈敦本撰文」

邑儒學生員南作標書丹」

閤寺僧人：湛福、净江、湛清、湛奇、寂性」

乾隆三十三年歲次戊子癸亥二十四日立」

按

碑叙草堂寺歷代興廢之由，重點及於乾隆年間寺僧寂法重修情况。然於草堂寺之來歷，似存幾處訛誤。碑云逍遥園創於晋安帝元興十二年，然晋安帝元興僅三年（402~404），且其時關中爲後秦姚興統治（394~416）。後秦弘始三年（401）姚興親迎鳩摩羅什入長安，於逍遥園西明閣主持譯經事業，逍遥園之創建當在此前。又草堂之名在鳩摩羅什譯經時已出現，《魏書》即載鳩摩羅什爲姚興所敬，於草堂寺集義，而寺爲逍遥園之一部分，隋費長房《歷代三寶記》卷八載："三千德僧，同止一處，共受姚秦天王供養。世稱大寺，非是本名，中構一堂，權以草苫，即於其内及逍遥園二處翻譯……魏末周初，大寺因之而成四伽蘭：草堂本名，即爲一寺；草堂東，常住寺；常住南，京兆王寺（後改安定國寺）；安定國西爲大乘寺。"非此碑所云遲至唐憲宗元和年間才改稱草堂。又據《通志》《關中勝迹圖志》等所載，唐時改草堂寺爲棲禪寺，至憲宗元和二年（807）圭峰定慧禪師宗密住錫草堂，奉敕修建，仍稱草堂寺。據裴休所撰《定慧禪師碑》，宗密死於唐武宗會昌元年（841），至宣宗朝始加封定慧禪師，非此碑所云"會昌元年加封"。又據司馬濤撰《京兆府重修清凉建福禪院記》載，宋乾德四年（966）重修，改稱建福禪院。但草堂、棲禪兩名仍相互沿稱。元至正十二年（1352）所立宗派碑，則稱逍遥園大草堂棲禪寺，則三名并舉。

738.1769　李天秀暨魏氏合葬墓誌

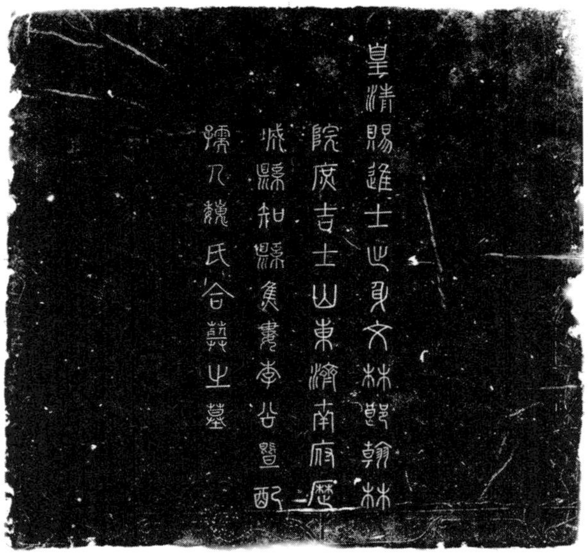

説 明

清乾隆三十四年(1769)十一月刻。誌、蓋均正方形,子母合扣式。邊均長77厘米。蓋文4行,滿行10字,篆書"皇清賜進士出身文林郎翰林」院庶吉士山東濟南府歷」城縣知縣焦婁李公暨配」孺人魏氏合葬之墓"。正文楷書36行,滿行43字。王士棻撰文,趙海書丹。蓋四殺及誌四側均飾蓮花紋。現存華陰市岳廟街道。《華山碑石》著録。

釋 文

皇清賜進士出身文林郎翰林院庶吉士山東濟南府歷城縣知縣焦婁先生李公暨配孺人魏氏合葬墓誌銘」

先生諱天秀,字子俊,姓李氏。始祖進,自河東蒲州之焦婁徙河西,著籍華陰。先生因號焦婁。大考諱所用,贈文林」郎。大妣張氏,贈孺人。考諱公遜,封文林郎。妣蘇氏,贈孺人,繼妣楊氏。高曾以来,以德行稱鄉里。祖、父績學不達。先」生束髮就塾,毅然有大志。年十八,補邑博士弟子員。年二十六,中康熙庚子鄉試第一。雍正癸丑登進士第,選翰」林院庶吉士。乾隆元年改知山東濟南府歷城縣,其年八月抵任,四年四月罷官。先生篤學,潛心經史,務得其粹」精,尤沉酣於唐宋大家。爲制舉文,理法一本先民。庚子受知荼陵彭石原、震澤王寶傳兩夫子。兩夫子先後校士」山左,先生皆從之遊數年,親炙其道德文章,且得瞻拜闕里,登泰岱,觀海於蓬萊。後又從荼陵於中州觀察署中」,以故學問益進,而□術日深。久屈禮部,有勸之仕者,不應。荼陵督學兩浙,復渡江負笈歸,過震澤,時王夫子已即」世,夫子爲明文恪公裔孫,乃披覽其先代所藏書。雍正七年,應四川鄉試同考官聘,適蜀,掣空籤,未得入闈而返」,巴漢名山水多有題詠焉。在館閣日,荼陵爲大司農、協辦大學士,邀寓其邸第。既荼陵獲罪」,世廟下詔獄,禍且不測,人情洶洶。或惧株及,諷先生爲引避計。先生曰:"是不有命在乎。"終不去」。今上御極之初,荼陵首蒙擢用,有朝官欲夤緣者,囑先生爲通其意。先生不答,遂唧之。及荼陵以憂去,乃擠之外」出。其宰歷城也,歷城爲山左首邑,最稱難治。先生愛民直己,不撓於權。政不便於民者,必傳經據古以爭。其聽訟」甚明敏,案無留獄。時黄崑圃爲藩司,白惠南爲臬司。二公雅重先生,通省疑讞皆委决焉,先生多所平反。然以此」爲群小所嫉,謀去先生。罷官之日,歷人如失慈母。後仲子汝榛筮仕東省,兩署歷篆,父子先後同宰一邑,二東傳」爲盛事。歷人莫不加額,謂:"殆天所以報我公也。"先生居東数年,士争執經于門,經其指授,率掇巍科以去。歸而教」授鄉里,四方来學者日衆,先生終日口講指畫不倦。會鄰邑延主講席,渭南、蒲城兩設皋比,一時出其門者皆成」知名士,函丈之間彬彬如也。乾隆甲戌,仲子爲平陰令,先生同魏孺人扶父順卿公就禄養。順卿公年逾大耋,孫」、曾繞膝,五世一堂,兼能優遊孫署,誠人子所謂一則以喜者。然先生年三十有二,母蘇太孺人見背,則又其終身」所悲痛者矣。順卿公歸,先生、孺人歸養。順卿公捐館舍,先生哀毀如喪母。時未免喪,又丁繼母楊太孺人憂,数年」肉食不入口,後竟不欲再嘗羹膷云。己卯,仲子調東阿,俟先生服除,先迎養孺人。辛巳冬,先生至署甫半載,疾作」,数月,孺人憂之亦成疾,而孺人先卒于東阿官署,甲申十一月十一日也。次年乙酉二月,先生輿疾歸里,四月二」十六日亦卒,俱享年七十有一。先生爲人嚴重潔廉,謹交遊,慎取予,動止有常,燕居默坐,竟日無懈惰容。約身從」儉,以率其家。嘗謂一生得力在知耻二字。好書籍,構耘業閣,藏書萬卷,丹鉛不離手。尤喜抄書,有《國語》《列子》及魏」晋唐宋名人詩文諸集数十種。在平陰署,猶摘抄《明史》所載名臣言行四册。其餘地理、醫卜、星命諸雜家,亦多旁」及。平生所著書及詩文制箴諸稿,皆藏于家。邑乘自明萬曆後未續補,先生恐其久而愈湮,隨見聞爲劄記,晚年」粗叙成書,以俟後之珥筆者得有所考焉。孺人姓魏氏,處士諱都韓公女,秉性端静,敬事舅姑,治家有法度,與先」生雍穆如賓客。先生久于外,督責諸子讀書,皆有成立。在官日,匡助爲多,故終先生之身無内顧憂也。男六。汝楠」,舉人;汝榛,舉人;明通,任山東平陰、東阿二縣令,補江南溧水縣;汝桐,廪生,後先生四年卒,俱孺人出。汝梅、汝槼、汝」檀,女一,適雷潤德,俱少室出。孫男九:俟,增生;□,廪生;崇瑋、□、崇磷、崇璋、儼、倞、崇珪。孫女九,曾孫男三,曾孫女二。汝」楠等以己丑十一月六日合葬先生與孺人於鳳嶺新阡,以先生叔子汝桐祔于墓側。銘曰」:

太華之精,降神於李。文追龍門,品睎伯起。秋林振翮,遠冠其儔。大賢是師,如蘇從歐。清班侍從,乃遭媢嫉。爲政愷」悌,遺愛冬日。逃讒而歸,著書滿家。傳授吾徒,教澤云奢。其道既著,其嗣彌昌。偉歟先生,千載耿光」。

賜進士出身奉直大夫刑部郎中提督貴州學政前翰林院庶吉士姻年眷姪王士棻頓首拜撰」

賜進士出身江蘇江寧府溧水縣知縣姻年家眷晚生趙海頓首拜書丹」

男汝楠泣血納石」

局部

按

李天秀，道光《濟南府志》有傳，較簡略，所載仕宦經歷同此誌。誌所云其所著書及續補邑乘事，生前均未成稿刊刻，其孫吉人將其手稿與其子汝榛、汝楠所作輯刊爲《來紫堂合集》三卷，有清咸豐二年（1852）止足園刻本，藏陝西省社會科學院圖書館。其生前續纂《華陰縣志》六十餘萬字，後由其子汝榛編修完成二十二卷。

誌所云"震澤王寶傳"即王世琛，長洲人，字寶傳，號艮甫。康熙五十一年（1712）狀元。授職翰林院修撰，掌修國史。康熙五十九年（1720）主考陝西鄉試，副彭維新。李天秀之受知於兩人始此時。然墓誌叙事與史有不同之處。王世琛雍正五年（1727）出任山東學政，若李天秀雍正二年（1724）從彭維新遊中州，至五年又從彭維新至浙江，則不能同時在王世琛任山東時從遊，誌所云"兩夫子先後校士山左，先生皆從之遊數年"有誤；又王世琛雍正七年（1729）卒於山東任上，則誌所云天秀"荼陵督學兩浙，復渡江負笈歸，過震澤，時王夫子已即世"亦有誤。

撰者王士棻，字蘭圃，陝西華州人。乾隆十九年（1754）進士，改庶吉士，授刑部主事，再遷郎中。《清史稿》有傳。

739.1770　惠元士墓誌

説 明

清乾隆三十五年（1770）三月刻。誌、蓋均長方形。均長75厘米、寬45厘米。蓋文5行，滿行4字，篆書“皇清誥封徵仕」郎翰林院」檢討仲晦」惠老先生」墓誌銘」”。誌文楷書46行，滿行27字。秦勇均撰文，趙長民書丹，郝適篆額。現存周至縣尚村鎮澗里村。

釋 文

賜探花及第陝西提刑按察使司按察使署理承宣布政使司布政使前翰」林院編修兼經史館纂修官加二級年眷弟秦勇均頓首拜撰文」

敕授文林郎原任廣東知潮州府揭陽縣事前知番禺縣事兼署新安增城」等縣連平州事加三級年家眷姻弟趙長民頓首拜書丹」

賜進士出身文林郎知四川保寧府南部縣事愚姪婿郝適頓首拜篆額」

仲翁老先生，余之同年友也。官京師時，與余往來甚稠密，後致仕旋里，中」間不及見者數年。歲壬午，余奉」簡命，爲陝西都司簽書。先生來謁余，促膝談心，竟日夜不倦，懽如也。己丑」秋，忽接先生訃音，余傷悼者久之，思欲登堂奉奠，而公務倥偬，因遣」役代行。然此心抱歉終不能以自釋。庚寅春，將爲先生安厝，而先」生長男捧其行狀，丐余爲墓誌銘。余與先生忝同蘭譜，誼不容辭，因」攟摭數語以紀之。按狀，先生姓惠氏，諱元士，字仲晦，瀛洲其號也。世」居盩邑之澗村堡。祖父以來，多行善事，其芳徽皆碑里人口。先生」生有異徵，自總角時即警敏，率常屈其儕偶。八歲就傅，經書一過輒不」忘。及十三，即能文，沉鬱頓挫，雅有秦漢宗風，識者知其爲遠大器也。年」未弱冠，遂遊黌宫。戊午登賢書，己未成進士，壬戌補應」廷試」，天子嘉其材，拔入史館。越三載，擢爲檢討。其詩、古文、詞鴻博奧衍，爲一時冠」。每一藝出，人争誦之。立朝剛果，有古風格。上書陳事，往往不避權貴，都」中“六君子”之稱，先生實居一焉。後以親老子告還鄉，而盡心色養」，不屑屑於文貌。藍翁太先生病疫，朝夕侍湯藥，衣不解帶者浹旬。及」昇遐，柴毁骨立，喪葬一一盡哀。母李孺人壽踰八旬，康健不衰，而」先生侍養不敢稍離左右，偶有所欲，必曲爲致之，務使得其懽心。昆仲」四人，震翁年兄以進士出爲肅州守府，先生與其長兄及其三弟」深相友愛，殊有姜被同眠之譽。教子姪甚嚴，讀書作文，親爲考課，雖盛」暑，不使少輟。子姪亦皆峥嶸森列如玉樹。居鄉和平，不分畛域。有雀鼠」之争，必力爲排解，務使冰釋。前任陳長吏雅敬禮之，請爲二曲書院山」長。而先生立齋設法，井井有條，遠追文定公蘇湖教授芳踪。其列門」墻者，亦蟬噪鵲起，聯鑣不絶。性更踈爽，不拘小節，賓友亦樂親就之。且」慷慨好周人急，凡冠婚喪祭等事，人有求無不應，頗有乃祖父遺風」。嗚呼！世之被儒服者，當其未得志時，約己自裁，謙抑善下，而慕義强仁」，其行事亦若可嘉。及一旦佩紫綬，握金魚，遂變生平之所守，而足高氣」揚，志滿意得，視天下無一出己右者，比比是也。乃若先生既富而不」溢，既貴而不驕，種種嘉行，且皆若自然而出之，不洵足以勵風俗而光」名教哉！先生生於康熙四十八年八月二十七日卯時，終於乾隆三」十四年六月二十日丑時，享壽六旬有一。元配趙氏，誥封孺人，邑庠」生諱景濂公女。繼娶陳氏，繼娶張氏。男二人：長棆，邑庠生，陳氏出，娶馬」氏，太學生諱維騏公女；次栻，尚幼，張氏出。女二，俱趙氏出，長適興平縣」業儒諱紹伯吴君，次適興平縣庠生諱先登趙君。孫一人，康樂，棆出。今」卜兆於祖塋之側，擬定本年三月初一日爲之安厝。銘曰：

先生勳」業，秘閣藏兮。先生德行，蔿里揚兮。宜享多福，壽而康兮。遽駕白鶴」，返帝鄉兮。存順没寧，名教光兮。窆兹宅兆，復何傷兮。鬼神呵護，結彩祥」兮。億萬斯年，子孫昌兮」。

時」乾隆三十五年歲次庚寅三月上浣之辰」

男棆、栻率孫康樂泣血上石」

按

撰者秦勇均，字健資，號桂川，無錫人。乾隆四年（1739）中進士，因此稱惠氏爲“同年友”。官至陝西按察使。乾隆三十六年（1771）返里，中途殁於商州公館。

740.1770　明道書院碑記

説 明

清乾隆三十五年（1770）三月刻。碑圭首。通高179厘米，寬67厘米。額文2行，滿行4字，陰刻篆書“創建明道」書院碑記」”。兩側刻二龍戲珠圖案。正文行楷23行，滿行53字。舒其紳撰文，李寶裔篆額并書丹。原棄卧在户縣西街小學明道書院故址，1985年移竪於户縣文廟大成殿東側碑廊。現存西安市鄠邑區文廟。《户縣碑刻》著録。

釋 文

明道書院碑記」

敕授文林郎陝西西安府鄠縣知縣調補咸陽縣知縣舒其紳撰文」

山左李寶裔篆額并書」

自黨庠術序之制廢，漢唐儒者多自立精舍爲講貫之地，書院所由昉也。北宋時詔賜書院，敕額如鹿洞、石鼓、嵩陽、嶽麓最爲著名，然皆好」義者出己力爲之，而不必隸於官」。國家」聖聖相繼，文教覃敷，度越前古」，世宗憲皇帝特賜會垣書院各千金，以充膏火之需。我」皇上敕諭直省書院，悉遵朱子白鹿洞規條，斥浮名而崇實學」。聖謨洋洋，炳若日星，大小臣工率仰體」德意，闡作人之化，以廣學校所不及也。關中伊古名都，人文薈萃，郡邑書院不乏。鄠爲豐邑故區，鼓鐘辟雍，譽髦斯士，藉甚當時，輝流奕祀，獨□」略無聞，爲長吏者，責將奚委？丁亥冬，余承乏兹土，邑人士有建書院之請，余既深嘉其當務爲急，又慮無所憑藉，肇造□銀□捐俸□□□」紳士俱樂輸襄事，得千五百余金。越戊子，購得城西街譚氏房基一所，并西偏两段爲一，讎以原值。爰鳩工庀材，經始於是歲之秋，落成於」己丑之夏。大門五間，儀門一間，講堂五楹，捲棚三楹，堂後樓三楹，齋舍前後一十有六，庖湢悉具無缺。先是程明道先生職縣簿，昌明正教」，薰被涵濡，遺韻流風，迄今未泯。城北偏舊設專祠祀之，歲久剥殘，病其褻越，因遷主於書院中，妥之樓上，額曰“明道書院”。□□道之不明，士」習日非，風俗因之以敝，士子顧名思義，志切景行，務以不詭於道者，紹大儒之絶學，斯無負」盛世興賢育才之至意。余之署名，豈迂曲也哉！康熙年間，前令金公廷襄重修明道祠成，語人曰：“他日置學田、廣廬舍，即此爲明道書院。”載徵士」王豐川碑記中。是舉也，非余一人臆度之見矣。第規模雖就，師生修脯無出，余又奉調咸陽，不暇曲爲經畫，暫解廉俸，延師督課，以開其先」。惟冀後之君子，踵而成之，爲經□□策。異時人材蔚起，蒸蒸日上，輝映三輔，余竊有厚幸焉。講堂榜曰“立雪”，蓋崇前哲以勵後學也。監視相」度以終始其事者，學博麟游劉君浩、安化邊君鯤也；贊其成者，典尉仁和王君薛洲、潞安王君天成也；至總理工作絶無引避，則邑之紳士」楊天相、陳自新、楊作棟、景永、王秉彝、賈繩誼、戚瑛、譚經邦也。例得備書之，是爲記」。

時」大清乾隆三十五年三月」

勸捐人：進士張大謨、陳自新，舉人楊天相，介賓賈繩誼、王秉彝，副貢靳維新、焦本立，監生肖祚顯、賈經世、崔明恕、趙三多」，監生景永、譚經邦、趙尔勳、李唐蔚、馮成積、谷生芝、程錫、崔廷才、邢焕章、王紀倫、賈經儒、張陞、賀珍」，生員戚瑛、楊作棟、李景烈、陶涇、陳憲章、張大章、于芝雲、李淦」

工□董楚珍監修」

頻陽李天錫鐫字」

按

程顥在宋嘉祐年間曾任鄠縣主簿，創建明道書院。明弘治二年（1489）沁水李君瀚以監察御史按察陝西，命修明道先生廟。弘治八年（1495）李君瀚復按察陝西，與學政楊一清合議，擴其廟址，進行重修。萬曆年間，知縣劉璞建明道祠及講堂，題額“明道書院”。至舒其紳知鄠縣時，此書院當已殘毁，故有重建之舉。

741.1771　張來泰住持吾老洞公文碣

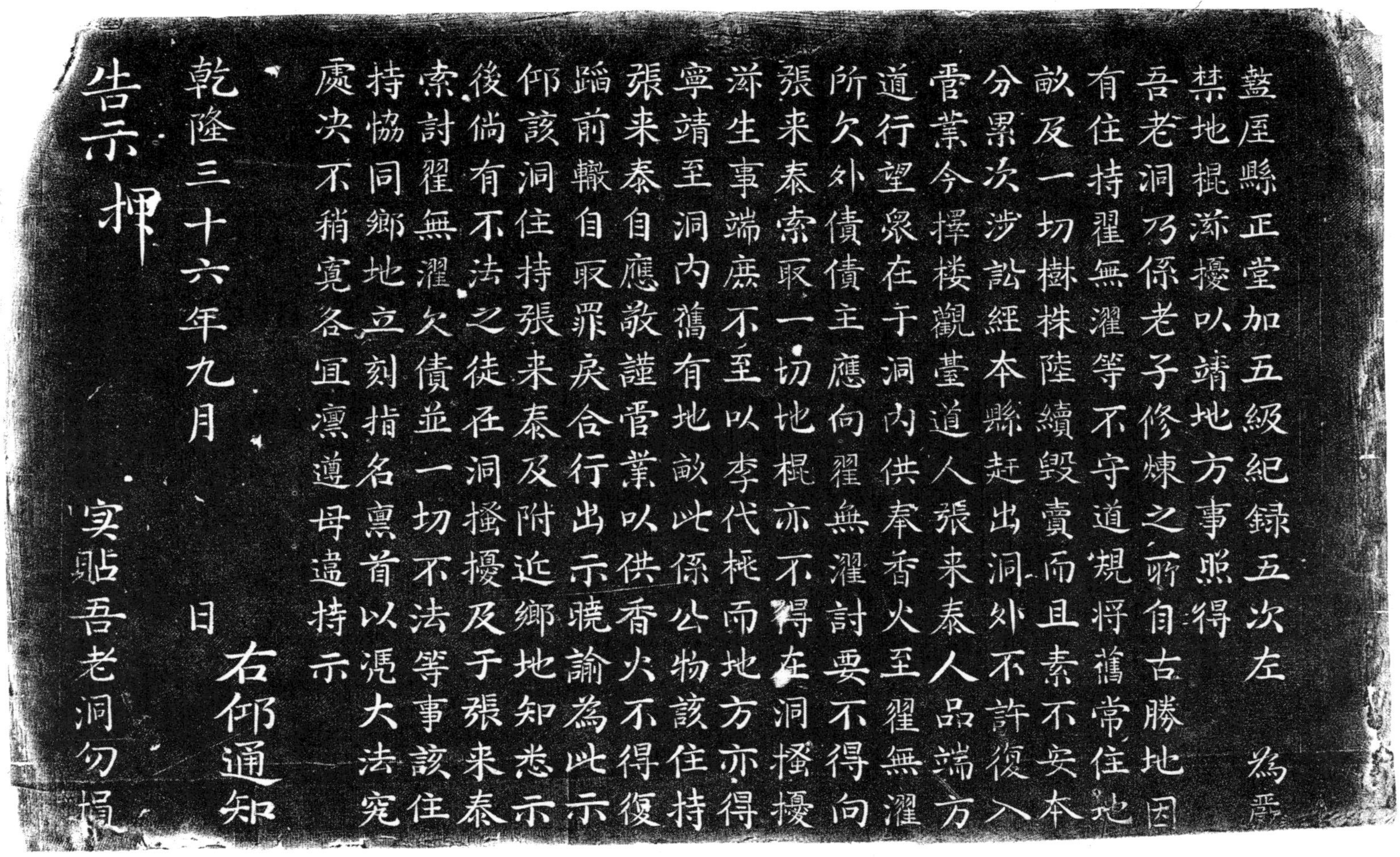

盩厔縣正堂加五級紀録五次左　為嚴
禁地棍滋擾以靖地方事照得
吾老洞乃係老子修煉之所自古勝地因
有住持翟無濯等不守道規将舊常住地
畝及一切樹株陸續毀賣而且素不安本
分累次涉訟經本縣赶出洞外不許復入
晋業今擇樓觀臺道人張来泰人品端方
道行望衆在于洞内供奉香火至翟無濯
所欠外債債主應向翟無濯討要不得向
張来泰索取一切地棍亦不得在洞搔擾
滋生事端庶不至以李代桃而地方亦得
寧靖至洞内舊有地畝此係公物該住持
張来泰自應敬謹管業以供香火不得復
蹈前轍自取罪戾合行出示曉諭為此示
仰該洞住持張来泰及附近鄉地知悉示
後倘有不法之徒在洞搔擾及于張来泰
索討翟無濯欠債並一切不法等事該住
持協同鄉地立刻指名稟首以憑大法究
處決不稍寬各宜凜遵毋違持示
乾隆三十六年九月　日　右仰通知
告示押　实貼吾老洞勿損

説明

清乾隆三十六年（1771）九月刻。碑長方形。長60厘米，寬45厘米。正文楷書22行，滿行16字。原存周至縣吾老洞道院，清末遷至樓觀説經臺至今。《樓觀臺道教碑石》著録。

釋文

盩厔縣正堂加五級紀録五次左，爲嚴」禁地棍滋擾以靖地方事，照得」吾老洞乃係老子修煉之所，自古勝地，因」有住持翟無濯等不守道規，將舊常住地」畝及一切樹株陸續毁賣，而且素不安本」分，累次涉訟，經本縣趕出洞外，不許復入」管業。今擇楼觀臺道人張来泰，人品端方」，道行望衆，在于洞内供奉香火。至翟無濯」所欠外債，債主應向翟無濯討要，不得向」張来泰索取。一切地棍亦不得在洞搔擾」，滋生事端。庶不至以李代桃，而地方亦得」寧靖。至洞内舊有地畝，此係公物，該住持」張来泰自應敬謹管業，以供香火，不得復」蹈前轍，自取罪戾。合行出示曉諭爲此，示」仰該洞住持張来泰及附近鄉地知悉。示」後倘有不法之徒在洞搔擾，及于張来泰」索討翟無濯欠債，並一切不法等事，該住」持協同鄉地立刻指名稟首，以憑大法究」處，决不稍寬。各宜凛遵毋違。持示」。

右仰通知」。

乾隆三十六年九月日」

告示。押。实貼吾老洞，勿損」。

按

吾老洞，據乾隆《盩厔縣志》："就谷其西爲吾老洞，洞穴深邃莫測，聽有風聲，相傳中有玉匣，即老子墓。洞上有殿，奉老子石像。"

742.1773　馬玉圖墓誌

皇清誥授朝議
大夫廣東
高州知府
署理高廉
兵備道雷[?]
瓊[?]府同馬
公墓誌銘

皇清　誥授朝議大夫廣東高州府知府署理高廉兵備道馬老姻臺墓誌銘
賜進士及第禮部左侍郎加三級紀録十四次年家姻眷弟金甡頓首拜譔文
欽命浙江寧紹台兵備道加三級紀録十二次年家姻眷姪馮廷丞頓首拜篆蓋
賜進士出身廣東直隸連州知州加五級紀録廿一次門生曾蕚[?]頓首拜書丹
公諱玉圖字麟書號震峰家世長安曾祖諱魁　誥贈榮禄大夫祖諱德公
誥贈榮禄大夫父諱義　誥授榮禄大夫先任四川松潘鎮總兵官左都督同知
生　公兄弟五人長諱呈圖三名負圖四名鎮五名貢圖　公居二生而英
異讀書有卓識工詩文善書畫由
覃恩廕生考取引
見奉
旨以京官用由都察院經歷陞任戶部員外推陞刑部郎中由郎中
特授廣東高州府知府　公事上以敬養民以惠而於奸宄吏濟之以猛公餘讀
書弗輟有儒素風每歲杪必捐俸周濟窮民高州多曠土　公盡令開墾種
樹植禾數載以来吏清如水民安如堵上游嘉其懋績委署高廉兵備道事
務未幾於去年以疾終於戲當先鎮大人之沒也　公躃踊盡哀幾至毀瘠
廬墓三年太夫人於　公為京職時謝世聞訃歸喪塋祭一一衷于禮
公可謂孝矣其於手足素極親愛於病篤時念兄弟中惟五弟稚幼未獲成
名刻即令人遵例捐入太學至情至性　公可謂友矣　公故交憲章李公
臨安人也居官粵左在瓊物故貧不能歸　公甫下車即召其子而撫之又
重給貲賻俾得扶柩歸　公待友有古君子風焉嗚呼　公之政治如此
公之孝友如此　公之厚乎故舊又如此方將望　公建旌節為
聖天子宣理封疆乃去歲竟以疾終今仲春柩旋里擇吉三月二十日申時瘞城
西亭子舖祖塋坤山艮向甡於　公有姻婭誼深知　公故不能無言
公生於康熙五十五年六月二十一日巳時卒於乾隆三十七年七月二十
一日午時享年五十有七元配李氏　誥封恭人先任松潘右營遊擊諱麒
公次女生子二女一長廷綸年三十四歲繼娶王氏壬申科舉人諱象曾公
長女次兆綸年二十九歲娶馮氏太學生諱覃公次女適太學生張愷孫隆
善廣善長出保善揚善欣善次出俱幼業儒為之銘曰嗚呼我　公生而仁
厚至性天誠敦倫飭紀渾然玉瑛宦遊神州其名赫赫出守粵東推誠保赤
基門有名我則銘之昭茲来許考德于斯
乾隆三十八年歲次癸巳暮春中浣吉旦
不孝男廷綸兆綸率孫隆廣保善泣血上石
歐揚

説 明

清乾隆三十八年（1773）三月刻。誌、蓋均長方形，尺寸相同。均長81厘米、寬61厘米。蓋文7行，滿行4字，篆書“皇清誥授朝議」大夫廣東」高州知府」署理高廉」兵備道震」峰府君馬」公墓誌銘」”。誌文楷書32行，滿行29字。金甡撰文，曾萼書丹，馮廷丞篆蓋。出土具體時、地不詳。現存西安博物院。《新中國出土墓誌（陝西叁）》著録。

釋 文

皇清誥授朝議大夫廣東高州府知府署理高廉兵備道馬老姻臺墓誌銘」

賜進士及第禮部左侍郎加三級紀録十四次年家姻眷弟金甡頓首拜撰文」

欽命浙江寧紹台兵備道加三級紀録十二次年家姻眷姪馮廷丞頓首拜篆蓋」

賜進士出身廣東直隸連州知州加五級紀録十一次門生曾萼頓首拜書丹」

公諱玉圖，字麟書，號震峰，家世長安。曾祖諱魁，誥贈榮禄大夫。祖諱德公」，誥贈榮禄大夫。父諱義，誥授榮禄大夫，先任四川松潘鎮總兵官、左都督同知」。生公兄弟五人，長諱呈圖，三名負圖，四名鎮，五名貢圖，公居二。生而英」異，讀書有卓識，工詩文，善書畫。由」覃恩廕生考取引」見，奉」旨以京官用。由都察院經歷陞任户部員外，推陞刑部郎中。由郎中」特授廣東高州府知府。公事上以敬，養民以惠，而於奸宄吏濟之以猛。公餘讀」書弗輟，有儒素風。每歲杪，必捐俸周濟窮民。高州多曠土，公盡令開墾，種」樹植禾。数載以來，吏清如水，民安如堵。上游嘉其懋績，委署高廉兵備道事」務。未幾，於去年以疾終。於戲！當先鎮大人之没也，公躃踊盡哀，幾至毀瘠」，廬墓三年。太夫人於公爲京職時謝世，聞訃歸喪，葬祭一一衷于禮」。公可謂孝矣。其於手足，素極親愛。於病篤時，念兄弟中惟五弟稚幼，未獲成」名，刻即令人遵例捐入太學。至情至性，公可謂友矣。公故交憲章李公」，臨安人也。居官粤左，在瓊物故，貧不能歸。公甫下車，即召其子而撫之。又」重給賻賵，俾得扶柩歸。公待友有古君子風焉。嗚呼！公之政治如此」，公之孝友如此，公之厚于故舊又如此，方將望公建旌節，爲」聖天子宣理封疆，乃去歲竟以疾終。今仲春，柩旋里，擇吉三月二十日申時，葬城」西亭子鋪祖塋，坤山艮向。甡於公有姻婭誼，深知公，故不能無言」。公生於康熙五十五年六月二十一日巳時，卒於乾隆三十七年七月二十」一日午時，享年五十有七。元配李氏，誥封恭人，先任松潘右營遊擊諱麒」公次女。生子二、女一。長廷綸，年三十四歲，繼娶王氏，壬申科舉人諱象曾公」長女；次兆綸，年二十九歲，娶馮氏，太學生諱覃公次女；女適太學生張愷。孫：隆」善、廣善，長出；保善、揚善、欣善，次出，俱幼，業儒。爲之銘曰：

嗚呼我公，生而仁」厚，至性天誠。敦倫飭紀，渾然玉瑛。宦遊神州，其名赫赫。出守粤東，推誠保赤」。基門有石，我則銘之。昭兹来許，考德于斯」。

乾隆三十八年歲次癸巳暮春中浣吉旦」

不孝男廷綸、兆綸率孫隆善、廣善、保善、揚善、欣善泣血上石」

按

誌主之父馬義墓誌見本書722.1740條。

撰者金甡，字雨步，號海住，浙江錢塘人。官至禮部侍郎。

743.1774　喜雨詩并記

説 明

清乾隆三十九年（1774）三月刻。碑長方形，長130厘米，寬75厘米。正文分左右兩部分，右刻乾隆皇帝詩，行書10行，行字不等，末鈐有“所寳惟賢”及“乾隆御筆”二印。左刻畢沅詩并跋，楷書40行，滿行21字。現存西安碑林博物館。《西安碑林全集》著録。

釋 文

秦川千里萬民稠，民食」全資三府收。連日雖霏未」成寸，暮春大霈始霑優」。時同齊豫真徼幸，澤望」京畿轉切愁。寄語謄章」喜雨者，漫稱吾德感」天庥」。

陝西巡撫畢沅奏報得」雨，詩以誌慰，即書賜之」。

甲午暮春御筆」

恭和」御製元韻」

黄雲彌望緑雲稠，指顧秦川又倍收。其雨濛濛時正好」，厥田上上澤皆優。民情共慶豐年樂」，天意能寬」聖主愁。總爲」宸衷符覆載，沐膏萬寓盡蒙庥」。

臣謹案，《洪範》：“八、庶徵：雨，暘。各以其叙，庶草蕃廡。”又：“曰肅」，時雨若；曰乂，時暘若。”蓋庥徵所應，著爲農祥，非甚感德」，蔑由致也。洪惟」皇上勤恤民隱，罔有遐邇，一視同仁，如天無私覆，地無私載」，日月無私照」，愷澤覃敷，淪肌浹髓，已四十年于兹矣。臣以菲材，蒙」恩擢撫陝右，夙夜兢兢，惟弗克仰副」德意是懼。乃自冬徂春，五月不雨，周

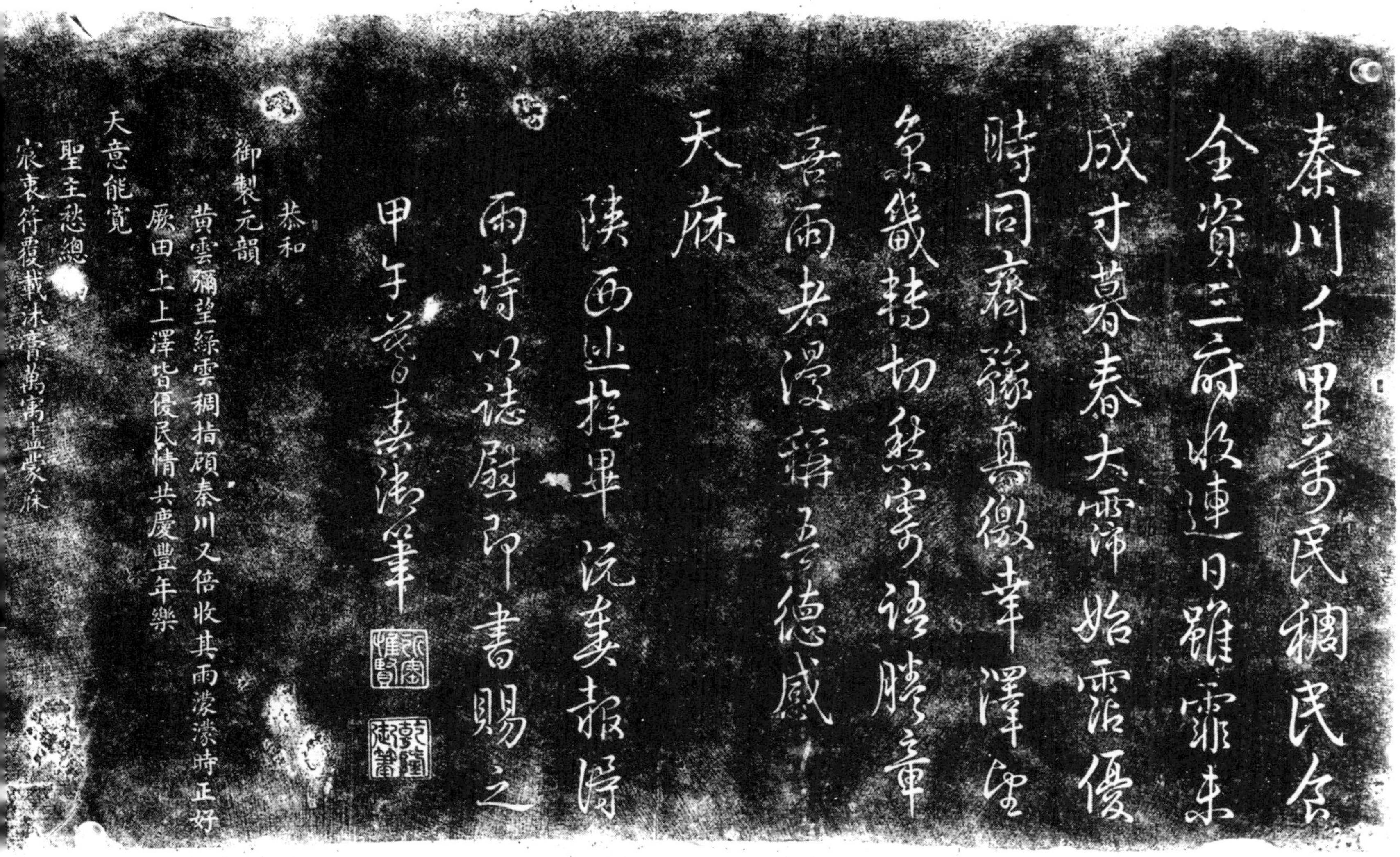

原向稱陸海，水深土厚」，枯燥漸形。又關中以麥爲命，百姓容容望澤孔亟，臣伏」稔」皇上至誠格」天，有所祈請，呼吸立應，爰率文武僚属步禱西郊。又古傳太白」龍湫感應神速，急遣官馳往取水，水未至城三十里，應」時澍雨，優渥霑足，連三日夜，遍數千里，壞槁復膏，麥枯」盡起，萬姓衢歌巷舞，皆云我」皇上之福。臣以實入告」，聖心悅豫，賜以詩章。臣跪讀之下，仰見我」皇上宵衣旰食、憂勤惕厲之意，直流露于墨花楮藻之間。而」且」至德冲抑，讓善弗居，天地有大美而不言，四時有明法而不」議，是即堯咨湯警，何以加兹。臣不揆擣昧，敬和一篇，非」敢妄希賡颺之誼，用以彰臣之譾材陋識。幸膺封疆重」寄，猶獲奉職循理，不至速戾者，皆」聖主陶鈞獨化于上」，皇天合符，百神受享。臣承其流而不自知，百姓實受其福而莫」識誰之爲。《易·乾》之文言曰："雲行雨施，天下平也。"其在斯」時與！臣遭際」昌期，欽承」墨寶，瞻」睿藻之裔皇，感」主恩之優渥，敬附數言于」御製之末，用誌光寵云」。

兵部侍郎陝西巡撫臣畢沅恭紀」

按

撰者畢沅，字纕蘅，又字秋帆，自號靈岩山人。江蘇鎮洋人。乾隆二十五年（1760）進士，授翰林院編修。自乾隆三十五年（1770）到陝，歷任陝西按察使、布政使、巡撫、陝甘總督等職，直至乾隆五十年（1785）離任，在陝任職達十餘年之久。畢沅於經史小學金石地理之學無所不通。在陝期間，對關中金石作了全面的搜集整理，編成《關中金石記》八卷，極好地保存了關中金石文獻資料。

744.1775　重修永慶寺碑記

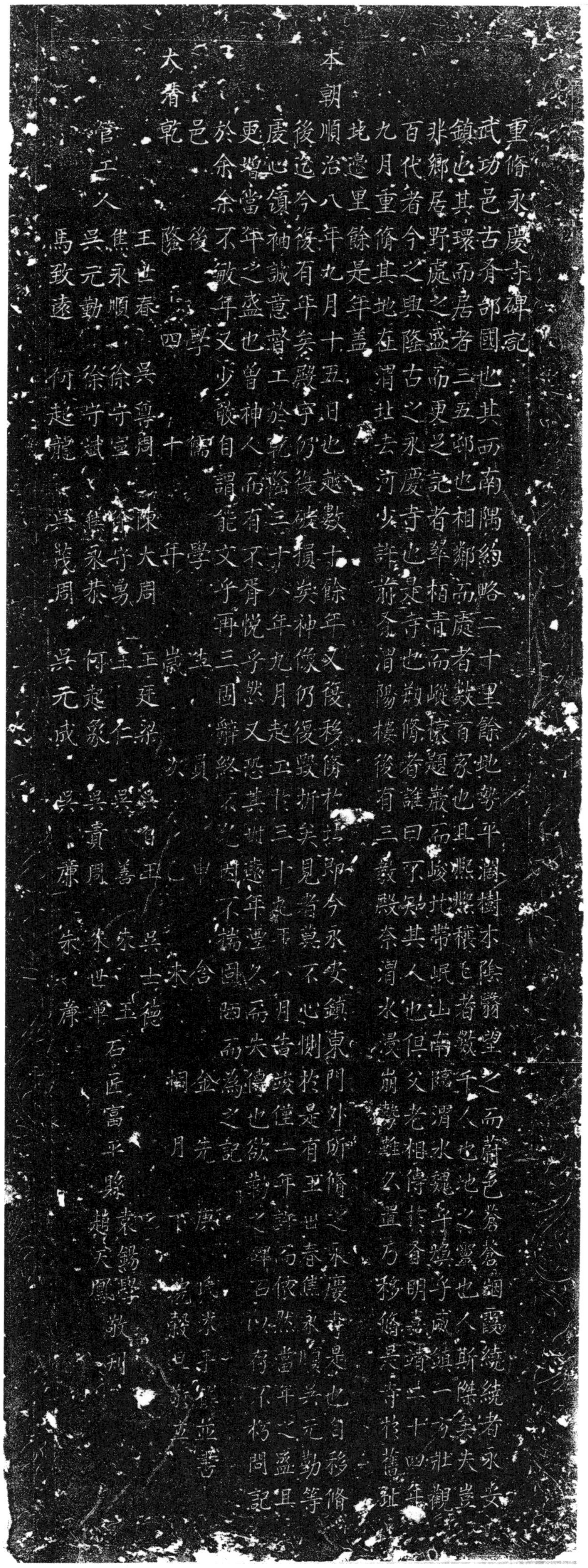

説明

清乾隆四十年(1775)三月刻。碑高200厘米，寬60厘米。正文楷書18行，滿行40字。申含金撰文并書丹。四周線刻蔓草紋。現存楊凌示範區李臺街道永安村。《咸陽碑刻》著録。

釋文

重修永慶寺碑記」

武功邑，古有邰國也。其西南隅約略二十里餘，地勢平闊，樹木陰翳，望之而蔚色蒼蒼，烟霞繞繞者，永安」鎮也。其環而居者，三五村也；相鄰而處者，數百家也；且熙熙穰穰者，數千人也。地之靈也，人斯傑矣。夫豈」非鄉居野處之盛，而更足記者，翠柏青而嵷，榱題巖而峻，北帶�山，南臨渭水，魏乎焕乎，威鎮一方，壯觀」百代者，今之興隆、古之永慶寺也。是寺也，創修者誰，曰不知其人也。但父老相傳，於有明嘉靖二十四年」九月重修。其地在渭北，去河少許，前有渭陽樓，後有三教殿，奈渭水浸崩，勢難久置，乃移修是寺於舊址」北邊里餘。是年，盖」本朝順治八年九月十五日也。越數十餘年，又復移修於北，即今永安鎮東門外所修之永慶寺是也。自移修」後，迄今復有年矣，殿宇仍復破損矣，神像仍復毁折矣，見者莫不心惻。於是，有王世春、焦永順、吴元勤等」，虔心領袖，誠意督工，於乾隆三十八年九月起工，於三十九年八月告竣，僅一年許，而依然當年之盛，且」更增當年之盛也。曾神人而有不胥悦乎？然又恐其世遠年湮，久而失傳也，欲勒之碑石，以存不朽。問記」於余，余不敏，年又少，敢自謂能文乎？再三固辭終不允，因不揣固陋而爲之記」。

邑後學儒學生員申含金先庚氏沐手撰並書」

大清乾隆四十年歲次乙未桐月下浣穀旦敬立」

管工人：王世春、焦永順、吴元勤、馬致遠、吴尊周、徐守寧、徐守斌、何起龍、陳大周、徐守勇、焦永恭、吴茂周、王廷梁、王仁、何起象、吴元成、吴自玉、吴善、吴貴周、吴廉、吴士德、朱玉、朱世章、朱廉

石匠富平縣袁錫學、趙天鳳敬刊」

745.1776　庭柯篇

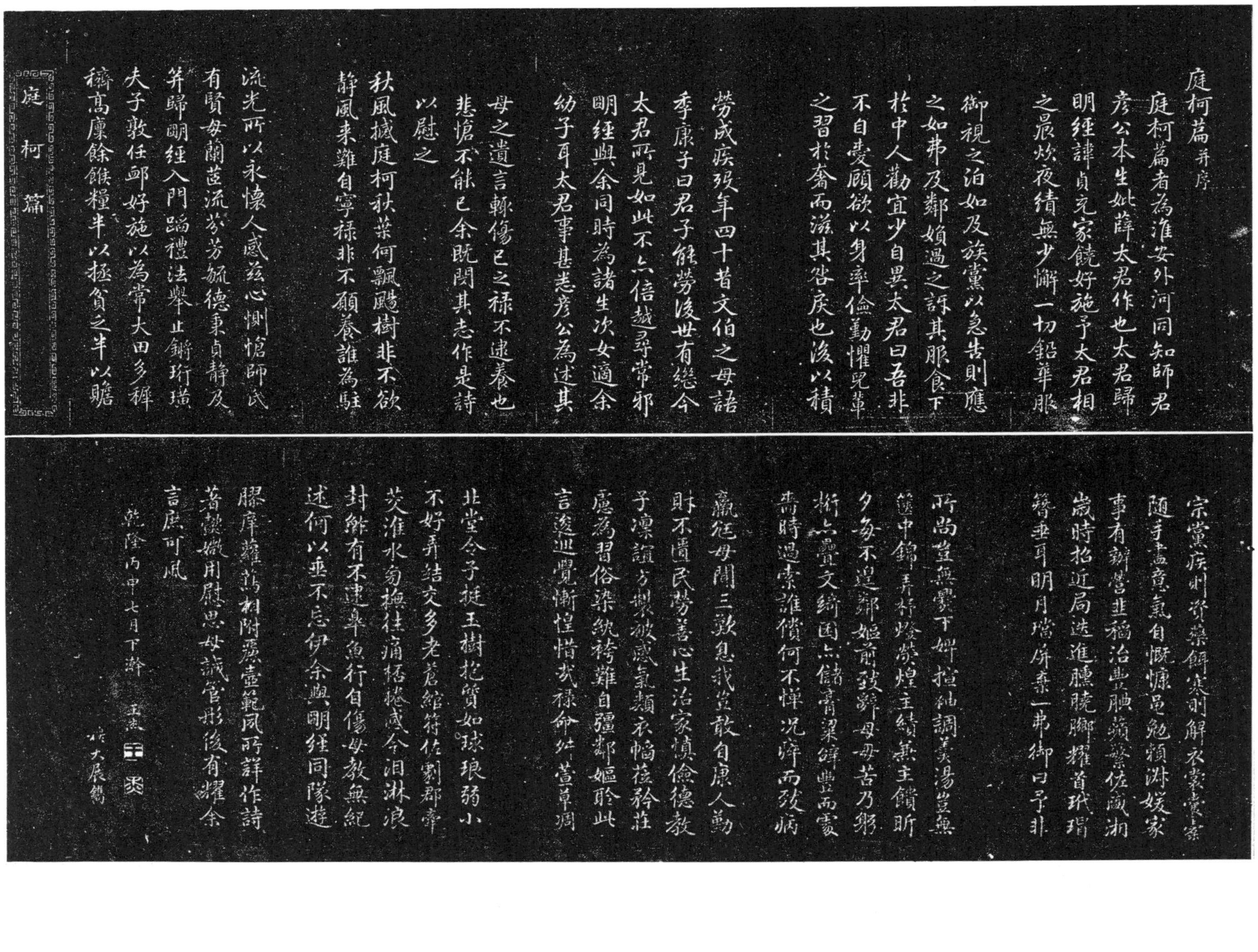
庭柯篇并序
庭柯篇者為淮安外河同知師君
彥公本生妣薛太君作也太君歸
明經諱貞元家饒好施予太君相
之晨炊夜績無少懈一切鉛華服
御視之泊如及族黨以急告則應
之如弗及鄰嫗過之訴其服食下
於中人勸宜少自異太君曰吾非
不自愛顧欲以身率儉勤懼兒輩
之習於奢而滋其咎戾也後以積
勞成疾歿年四十耆文伯之母語
季康子曰君子能勞後世有繼今
太君所見如此不亦倍越尋常耶
明經與余同時為諸生次女適余
幼子耳太君事甚悉彥公為述其
母之遺言輒傷己之祿不逮養也
悲愴不能已余既閔其志作是詩
以慰之
秋風撼庭柯秋葉何飄颻樹非不欲
靜風來難自寧祿非不願養誰為駐
流光所以永懷人感茲心惻愴師氏
有賢母蘭茝流芬芳毓德秉貞靜及
笄歸明經入門蹈禮法舉止鏘珩璜
夫子敦任卹好施以為常大田多稱
穡高廩餘餱糧半以拯貧之半以贍
宗黨疾則資藥餌寒則解衣裳橐
隨手盡意氣自慨慷黽勉賴淑媛家
事有辦營並稱治豐腆蘋蘩佐藏湘
歲時招近局迭進醲膮膷耀首玳瑁
簪垂耳明月璫屏棄一弗御曰予非
所尚豈無饜下箸揎袖調羹湯豈無
篋中錦弄杼燈熒煌主績兼主饋昕
夕無不遑鄰嫗前致辭母毋苦乃躬
衎亦疊文綺囷亦儲膏粱辭豐而處
壽時過索誰饋何不憚況瘁而致病
羸尪毋間三歎息我豈敢自康人勤
財不匱民勞善心生治家慎儉德教
子凜謹方製被感氣類衣幅蔭矜莊
應為習俗染紈袴難自彊鄰嫗聆此
言遂迴覺慚惶惜哉祿命舛萱草凋
北堂令子挺玉樹抱質如球琅弱小
不好弄結交多老蒼綰符佐劉郡雍
熒淮水匆撫往痛棲棲感今泪淋浪
封鮓有不逮臯魚行自傷毋教無紀
述何以垂不忘伊余與明經同隊遊
膠庠蘿蔦相附麗壺範夙所詳作詩
著懿徽用慰思母誠管彤後有耀余
言庶可風
乾隆丙申七月下澣　王杰
侯大展鐫
庭柯篇

説 明

清乾隆四十一年（1776）七月刻。碑長方形。長73厘米，寬27厘米。正文分上下兩欄，每欄均楷書25行，滿行14字。王杰撰文。上欄文末鎸隸書“庭柯篇”三字，下欄文末撰者名下有“王”及“杰”二字印章，一朱文，一白文。四周飾萬字紋。原在韓城市井溢村五大夫祠。現存韓城市博物館。

釋 文

庭柯篇并序」

《庭柯篇》者，爲淮安外河同知師君」彦公本生妣薛太君作也。太君歸明經諱貞充，家饒，好施予。太君相」之，晨炊夜績，無少懈，一切鉛華、服」御視之泊如。及族黨以急告，則應」之如弗及。鄰媪過之，訝其服食下」於中人，勸宜少自異。太君曰：“吾非」不自愛，顧欲以身率儉勤，懼兒輩」之習於奢而滋其咎戾也。”後以積」勞成疾歿，年四十。昔文伯之母語」季康子曰：“君子能勞，後世有繼。”今」太君所見如此，不亦倍越尋常邪」？明經與余同時爲諸生，次女適余」幼子。耳太君事甚悉。彦公爲述其」母之遺言，輒傷己之禄不逮養也」，悲愴不能已。余既閔其志，作是詩」以慰之」。

秋風撼庭柯，秋葉何飄颺。樹非不欲」静，風來難自寧。禄非不願養，誰爲駐」流光。所以永懷人，感兹心惻愴。師氏」有賢母，蘭茝流芬芳。毓德秉貞静，及」笄歸明經。入門蹈禮法，舉止鏘珩璜」。夫子敦任卹，好施以爲常。大田多穲」穧，高廪餘餱糧。半以拯貧乏，半以贍」宗黨。疾則資藥餌，寒則解衣裳。囊橐」隨手盡，意氣自慨慷。黽勉賴淑媛，家」事有辦營。韭稻治豐腆，蘋蘩佐盛湘」。歲時招近局，迭進臐膮膷。耀首玳瑁」簪，垂耳明月璫。屏棄一弗御，曰予非」所尚。豈無爨下婢，揎袖調羹湯。豈無」篋中錦，弄杼燈熒煌。主績兼主饋，昕」夕每不遑。鄰嫗前致辭，母毋苦乃躬」。桁亦疊文綺，囷亦儲膏粱。辭豐而處」嗇，時過索誰償。何不憚况瘁，而致病」羸尩。母聞三歎息，我豈敢自康。人勤」財不匱，民勞善心生。治家慎儉德，教」子凜誼方。製被感氣類，衣帽莅矜莊」。慮爲習俗染，紈袴難自彊。鄰嫗聆此」言，逡巡覺慚惶。惜哉禄命舛，萱草凋」北堂。令子挺玉樹，抱質如球琅。弱小」不好弄，結交多老蒼。綰符佐劇郡，牽」茭淮水旁。撫往痛桮棬，感今泪淋浪」。封鮓有不逮，皋魚行自傷。母教無紀」述，何以垂不忘。伊余與明經，同隊遊膠庠。蘿蔦相附麗，壼範夙所詳。作詩」著懿孅，用慰思母誠。管彤後有耀，余」言庶可風」。

乾隆丙申七月下澣，王杰」

穆大展鎸」

按

本文與李瑞岡所撰《沉雲篇》均爲師彦公所作。師彦公，字槐三，號樸園，韓城人。歷官常州通判、淮陽觀察使等。本書另收沈初撰《師氏五大夫傳》（751.1788），即師氏家傳。

746.1777　重建仙遊潭蘇公祠記

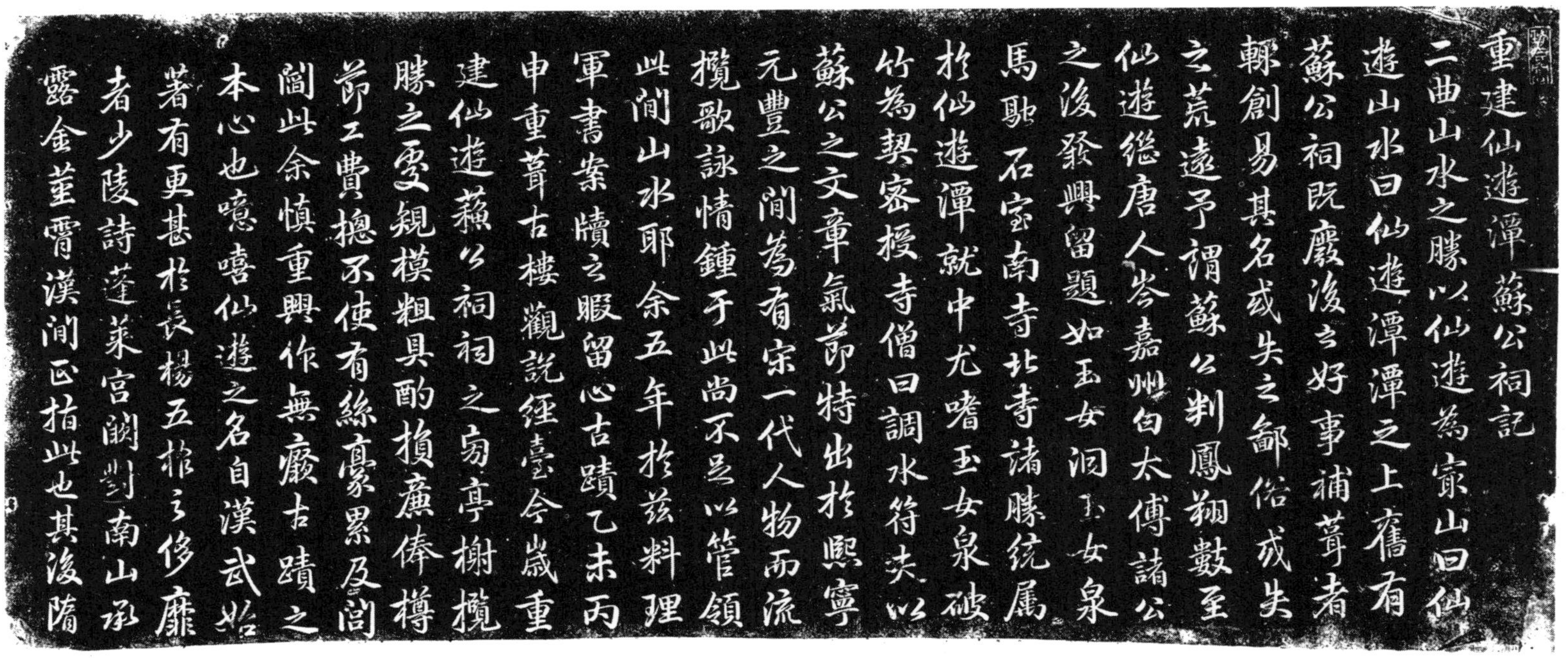

重建仙遊潭蘇公祠記
二曲山水之勝以仙遊爲冣山曰仙
遊山水曰仙遊潭潭之上舊有
蘇公祠既廢後之好事補葺者
輙創易其名或失之鄙俗或失
之荒遠予謂蘇公判鳳翔數至
仙遊繼唐人岑嘉州白太傅諸公
之後發興留題如玉女洞玉女泉
馬融石室南寺北寺諸勝統屬
於仙遊潭就中尤嗜玉女泉破
竹爲契密授寺僧曰調水符夫以
蘇公之文章氣節特出於熙寧
元豐之間爲有宋一代人物而流
攬歌詠情鍾于此尚不足以管領
此間山水耶余五年於茲料理
軍書案牘之暇留心古蹟乙未丙
申重葺古樓觀說經臺今歲重
建仙遊蘇公祠祠之旁亭榭攬
勝之處規模粗具酌損廉俸撙
節之費揔不使有絲毫累及閭
閻此余慎重興作無廢古蹟之
本心也噫嘻仙遊之名自漢武始
著有更甚於長楊五柞之侈靡
者少陵詩蓬萊宮闕對南山承
露金莖霄漢間正指此也其後隋

第一石

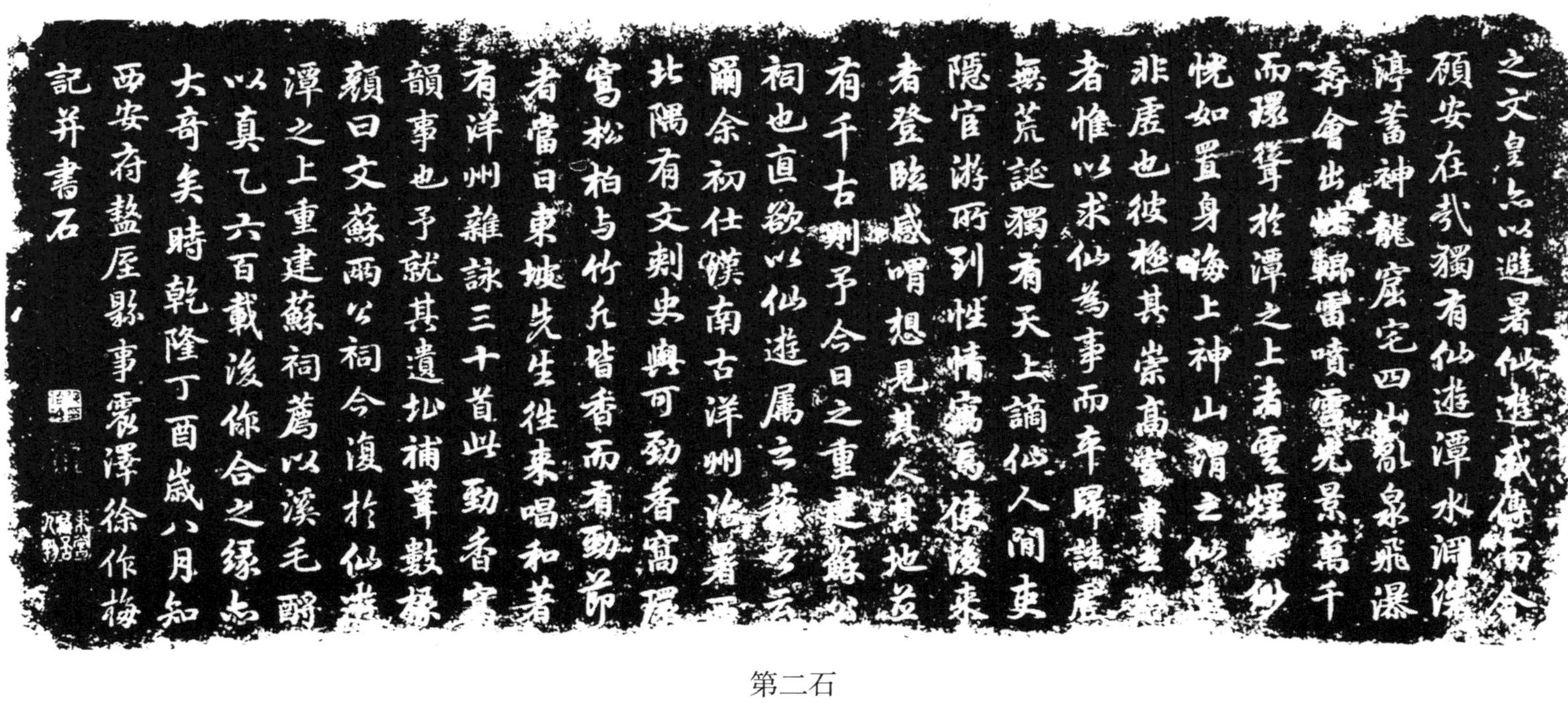

之文皇亦以避暑仙遊或傳爲今
頤安在哉獨有仙遊潭水洄漾
渟蓄神龍窟宅四山亂泉飛瀑
奔會出峽輥雷噴雪光景萬千
而環聳於潭之上者雲煙繚繞
恍如置身海上神山渭之仙遊
非虛也彼極其崇高富貴之樂
者惟以求仙爲事而卒歸諸虛
無荒誕獨有天上謫仙人間吏
隱宦游所到性情寓焉使後來
者登臨感喟想見其人其地並
有千古則予今日之重建蘇公
祠也直欲以仙遊屬之蘇公云
爾余初仕漢南古洋州治署西
北隅有文刺史與可勁香窩
窩松柏与竹允皆香而有勁節
者當日東坡先生往來唱和著
有洋州雜詠三十首此勁香窩
韻事也予就其遺址補葺數椽
額曰文蘇兩公祠今復於仙遊
潭之上重建蘇祠薦以溪毛醑
以真乙六百載後係合之緣亦
大奇矣時乾隆丁酉歲八月知
西安府盩厔縣事震澤徐作梅
記并書石

第二石

説 明

清乾隆四十二年（1777）八月刻。碑共二石，長方形。均長69厘米、寬33厘米。正文行書50行，行字不等。徐作梅撰文并書丹。正文前鈐“勁香窩”印，文末鈐“徐作梅印、遜堂一字勁香、未嘗臧否人物”等印。現存西安碑林博物館。《西安碑林全集》著録。

釋 文

重建仙遊潭蘇公祠記」

二曲山水之勝，以仙遊爲最，山曰仙」遊山，水曰仙遊潭。潭之上舊有」蘇公祠，既廢，後之好事補葺者」，輒創易其名，或失之鄙俗，或失」之荒遠。予謂蘇公判鳳翔，數至」仙遊，繼唐人岑嘉州、白太傅諸公」之後，發興留題，如玉女洞、玉女泉」、馬融石室、南寺、北寺諸勝，統屬」於仙遊潭。就中尤嗜玉女泉，破」竹爲契，密授寺僧曰“調水符”。夫以」蘇公之文章氣節特出於熙寧」、元豐之間，爲有宋一代人物，而流」攬歌詠，情鍾于此，尚不足以管領」此間山水耶？余五年於兹，料理」軍書案牘之暇，留心古迹。乙未丙」申重葺古樓觀説經臺，今歲重」建仙遊蘇公祠。祠之旁，亭榭攬」勝之處，規模粗具，酌損廉俸，樽」節工費，總不使有絲毫累及閭」閻。此余慎重興作，無廢古迹之」本心也。噫嘻！仙遊之名，自漢武始」著，有更甚於長楊、五柞之侈靡」者，少陵詩“蓬萊宫闕對南山，承」露金莖霄漢間”，正指此也。其後隋」（以上第一石）之文皇，亦以避暑仙遊盛傳，而今」顧安在哉？獨有仙遊潭水淵深」渟蓄，神龍窟宅，四山亂泉飛瀑」，奔會出峽，輥雷噴雪，光景萬千」。而環聳於潭之上者，雲煙飄渺」，恍如置身海上神山，謂之仙遊」非虚也。彼極其崇高富貴之樂」者，惟以求仙爲事，而卒歸諸虚」無荒誕，獨有天上謫仙、人間吏」隱。宦游所到，性情寓焉。使後來」者登臨感喟，想見其人其地並」有千古。則予今日之重建蘇公」祠也，直欲以仙遊屬之蘇公云」爾。余初仕漢南古洋州，治署西」北隅有文刺史與可勁香窩，環」寫松柏与竹，凡皆香而有勁節」者。當日東坡先生往來唱和，著」有《洋州雜詠》三十首，此勁香窩」韻事也。予就其遺址補葺數椽」，顔曰“文蘇兩公祠”。今復於仙遊」潭之上重建蘇祠，薦以溪毛，酹」以真乙，六百載後作合之緣，亦」大奇矣。

時乾隆丁酉歲八月

知」西安府盩厔縣事震澤徐作梅」記并書石」（以上第二石）

按

正文述仙遊潭蘇公祠之由來及風景之勝。盩厔别名二曲，盩爲水曲，厔爲山曲，故名二曲。仙遊山及潭在盩厔東南。蘇軾嘉祐七年（1062）在鳳翔任，數遊仙遊潭，作《留題仙遊潭中興寺寺東有玉女洞洞南有馬融讀書石室過潭而南山石益奇潭上有橋畏其險不敢渡》詩，詠仙遊風景。明代於此地建蘇文忠公祠。

撰者徐作梅，字用和，號鱸鄉，江蘇震澤人，乾隆二十一年（1756）舉人。歷任陝西洋縣知縣、盩厔縣知縣等。著有《勁香窩詩鈔》。同治《蘇州府志》有傳。

747.1778　興平顧侯禱雨感應碑文

説 明

清乾隆四十三年（1778）十月刻。碑螭首。通高240厘米，寬85厘米。額文3行，滿行2字，篆書“禱雨」感應」碑」”。正文篆書21行，滿行23字。張塤撰文，錢坫書丹。現存興平市博物館。《咸陽碑刻》著録。

釋 文

興平顧侯禱雨感應碑文」

文淵閣檢閱内閣中書吴縣張塤撰」

嘉定錢坫書」

顧侯治興平之四年，均徭平賦，贍孤恤嫠，朝靳鞭朴，夜無盜」賊，百姓禔福，晏安清寧。會四月届五月不雨，墳壤焦渴，秋穀」不能下種。侯憂中如焚，先疏食者一月。六月三日，禱于城西」南漢高帝廟。雞初鳴，侯著草履，行三十里拜廟陛，致爲民阻」飢之慮。廟左曰：高皇池，禱雨者，先取水于池。侯奉瓶罐及池」，復載捧。時明星煜爛，池水闇黑，老龜二三，聲如鸛雀，跳蕩水」響，懔然如有神靈，不復入境。吏人，秉火投池中，黄紙錢漂浮」不濡，乃投白紙錢，若有疾掣之下者。吏人，父老咸喜，謂神受」紙錢，便取水也。侯受水，震色初啓，復行三十里，置水于西郭」太白山神祠。侯素臞弱，稽步勇進，仁意懇至，感動觀者。猶有」雲气從西南來，靈風肅肅在樹，四野塵溢，下春大雨。翼日雨」，三日復大雨，田畝沾足。丱童笄女皆歡謡喜諺述侯之功。《管」子》曰“民以食爲天”，侯之愛民，辟劍抱赤子，中夜而啼，乳湩不」下，故惻怛奮興，神賜昭格，捷于桴鼓。烏呼！侯，今之良吏哉！是」年大有秋，民不忘侯之功，願刻金石，傳垂頌聲。出錢，一夙而」集。子之愛父母，固情□哉。或謂愚獷難治，惑已。侯名聲雷，元」和人，乾隆三十一年進士。其先世有良吏，侯能世其家云」。

大清乾隆四十三年冬十月甲巳朔

縣民同建

王景桓刻字」

按

文所云“興平顧侯”即顧聲雷，字震蒼，江蘇吴縣人，乾隆四十年（1775）始任興平知縣。此碑以篆體書寫，清古精絶，爲清代篆書之佳品。

撰者張塤，字商言，號吟薌，江蘇吴縣人，乾隆三十年（1765）順天舉人，官内閣中書。乾隆四十二年（1777）丁母憂去職，明年入陕西畢沅幕府。此文即撰於此時。

書者錢坫，字獻之，號十蘭，江蘇嘉定人。乾隆三十九年（1774）登副榜貢生，遂至關中入畢沅幕中。善書法，尤精篆書。

748.1784　大清防護唐昭陵碑

説明

清乾隆四十九年（1784）四月刻。碑高271厘米，寬108厘米。正文篆書28行，滿行55字。畢沅撰文，錢坫書丹，孫星衍題額并摹勒。原在禮泉縣煙霞鎮東坪村燕妃墓前。現存昭陵博物館。《昭陵碑石》著録。

釋文

大清防護唐昭陵碑」

賜進士及第誥授資政大夫兵部侍郎兼都察院右副都御史巡撫陝西西安等處地方贊理軍務兼理糧餉欽賜一品頂帶畢沅撰」

夫如堂者密，寔惟帝之閫時；積高曰邕，乃神明之冢舍。是以尊盧虚壟，尚仿像於藍田；西海衣冠，必封崇乎上郡。何況龍蟠大壑，比鎬聚之聲靈」；天命元宫，繼長陵之功烈者哉。醴泉縣東北五十里九嵕山，唐太宗文皇帝昭陵之所在也。帝提劍乘天，握圖出震，驅除吞噬，彈壓殷齊。白魚赤」帝之祥，阪泉丹水之迹，讓鷸扆而肅五日之謁，遇斧戕而止二叔之辜。浮龜不足效其文，斷鰲不足媲其武。帝系之所傳，史牒之所頌，盡美又善」，無得而偁焉。原其終始，靡間歸臧；乃若山陵，有彰聖哲。且夫雄略之主，必旁皇乎上僊；蓋代之氣，每綢繆於没世。水衡灌地，將爲江河；玉柲服尸」，恩畢天地。故以七十餘萬麗山穿治之徒，一萬六千茂陵大徙之户，帝則深遵節約，廑鑿嵯峨，似委宛之桐棺，擬穀林之通樹。萬乘之貴，悟惜莊」周；獨决之明，徵言季札。克終后意，遂下王言。侍衛減于常儀，瓦木止于形具，此則帝之儉也。藏弓烹狗，烈士因而拊心；長頸鳥喙，哲人于焉長往」。子胥抉目于吴闕，彭越覆醢于淮南，未嘗不掩浸潤之明，損豁達之度。帝則我言嫵媚，推心置腹之誠；袒見創痍，丈夫意氣之語。暨乎鼎湖髯去」，閔墮地之空號；欒水和存，想張朝而再見。金枝玉葉，左武右文，前部鼓簫，東園秘器。祁連之冢，亘馳道以如山；贔屭之文，蔽元宫而似壘，此又帝」之仁也。兵者凶事，不得已而用之；守在四裔，將羈縻而勿斷。嗾奇肱之車，飛而偶至；長臂之服，通而遂迷。帝則薄伐之勇，係馘于明堂；畏懷之徒」，輸誠于身後。至使酋豪謝罪，慕淺血于墳沙；蕃長歸朝，門圖形于元闕。拜官尚主，天下一家，椎髮雕題，駿奉左右，此又帝之大也。昔者宣邱遺訓」，古墓無墳；漢臣陳言，南山有隙。亡羊之牧，欻誤入于三泉；踞虎之邱，驟見傷於敵國。帝則流連翰墨，眷惜鍾王，以堯典之同棺，當佳城之名椁。卒」令沙邱之字，勢恢于登堂；寶鼎之塋，力窮于發弩。嗟爾後世，似有先知，到我衣裳，詒之繭紙，此又帝之智也。若乃宣室之問，不信無徵；墨翟之言」，將聞豈見。鬼雄非毅，魂氣何之。楚平一去，被辱于仇鞭；武皇見形，憤心于磨劍。帝則歸復于土，陟降在天，呼嘯若瑾之神，叱吒投壺之電。墨雲顛」野，遏袄寇于咸陽；黄旗立空，禦賊軍于華澤。皇堂奏異，血汗如神，祖龍無所用其驅，蚩尤不足比其縱，此又帝之靈也。帝緝熙之德，不解于生存」；服畏之思，彌光于奕祀。故能奠不朽之基業，享絶代之明禋。置廟設祀，建隆、開寶之遺；陵户豐碑，洪武、崇禎之册。我」國家光宅八表，懷柔百神。婁致馨香，頻加守護。使星夜出，映園寢之神光；燎火朝輝，雜封中之雲氣。沅守官關隴，按部池陽，瞻拜神宫，周遊墓道」。其山也，背據寒門之阪，面帶甘泉之流，西睨温宿之崖，東眺焦穫之藪。巖巒巀嶭，三嵕角其雄名；隧道盤紆，九嶷争其遠勢。非煙非霧，立而望之」；鬱鬱蔥蔥，佳哉氣也。而風高壤裂，石室摧基；地阻荆生，陰室絶棧。樵蘇上下，曾無百步之防；芟畬侵淩，或至諸臣之冢。穹碑半剥，翁仲全傾。因以」乾隆四十二年，檄築園墻三十餘丈。六書瓦屑，邕分翄隸之奇；列植松楸，芟舍甘棠之敬。旋因入覲」，上適疇諮。始知聰明之德，早契于」聖懷；平成之歡，待假乎神漠。沅再之官，又踰五稔，兼營祠宇，特用陵租。知縣蔣君，能平其政，寔任斯勞。恐古墓之爲田，考陪陵于往牘，紀其名位」，復立貞珉。仰體」皇謨，光照來者。將與會稽窆石，共磨滅于苗山；風后神隹，謝浮沉于黄水。遊心隨武，九原可作之臣；用想非熊，五世歸周之葬。風雲如會，陵谷長」存。豈止狄山之紀，久迷視肉之方；沛陰之祠，但獲鼉魚之瑞云爾」。

候補直隸州州判錢坫書

陽湖貢生孫星衍題額並摹勒」

乾隆四十有九年歲在甲辰四月望日

醴泉縣知縣蔣騏昌立石

國子監生王景桓刻字」

按

摹勒者孫星衍，字淵如，又字伯淵，號季述、薇隱，江蘇陽湖人。乾隆四十五年（1780），經錢大昕舉薦，入畢沅陝西幕府。五十二年（1787）進士及第。對經史、諸子、文字、音韻、金石等均有涉獵，工篆隸，精校勘，擅詩文。

749.1786　沉雲篇

沉雲篇并序
沉雲篇者為淮揚觀察樸園公痛
其弟春帆先生而作也公胞弟二
其季諱晉公宦安徽先生行次諱
懋公性恬澹雖援例入仕籍而無
心進取專主家政俾伯兄季弟得
以盡職奉公無內顧憂則先生力
也當觀察公初蒞淮揚任先生南
來籩豆言歡有適常分既而歸里
睽隔者三閱寒暑矣公念之甚曾
繪聽雁式好二圖借丹青以寄意
名公鉅卿先後題咏寫公思慕之
情昔杜工部詩云憶弟看雲白日
眠此公于南省三千里回首秦川
依依懸望之真景也後先生抱恙
於家公憂心如焚為之廢寢食炙
艾分痛布古風焉今年秋七月凶
問倏至公設位署所乞假數日服
壹輟飲謂嗣是空望雲之念矣公
之次子尚幼當承嗣星夜馳驛奔
喪問於公叅賓主誼又壬寅春至
署時與先生晉接累月溫其如玉
風度宛在目前因為述生平梗概
以慰公痛懷而以沉雲名篇
西望行雲迴風來雲影沉雲沉不可
見引領傷中心憶自攜手時在原鶺
鴒翕武陵讓梨棗姜肱同枕衾次第
鴻雁序唱和塤篪音早歲遭閔凶霜
凋萱樹陰弱冠悲在疚椿庭風雨侵
明發各有懷征邁矢素忱束身秉三
上
戒奉訓凜四箴經籍列肴饌書畫珍
璆琳事師嚴立雪交友期斷金有意
娛清泉無志慕華簪潛德里黨譽令
名中外欽方期復聚首征騎来驟駸
一堂陳籩豆歡意諧笙琴何期凶問
来五內慘曷禁良醫少扁鵲妙藥空
著蓡一官繫淮浦望斷終南岑急遽
仲子嗣衰麻渡河潯尺書告故交含
涕猶涔涔故交述顛末一篇寄哀吟
乾隆丙午仲秋下澣　晉陵李瑞岡
稄大辰鐫
沉雲篇

説明

清乾隆五十一年（1786）八月刻。碑長方形。長65厘米，寬48厘米。正文分上下兩段，每段楷書20行，滿行14字。李瑞岡撰文。字體、版式、鎸刻者與本書所收《庭柯篇》（745.1776）同，惟隸書“沉雲篇”三字在下段文末。原在韓城市井溢村五大夫祠。現存韓城市博物館。

釋文

沉雲篇并序」

《沉雲篇》者，爲淮揚觀察樸園公痛」其弟春帆先生而作也。公胞弟二」，其季諱晋公，宦安徽。先生行次，諱」懋公，性恬澹，雖援例入仕籍，而無」心進取，專主家政。俾伯兄、季弟得」以盡職奉公，無内顧憂，則先生力」也。當觀察公初莅淮揚任，先生南」来，籩豆言歡，有逾常分。既而歸里」，睽隔者三閲寒暑矣。公念之甚，曾」繪《聽雁》《式好》二圖，借丹青以寄意」。名公鉅卿先後題咏，寫公思慕之」情。昔杜工部詩云“憶弟看雲白日」眠”，此公于南省三千里回首秦川」，依依懸望之真景也。後先生抱恙」於家，公憂心如焚，爲之廢寢食，炙」艾分痛，希古風焉。今年秋七月，凶」問倏至，公設位署所，乞假數日，服」喪輟飲，謂嗣是空望雲之念矣。公」之次子尚幼，當承嗣。星夜馳驛奔」喪。岡於公忝賓主誼，又壬寅春至」署時，與先生晋接累月，温其如玉」，風度宛在目前。因爲述生平梗概」，以慰公痛懷，而以“沉雲”名篇」。

西望行雲迴，風来雲影沉。雲沉不可」見，引領傷中心。憶自攜手時，在原鵜」鴒禽。武陵讓梨棗，姜肱同枕衾。次第」鴻雁序，唱和壎篪音。早歲遭閔凶，霜」凋萱樹陰。弱冠悲在疚，椿庭風雨侵」。明發各有懷，征邁矢素忱。束身秉三」戒，奉訓凛四箴。經籍列肴饌，書畫珍」璆琳。事師嚴立雪，交友期斷金。有意」娱清泉，無志慕華簪。潛德里黨譽，令」名中外欽。方期復聚首，征騎来駸駸」。一堂陳籩豆，歡意諧笙琴。何期凶問」来，五内惨曷禁。良醫少扁鵲，妙藥空」蓍葠。一官縶淮浦，望斷終南岑。急遣」仲子嗣，衰麻渡河潯。尺書告故交，含」涕猶涔涔。故交述顛末，一篇寄哀吟」。

乾隆丙午仲秋下澣

晋陵李瑞岡」

穆大展鎸」

按

撰者李瑞岡，字義一，江蘇晋陵人。乾隆二十五年（1760）進士，選庶吉士，改工部主事，銓補福建龍岩直隸州牧。

750.1788　席氏宗祠記

説明

清乾隆五十三年（1788）三月刻。碑圓首。通高161厘米，寬65厘米。額篆書“皇清”二字。正文楷書17行，滿行50字。周映紫撰文，顧瑞麟書丹。額文兩側飾二龍戲珠圖案，碑身四周飾萬字紋。現存涇陽縣橋底鎮席楊村。《咸陽碑刻》著録。

釋文

席氏宗祠記」

聞之以父母之心爲心者，天下無不友之兄弟；以祖宗之心爲心者，天下無不睦之族人。夫以一本之支，蕃衍至於百世，遞而下之」，以及乎無窮，幾莫識其誰，何也？溯而上之，以推其所自，則皆一體之所遺也。仁人孝子之心，所爲於宗族間繾綣深之焉，而其義莫」大於宗祠之修。何也？舉一族之人散處於里閈之間，朝夕或不相接，作止或不與共，欲不日即於疏，不可得也；合一族之人畢集於」堂廡之下，仰瞻几筵，高曾以上並數世之祖，臨上而質旁，環顧執事，伯叔兄弟，若子姪孫曾，齒序而肩隨，雖欲不相比而親，亦不可」得也。宗祠之修，不亦亟歟？涇陽席氏，世居邑之西鄉，數邨毗連，相倚而處者六十餘家，族望世德，素爲邑中所著稱者。余自庚子迄」丁未，館於景熾姻丈家，酹接既久，見聞尤熟。其族人，長者必篤慈愛，少者必率恭謹。一人一事之得，衆相與樂成之；一人一事之」失，衆相與激厲之。蓋不以族之人爲分門别户、秦越相視之人，而以族之人爲同支共派、痛癢相關之人。以是嘆席氏之世澤長，而」濡染者厚也。歲戊申，余以選人謁京師。景熾、視遠两姻丈郵書寄余，以宗祠告成而屬爲之記。余聞之，益色然喜焉。顧余以爲」祠之修也，亦有辨第以崇堂宇，飾觀瞻，歲時合食，醵飲而嬉談。此唯其名，不唯其實也，吾知席氏之不出此也。修之之義，上以念一」本之所自，知繩繩繼繼，皆先祖之留遺，僾如愾如之容，若相接焉；下以聯族姓之合好，知華髮垂髫，皆同宗之骨肉，藹然油然之忱」，不自已焉。是則修之以其實，而席氏之族人所願聞者也。吾知入而生敬，觀且益善，父與父言慈，子與子言孝，兄與兄言友，弟與弟」言恭，篤水源木本之思，敦睦婣任卹之行，以無負此修祠之舉，而席氏之世澤其相延而未有替也夫。是爲記。祠地八分三釐零，正」室六楹，旁廊六楹，門三楹。工始於乾隆丁未秋九月，竣於戊申春三月，例書於後」。

乾隆五十三年歲次戊申三月穀旦」

賜進士出身敕授文林郎知甘肅西寧府大通縣事加三級紀録五次陽陵周映紫撰文」

邑儒學廩膳生員曉嵐顧瑞麟書」

按

撰者周映紫，陝西高陵人，乾隆四十三年（1778）進士。擅書法。

751.1788　師氏五大夫傳

師氏五大夫傳
師氏系出太原漢瑯琊節
侯丹之後丹嘗僑居韓城
至明洪武間進士諱鐸者
自城還居西北鄉之井溢
村是為始祖六世孫守端
出粟拯饑事聞錫冠帶守
端生良懷良懷生宣綱宣
綱生三子長勳次欽次秀
欽字敬之舉鄉飲賓以孫
元惪兖州府泇河同知
贈奉政大夫如其官生三
子長文翊次文玭次文珩
秀殁無子欽次子文玭嗣
焉文玭又無子以文珩子
元恕為子元恕子彥公為
文玭孫後文翊長子元思
卒無子以彥公為子彥公
任淮揚觀察使嗣祖文翊
文玭本生祖文珩嗣父元

第一石

思本生父元恕俱得
贈中憲大夫如其官
文翊字泉光以國子生應
明經選隱德弗仕力行善
事性醇樸敦倫紀里黨取
則焉年七十一卒娶李氏
子二長即元思次元惪任
山東兖州府泇河同知
文玭字仲玉國子生氣質
和粹行修於家訓子弟尤
有法歲飢設粥濟其鄉寒
治絮衣施貧乏里人至今
稱之年七十有七卒娶閻
氏
文珩字楚珍國子生幼聰
穎嗜讀書工舉子業屢試
不售乃慨然曰取科第須
求無愧科第者遂屏跡園
林不出里閈者數十年率
子弟敦孝友動引古法循

第二石

説 明

清乾隆五十三年（1788）六月刻。碑長方形。共5石。前4石均長36厘米、寬26厘米；末石長45厘米，寬37厘米。正文前4石均楷書20行，滿行10字。末石2行，滿行10字。沈初撰文，康基田書丹。文末鎸二印，一朱文“康基田印”，一白文“茂園”。現存韓城市博物館。

釋 文

師氏五大夫傳」

師氏系出太原，漢瑯琊節」侯丹之後。丹嘗僑居韓城」。至明洪武間進士諱鐸者」，自城遷居西北鄉之井溢」村，是爲始祖。六世孫守端」出粟拯餓，事聞，錫冠帶。守」端生良懷，良懷生定綱，定」綱生三子，長勳，次欽，次秀」。欽字敬之，舉鄉飲賓，以孫」元德兗州府泇河同知」贈奉政大夫，如其官。生三」子，長文玥，次文玶，次文珩」。秀歿無子，欽次子文玶嗣」焉。文玶又無子，以文珩子」元恕爲子。元恕子彦公爲」文玶孫。後文玥長子元思」卒，無子，以彦公爲子。彦公」任淮揚觀察使，嗣祖文玥」、文玶，本生祖文珩，嗣父元」（以上第一石）思，本生父元恕，俱得」贈中憲大夫，如其官」。

文玥字崑光，以國子生應」明經選。隱德弗仕，力行善」事。性醇樸，敦倫紀，里黨取」則焉。年七十一卒。娶李氏」，子二，長即元思，次元德，任」山東兗州府泇河同知」。

文玶字仲玉，國子生。氣質」和粹，行修於家，訓子弟尤」有法。歲饑，設粥濟其鄉；寒」，治絮衣施貧乏。里人至今」稱之。年七十有七卒。娶閻」氏」。

文珩字楚珍，國子生。幼聰」穎，嗜讀書，事舉子業，屢試」不售。乃慨然曰：“取科第須」求無愧科第者。”遂屏迹園」林，不出里閈者數十年。率」子弟，敦孝友，動引古法，循」（以上第二石）循有儒者風。年五十有八」卒。娶薛氏，繼高氏，再繼李」氏」。

元思字曰睿，天姿穎異，强」志力學，人莫量其所至。年」三十有七卒。娶程氏」。

元恕，一名貞充，字擴齊，號」沼亭。弱冠補博士弟子員」，會家衆日繁，遂絶仕進。理」家政，内外井井。以明經老」。事所後父母無異所生，先」意承志。施德於鄉里，如其」先世，益加勉焉。韓城聞而」慕傚者數輩。年四十有九」卒。娶薛氏，繼娶劉氏。子三」：長即彦公，今移淮徐道；次」懋公，候選州同知，仍承本」支；次晋公，任安徽潁州府」經歷，歷署銅陵、阜陽縣事」，承祀二房。

循有儒者風年五十有八
卒娶薛氏繼高氏再繼李
氏
元思字曰睿天姿穎異強
志力學人莫量其所至年
三十有七卒娶程氏
元恕一名貞元字擴齋號
治亭弱冠補博士弟子員
會家衆日繁遂絕仕進理
家政内外井、以明經老
事所後父母無異所生先
意承志施德於鄉里如其
先世益加勉焉韓城聞而
慕傚者數輩年四十有九
卒娶薛氏繼娶劉氏子三
長即彥公今移淮徐道次
懋公候選州同知仍承本
支次晉公任安徽潁州府
經歷歷署銅陵阜陽縣事
承祀二房史氏曰韓城師

第三石

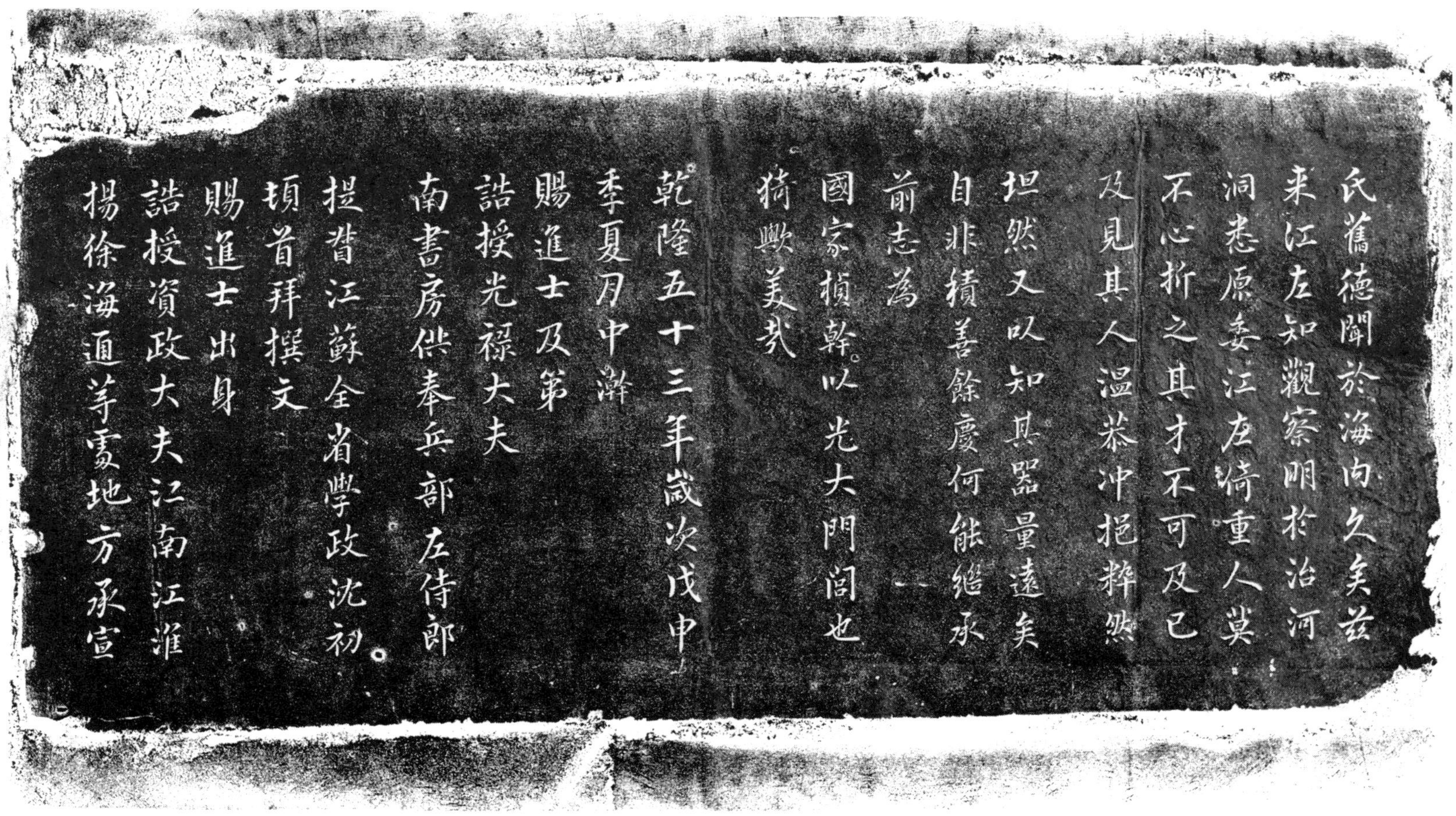
氏舊德聞於海内久矣茲
來江左知觀察明於治河
洞悉原委江左倚重人莫
不心折之其才不可及已
及見其人溫恭冲挹粹然
坦然又以知其器量遠矣
自非積善餘慶何能繼承
前志爲
國家楨榦以光大門閭也
猗歟美哉
乾隆五十三年歲次戊申
季夏月中澣
賜進士及第
誥授光祿大夫
南書房供奉兵部左侍郎
提督江蘇全省學政沈初
頓首拜撰文
賜進士出身
誥授資政大夫江南江淮
揚徐海通等處地方承宣

第四石

史氏曰：韓城師」（以上第三石）氏舊德聞於海内久矣，兹」来江左，知觀察明於治河」，洞悉原委，江左倚重，人莫」不心折之，其才不可及已」。及見其人，温恭冲挹，粹然」坦然，又以知其器量遠矣」。自非積善餘慶，何能繼承」前志，爲」國家楨幹，以光大門閭也」。猗歟美哉」！

乾隆五十三年歲次戊申」季夏月中澣」

賜進士及第」誥授光禄大夫」南書房供奉兵部左侍郎」提督江蘇全省學政沈初」頓首拜撰文」

賜進士出身」誥授資政大夫江南江淮」揚徐海通等處地方承宣」（以上第四石）布政使協防河務康基田」頓首拜書丹」（以上第五石）

按

撰者沈初，字景初，浙江平湖人。乾隆二十八年（1763）進士，授編修。三十六年直南書房，纍擢禮部侍郎，督福建學政，兵部侍郎，督順天學政，調江蘇，歷充四庫全書館、三通館副總裁，擢左都御史，授軍機大臣，遷兵部尚書，歷吏、户二部。《清史稿》有傳。

書者康基田，字茂園，山西興縣人。乾隆二十二年（1757）進士，授江蘇新陽知縣，調昭文。纍遷河南河北道，調江南淮徐道，擢江蘇按察使、安徽巡撫、江蘇巡撫等，治河有聲。

第五石

752.1789　重修罔極寺碑記

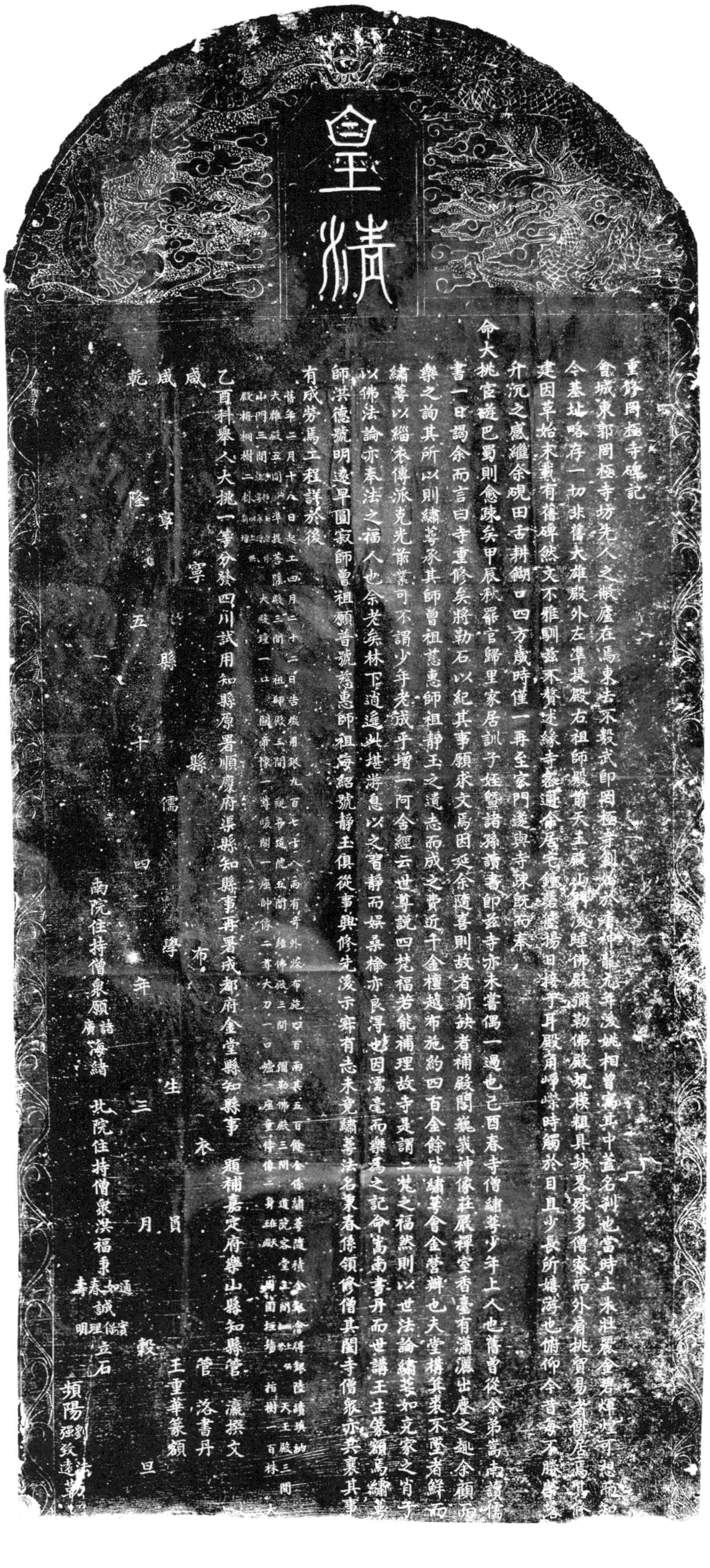

説明

清乾隆五十四年（1789）三月刻。碑螭首。通高154厘米，寬68厘米。額文篆書“皇清”二字。正文楷書22行，滿行57字。管瀛撰文，管洛書丹，王重華篆額。額文兩側飾二龍戲珠圖案，碑身四周飾蔓草紋。現存西安市罔極寺。

釋文

重修罔極寺碑記」

會城東郭罔極寺坊，先人之敝廬在焉。東去不數武，即罔極寺。創始於唐神龍元年。後姚相曾寓其中，蓋名刹也。當時土木壯麗，金碧輝煌，可想而知」。今基址略存，一切非舊。大雄殿外，左準提殿，右祖師殿，前天王殿、山門，後睡佛殿、彌勒佛殿，規模粗具，缺略殊多。僧寮而外，肩挑貿易者，僦居焉。其修」建因革始末，載有舊碑，然文不雅馴，兹不贅述。緣寺密邇余居宅，鐘磬悠揚，日接于耳；殿角崢嶸，時觸於目。且少長所嬉游也。俯仰今昔，每不勝榮落」升沉之感。繼余硯田舌耕，餬口四方，歲時僅一再至家門，遂與寺疎。既而奉」命大挑，宦遊巴蜀，則愈疎矣。甲辰秋罷官，歸里家居，訓子姪暨諸孫讀書，即兹寺亦未嘗偶一過也。己酉春，寺僧繡蕚，少年上人也，舊曾從余弟嵩南讀儒」書。一日謁余而言曰：“寺重修矣，將勒石以紀其事，願求文焉。”因延余隨喜。則故者新，缺者補，殿閣巍峨，神像莊嚴，禪室香臺有瀟灑出塵之趣。余顧而」樂之，詢其所以，則繡蕚承其師曾祖總慈惠、師祖静玉之遺志而成之，費近千金，檀越布施約四百金，餘皆繡蕚會金營辦也。夫堂構箕裘不墜者鮮，而」繡蕚以緇衣傳派，克光前業，可不謂少年老成乎！《增一阿含經》云：“世尊説四梵福，若能補理故寺，是謂二梵之福。”然則以世法論，繡蕚如克家之肖子」；以佛法論，亦奉法之福人也。余老矣，林下逍遥，此堪游息，以之習静而娛桑榆，亦良得也。因濡毫而樂爲之記，命嵩南書丹，而世講王生篆額焉。繡蕚」師洪德，號明遠，早圓寂。師曾祖願普，號慈惠。師祖海紹，號静玉。俱從事興修，先後示寂，有志未竟。繡蕚法名秉春，係領修僧。其闔寺僧衆，亦共襄其事」，有成勞焉。工程詳於後」：

舊年二月十八日起工，四月二十二日告竣，用銀九百七十八兩有奇。外收布施四百兩，其五百餘金係繡蕚隨積金銀會得銀，陸續填納」。大雄殿五間，準提菩薩殿三間，祖師殿三間，觀音道院五間，睡佛殿三間，彌勒佛殿三間，道院客堂三間，以上俱翻修。天王殿三間」，山門三間，係静玉重修，繡蕚采繪，大殿鐘一口，關帝像一尊，暖閣一座，帥像二尊，大刀一口，爐一座，童侍像二身，在天王殿，周圍垣墻，柏樹一百株，大」殿梧桐樹二株，以上俱新增」。

乙酉科舉人大挑一等分發四川試用知縣原署順慶府渠縣知縣事再署成都府金堂縣知縣事題補嘉定府樂山縣知縣管瀛撰文」

咸寧縣布衣管洛書丹」

咸寧縣儒學生員王重華篆額」

乾隆五十四年三月穀旦」

南院住持僧衆願諸、願廣、海緒，北院住持僧衆洪福、秉如、秉春、秉通、秉壽、誠保、誠理、誠實、誠明立石」

頻陽劉法、强致遠勒」

按

此碑現存西安市罔極寺，是寺内現存最早之碑刻。碑所記罔極寺之位址、創建始末、翻修經過，與寺之規模及名僧大德等，對研究罔極寺之歷史具有極高的史料價值。

753.1789　古昌暨配雷孺人合葬墓誌

皇清待贈
太學生又生
古公暨繼配
雷孺人合葬
墓志銘

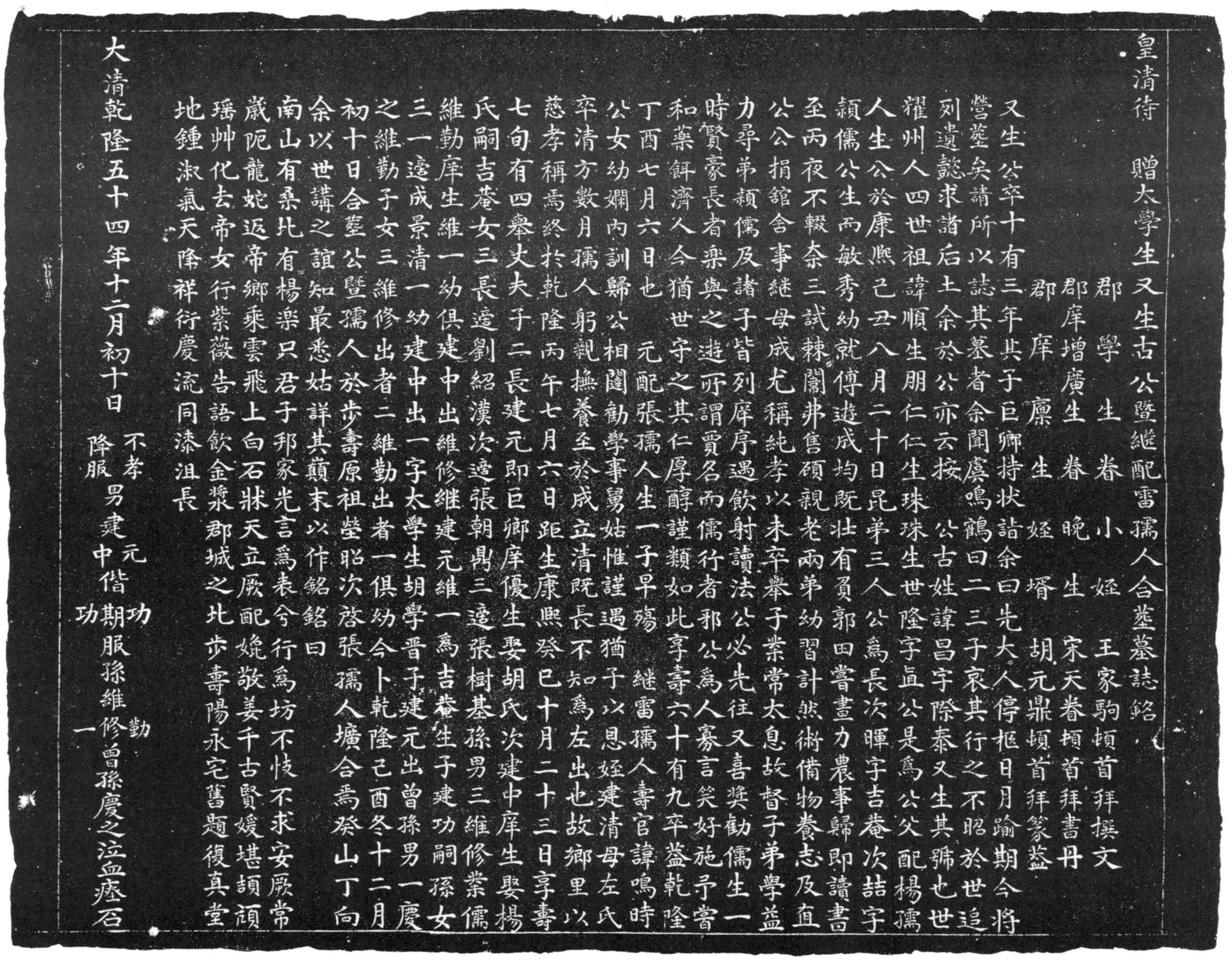
皇清待　贈太學生又生古公暨繼配雷孺人合葬墓誌銘
郡學生眷小姪王家駒頓首拜撰文
郡庠增廣生眷晚生宋天眷頓首拜書丹
郡庠廩生姪壻胡元鼎頓首拜篆蓋
又生公卒十有三年其子巨卿持狀詣余曰先大人停柩日月踰期今將
營葬矣請所以誌其墓者余聞虞鳴鶴曰二三子哀其行之不昭於世追
列遺懿求諸后土余於公亦云按公古姓諱昌字際泰又生其號也世
耀州人四世祖諱順生朋仁仁生珠珠生世隆字㡿公是爲公父配楊孺
人生公於康熙己丑八月二十日昆弟三人公爲長次暉字吉菴次喆字
穎儒公生而敏秀幼就傅遊成均既壯有負郭田嘗晝力農事歸即讀書
至丙夜不輟奈三試棘闈弗售顧親老兩弟幼習計然術備物養志及直
公公捐館舍事繼母成尤稱純孝以未卒舉子業常太息故督子弟學益
力尋弟穎儒及諸子皆列庠序遇飲射讀法公必先往又喜獎勸儒生一
時賢豪長者樂與之遊所謂賈名而儒行者耶公爲人寡言笑好施予嘗
和藥餌濟人今猶世守之其仁厚醇謹類如此享壽六十有九卒葢乾隆
丁酉七月六日也　元配張孺人生一子早殤　繼雷孺人壽官諱鳴時
公女幼嫻內訓歸公相闔勸學事舅姑惟謹遇猶子以恩姪建清母左氏
卒清方數月孺人躬親撫養至於成立清既長不知爲左出也故鄉里以
慈孝稱焉終於乾隆丙午七月六日距生康熙癸巳十月二十三日享壽
七旬有四舉丈夫子二長建元即巨卿庠優生娶胡氏次建中庠生娶楊
氏嗣吉菴女三長適劉紹漢次適張朝鼎三適張樹基孫男三維修業儒
維勤庠生維一幼俱建中出維修繼建元維一爲吉菴生子建功嗣孫女
三一適成景清一幼建中出一字太學生胡學晉子建元出曾孫男一慶
之維勤子女三維修出者二維勤出者一俱幼今卜乾隆己酉冬十二月
初十日合葬公暨孺人於步壽原祖塋昭次啓張孺人壙合焉癸山丁向
余以世講之誼知最悉姑詳其巔末以作銘銘曰
南山有桑北有楊樂只君子邦家光言爲表兮行爲坊不忮不求安厥常
歲阨龍蛇返帝鄉乘雲飛上白石牀天立厥配婉敬姜千古賢媛堪頡頏
瑤艸化去帝女行紫薇告語飲金漿郡城之北步壽陽永宅舊題復真堂
地鍾淑氣天降祥衍慶流同漆沮長
大清乾隆五十四年十二月初十日
不孝　男建元　功　期服孫維勤
降服　男建中偕　功　期服孫維一　修曾孫慶之泣血瘞石

説明

清乾隆五十四年（1789）十二月刻。誌、蓋均長方形。均長65厘米、寬51厘米。蓋文5行，滿行5字，篆書“皇清待贈」太學生又生」古公暨繼配」雷孺人合葬」墓志銘」”。誌文楷書31行，滿行28字。王家駒撰文，宋天眷書丹，胡元鼎篆蓋。蓋、誌周邊均爲單綫框。1994年耀縣城北塔坡出土。現存銅川市耀州區博物館。《新中國出土墓誌（陝西叁）》著録。

釋文

皇清待贈太學生又生古公暨繼配雷孺人合葬墓誌銘」

郡學生眷小姪王家駒頓首拜撰文」

郡庠增廣生眷晚生宋天眷頓首拜書丹」

郡庠廪生姪婿胡元鼎頓首拜篆蓋」

又生公卒十有三年，其子巨卿持狀詣余曰：“先大人停柩日月踰期，今將」營葬矣，請所以誌其墓者。”余聞虞鳴鶴曰“二三子哀其行之不昭於世，追」列遺懿，求諸后土”，余於公亦云。按，公古姓，諱昌，字際泰，又生其號也。世」耀州人。四世祖諱順，生朋仁。仁生珠。珠生世隆，字直公，是爲公父。配楊孺」人，生公於康熙己丑八月二十日。昆弟三人，公爲長；次暉，字吉菴；次喆，字」穎儒。公生而敏秀，幼就傅，遊成均。既壯，有負郭田，嘗晝力農事，歸即讀書」，至丙夜不輟。奈三試棘闈弗售。顧親老，兩弟幼，習計然術，備物養志。及直」公公捐館舍，事繼母成尤稱純孝。以未卒舉子業常太息，故督子弟學益」力。尋弟穎儒及諸子皆列庠序，遇飲射讀法，公必先往。又喜奬勸儒生，一」時賢豪長者樂與之遊。所謂賈名而儒行者邪。公爲人寡言笑，好施予，嘗」和藥餌濟人，今猶世守之，其仁厚醇謹類如此。享壽六十有九卒，蓋乾隆」丁酉七月六日也。元配張孺人，生一子，早殤。繼雷孺人，壽官諱鳴時」公女。幼嫻内訓，歸公相闔勸學。事舅姑惟謹，遇猶子以恩。姪建清母左氏」卒，清方數月，孺人躬親撫養，至於成立。清既長，不知爲左出也，故鄉里以」慈孝稱焉。終於乾隆丙午七月六日，距生康熙癸巳十月二十三日，享壽」七旬有四。舉丈夫子二：長建元，即巨卿，庠優生，娶胡氏；次建中，庠生，娶楊」氏，嗣吉菴。女三：長適劉紹漢，次適張朝鼎，三適張樹基。孫男三：維修，業儒」；維勤，庠生；維一，幼，俱建中出。維修繼建元，維一爲吉菴生子建功嗣。孫女」三：一適成景清，一幼，建中出；一字太學生胡學晋子，建元出。曾孫男一，慶」之，維勤子。女三，維修出者二，維勤出者一，俱幼。今卜乾隆己酉冬十二月」初十日，合葬公暨孺人於步壽原祖塋昭次，啓張孺人壙合焉。癸山丁向」。余以世講之誼知最悉，姑詳其巔末，以作銘。銘曰」：

南山有桑北有楊，樂只君子邦家光。言爲表兮行爲坊，不忮不求安厥常」。歲阨龍蛇返帝鄉，乘雲飛上白石牀。天立厥配媲敬姜，千古賢媛堪頡頏」。瑶草化去帝女行，紫薇告語飲金漿。郡城之北步壽陽，永宅舊題復真堂」。地鍾淑氣天降祥，衍慶流同漆沮長」。

大清乾隆五十四年十二月初十日

不孝男建元、降服男建中偕功服孫維勤、期服孫維修、功服孫維一、曾孫慶之泣血瘞石」

754.1791　重修天聖道觀記

重修天聖道觀記

重修咸陽大魏村天聖道觀記
咸陽縣之大魏村有天聖道觀祀王重陽其村人也生宋元閒為黄冠後傳其得道仙去
當時靈異之跡甚衆觀建於元今且數百年頽圮將盡聞一老者年高而好善常往來
三輔諸邑每見祠宇有傾壞必為募資修整之乾隆庚戌湖北中丞福公方開藩秦
中余則承之糧儲道老人以天聖觀事語中丞公及余曰願亟葺之毋令遂廢也夫關
中地多明山若終南太華巖壑包孕幽閒[illegible]邃故歷世絶粒茹芝全真而羽化者見於記
載纍纍也民間因其故跡建祠宇以奉之深村僻壤亦所在多有況
我朝以來仰承
列聖涵濡之澤年穀時熟民氣豐豫往往踵事增飾以為歲時報賽憩息游觀之所盖其遭逢之
盛又有不同者矣然則若天聖觀者豈可一旦廢於今乎中丞公與余因各捐貲若干
庀材鳩工共襄厥事頽者以立圮者以整無費於民卒還舊觀既以慰老人樂善之意亦
庶幾斯村之民得遂其報賽之誠游覽之適亦
昇平一觀美也于其落成勒石以記歲月老人者李姓開一其道號云
陝西分守西乾鄜等處督糧道兼管水利事務溫承惠撰文
兵部侍郎兼都察院右副都御史巡撫湖北等處提督軍務兼理糧餉福寧書丹
乾隆五十六年歲在辛亥孟秋月上浣之吉

説明

清乾隆五十六年（1791）七月刻。碑圓首。通高207厘米，寬73厘米。額文2行，滿行4字，篆書“重修天聖」道觀碑記”。正文楷書16行，滿行34字。温承惠撰文，福寧書丹。額周飾雲龍紋，碑身周飾捲草紋。原在咸陽市秦都區雙照鄉大魏村天聖宮遺址。現存咸陽博物館。《咸陽碑石》著録。

釋文

重修咸陽大魏村天聖道觀記」

咸陽縣之大魏村有天聖道觀，祀王重陽，其村人也，生宋元間，爲黄冠，後傳其得道仙去」，當時靈異之迹甚衆。觀建於元，今且數百年，頹圮將盡。聞一老人者，年高而好善，常往來」三輔諸邑，每見祠宇有傾壞，必爲募資修整之。乾隆庚戌，湖北大中丞福公方開藩秦」中，余則承乏糧儲道。老人以天聖觀事語中丞公及余曰：“願亟葺之，毋令遂廢也。夫關」中地多明山，若終南、太華，巖壑包孕，幽閴寥邃。故歷世絶粒茹芝、全真而羽化者，見於記」載，纍纍也。民間因其故迹，建祠宇以奉之。深村僻壤，亦所在多有。况」我朝以來，仰承」列聖涵濡之澤，年穀時熟，民氣豐豫，往往踵事增飾，以爲歲時報賽、憩息游觀之所。蓋其遭逢之」盛，又有不同者矣。然則若天聖觀者，豈可一旦廢於今乎？”中丞公與余因各捐貲若干」，庀材鳩工，共襄厥事。頹者以立，圮者以整，無費於民，卒還舊觀。既以慰老人樂善之意，亦」庶幾斯村之民得遂其報賽之誠，遊覽之適，亦」昇平一觀美也。于其落成，勒石以記歲月。老人者，李姓，聞一其道號云」。

陝西分守西乾鄜等處督糧道兼管水利事務温承惠撰文」

兵部侍郎兼都察院右副都御史巡撫湖北等處提督軍務兼理糧餉福寧書丹」

乾隆五十六年歲在辛亥孟秋月上浣之吉」

按

撰者温承惠，山西太谷人，乾隆四十二年（1777）拔貢，朝考首擢，除七品小京官，分吏部。纍遷郎中。五十四年（1789）出爲陝西督糧道。此文撰寫正在此任上。《清史稿》有傳。

書者福寧，伊爾根覺羅氏，後隸滿洲鑲藍旗。由兵部筆帖式擢工部郎中，乾隆五十五年（1790）任湖北巡撫。《清史稿》有傳。

755.1792　創建奎文閣碑記

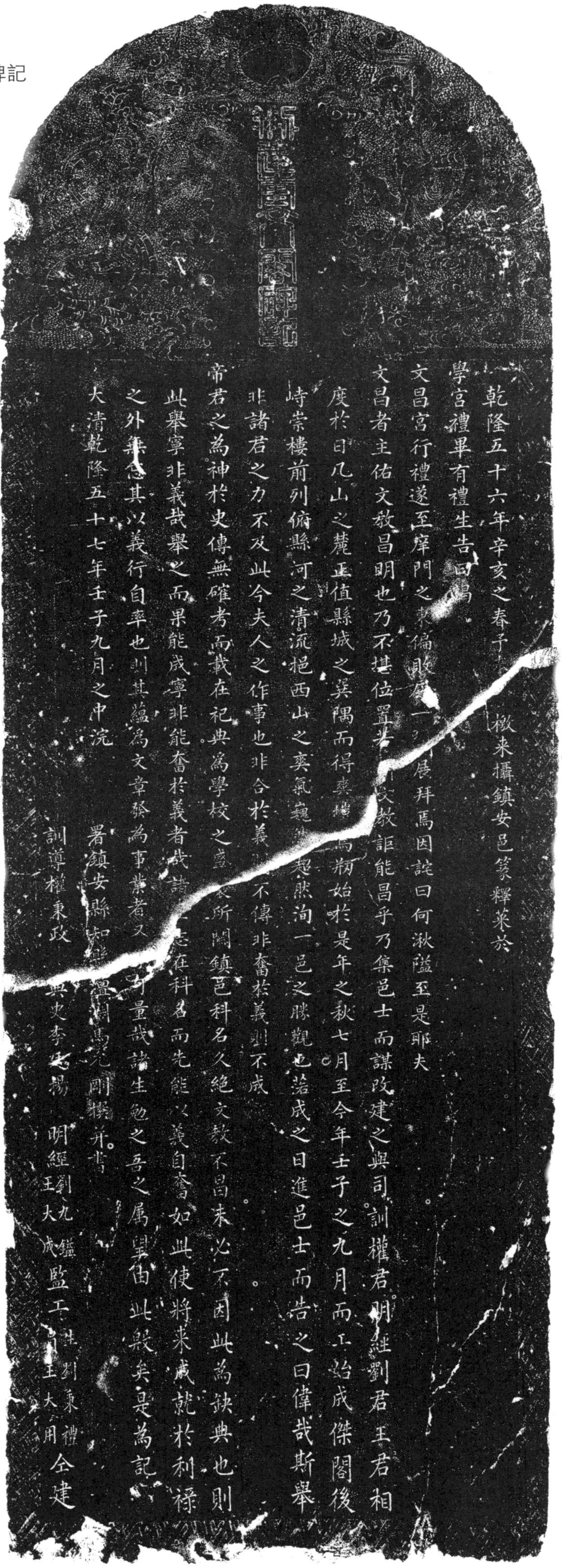

乾隆五十六年辛亥之春予□檄來攝鎮安邑篆釋菜於
學宮禮畢有禮生告曰謁
文昌宮行禮遂至庠門之東偏殿□一□展拜焉因詢曰何湫隘至是耶夫
文昌者主佑文教昌明也乃不甚位置若□文教詎能昌乎乃集邑士而謀改建之與司訓權君明經劉君王君相
度於日凡山之麓正值縣城之巽隅而得爽塏焉剏始於是年之秋七月至今年壬子之九月而工始成傑閣後
峙崇樓前列俯縣河之清流挹西山之爽氣巍然翹然洵一邑之勝觀也落成之日進邑士而告之曰偉哉斯舉
非諸君之力不及此今夫人之作事也非合於義□不傳非奮於義則不成
帝君之為神於史傳無確考而載在祀典為學校之盛□所關鎮邑科名久絕文教不昌未必不因此為缺典也則
此舉寧非義哉舉之而果能成寧非能奮於義者哉諸□志在科名而先能以義自奮如此使將來咸就於利祿
之外無忘其以義行自率也則其蘊為文章發為事業者又□可量哉諸生勉之吾之屬望由此殷矣是為記
大清乾隆五十七年壬子九月之中浣　署鎮安縣知縣□□馬元剛撰并書
訓導權秉政　典史李□楊　明經劉九鎰　王大成　監工　生員劉秉禮　王大用　仝建

説 明

清乾隆五十七年（1792）九月刻。碑圓首。高200厘米，寬72厘米。額文隸書1行“創建奎文閣碑記”。正文楷書12行，滿行43字。馬允剛撰文并書丹。額飾二龍戲珠圖案，碑身四周飾幾何圖案。2003年鎮安縣城關糧站出土。現存鎮安縣城校場溝。

釋 文

乾隆五十六年辛亥之春，予奉檄来攝鎮安邑篆，釋菜於」學宫。禮畢，有禮生告曰謁」文昌宫行禮。遂至庠門之東偏，敗□一門展拜焉。因詫曰：何湫隘至是耶！夫」文昌者，主佑文教昌明也，乃不堪位置若斯，文教詎能昌乎？乃集邑士而謀改建之。與司訓權君、明經劉君、王君相」度於日几山之麓，正值縣城之巽隅，而得爽塏焉。創始於是年之秋七月，至今年壬子之九月，而工始成。傑閣後」峙，崇樓前列，俯縣河之清流，挹西山之爽氣。巍然超然，洵一邑之勝觀也。落成之日，進邑士而告之曰：偉哉斯舉」，非諸君之力不及此！今夫人之作事也，非合於義則不傳，非奮於義則不成」，帝君之爲神，於史傳無確考，而載在祀典，爲學校之盛製所關。鎮邑科名久絶，文教不昌，未必不因此爲缺典也。則」此舉寧非義哉？舉之而果能成，寧非能奮於義者哉？諸生志在科名，而先能以義自奮如此，使將来成就於利禄」之外，無忘其以義行自率也。則其藴爲文章，發爲事業者，又不可量哉！諸生勉之。吾之属望，由此殷矣。是爲記」。

大清乾隆五十七年壬子九月之中浣，署鎮安縣知縣澶淵馬允剛撰并書」

訓導權秉政，典史李廷揚，明經劉九鎰、王大成，監工生員劉秉禮、王大用仝建」

按

撰、書者馬允剛，字見一，號雨峰，直隸開州人。乾隆五十三年（1788）舉人。歷内閣侍讀、鎮安縣知縣、沔縣知縣、定遠廳同知、池州知府等。撰此文時爲鎮安縣知縣。

756.1793　重修樓觀碑記

説 明

清乾隆五十八年（1793）八月刻。碑圓首方座。通高204厘米，寬81厘米。額文2行，滿行3字，篆書“重修樓」觀碑記”。正文楷書16行，滿行36字。和寧撰文并書丹。額飾二龍戲珠圖案，碑身四周飾梅、竹、荷、龍等圖案。現存周至縣樓觀臺。《樓觀臺道教碑石》著録。

釋 文

重修樓觀碑記」

自唐韓文公力闢二氏，而後世附名庠序之徒，遂乃噤不敢道，殊不知公所闢者，皆二氏之蝨」賊，剽竊緒餘，狂瀾横倒，不得已而循流以遏其源，有扶持世道之苦心焉。余嘗以爲佛氏之教」，虚無寂滅，其流必至敗壞綱常，而宋儒爲之推原其始，尚有半截聖人之目。若夫老氏，以清静」無爲爲宗旨，而歸於各善其身。初未悖於聖賢修身立命之意，其後乃爲鍊形羽化者流所僞」托，馴致佛、老異軌同歸，則非《道德》五千言之過也。尼山不嘗問禮於老聃乎？夫禮者，治天下之」大經大法。老氏能深明其義，尼山且許以猶龍，豈得以子孫之不肖而痛斥其祖宗，必欲火其」書、毁其廬而後已乎。尼山祖述堯、舜，而贊之曰：民無能名。又曰：無爲而治。讀者味斯言，亦當恍」然於清静無爲之説，未嘗謬戾吾道矣。盩厔舊有樓觀，爲尹大夫草樓故址，後人建立道宫，名」曰樓觀。其南有臺曰授經，亦曰説經，即老子説《道德》五千言以授尹大夫之所。《金元羽章經》所」謂著《道德經》於緑那國者是也。樓觀歲久未修，風雨剥蝕，楹桷墻垣，將就頽圮。余於乾隆五十」七年秋履勘屬邑旱田，往来其地，目擊心存，特分廉俸，命工次第修葺而新之，以綿古迹，並刊」石以記歲月云。

時」乾隆五十八年八月秋分日

攝陝西巡撫事承宣使者和寧撰文并書」

知盩厔縣事鄧秉綸、署縣丞費濬、署典史江廷球敬立」

絳州解去疑鐫字」

757.1794　創建連氏祠堂碑記

皇清
創建祠堂碑記
吾連氏遷居鄢邑迄今歷十一世子姓蕃衍先疇之服多務耕鑿薦德之食暇敦詩書采芹食餼者歷世
有人此皆祖宗之積累為培植于無窮也第奉祀無地幽靈何依縱有春露秋霜之感而無所伸予常與
兄弟論及此事斯時心有餘而力未逮今余兄弟老矣欲成素志遂至乾隆癸丑創始於孟春落成於初
冬丹雘甓砌於甲寅之秋主室享堂各三楹東西廈房各三楹門樓一座門房四楹基址長三十四棍三
尺濶南北兩頭俱八棍二尺共官地壹畝貳分壹厘丁差銀陸分豆四升三合祭田四畝軍
地叁畝官地壹畝共壹段東西畛坐落堡西北嗚呼創造經營規模雖小惟期妥侑先靈時薦有地報本
追遠於不忘耳後之人有善繼予之志者墻垣時葺之磚石時補之務四圍孔固樹木無戕異日支派愈
昌羣來薦新皆有本源之念庶無不肖子孫是誠予之志也夫
皆
乾隆五十九年歲次甲寅孟冬　穀旦

説明

清乾隆五十九年（1794）十月刻。碑圓首。通高136厘米，寬56厘米。額文楷書“皇清”二字。正文楷書12行，滿行40字。額文兩側刻雲龍紋，碑身兩側及底部刻萬字紋。原竪於户縣石井鄉柿園村連氏宗祠内。現存該村連希成家。《户縣碑刻》著録。

釋文

創建祠堂碑記」

吾連氏遷居鄠邑，迄今歷十一世，子姓蕃衍。先疇之服，多務耕鑿；舊德之食，暇敦詩書。采芹食餼者，歷世」有人。此皆祖宗之積累，爲培植于無窮也。第奉祀無地，幽靈何依，縱有春露秋霜之感，而無所伸。予常與」兄弟論及此事，斯時心有餘而力不逮，今余兄弟耄矣，欲成素志，遂至乾隆癸丑，創始於孟春，落成於初」冬，丹雘甃砌於甲寅之秋。主室享堂各三楹，東西厦房各三楹，門樓一座，門房四楹。基址長三十四棍三」尺，闊南北兩頭俱八棍二尺。共官地壹畝貳分壹厘。丁差銀陸分，豆四升三合，米陸升三合。祭田四畝：軍」地三畝，官地壹畝。共壹段東西畝，坐落堡西北。嗚呼！創造經營規模雖小，惟期妥侑先靈。時薦有地，報本」追遠於不忘耳。後之人有善繼予之志者，墻垣時葺之，磚石時補之，務四圍孔固，樹木無戕。異日支派愈」昌，群来薦新，皆有本源之念，庶無不肖子孫，是誠予之志也夫」！

七世曾孫沐皇恩縉、沐皇恩二次經、處士成、邑廪生登第、邑庠生甲第，八世孫華楹、華魁、邑庠生華林、華楨、邑庠生華楝、華相、華鳳、邑庠生華滋、華桂、華秀、華實，九世孫宝青、振青、簡青、珍青、達青、永青、步青、會青、敬青、選青、雲青、順青、奮青、懷青、恒青、萬青，十世孫友益、友賢，十一世孫日泰謹識上石」

時」乾隆五十九年歲次甲寅孟冬穀旦」

758.1794　米宗芾暨夫人張氏合葬墓誌

皇清例授文林郎
己亥恩科經
元景章米公暨
元配張孺人合
塋墓誌銘

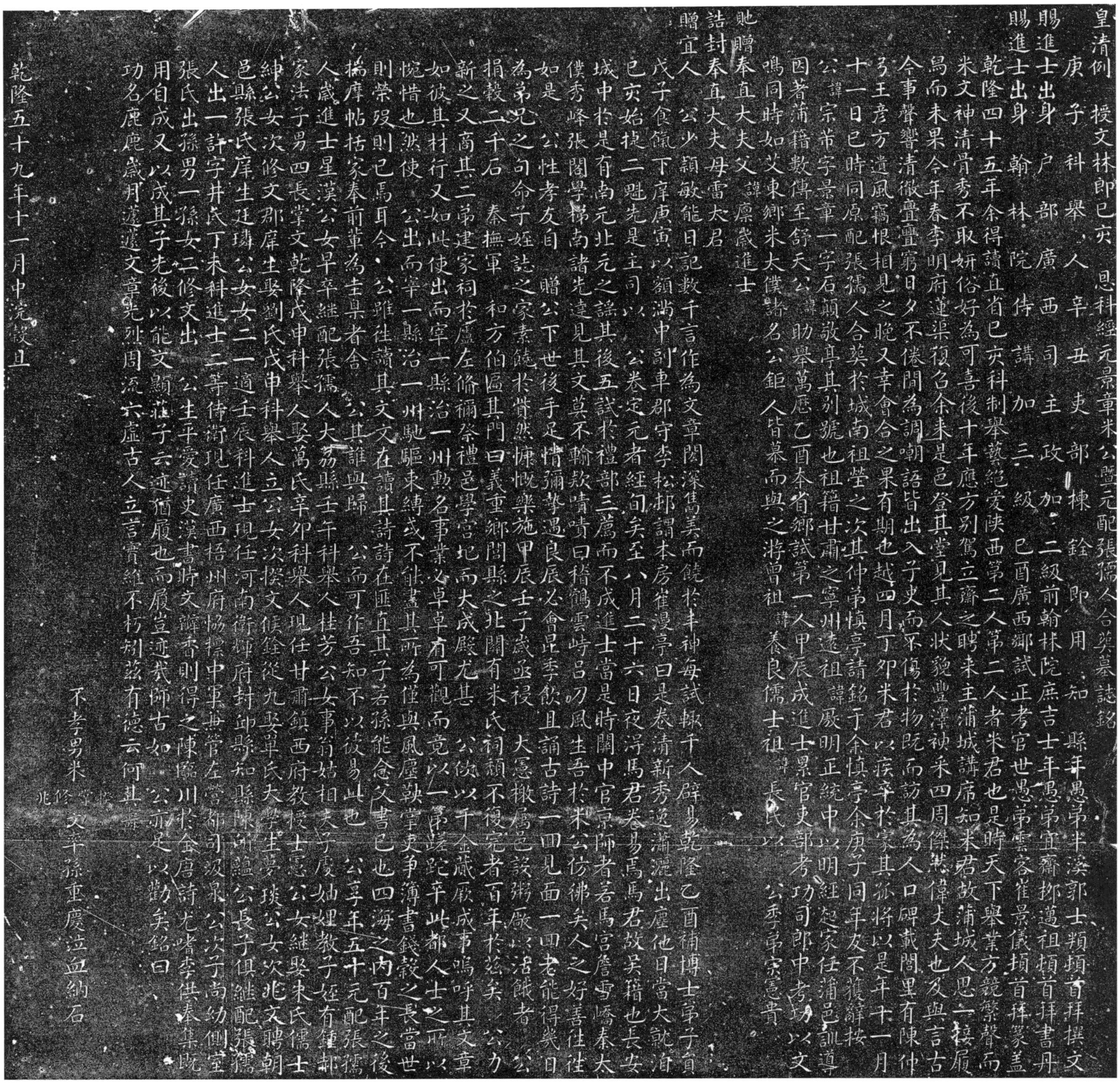

皇清例授文林郎己亥恩科經元景章米公暨元配張孺人合葬墓誌銘
庚子科舉人辛丑吏部揀銓即用知縣年愚弟半溪郭士類頓首拜撰文
賜進士出身户部廣西司主政加二級前翰林院庶吉士年愚弟宜齋掷邁祖頓首拜書丹
賜進士出身翰林院侍講加三級己酉廣西鄉試正考官世愚弟雲容崔景儀頓首拜篆盖
乾隆四十五年余得讀直省己亥科制舉藝絶愛陝西第二人第二人者米君也是時天下舉業方競繁聲而
米文神清骨秀不取妍俗好為可喜後十年應方别駕立齋之聘來主蒲城講席知米君故蒲城人思一接履
舄而未果今年春李明府蓮渠複名余來是邑登其堂見其人狀貌豐澤袂采四周傑然偉丈夫也及與言古
今事聲響清徹亹亹窮日夕不倦間為調嘲語皆出入子史而不傷於物既而訪其為人口碑載閭里有陳仲
弓王彦方遺風竊恨相見之晚又幸會合之果有期也越四月丁卯米君以疾卒於家其孤將以是年十一月
十一日巳時同原配張孺人合葬於城南祖塋之次其仲弟慎亭請銘于余慎亭余庚子同年友不獲辭按
公諱宗芾字景章一字石顛敬亭其别號也祖籍甘肅之寧州遠祖諱嚴明正統中以明經起家任蒲邑訓導
因著蒲籍數傳至舒天公諱助舉萬歷乙酉本省鄉試第一人甲辰成進士累官吏部考功司郎中考功以文
鳴同時如艾東鄉米大僕諸名公鉅人皆慕而與之游曾祖諱養良儒士祖諱長民以公季弟宗憲貴
貤贈奉直大夫父諱廪歲進士
誥封奉直大夫母雷太君
贈宜人公少穎敏能日記數千言作為文章閎深雋美而饒於丰神每試輙千人辟易乾隆乙酉補博士弟子員
戊子食餼下庠庚寅以額滿中副車郡守李松郁謂本房崔漫亭曰是卷清新秀逸瀟灑出塵他日當大就宿
己亥始捷二魁先是主司以公卷定元者經旬矣至八月二十六日夜得馬君卷易焉馬君故吳籍也長安
城中於是有南元北元之謠其後五試於禮部三薦而不成進士當是時關中官京師者若馬宫詹雪嶠秦太
僕秀峰張閣學榕南諸先達見其文莫不輸款嘖嘖曰稽鶴雲峙吕刃風生吾於米公彷彿失人之好善往往
如是公性孝友自贈公下世後手足情彌摯遇良辰必會昆季飲且誦古詩一回見面一回老能得幾日
為弟兄之句命子姪誌之家素饒於貲然慷慨樂施甲辰壬子歲亟祲大憲撫屬邑設粥廠以活餓者公力
捐穀二千石秦撫軍和方伯區其門曰義重鄉閭縣之北關有米氏祠頹不復完者百年於茲矣公
新之又商其二弟建家祠於廬左脩禰祭禮邑學宫圮而大成殿尤甚公倣以千金葳厥成事嗚呼其文章
如彼其材行又如此使出而宰一縣治一州動名事業必卓卓有可觀而竟以一第蹉跎卒此都人士之所以
悼惜也然使公出而宰一縣治一州馳驅束縛或不能盡其所為僅與風塵鞅掌吏爭簿書錢穀之長當世
則榮歿則已焉耳今公雖往讀其文文在讀其詩詩在匪直其子若孫能念文書己也四海之内百年之後
揣摩帖括家奉前輩為圭臬者舍公其誰與歸公而可作吾知不以彼易此也公享年五十元配張孺
人歲進士星漢公女早卒繼配張孺人大荔縣壬午科舉人桂芳公女事翁姑相夫子處妯娌教子姪有鍾郝
家法子男四長掌文乾隆戊申科舉人娶萬氏辛卯科舉人現任甘肅鎮西府教授士憲公女繼娶朱氏儒士
紳公女次修文郡庠生娶劉氏戊申科舉人立公女次撰文候銓從九娶單氏太學生夢瑛公女次兆文聘朝
邑縣張氏庠生廷璘公女女二一適壬辰科進士現任河南衛輝府封邱縣知縣陳所縕公長子俱繼配張孺
人出一許字井氏丁未科進士二等侍衛現任廣西梧州府協標中軍兼管左營都司汲泉公次子尚幼側室
張氏出孫男一孫女二修文出公生平愛讀史漢書時文辭香則得之陳臨川於金唐詩尤嗜李供奉集既
用自成又以成其子先後以能文顯莊子云迹猶履也而履豈迹哉師古如公亦足以勸矣銘曰
功名鹿鹿歲月蘧蘧文章先烈周流六虛古人立言實維不朽刻茲有德云何其辭
不孝男米兆修掌撰文率孫重慶泣血納石
乾隆五十九年十一月中浣穀旦

説明

清乾隆五十九年（1794）十一月刻。蓋盝形，誌正方形。蓋邊長93厘米，誌邊長84厘米。蓋文5行，滿行6字，篆書"皇清例授文林郎」己亥恩科經」元景章米公暨」元配張孺人合」葬墓誌銘」"。誌文楷書38行，滿行42字。郭士頫撰文，柳邁祖書丹，崔景儀篆蓋。現存蒲城縣博物館。《新中國出土墓誌（陝西叁）》著録。

釋文

皇清例授文林郎己亥恩科經元景章米公暨元配張孺人合葬墓誌銘」

庚子科舉人辛丑吏部揀銓即用知縣年愚弟半溪郭士頫頓首拜撰文」

賜進士出身户部廣西司主政加二級前翰林院庶吉士年愚弟宜齋柳邁祖頓首拜書丹」

賜進士出身翰林院侍講加三級己酉廣西鄉試正考官世愚弟雲客崔景儀頓首拜篆盖」

乾隆四十五年，余得讀直省己亥科制舉藝，絶爱陜西第二人。第二人者，米君也。是時，天下舉業方競繁聲，而」米文神清骨秀，不取妍俗好爲可喜。後十年，應方别駕立齋之聘，来主蒲城講席，知米君故蒲城人，思一接履」舄而未果。今年春，李明府蓮渠復召余来是邑，登其堂，見其人狀貌豐澤，神采四周，傑然偉丈夫也。及與言古」今事，聲響清徹，亹亹窮日夕不倦。間爲調嘲，語皆出入子史，而不傷於物。既而訪其爲人，口碑載閭里，有陳仲」弓、王彦方遺風。竊恨相見之晚，又幸會合之果有期也。越四月丁卯，米君以疾卒於家。其孤将以是年十一月」十一日巳時，同原配張孺人合葬於城南祖塋之次。其仲弟慎亭請銘于余。慎亭，余庚子同年友，不獲辭。按」公諱宗芾，字景章，一字石顛，敬亭其别號也。祖籍甘肅之寧州，遠祖諱厰，明正統中以明經起家，任蒲邑訓導」，因著蒲籍。數傳至舒天公諱助，舉萬曆乙酉本省鄉試第一人，甲辰成進士，累官吏部考功司郎中。考功以文」鳴，同時如艾東鄉、米太僕諸名公鉅人，皆慕而與之游。曾祖諱養良，儒士。祖諱長民，以公季弟宗憲貴」，貤贈奉直大夫。父諱廪，歲進士」，誥封奉直大夫。母雷太君」，贈宜人。公少穎敏，能日記數千言。作爲文章，閎深雋美，而饒於丰神。每試，輒千人辟易。乾隆乙酉，補博士弟子員」。戊子，食餼下庠。庚寅，以額滿中副車。郡守李松邨謂本房崔漫亭曰："是卷清新秀逸，瀟灑出塵，他日當大就。"洎」己亥，始捷二魁。先是，主司以公卷定元者經旬矣，至八月二十六日夜，得馬君卷易焉。馬君，故吴籍也。長安」城中於是有南元北元之謡。其後五試於禮部，三薦而不成進士。當是時，關中官京師者，若馬宮詹雪嶠、秦太」僕秀峰、張閣學梯南諸先達，見其文，莫不輸款嘖嘖曰："稽鶴雲峙，吕刀風生，吾於米公仿佛矣。"人之好善，往往」如是。公性孝友，自贈公下世後，手足情彌摯。遇良辰，必會昆季飲且誦古詩。"一回見面一回老，能得幾日」爲弟兄"之句，命子姪誌之。家素饒於貲，然慷慨樂施。甲辰、壬子歲亟祲，大憲檄属邑設粥厰以活餓者，公」捐穀二千石。秦撫軍和方伯匾其門曰"義重鄉閭"。縣之北關有米氏祠，頹不復完者，百年於兹矣，公力」新之。又商其二弟，建家祠於廬左，備禰祭禮。邑學宫圮，而大成殿尤甚，公佽以千金，蒇厥成事。嗚呼！其文章」如彼，其材行又如此。使出而宰一縣，治一州，勳名事業必卓卓有可觀，而竟以一第蹉跎卒，此都人士之所以」惋惜也。然使公出而宰一縣，治一州，馳驅束縛，或不能盡其所爲，僅與風塵鞅掌吏争簿書錢穀之長，當世」則榮，殁則已焉耳。今公雖往，讀其文，文在；讀其詩，詩在。匪直其子若孫能念父書已也。四海之内，百年之後」，揣摩帖括家奉前輩爲圭臬者，舍公其誰與歸！公而可作，吾知不以彼易此也。公享年五十。元配張孺」人，歲進士星漢公女，早卒；繼配張孺人，大荔縣壬午科舉人桂芳公女，事翁姑、相夫子、處妯娌、教子姪，有鍾、郝」家法。子男四：長掌文，乾隆戊申科舉人，娶萬氏，辛卯科舉人、現任甘肅鎮西府教授士憲公女，繼娶朱氏，儒士」紳公女；次修文，郡庠生，娶劉氏，戊申科舉人立公女；次揆文，候銓從九，娶單氏，大學生夢琰公女；次兆文，聘朝」邑縣張氏，庠生廷璘公女。女二：一適壬辰科進士、現任河南衛輝府封邱縣知縣陳所藴公長子，俱繼配張孺」人出；一許字井氏，丁未科進士、二等侍衛、現任廣西梧州府協標中軍兼管左營都司汲泉公次子，尚幼，側室」張氏出。孫男一，孫女二，修文出。公生平愛讀《史》《漢書》。時文瓣香，則得之陳臨川。於《全唐詩》尤嗜。《李供奉集》既」用自成，又以成其子，先後以能文顯。《莊子》云："迹，猶履也，而履豈迹哉。"師古如公，亦足以勸矣。銘曰」：

功名鹿鹿，歲月蘧蘧。文章光烈，周流六虚。古人立言，實維不朽。矧兹有德，云何其壽」。

不孝男米掌文、修文、揆文、兆文率孫重慶泣血納石」

乾隆五十九年十一月中浣穀旦」

按

誌所述墓主米宗芾之家族世系及其生平事迹等，爲研究蒲城回族米氏家族之歷史，提供了珍貴的歷史資料。

759.1795　原承光暨配曹氏合葬墓誌

皇清特贈子明原公暨德配曹孺人合葬墓誌銘
吏部揀選知縣辛卯科經元愚小姪劉可視頓首拜撰文
賜進士出身前知湖北漢川縣事年家眷弟馬殿翼頓首拜篆蓋
貢生愚小姪党起秘頓首拜書丹
公歿之四十年壬子而孺人以卒卒之四年乙卯其嗣君錫泰始謀安厝事問誌
於愚愚按狀公姓原諱承光字子明浮陽其號也先世山右洪洞人元末徙蒲官
千戶因家焉居邑南街明正統間遠祖訔以輸粟千石旌表義民遂稱官門原氏
嗣是支派繁衍科第蟬聯迄高祖諱鍾漢登天啓辛酉賢書為河南鞏縣偃師令
有治績曾祖諱熊邑學生祖諱于益太學生父諱惲儒士公生有至性嗜書
弱不好弄長值家中落為營甘旨歡兼工岐黃術曰顯親名虛而迓養親志切而
急攻書事且緩圖味其語治古奉檄而喜者亞欤少失恃每歲時薦歆惻然曰祭
之厚不如養之薄也言未迄淚涔涔下家人亦莫敢喻止者至其持身則磊落倜
儻不少墮塵氛氣孺人系出名門處士曹諱爾注公女而前明兵馬司諱昌祚公
之曾孫女也性淑貞歸公知孝道公屬纊時孺人雖中年毅然以家事承任遺孤
仍遺就學躬務紡織以充舅翁養無日以怠會舅病草百方醫治不效則割股肉
和藥飲之未言也子訊知始泣教曰孝在是哉為汝父早逝祖有不諱重汝父罪
是懼勿令外人知嘻有婦若此雖傳稱乳姑賢女何以遠過公真不死哉舅賓天
後督兒書亦亟故得為名諸生公生於康熙四十二年十二月十六日辰時卒於
乾隆十八年六月二十四日未時壽五十一孺人生於康熙五十三年五月初三
日辰時卒於乾隆五十七年十二月二十二日巳時壽七十有九子男一即錫泰
邑庠生娶羅諱于第公女孫男一澍娶曹諱定邦公女孫女三長適屈諱兆鳳公
子荆玉次適王諱顯清公子振三適王諱廷玥公子才今卜吉十月十八日卯時合
葬公夫婦於城西先塋之次謹按公與孺人實行而為之誌因係以銘銘曰
洛水潺潺栗峯莽莽孕秀毓靈誕精此土公儒而醫養豊其脯母女而師教延其
緒純孝性生為命所阻艱貞義成知天可補親以壽減子以卓苦卜此吉壤永膺
多祜
孤哀子錫泰暨孫澍泣血納石
旹乾隆六十年十月十八日卯時

説明

清乾隆六十年（1795）十月刻。蓋佚。誌正方形。邊長62厘米。誌文楷書28行，滿行31字。劉可祝撰文，党起秘書丹，馬殿翼篆蓋。周邊爲單綫框。現存蒲城縣博物館。《新中國出土墓誌（陝西叁）》著録。

釋文

皇清待贈子明原公暨德配曹孺人合葬墓誌銘」

吏部揀選知縣辛卯科經元愚小姪劉可祝頓首拜撰文」

賜進士出身前知湖北漢川縣事年家眷弟馬殿翼頓首拜篆盖」

貢生愚小姪党起秘頓首拜書丹」

公殁之四十年壬子，而孺人以卒。卒又四年乙卯，其嗣君錫泰始謀安厝事，問誌」於愚。愚按狀：公姓原，諱承光，字子明，浮陽其號也。先世山右洪洞人，元末徙蒲，官」千户，因家焉，居邑南街。明正統間，遠祖善以輸粟千石，旌表義民，遂稱官門原氏」。嗣是支派繁衍，科第蟬聯。迄高祖諱鍾潢，登天啓辛酉賢書，爲河南鞏縣偃師令」，有治績。曾祖諱熊，邑學生。祖諱于益，太學生。父諱惲，儒士。公生有至性，嗜書」，弱不好弄。長值家中落，爲營甘旨歡，兼工岐黄術。曰："顯親名虚而迂，養親志切而」急，攻書事且緩圖。"味其語，殆古奉檄而喜者亞欤。少失恃，每歲時薦歆，惻然曰："祭」之厚不如養之薄也。"言未迄，淚涔涔下，家人亦莫敢喻止者。至其持身，則磊落倜」儻，不少墮塵氛氣。孺人系出名門，處士曹諱爾注公女，而前明兵馬司諱昌祚公」之曾孫女也。性淑貞，歸公，知孝道。公属纊時，孺人雖中年，毅然以家事承任，遺孤」仍遣就學，躬務紡織，以充舅翁養，無日以怠。會舅病革，百方醫治不效，則割股肉」和藥飲之，未言也。子訊知，始泣，教曰："孝在是哉？爲汝父早逝，祖有不諱，重汝父罪」是惧，勿令外人知。"嘻！有婦若此，雖傳稱乳姑賢女，何以遠過？公真不死哉！舅賓天」後，督兒書亦亟，故得爲名諸生。公生於康熙四十二年十二月十六日辰時，卒於」乾隆十八年六月二十四日未時，壽五十一。孺人生於康熙五十三年五月初三」日辰時，卒於乾隆五十七年十二月二十二日巳時，壽七十有九。子男一，即錫泰」，邑庠生，娶羅諱于第公女。孫男一，澍，娶曹諱定邦公女。孫女三：長適屈諱兆鳳公」子荆玉，次適王諱顯清公子振，三適王諱廷玥公子才。今卜吉十月十八日卯時，合」葬公夫婦於城西先塋之次。謹按公與孺人實行而爲之誌，因係以銘。銘曰」：

洛水潺潺，粟峯莽莽。孕秀毓靈，誕精此土。公儒而醫，養豐其脯。母女而師，教延其」緒。純孝性生，爲命所阻。艱貞義成，知天可補。親以壽臧，子以卓苦。卜此吉壤，永膺」多祐」。

孤哀子錫泰暨孫澍泣血納石」

時乾隆六十年十月十八日卯時」

按

其子原錫泰墓誌見本書760.1798條。

760.1798　原錫泰墓誌

皇清邑庠生相吉原公墓誌銘
敕授修職郎西安府臨潼縣儒學教諭辛卯科經元眷弟劉可視頓首拜撰文
明　經　進　士　愚弟党起秘頓首拜書丹
恩設乙　卯　科　舉　人　族弟　簡頓首拜篆蓋
乾隆庚辰歲相吉與愚同入邑庠試卷為學使鍾所特賞以大器期之後曰病落拓
終老戊午年春其子澍將營葬求誌於愚愚雖拙於文義不容辭公姓原氏諱錫泰字
相吉世居邑南街前明河南偃師縣令著有四書醒蒙編周易解諱鍾灒公之来孫
也高祖邑學生諱熊著有河圖著卦會義古易篇義周易大傳圖解古本大學中庸
爲義等書蔵於家曾祖大學生諱于益祖儒士諱惲祖妣索氏生公父贊禮生員諱
承光而索氏卒公祖當康熙末年攜公父遊學豫省公外祖亦攜家客焉公祖念同
鄉舊戚為公父聘其女實公妣曹孺人生公於豫之鄧州六歲隨合家始歸故里先
是公兒時悞墮鄧州河水滲觔骨患瘤麻疾甚羸弱公祖欲不令識書已而遊家塾
見羣弟子拱揖執經心慕之亦效焉及長惧墜屢世書香痛自奮發雖饔飧不繼而
披吟弗輟貧無膏火恒逐月照讀年始冠父早逝公方病疫哀毀幾不欲生繼念祖
老母孀曰勉強觧頤年荒無資身策常為人傭書以給甘旨越五年而祖父亦逝公
呼搶悼慟謂生前不能養倘沒後博一命之榮猶略攄烏鳥私情于是為文益加刻
苦順德梁公自彭衙攝篆蒲邑下車觀風奇公文見邑先達亟稱之次年歲試即入
泮人来称賀公獨泣曰令叨列士林稍慰祖心惜不及見也凡遇歲時祭享必誠敬
滌洒者終日或有疾病猶必沐浴倩人扶拜是後連赴秋闈數奇不售無以病發甚
數且劇遂絕意功名惟設教授徒成就後學遠近從遊者不計脩脯常曰道義之交
貧富不同也當病革後公母憫其困憊戒令停講公外示寬閒以慰母心又恐悞人
子弟雖祁寒暑雨提命惟殷古所謂事親純孝作人婆心公殆兼之矣平生不斥人
過而是非究瞭然不爽量寬能容人嘗閉門避横逆之来教子嚴以濟慈冀望早成
補志願所未遂後因家貧遣令服賈甘涼間臨行囑曰汝勿違家教務宜勤謹端方
雖不攻書亦須涉獵經史觀古聖賢言行奉為法守以故賢郎卓卓克家隆隆日起
壬子冬母曹孺人卒喪葬盡禮愚曾誌墓焉公歿年精神轉健較勝少壯時是冬行
鄉飲酒禮合學以介賓舉公膺典有日矣忽疾作而殂嗚呼惜哉公卒嘉慶丁巳十
一月二十二日未時距生雍正癸丑三月初八日辰時享壽六旬有五配羅孺人諱
于第公長女長公三歲子一即澍娶曹氏名定邦公女公女三長適屈諱兆鳳公子
剚玉次適王諱顯清公子振聲三適王名廷玥公子承祿孫一六四另卜定嘉慶三
年三月廿六日辰時葬公於西郊祖塋之次愚所知最悉爰撮寔行以誌且係銘曰
於戲原公幼而失怙坎坷終身既病且窶窶不廢養病不墜緒雖牢騷以忽淹亦昂
藏而克樹母壽而節子儒而賈繩先啟後俾緝熙於多祜
孤子原　澍暨孫六四泣血納石
嘉慶三年歲次戊午三月穀旦

説 明

清嘉慶三年（1798）三月刻。蓋佚。誌正方形。邊長63厘米。誌文楷書34行，滿行32字。劉可祝撰文，党起秘書丹，原簡篆蓋。現存蒲城縣博物館。《新中國出土墓誌（陝西叁）》著録。

釋 文

皇清邑庠生相吉原公墓誌銘」

敕授修職郎西安府臨潼縣儒學教論辛卯科經元眷弟劉可祝頓首拜撰文」

明經進士愚弟党起秘頓首拜書丹」

恩設乙卯科舉人族弟簡頓首拜篆盖」

乾隆庚辰歲，相吉與愚同入邑庠，試卷爲學使鍾所特賞，以大器期之。後因病落拓」終老。戊午春，其子澍將營葬，求誌於愚。愚雖拙於文，義不容辭。公姓原氏，諱錫泰，字」相吉，世居邑南街。前明河南偃師縣令、著有《四書醒蒙編》《周易解》、諱鍾潢公之来孫」也。高祖邑學生，諱熊，著有《河圖蓍卦會義》《古易篇義》《周易大傳圖解》《古本大學中庸」篇義》等書，藏於家。曾祖大學生，諱于益。祖儒士，諱惲。祖妣索氏，生公父贊禮生員諱」承光，而索氏卒。公祖當康熙末年，攜公父遊學豫省。公外祖亦攜家客焉。公祖念同」鄉舊戚，爲公父聘其女，實公妣曹孺人，生公於豫之鄧州，六歲隨合家始歸故里。先」是，公兒時悮墮鄧州河，水滲觔骨，患痻麻疾，甚羸弱。公祖欲不令識書。已而遊家塾」，見群弟子拱揖執經，心慕之，亦效焉。及長，惧墜屢世書香，痛自奮發，雖饔飧不繼，而」披吟弗輟。貧無膏火，恒逐月照讀。年始冠，父早逝。公方病疫，哀毁幾不欲生。繼念祖」老母孀，因勉强解頤。年荒無資身策，常爲人傭書，以給甘旨。越五年，而祖父亦逝，公」呼搶悼慟，謂生前不能養，倘没後博一命之榮，猶略攄烏鳥私情。于是爲文益加刻」苦。順德梁公自彭衙攝篆蒲邑，下車觀風，奇公文，見邑先達亟稱之。次年歲試，即入」泮。人来称賀，公獨泣曰："今叨列士林，稍慰祖心，惜不及見也。"凡遇歲時祭享，必誠敬」涕泗者終日。或有疾病，猶必沐浴，倩人扶拜。是後連赴秋闈，數奇不售。兼以病發，甚」數且劇，遂絶意功名。惟設教授徒，成就後學，遠近從遊者，不計修脯。常曰："道義之交」，貧富不同也。"當病發後，公母憫其困憊，戒令停講。公外示寬閒，以慰母心。又恐悮人」子弟，雖祁寒暑雨，提命惟殷。古所謂事親純孝，作人婆心，公殆兼之矣。平生不斥人」過，而是非究瞭然不爽。量寬能容人，嘗閉門避横逆之来。教子嚴以濟慈，冀望早成」，補志願所未遂。後因家貧，遣令服賈甘凉間。臨行，囑曰："汝幼違家教，務宜勤謹端方」。雖不攻書，亦須涉獵經史，觀古聖賢言行，奉爲法守。"以故賢郎卓卓克家，隆隆日起」。壬子冬，母曹孺人卒，喪葬盡禮，愚曾誌墓焉。公歿年，精神轉健，較勝少壯時。是冬，行」鄉飲酒禮，合學以介賓舉公，膺典有日矣，忽疾作而殂。嗚呼惜哉！公卒嘉慶丁巳十」一月二十二日未時，距生雍正癸丑三月初八日辰時，享壽六旬有五。配羅孺人，諱」于第公長女，長公三歲。子一，即澍，娶曹氏，名定邦公女。公女三：長適屈諱兆鳳公子」荆玉，次適王諱顯清公子振聲；三適王名廷玥公子承禄。孫一，六四，幼。卜定嘉慶三」年三月廿六日辰時，葬公於西郊祖塋之次。愚所知最悉，爰撮寔行以誌，且係銘曰」：

於戲原公，幼而失怙。坎坷終身，既病且窶。窶不廢養，病不墜緒。雖牢騷以忽淹，亦昂」臧而克樹。母壽而節，子儒而賈。繩先啟後，俾緝熙於多祜」。

嘉慶三年歲次戊午三月穀旦

孤子原澍暨孫六四泣血納石」

按

本書亦收誌主父母原承光暨配曹氏合葬墓誌，撰、書者同，見本書759.1795條。正文所述兩方墓誌不同之處，唯錫泰所生三女中，次女所適前誌爲"王諱顯清公子振"，此誌爲"王諱顯清公子振聲"；三女所適前誌爲"三適王諱廷玥公子才"，此誌爲"王名廷玥公子承禄"。

761.1799　張聯陞暨配惠宜人合葬墓誌

説 明

清嘉慶四年（1799）十二月刻。誌、蓋均長方形。蓋長82厘米，寬63厘米；誌長84厘米，寬66厘米。蓋文5行，滿行5字，篆書“皇清例授奉」政大夫候銓」同知進卿張」公暨元配惠」宜人墓誌銘」”。誌文分爲上中下3欄，每欄分6部分，每部分5行，有界格。楷書，共88行，滿行12字。李師白撰文，張繹武書丹，劉維本篆蓋。蒲城縣荆姚鎮出土，具體時間不詳。現存蒲城縣博物館。

釋 文

皇清例授奉政大夫候銓同知」進卿張公暨元配惠宜人合葬」墓誌銘」

余自爲蒲邑宰，張子桂茂以縣」試列前矛，遂拜門墻。今歲秋，適」攜乃父行狀，以墓銘請曰：“先大」人捐館有年，牛眠未卜，玆窆有」日矣，得一言以光泉壤，感且不」朽。”余勞形案牘，硯田久荒，何能」與管城君共事？顧其意懃懃懇」懇，殊難固辭。爰按狀以誌」。公諱聯陞，字進卿，號翠峰，世居」蒲城荆姚鎮。祖考諱太典，字公」謨。考太學生，諱伯瑛，字瑞玉。俱」以公貴」，誥贈奉政大夫。祖妣章氏，妣惠」氏」，誥贈宜人。公生而岐嶷，動作異」凡兒。比就外傅，穎悟能文。伯父」太學生美玉公嘗奇之，曰：“吾家」累世忠厚，異日光大門閭，於此」有望矣。”奈家政煩擾，未獲卒業」，遂策名成均。後又以請」封故，援例捐同知職方」。誥命甫頒，人争榮之。而公獨以」父母未見爲恨，盖其愛敬之懷」，有不等於尋常者。初，瑞玉公繼」父之業，貿易楚地，偶染寒疫。公」聞之，不憚千餘里，即日南馳。或」有以家計請者，公潸然曰：“父方」患病，寸心如割。若不獲覿面，安」用此家私爲？”其愛日之誠類如」此。至經營内外，則殷勤精敏，頗」當父意。故瑞玉公持籌居奇，克」大前烈者，固其智謀之優，亦公」之佐理有方也。嗣後家道益振」，事亦日繁。公區處罔有不周，而」惟視詩書甚重。堂弟聯捷，美玉」公子也，方與桂茂俱入塾，時即」訓誡弗衰。嘗曰：“吾既不克奮迹」士林，以揚親於生前，而忍令此」總角者復蹈其轍耶！”先是，公喜」結納，座上之客常滿。且賦性剛」方，輒爲人辨証曲直。至此則課」讀維嚴，而世故之煩悉歸烏有」矣。然好施予，乾隆壬子飢，出粟」賑濟，存活者甚衆。厥後甲寅、乙」卯兩飢歲，弟與子不吝千金，糴」粟屢賑。論者謂後之人勇於周」急，而不知實公愷悌之心有以」啓之。迹其父子兄弟後先濟美」，以視夫世之甘爲財虜、坐觀親」族戚黨困苦顛連、甚至賣妻鬻」子而不肯出一錢以相恤者，其」宅心豈不大相懸絶哉！沐其惠」者，今已勒碑道旁，永著芳德。嗚」呼！凡此固余之所多於公而樂」爲誌之者也。公卒於乾隆五十」八年十一月十七日丑時，距生」於乾隆十二年正月初十日酉」時，春秋四十有七。元配惠宜人」，太學生若漢公女。淑慎温惠，克」盡婦道。生於乾隆八年三月十九日戌時，卒於乾隆四十七年」正月初四日寅時，享年四旬。繼」簡宜人，儒士宏壽公女，現稱未」亡人。子即桂茂，娶屈氏。女三，俱」適士族，皆惠出。孫女三，長字朱」氏，餘幼。卜吉嘉慶四年十二月」初一日午時，合葬於鎮東祖塋」之次。銘曰」：

繄惟哲人，磊落剛方。夙敦孝友」，永樹紀綱。競綠俱泯，推解有常」。家乘著美，榆社傳芳。魂縹緲而」長逝，德歷久而彌彰。牛眠兆卜」兮，綿盛瑞于無疆」。

敕授文林郎知米脂縣事前署」岐山縣事務調授蒲城縣知縣」加五級又軍功加二級隨帶紀」録五次年家眷弟李師白頓首」拜撰文」

特簡修職郎蒲城縣儒學教諭」甲午科解元年家眷弟張繹武」頓首拜書丹」

敕授修職郎任蒲城縣儒學加」一級年家眷弟銀川殊萬劉維」本頓首拜篆盖」

男桂茂泣血納石」

按

撰者李師白，河南鄭州人，貢生，乾隆五十五年（1790）任蒲城縣知縣。

762.1802　重修忠武侯墓祠記

重修漢丞相忠武侯墓祠記

漢諸葛丞相忠武侯之墓在沔陽之定軍山陳氏三國志載之明矣志云因山爲墓不起墳壠所以後世如郭景純劉青田欲訪之再三終未能得侯墓之所在其攬吉蹟拜先賢者不過望定軍一峯松柏蒼鬱之處徘徊瞻拜以寄其景仰思慕之情而已必指山之某處爲侯墓某處非侯墓恐逆年湮深識博學之士無復有過於景純青田者矣然而後學之於先賢也讀其書未有不想見其爲人故凡古人所登覽之區經過之地必旁搜博考而之不忘况武侯之功業在天壤勳名垂宇宙而於其埋骨之所獨岐恍惚無據爲千古之疑案哉沔民之於武侯也飲食必祭水旱疾疫必禱墳曰爺墳廟曰爺廟其相傳而致其祭掃者非一代然也傳曰禮失而求諸野民之所傳或不誣乎以故我

先王果親王於雍正十三年曾就民所致祭之舊址而重修之不復他考垣墉規模向稱宏整數十年來勁風上雨損壞已多嘉慶己未之冬剛承之茲邑適

大憲制府松公替師漢上命加修葺當即考從前繼修之年月具文以詳　豸憲即一面鳩工庀材卜吉趨事六年冬　陸大中丞又爲述　侯之靈爽爲能陰佑吾民也聞於

朝

皇上　勅發帑金九百兩以資成功更爲

親洒宸翰頒賜匾額以昭敬禮嗚呼盛矣剛按　侯之一生初居山左讀書梁父山下繼遷南陽結廬於臥龍岡上迨後受　昭烈三顧之恩出仕成都其三也歿於五丈原迄今到處有祠凡四牡皇華之使文人學士之流爭相瞻弔播爲題詠獨沔陽爲其長眠之區自不可聽其蕪穢而不治也爰拓正祠爲五楹獻殿爲三間左爲齋室右爲道院砌墓門以石設寢宮以位丹漆黝堊燦爛輝光翠竹蒼松交相掩映用以妥　武侯之靈而申其肅雍之意即曷侯之儼然在上可矣墓前後有二井存之孰真孰贋可無深較也是役也熱其勞而始終不懈者邑庠生吳宗文周國昌李長庚李潤道人李復心五人之力居多故并記之以誌不朽云

誥授文林郎知沔縣事大名府開州後學馬允剛撰文并書

署沔縣典史事山西蒲城縣監生謝大名　邑庠生吳宗文李長庚周國昌李潤毛岐山主持道人李復心同監工立石

大清嘉慶七年歲次壬戌仲夏之月　富平王俊章刻字

説 明

清嘉慶七年（1802）五月刻。碑高178厘米，寬77厘米。正文楷書20行，滿行58字。馬允剛撰文并書丹。額飾二龍戲珠圖案，周飾纏枝花紋。現存勉縣武侯墓陵園内。《漢中碑石》著録。

釋 文

重修漢丞相忠武侯墓祠記」

漢諸葛丞相忠武侯之墓，在沔陽之定軍山，陳氏《三國志》載之明矣。志云：因山爲墓，不起墳壠。所以後世如郭景純、劉青田諸公訪之再三，終未能定墓」之所在。其攬古迹拜先賢者，不過望定軍一峰，松柏茂密之處，徘徊瞻拜，以寄其景仰思慕之情而已。必指山之某處爲侯墓，某處非侯墓，恐代遠」年湮，深識博學之士，無復有過於景純、青田者矣。然而後學之於先賢也，讀其書，未有不想見其爲人，故凡古人所登覽之區，經過之地，必旁搜博考而」之不忘。況武侯之功業在天壤，勳名垂宇宙，而於其埋骨之所，獨成恍惚無據，爲千古之疑案哉？沔民之於武侯也，飲食必祭，水旱疾疫必禱，墳曰」爺墳，廟曰爺廟，其相傳而致其祭掃者，非一代然也。《傳》曰：禮失而求諸野。民之所傳，或不誣耳。以故我」先王果親王於雍正十三年，曾就民所致祭之舊址而重修之，不復他考。垣墉規模，向稱宏整，數十年来，旁風上雨，損壞已多。嘉慶己未之冬，剛承乏兹邑」，適」大憲制府松公督師漢上，命加修葺，當即考從前繼修之年月，具文以詳各憲，即一面鳩工治材，卜吉起事。六年冬，陸大中丞又爲述侯之靈爽」爲能陰佑吾民也，聞於」朝」。皇上敕發帑金九百兩以資成功，更爲」親洒宸翰，頒賜匾額，以昭敬禮，嗚呼盛矣！剛按：侯之一生，初居山左，讀書梁父山下，繼遷南陽，結廬於卧龍崗上，迨後受昭烈三顧之恩，出仕成都。其卒」也，歿於五丈原，迄今到處有祠，凡四牡皇華之使，文人學士之流，争相憑吊，播爲題詠。獨沔陽爲其長眠之區，自不可聽其蕪穢而不治也。爰拓正祠爲」五楹，獻殿爲三間，左爲齋室，右爲道院，砌墓門以石，設寢宫以位，丹漆黝堊，燦爛輝光，翠竹蒼松，交相掩映，用以妥武侯之靈，而申其肅雍之意，即謂」侯之儼然在上可矣。墓前後有二，并存之，孰真孰贋，可無深較也。是役也，執其勞而始終不懈者，邑庠生吴宗文、周國昌、李長庚、李潤、道人李復心五人」之力居多，故并記之，以誌不朽云」。

誥授文林郎知沔縣事大名府開州後學馬允剛承修撰文并書」

署沔縣典史事山西芮城縣監生謝大名，邑庠生吴宗文、李長庚、周國昌、李潤、毛岐山、主持道人李復心同監工立石」

大清嘉慶七年歲次壬戌仲夏之月

富平王俊章刻字」

按

碑叙果親王重修事。據果親王日記，雍正十三年（1735）三月初十日曾謁武侯祠，并題詩勒碑，見本書719.1735條。未及重修事。

正文所云“制府松公”，指當時陝甘總督松筠，字湘浦，蒙古正藍旗人。歷任軍機章京、户部侍郎、内務府大臣、軍機大臣、陝甘總督等，其任陝甘總督始於嘉慶四年（1799）。“陸大中丞”，指當時陝西巡撫陸有仁，浙江錢塘人，乾隆三十四年（1769）進士。歷任刑部郎中、廣西梧州知府、山東按察使、陝甘總督、廣東巡撫、工部侍郎等，嘉慶五年爲陝西巡撫。《清史稿》均有傳。“道人李復心”，即虚白道人，俗名李復心，四川人。其時爲武侯祠廟祝。著有《忠武侯祠墓誌》《朗吟稿》等。

撰者馬允剛，見本書755.1792條。

763.1803　皇帝敕旨護道榜文碑

皇上勅旨
總理全省塘務潘為遵奏㓒㓒奉事
皇清嘉慶八年五月內禮部奉
聖旨准錄護道榜文頒行天下曉諭庵觀寺院
聖旨准戒法侍郎李儀鎮太監李如格禮部趙欽吏部許賀戶部林如中兵部
許京工部劉志高經理司官奏
聖旨知會禮部衙行示給護道榜文頒行天下十三部布政使司知州府縣庵
觀寺院闕助勘會一切各處齋戒理宜清淨每逢朔望之朔諷誦為國報
恩延獲福無量凡領一切出家僧道未曾請給度帖者果是學道參禪持
戒修行各投錄護道榜文隨僧道收執須存已給須行
聖旨曉諭天下十三布政各州府縣庵觀寺院稽查天主白蓮三奇雜教等顯
異成象並火居道士捏盤執炸建設齋醮飲酒淫亂不潔妄進表章冒瀆
上帝妄語民間誦經追薦祖宗逃墮地獄難離苦趣如此愚等若不遵
聖旨命下任舊假以修齋設醮給目脫聚成亂男女混雜以崇齋及等巫會道
士該地方鄉約焚香燎燭展開
聖旨榜文依律處法鎖拿列官依律問罪邊外充軍永不歸回凡依僧道身披
戒衣肩担錫杖口念救苦彌陀庫至宗親免墮輪迴共離苦趣早生西方
頒奉
聖旨十三布政大小衙門每賀　聖命僧道二司演禮賀節不許下跪又奏
聖旨准禮部等勿許阻棠官奏
皇上出給護道榜文與僧道執照以便遊行凡遇關津渡口一切軍民人等勿
許阻棠凡過十三布政四大名山遊往任憑僧道結草為庵焚香祝
聖講演經文律業衆齋僧道與叢林無異廣弘道法毋干大小衙門官令一
切軍民差役地方諸色人等不得妄擬議而僧道等不被穢污淨地騙
三寶財物基址如有此情許明僧道焚香宣讀、
聖旨榜文領押到官依律如前拔一百邊外充軍永不回頭奉
聖旨曉諭十三布政使司府州縣大小衙門差役人等不得勒取道物如有此
情　官治罪倘若官員不遵
聖旨輕褻　三寶來京面聖掌問定罪凡係僧道各守法戒曉諭十三布政大
小衙門不得褻污奉敬　三寶勿許昧壞道法輕此遵
聖旨國母太后願祈天下太平萬民樂業禮部官員等勿得遲延於三准欽奉
聖旨勅行親王放本如有此情勒案
三寶許僧道親自面朕准告

護道榜文曉諭勿損

説明

清嘉慶八年（1803）五月刻。碑長方形。長103厘米，寬90厘米。正文楷書33行，滿行28字。末似係後人補刻“護道榜文曉諭勿損”八字，字體與正文字體迥異。現存留壩縣張良廟。《漢中碑石》著録。

釋文

皇上敕旨」：總理全省塘務潘爲遵奉例抄奉事」，皇清嘉慶八年五月内，禮部奉」聖旨准録護道榜文，頒行天下，曉諭庵觀寺院」：聖旨准戒法侍郎李儀鎮、太監李如格、禮部趙欽、吏部許賀、户部林如申、兵部」許京、工部劉志高，經理司官奉」聖旨知會禮部衛行示給護道榜文，頒行天下十三部布政使司，如州府縣庵」觀寺院闕助勘會一切，各處齋戒，理宜清净。每逢朔望之期諷誦，爲國報」恩，延獲福無量。凡傾一切出家僧道，未曾請給度帖者，果是學道參禪，持」戒修行，各抄録護道榜文，隨僧道收執預存。已給頒行」聖旨，曉諭天下十三布政，各州府縣庵觀寺院，稽查天主、白蓮、三奇雜教等顯」異成衆並火居道士，摇鈴執杵，建設齋醮，飲酒、淫亂不潔，妄進表章，冒瀆」上帝，妄語民間，誦經追荐祖宗，返墮地獄，難離苦趣。如此愚等，若不遵」聖旨，命下任舊假以修齋設醮，給日晚聚成乱，男女混雜以崇齊及等巫會道」士，該地方鄉約，焚香秉燭，展開」聖旨榜文，依律處法。鎖拿到官，依律問罪，邊外充軍，永不歸回。凡依僧道身披」戒衣，肩担錫杖，口念救苦彌陀，庫至宗親，免墮輪迴，共離苦趣，早生西方」。頒奉」聖旨，十三布政，大小衙門，每賀聖命，僧道二司，演禮賀節，不許下跪。又奉」聖旨准禮部等，勿許阻案。官奉」皇上出給護道榜文，與僧道執照，以便遊行。凡遇關津渡口，一切軍民人等，勿」許阻案。凡遇十三布政，四大名山過往，任憑僧道結草爲庵，焚香祝」聖，講演經文律案，衆齋僧道，與叢林無異，廣弘道法，毋許大小衙門官令，一」切軍民差役，地方諸色人等，不得妄擬議，而僧道等不被穢污净地，騙□」三寶財物、基址。如有此情，許明僧道焚香宣讀」聖旨榜文，領押到官，依律如前，杖一百，邊外充軍，永不回頭。奉」聖旨曉諭十三布政使司、府州縣大小衙門差役人等，不得勒取道物。如有此」情，送官治罪。倘若官員不遵」聖旨，輕褻三寶，來京面聖，挐問定罪。凡係僧道，各守法戒。曉諭十三布政大」小衙門，不得穢污奉敬三寶，勿許敗壞道法輕此。遵」聖旨，國母太后，願祈天下太平，萬民樂業，禮部官員等，勿得遲延於□准，欽奉」聖旨勒行，親王放本，如有此情勒案」三寶，許僧道親自面朕准告」。

764.1804　薛氏家譜並規條序

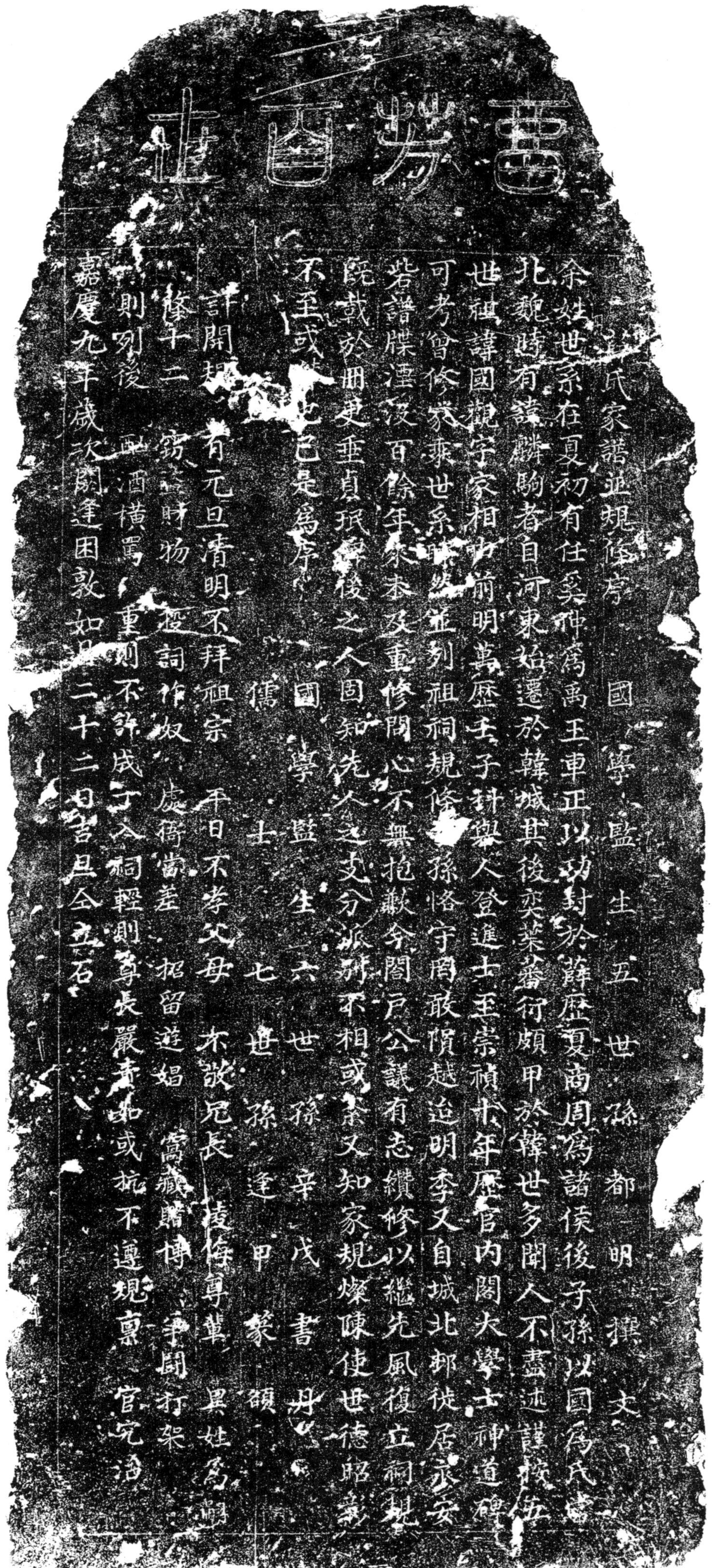

萬芳百世

薛氏家譜並規條序　國學監生五世孫都明撰文
余姓世系在夏初有任奚仲爲禹王車正以功封於薛歷夏商周爲諸侯後子孫以國爲氏當
北魏時有諱麟駒者自河東始遷於韓城其後奕葉蕃衍頗甲於韓世多聞人不盡述諱[illegible]
世祖諱國觀字家相中前明萬歷壬子科舉人登進士至崇禎十年歷官內閣大學士神道碑
可考曾修家乘世系昭然並列祖祠規條孫恪守罔敢隕越迨明季又自城北鄉徙居永安
若譜牒湮沒百餘年余恭及重修間心不無抱歉今闔戶公議有志續修以繼先風復立祠規
既載於冊更垂貞珉俾後之人固知先人之支分派別不相紊又知家規燦陳使世德昭彰
不至或替也已是爲序　國學監生六世孫辛戌書丹
儒士七世孫逢甲篆額
許開規　有元旦清明不拜祖宗　平日不孝父母　不敬兄長　凌侮尊輩　異姓爲嗣
條十二　窃盜財物　投詞作奴　處衙當差　招留遊娼　窩藏賭博　爭鬪打架
則列後　酗酒橫罵　重則不許成丁入祠輕則尊長嚴責如或抗不遵規禀官究治
嘉慶九年歲次閼逢困敦如月二十二日吉旦仝立石

説明

清嘉慶九年（1804）二月刻。圓碑首。高106厘米，寬41厘米。額文横書1行，篆書“留芳百世”四字。正文楷書13行，滿行36字。薛都明撰文，薛辛戌書丹，薛逢甲篆額。現存韓城市博物館。

釋文

薛氏家譜並規條序

國學監生五世孫都明撰文」

余姓世系在夏初有任奚仲爲禹王車正，以功封於薛，歷夏、商、周爲諸侯。後子孫以國爲氏。當」北魏時，有諱麟駒者，自河東始遷於韓城，其後奕葉蕃衍，頗甲於韓。世多聞人，不盡述。謹按，五」世祖諱國觀，字家相，由前明萬曆壬子科舉人登進士，至崇禎十年，歷官内閣大學士，神道碑」可考。曾修家乘世系，瞭然並列祖祠規條，子孫恪守，罔敢隕越。迨明季，又自城北郭徙居永安」砦。譜牒湮没，百餘年來，未及重修，問心不無抱歉。今閤户公議，有志纘修，以繼先風。復立祠規」，既載於册，更垂貞珉，俾後之人固知先人之支分派别，不相或紊。又知家規燦陳，使世德昭彰」，不至或□也已。是爲序。

國學監生六世孫辛戌書丹」

儒士七世孫逢甲篆額」

計開規條十二則列後」。有：元旦、清明不拜祖宗，平日不孝父母，不敬兄長，凌侮尊輩，異姓爲嗣」，竊盗財物，投詞作奴，處衙當差，招留遊娼，窩藏賭博，争鬭打架」，酗酒横罵，重則不許成丁入祠，輕則尊長嚴責。如或抗不遵規，禀官究治」。

嘉慶九年歲次閼逢困敦如月二十二日吉旦仝立石」

按

碑所叙五世祖薛國觀，《明史》有傳。萬曆四十七年（1619）進士，授萊州推官。歷户部給事中、兵科右給事中、刑科都給事中、户部尚書、吏部尚書等。

765.1804　建修湖廣會館引

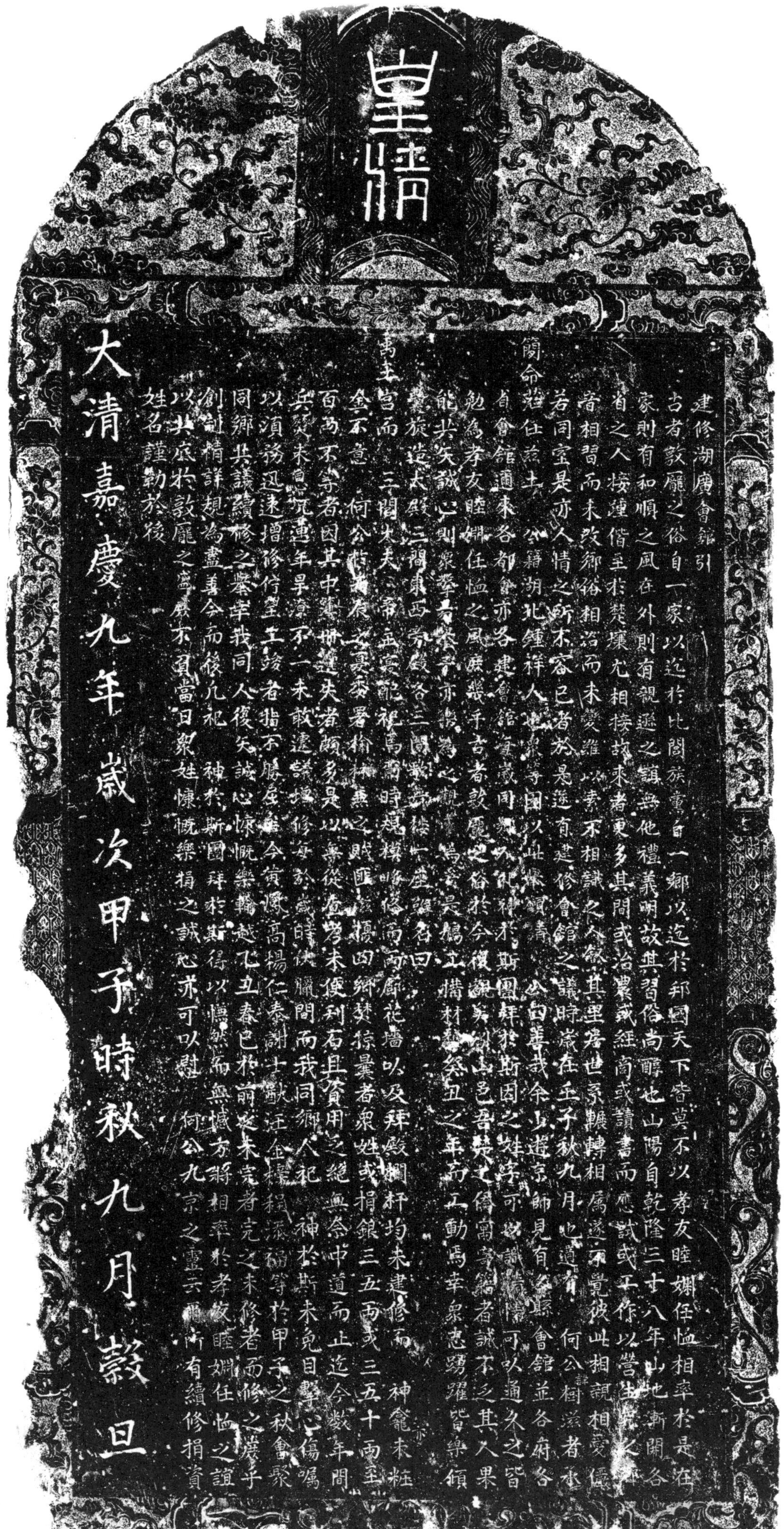

皇清

建修湖廣會館引

古者敦龐之俗自一家以迄於比閭族黨自一鄉以迄於邦國天下皆莫不以孝友睦婣任恤相率於是在
家則有和順之風在外則有親遜之韻無他禮義明故其習俗尚醇也山陽自乾隆三十八年山地漸開各
省之人接踵偕至於楚壤尤相接故來者更多其間或治農或經商或讀書而應試或工作以營生久之
者相習而未改鄉俗相沿而未變雖以素不相識之人敘其里居世系輾轉相屬遂不覺彼此相親相愛儼
若同室是亦人情之所不容已者於是遂有建修會館之議時歲在壬子秋九月也適有 何公樹滋者本
簡命蒞任茲土 公籍湖北鍾祥人也衆等因以此舉請 公曰善哉余少遊京師見有各縣 會館並各府各
省會館通來各都會亦各建會館每歲同鄉以祀神於斯團拜於斯因之娛情可以識情可以通久之皆
勉為孝友睦婣任恤之風庶幾乎古者敦龐之俗於今復覩矣以山邑吾楚之僑寓者誠不乏其人果
能共矢誠心則衆擎易舉亦非難為之概焉於是鳩工構材於癸丑之年而工動焉幸衆志踴躍皆樂傾
囊旋造大殿三間東西旁殿各三間戲樓一座額名曰
萬壽宮而 三閭大夫 帝孟良龍祖高爾時規模略備而兩廊花牆以及拜殿欄杆均未建修而 神龕未粧
金不意 何公猝丁辰之憂旋署撤無之賊匪擾四鄉焚掠曩者衆姓或捐銀三五兩或三五十兩至
百兩不等者因其中變撤遺失者頗多是以無從查考未便列石且資用之絕無奈中道而止迄今數年間
兵燹未息兀連年旱潦不一未敢遽議增修每於歲時伏臘間而我同鄉人祀 神於斯未免目擊心傷囑
以須務迅速增修俟望生方者指不勝屈至今貧賢高揚仁泰謝士甑汪金標程漆碯等於甲子之秋會聚
同鄉共議續修之舉幸我同人後矢誠心慷慨樂輸越乙丑春已於前之未完者完之未修者而修之幾乎
創制精詳規為盡善今而後凡祀 神於斯團拜於斯得以憮然而無憾方將相率於孝友睦婣任恤之誼
以共底於敦龐之盛故不負當日衆姓慷慨樂捐之誠心亦可以慰 何公九京之靈云爾所有續修捐資
姓名謹勒於後

大清嘉慶九年歲次甲子時秋九月穀旦

説 明

清嘉慶九年（1804）九月刻。碑高185厘米，寬85厘米。額篆書“皇清”二字。正文楷書21行，滿行41字。四周飾纏枝花紋。現存山陽縣禹王宮。

釋 文

建修湖廣會館引」

古者敦龎之俗，自一家以迄於比閭族黨，自一鄉以迄於邦國天下，皆莫不以孝友、睦姻、任恤相率。於是在」家則有和順之風，在外則有親遜之誼，無他，禮義明，故其習俗尚醇也。山陽自乾隆三十八年山地漸開，各」省之人接踵偕至，於楚壤尤相接，故來者更多，其間或治農，或經商，或讀書而應試，或工作以營生。究之鄉」音相習而未改，鄉俗相沿而未變。雖以素不相識之人，叙其里居、世系，輾轉相属，遂不覺彼此相親相愛，儼」若同室，是亦人情之所不容已者，於是遂有建修會館之議，時歲在壬子秋九月也。適有何公諱樹滋者，承」簡命莅任兹土，公籍湖北鍾祥人也，衆等因以此舉籲請。公曰：“善哉！余少遊京師，見有各縣會館並各府、各」省會館，邇來各都會亦各建會館，每歲同鄉人礼神於斯、團拜於斯，因之姓字可以識，情愫可以通。久之，皆」勉爲孝友、睦姻、任恤之風，庶幾乎古者敦龎之俗，於今復睹矣。矧山邑，吾楚之僑寓寄籍者誠不乏其人，果」能共矢誠心，則衆擎易舉，予亦樂爲之觀成焉。”爰是鳩工搆材，起癸丑之年而工動焉。幸衆志踴躍，皆樂傾」囊，旋造大殿三間、東西旁殿各三間、歌舞樓一座，雖名曰」“禹王宮”，而三間大夫、帝主寔配祀焉。爾時規模略備，而兩廊花墻以及拜殿欄杆均未建修，而神龕亦未粧」金。不意何公於丙辰之夏委署榆林，兼之賊匪滋擾，四鄉焚掠，囊者衆姓或捐銀三五兩，或三五十兩，至」百兩不等者，因其中簿册遺失者頗多，是以無從查考，未便刊石，且資用乏絶，無奈中道而止。迄今數年間」兵燹未息，况連年旱潦不一，未敢遽議增修。每於歲時伏臘間，而我同鄉人祀神於斯，未免目擊心傷，囑」以須務迅速增修，佇望工竣者，指不勝屈矣。今黄鳳高、楊仁泰、謝士猷、汪金榜、程添福等於甲子之秋會聚」同鄉，共議續修之舉，幸我同人，復矢誠心，慷慨樂輸。越乙丑春已於前之未完者完之，未修者而修之，庶乎」創制精詳，規爲盡善。今而後，凡祀神於斯、團拜於斯，得以慊然而無憾，方將相率於孝友、睦姻、任恤之誼」，以共底於敦龎之盛，庶不負當日衆姓慷慨樂捐之誠心，亦可以慰何公九京之靈云爾。所有續修捐資」姓名，謹勒於後」。

大清嘉慶九年歲次甲子時秋九月穀旦」

按

湖廣會館，即今天的山陽縣禹王宮，位於縣城東關。乾隆年間因清政府積極推行移民政策，故湖廣之民來山陽落户者大增。爲方便湖廣之民聚會、議事、祭祀，始於乾隆五十八年（1793）修建湖廣會館，主祀大禹，故又名禹王宮。

766.1810　張貞生墓誌

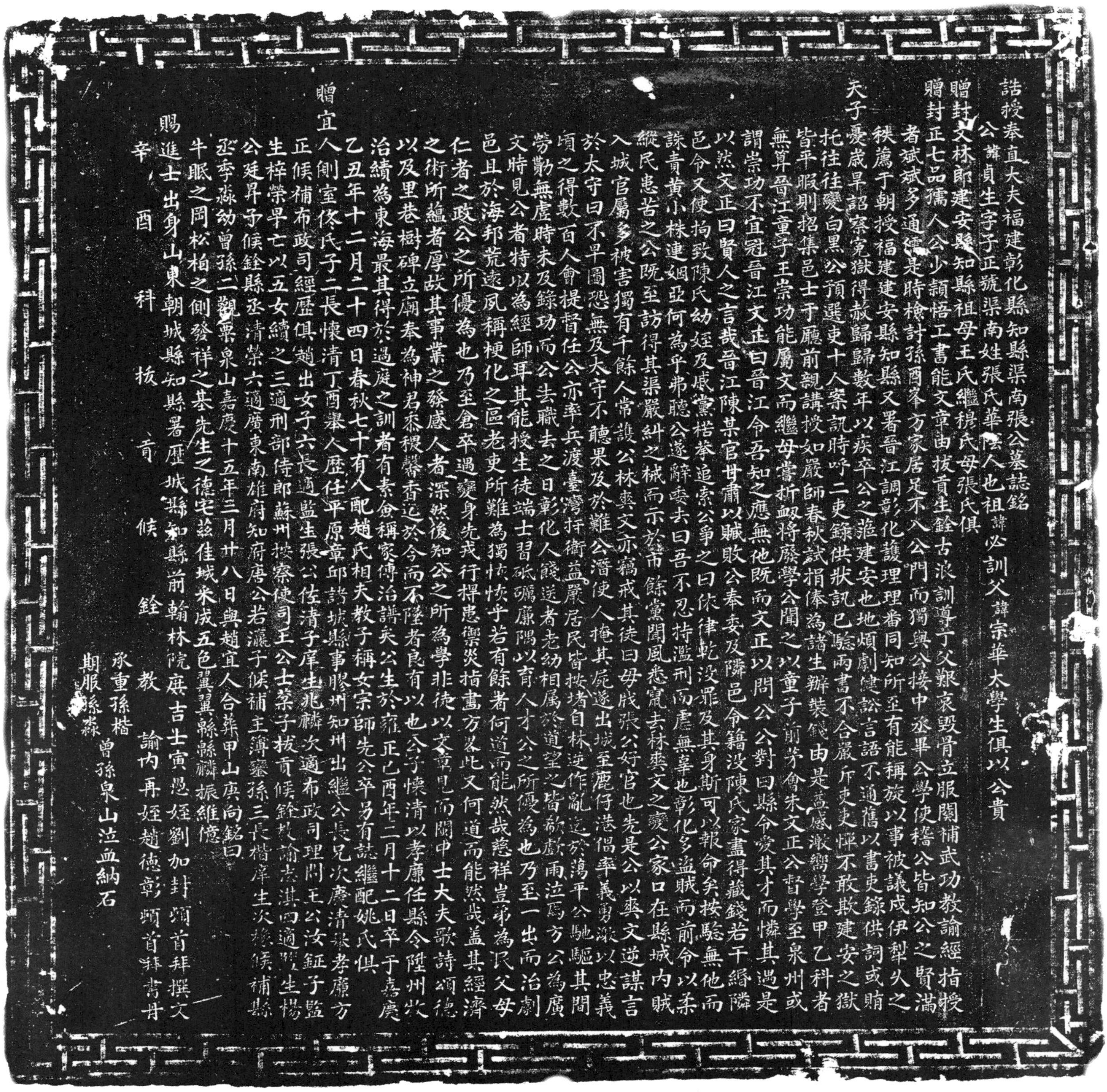

誥授奉直大夫福建彰化縣知縣渠南張公墓誌銘
公諱貞生字子正號渠南姓張氏華陰人也祖諱必訓父諱宗華太學生俱以公貴
贈封文林郎建安縣知縣祖母王氏繼穆氏母張氏俱
贈封正七品孺人公少穎悟工書能文章由拔貢生銓古浪訓導丁父艱哀毀骨立服闋補武功教諭經指授
者斌斌多通經是時檢討孫酉峯方家居足不入公門而獨與公接中丞畢公學使稽公皆知公之賢滿
秩薦于朝授福建建安縣知縣又署晉江調彰化護理理番同知所至有能稱旋以事被議戍伊犁久之
天子憂歲旱詔察冤獄得赦歸歸數年以疾卒公之蒞建安也地煩劇健訟言語不通舊以書吏錄供詞或賄
托往往變白黑公預選吏十人案訊時呼二吏錄供狀訊已驗兩書不合嚴斥吏吏悍不敢欺建安之獄
皆平暇則招集邑士于廳前親講授如嚴師春秋試捐俸為諸生辦裝錢由是益感激嚮學登甲乙科者
無算晉江童子王崇功能屬文而繼母嘗折觙將廢學公聞之以童子前茅會朱文正公督學至泉州或
謂崇功不宜冠晉江文正曰晉江令吾知之應無他既而文正以問公公對曰縣令愛其才而憐其遇是
以然文正曰賢人之言哉晉江陳某官甘肅以贓敗公奉委及隣邑令籍沒陳氏家盡得藏錢若干緡隣
邑令又使拘致陳氏幼姪及戚黨楷拳追索公爭之曰依律乾沒罪及其身斯可以報命矣按驗無他而
誅責黃小株連姻亞何為乎弗聽公遂辭委去曰吾不忍持濫刑而虐無辜也彰化多盜賊而前令以柔
縱民患苦之公既至訪得其渠嚴糾之械而示於市餘黨聞風悉竄去林爽文之變公家口在縣城內賊
入城官屬多被害獨有千餘人常護公林爽文亦竊戒其徒曰毋戕張公好官也先是公以爽文逆謀言
於太守曰不早圖恐無及太守不聽果及於難公潛使人掩其屍遂出城至鹿仔港倡率義勇激以忠義
傾之得數百人會提督任公亦率兵渡臺灣捍衛益嚴居民皆按堵自林逆作亂迄於蕩平公馳驅其間
勞勩無虛時未及錄功而公去職去之日彰化人餞送者老幼相屬於道望之皆欷歔雨泣爲方公為廣
文時見公者特以為經師耳其能授生徒端士習砥礪廉隅以育人才公之所優為也乃至一出而治劇
邑且於海邦荒遠夙稱梗化之區老吏所難為獨恢恢乎若有餘者何道而能然哉慈祥豈弟為民父母
仁者之政公之所優為也乃至倉卒遇變身先戎行捍患禦災指畫方略此又何道而能然哉蓋其經濟
之術所蘊者厚故其事業之發感人者深然後知公之所為學非徒以文章見而關中士大夫歌詩頌德
以及里巷樹碑立廟奉為神君黍稷馨香迄於今而不墜者良有以也公子懷清以孝廉任縣令陞州牧
治績為東海最其得於過庭之訓者有素僉稱家傳治譜矣公生於雍正己酉年二月十二日卒于嘉慶
乙丑年十二月二十四日春秋七十有八配趙氏相夫教子稱女宗師先公卒另有誌繼配姚氏俱
贈宜人側室佟氏子二長懷清丁酉舉人歷任平原章邱諸城縣事滕州知州出繼公長兄次慶清舉孝廉方
正候補布政司經歷俱趙出女子六長適監生張公佐清子庠生兆麟次適布政司理問王公汝鈺子監
生梓榮早亡以五女續之三適刑部侍郎蘇州按察使司王公士棻子拔貢候銓教諭志淇四適監生楊
公廷昇子候銓縣丞清榮六適廣東南雄府知府唐公若瀛子候補主簿鑾孫三長楷庠生次橚候補縣
丞季淼幼曾孫二觀粟泉山嘉慶十五年三月廿八日與趙宜人合葬甲山庚向銘曰
牛眠之岡松柏之側發祥之基先生之德宅茲佳城釆成五色翼翼緜緜麟振維億
賜進士出身山東朝城縣知縣署歷城縣知縣前翰林院庶吉士寅愚姪劉加封頓首拜撰文
辛酉科拔貢候銓教諭內再姪趙德彰頓首拜書丹
承重孫楷
期服孫淼　曾孫泉山泣血納石

説明

清嘉慶十五年（1810）三月刻。誌正方形。邊長76厘米。正文楷書35行，滿行40字。劉加封撰文，趙德彰書丹。周飾幾何紋。1976年華陰縣沙渠村出土。現存西安碑林博物館。《華山碑石》著録。

釋文

誥授奉直大夫福建彰化縣知縣渠南張公墓誌銘」

公諱貞生，字子正，號渠南，姓張氏，華陰人也。祖諱必訓，父諱宗華，太學生，俱以公貴」，贈封文林郎、建安縣知縣。祖母王氏、繼穆氏、母張氏，俱」贈封正七品孺人。公少穎悟，工書，能文章，由拔貢生銓古浪訓導。丁父艱，哀毁骨立。服闋，補武功教諭。經指授」者斌斌多通儒。是時檢討孫酉峰方家居，足不入公門，而獨與公接。中丞畢公、學使稽公，皆知公之賢。滿」秩，薦于朝，授福建建安縣知縣。又署晋江，調彰化護理理番同知。所至有能稱，旋以事被議，戍伊犁。久之」，天子憂歲旱，詔察冤獄，得赦歸。歸數年，以疾卒。公之莅建安也，地煩劇，健訟，言語不通，舊以書吏録供詞，或賄」托，往往變白黑。公預選吏十人案訊，時呼二吏録供狀，訊已，驗兩書不合，嚴斥吏，吏憚，不敢欺。建安之獄」皆平。暇則招集邑士于廳前，親講授，如嚴師。春秋試，捐俸爲諸生辦裝錢。由是益感激嚮學，登甲乙科者」無算。晋江童子王崇功能屬文，而繼母嘗折衄，將廢學。公聞之，以童子前茅。會朱文正公督學至泉州，或」謂崇功不宜冠晋江，文正曰："晋江令吾知之，應無他。"既而文正以問公，公對曰："縣令愛其才而憐其遇，是」以然。"文正曰："賢人之言哉。"晋江陳某官甘肅，以贓敗。公奉委及鄰邑令籍没陳氏家，盡得藏錢若干緡。鄰」邑令又使拘致陳氏幼姪及戚黨，梏拳追索，公争之曰："依律乾没罪及其身，斯可以報命矣。按驗無他，而」誅責黄小，株連姻亞，何爲乎？"弗聽。公遂辭委去，曰："吾不忍持濫刑而虐無辜也。"彰化多盗賊，而前令以柔」縱，民患苦之。公既至，訪得其渠，嚴糾之，械而示於市。餘黨聞風悉竄去。林爽文之變，公家口在縣城内，賊」入城，官屬多被害，獨有千餘人常護公。林爽文亦竊戒其徒曰："毋戕張公，好官也。"先是，公以爽文逆謀言」於太守曰："不早圖，恐無及。"太守不聽，果及於難。公潛使人掩其屍，遂出城至鹿仔港，倡率義勇，激以忠義」，頃之得數百人。會提督任公亦率兵渡臺灣，扞衛益嚴，居民皆按堵。自林逆作亂，迄於蕩平，公馳驅其間」，勞勩無虚時。未及録功，而公去職。去之日，彰化人餞送者老幼相屬於道，望之皆欷歔雨泣焉。方公爲廣」文時，見公者特以爲經師耳。其能授生徒，端士習，砥礪廉隅，以育人才，公之所優爲也。乃至一出而治劇」邑，且於海邦荒遠夙稱梗化之區，老吏所難爲，獨恢恢乎若有餘者，何道而能然哉。慈祥豈弟，爲民父母」，仁者之政，公之所優爲也。乃至倉卒遇變，身先戎行，捍患禦災，指畫方略，此又何道而能然哉。盖其經濟」之術所藴者厚，故其事業之發感人者深，然後知公之所爲學，非徒以文章見，而閩中士大夫歌詩頌德」，以及里巷樹碑立廟，奉爲神君，黍稷馨香，迄於今而不墜者，良有以也。公子懷清，以孝廉任縣令，陞州牧」，治績爲東海最。其得於過庭之訓者，有素僉稱家傳治譜矣。公生於雍正己酉年二月十二日，卒于嘉慶」乙丑年十二月二十四日，春秋七十有八。配趙氏，相夫教子，稱女宗師，先公卒，另有誌。繼配姚氏，俱」贈宜人。側室佟氏。子二：長懷清，丁酉舉人，歷任平原、章邱、諸城縣事，膠州知州，出繼公長兄；次慶清，舉孝廉方」正，候補布政司經歷，俱趙出。女子六：長適監生張公佐清子庠生兆麟；次適布政司理問王公汝鈺子監」生梓榮，早亡，以五女續之；三適刑部侍郎、蘇州按察使司王公士棻子拔貢候銓教諭志淇；四適監生楊」公廷昇子候銓縣丞清榮；六適廣東南雄府知府唐公若瀛子候補主簿鑾。孫三：長楷，庠生；次椽，候補縣」丞；季森，幼。曾孫二：觀粟、泉山。嘉慶十五年三月廿八日，與趙宜人合葬。甲山庚向。銘曰」：

牛眠之岡，松柏之側。發祥之基，先生之德。宅兹佳城，采成五色。翼翼綿綿，麟振維億」。

賜進士出身山東朝城縣知縣署歷城縣知縣前翰林院庶吉士寅愚姪劉加封頓首拜撰文」

辛酉科拔貢候銓教諭内再姪趙德彰頓首拜書丹」

承重孫楷、期服孫森、曾孫泉山泣血納石」

按

文中所云"檢討孫酉峰"，即孫景烈，字孟揚，號酉峰，武功人。乾隆四年（1739）進士，五年（1740）授檢討，以言事忤旨放歸。"中丞畢公"，即畢沅，乾隆三十六年（1771）至乾隆五十年（1785）在陝爲官。"林爽文之變"，指乾隆末期福建彰化林爽文起義事。林爽文，福建平和人，寓居臺灣。"提督任公"，即任承恩，山西大同人。時任福建陸路提督，林爽文變起，承恩亦發兵駐守彰化。

撰者劉加封，字松卿，號雪壺，陝西咸陽人。嘉慶七年（1802）進士，選庶吉士。十四年（1809）始任山東歷城縣知縣。以書法見長。

767.1810　梅學文墓誌

皇清太學
生例贈
修職郎
鄉飲介
賓學餘
梅公墓
誌銘

廩貢生吏部候銓儒學訓導姻
愚姪陳允成頓首篆蓋

皇清太學生例贈修職郎鄉飲介賓子餘
梅公墓誌銘
子餘梅老先生予姻翁也嘉慶戊辰
歲予將赴四川銅梁任就辭於
公　公患疾在牀拳拳執予手為予
言里俗民情甚悉余心憶之越明年
公以疾捐館嗣子蕃笙吉將葬郵寄
公狀屬予而請誌銘焉予曷敢以不
文辭　公諱學文字子餘世居長安
之晁莊里其先太學生
河臺先生諱涇者　公考也　公母
李太孺人舉丈夫子二　公居一年甫
弱齡蔪然即見頭角後以家務紛集
未獲卒詩書業乃隨　父貿易廢
著籌畫克勤克儉
河臺公甚倚重之生理之盛寔自
公始　公性友愛其事親也色養備
至歿之日哀毀骨立喪塟一如禮數
處昆弟間能公甘共苦內外無間言
公弟應魁字斗瞻公習孫武韜畧
公不欲以家務紛其業遂得舉武孝
廉至教撫子姪𠦝諄諄以勤儉為先
延師課讀不惜膏火之費嘗語人曰
子孫雖愚經書不可不讀亦可知用

第一石

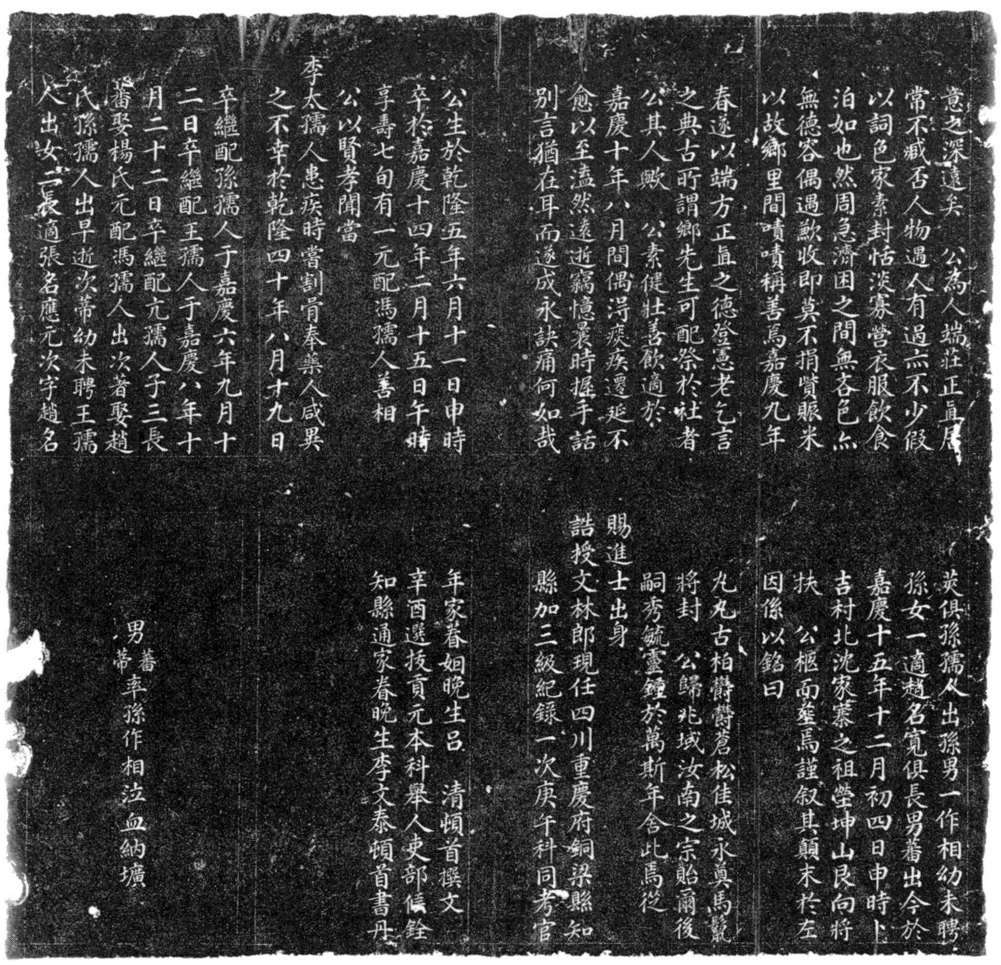

意之深遠矣　公為人端莊正直居
常不臧否人物遇人有過亦不少假
以詞色家素封恬淡寡營衣服飲食
泊如也然周急濟困之間無吝色㸃
無德容偶遇歉收即莫不捐貲賑米
以故鄉里間嘖嘖稱善焉嘉慶九年
春遂以端方正直之德登壽老乞言
之典古所謂鄉先生可配祭於社者
公其人歟　公素健壯善飲適於
嘉慶十年八月間偶得痰疾遷延不
愈以至溘然遠逝竊憶曩時握手話
別言猶在耳而遂成永訣痛何如哉
公生於乾隆五年六月十一日申時
卒於嘉慶十四年二月十五日午時
享壽七旬有一元配馮孺人善相
公以賢孝聞當
李太孺人患疾時嘗割肓奉藥人咸異
之不幸於乾隆四十年八月十九日
卒繼配孫孺人于嘉慶六年九月十
二日卒繼配王孺人于嘉慶八年十
月二十二日卒繼配亢孺人子三長
蕃娶楊氏元配馮孺人出次著娶趙
氏孫孺人出早逝次蒂幼未聘王孺
人出女二長適張名應元次字趙名
英俱孫孺人出孫男一作相幼未聘
孫女一適趙名寬俱長男蕃出今於
嘉慶十五年十二月初四日申時卜
吉村北沈家寨之祖塋坤山艮向將
扶　公柩而塟焉謹叙其顛末於左
因係以銘曰
丸丸古柏鬱鬱蒼松佳城永奠馬鬣
將封　公歸兆域汝南之宗貽爾後
嗣秀毓靈鍾於萬斯年含此焉從
賜進士出身
誥授文林郎現任四川重慶府銅梁縣知
縣加三級紀錄一次庚午科同考官
年家眷姻晚生呂　清頓首撰文
辛酉選拔貢元本科舉人吏部候銓
知縣通家眷晚生李文泰頓首書丹
男蕃蒂率孫作相泣血納壙

第二石

説 明

清嘉慶十五年（1810）十二月刻。誌、蓋合一，共二石。均正方形，邊長62厘米。均分上、下兩欄，每欄分4部分。第一石上欄爲蓋文，7行，滿行3字，篆書“皇清太學」生例贈」修職郎」鄉飲介」賓子餘」梅公墓」誌銘」”，後小字楷書“廩貢生吏部候銓儒學訓導姻」愚姪陳九成頓首篆盖」”。有界格。誌文楷書共66行，滿行14字。亦有界格。吕清撰文，李文泰書丹。出土具體時、地不詳。現存西安博物院。《新中國出土墓誌（陝西叁）》著録。

釋 文

皇清太學生例贈修職郎鄉飲介賓子餘」梅公墓誌銘」

子餘梅老先生，予姻翁也。嘉慶戊辰」歲，予將赴四川銅梁任，就辭於」公。公患疾在牀，拳拳執予手，爲予」言里俗民情甚悉，余心憶之。越明年」，公以疾捐館。嗣子蕃筮吉將葬，郵寄」公狀，属予而請誌銘焉。予曷敢以不」文辭。公諱學文，字子餘，世居長安」之晁庄里。其先太學生」河臺先生諱涇者，公考也。公母」李太孺人，舉丈夫子二，公居一。年甫」弱齡，嶄然即見頭角。後以家務紛集」，未獲卒詩書業。乃隨父貿易，廢」著籌畫，克勤克儉」，河臺公甚倚重之。生理之盛，寔自」公始。公性友愛，其事親也，色養備」至。殁之日，哀毁骨立，喪葬一如禮數」。處昆弟間，能分甘共苦，内外無間言」。公弟應魁，字斗瞻公，習孫武韜略」。公不欲以家務紛其業，遂得舉武孝」廉。至教撫子姪輩，諄諄以勤儉爲先」，延師課讀，不惜膏火之貲。嘗語人曰」：“子孫雖愚，經書不可不讀。”亦可知用」（以上第一石）意之深遠矣。公爲人端莊正直，居」常不臧否人物。遇人有過，亦不少假」以詞色。家素封，恬淡寡營，衣服飲食」泊如也。然周急濟困之間，無吝色，亦」無德容。偶遇歉收，即莫不捐貲賑米」，以故鄉里間嘖嘖稱善焉。嘉慶九年」春，遂以端方正直之德，登憲老乞言」之典。古所謂鄉先生可配祭於社者」，公其人歟。公素健壯，善飲。適於」嘉慶十年八月間，偶得痰疾，遷延不」愈，以至溘然遠逝。竊憶曩時握手話」別，言猶在耳，而遂成永訣，痛何如哉」！公生於乾隆五年六月十一日申時」，卒於嘉慶十四年二月十五日午時」，享壽七旬有一。元配馮孺人，善相」公，以賢孝聞。當」李太孺人患疾時，嘗割骨奉藥，人咸異」之。不幸於乾隆四十年八月十九日」卒。繼配孫孺人，于嘉慶六年九月十」二日卒。繼配王孺人，于嘉慶八年十」月二十二日卒。繼配亢孺人。子三：長」蕃，娶楊氏，元配馮孺人出；次著，娶趙」氏，孫孺人出，早逝；次蒂，幼，未聘，王孺」人出。女二：長適張名應元；次字趙名」英，俱孫孺人出。孫男一，作相，幼，未聘」。孫女一，適趙名寬。俱長男蕃出。今於」嘉慶十五年十二月初四日申時，卜」吉村北沈家寨之祖塋，坤山艮向。將」扶公柩而葬焉。謹叙其顛末於左」，因係以銘曰」：

丸丸古柏，鬱鬱蒼松。佳城永奠，馬鬣」將封。公歸兆域，汝南之宗。貽爾後」嗣，秀毓靈鍾。於萬斯年，舍此焉從」。

賜進士出身」誥授文林郎現任四川重慶府銅梁縣知」縣加三級紀録一次庚午科同考官」年家眷姻晚生吕清頓首撰文」

辛酉選拔貢元本科舉人吏部候銓」知縣通家眷晚生李文泰頓首書丹」

男蕃、蒂率孫作相泣血納壙」（以上第二石）

768.1815　强克捷碑

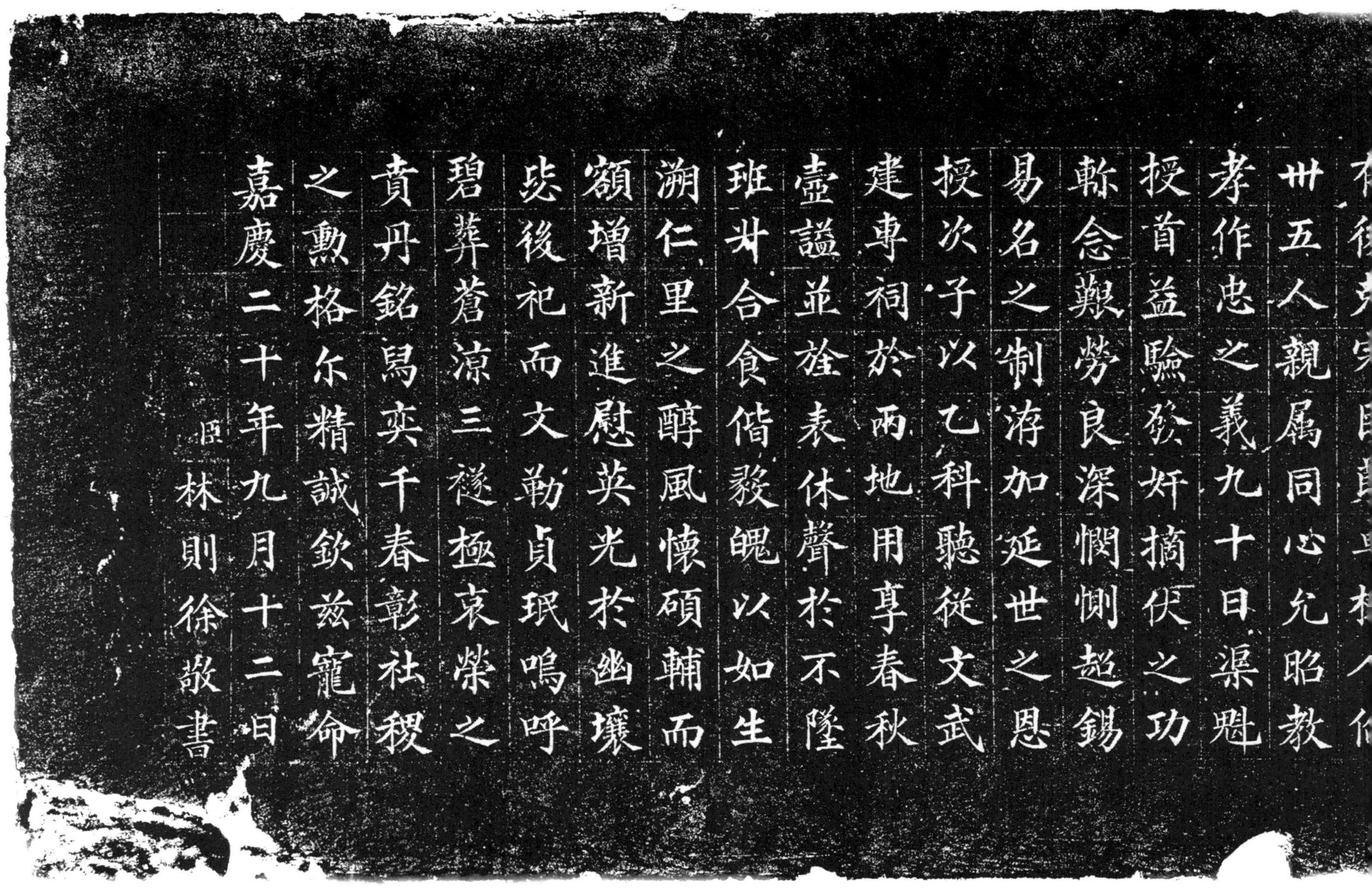

説明

清嘉慶二十年（1815）九月刻。碑長方形。長108厘米，寬34厘米。正文楷書37行，滿行10字。清仁宗愛新覺羅顒琰撰文，林則徐書丹。原在韓城市西街强公祠。現存韓城市博物館。

釋文

原任河南滑縣知縣加知」府銜謚忠烈强克捷碑文」

朕惟嬰城杖節，人臣報國」之藎忱；表墓酬庸，朝宁褒」忠之懋典。若夫智周百里」，既詗逆於先幾；義殉全家」，復成仁於臨難。信貞良之」傑出，宜贈恤之優頒。爾原」任滑縣知縣、賜謚忠烈强」克捷，始隽禮闈，即膺茂宰」。筮滑臺之劇邑，捍漳北之」要區。方資撫字之勤，忽遘」萑苻之起。乃能密擒逆黨」，預偵凶謀。猝聞變以援枹」，憤捐生而蹈刃。雖一時兔」脱，不虞醜類交訌，而全伏」梟誅，實賴逆萌早絶。况乎」中閨從烈，經百挫而不回」；幸哉二子先歸，俾孤忠之」有後。克完臣節，卓樹人倫」。卅五人，親属同心，允昭教」孝作忠之義；九十日，渠魁」授首，益驗發奸摘伏之功」。軫念艱勞，良深憫

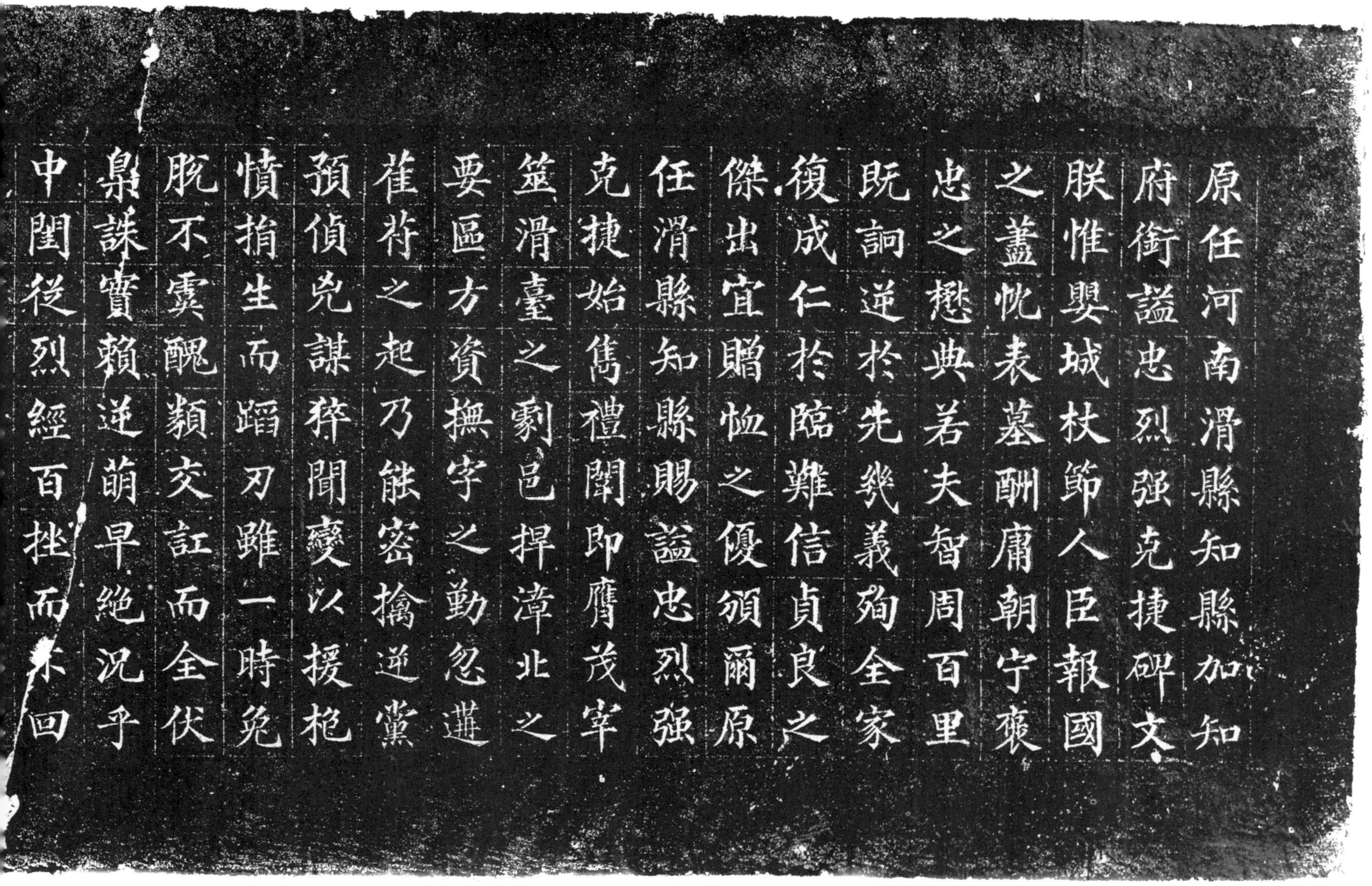

惻。超錫」易名之制，洊加延世之恩」。授次子以乙科，聽從文武」。建專祠於兩地，用享春秋」。壹謚並旌，表休聲於不墜」；班叔合食，偕毅魄以如生」。溯仁里之醇風，懷碩輔而」額增。新進慰英光於幽壤」，崇後祀而文勒貞珉。嗚呼」！碧葬蒼凉，三禭極哀榮之」賁；丹銘烏奕，千春彰社稷」之勳。格尔精誠，欽兹寵命」。

嘉慶二十年九月十二日」

臣林則徐敬書」

按

强克捷，韓城人，嘉慶十三年（1808）進士，任河南滑縣知縣。嘉慶十八年（1813）天理教謀劃在直隸、河南滑縣聯合起義，以推翻清王朝統治。時任滑縣知縣的强克捷獲悉亂黨陰謀後，及時逮捕天理教天王及其黨羽。不料天理教餘黨劫獄，并搗毀府署，殺害强克捷一家三十五口，惟强妻及其兩個兒子因回韓城而免遭於難。碑文正是在此背景下，清仁宗爲表彰强克捷，特下御旨褒獎，并於韓城、滑縣兩地建立專祠，春秋祭祀。

769.1817　重修武侯祠正殿拜殿碑記

重修諸葛忠武侯正殿拜殿碑記

蜀漢景耀六年步兵校尉習隆中書郎向充等表就侯墓立祠奉祀以從民願詔從之沔陽有侯祠自茲始唐貞元十
一年元至元六年明永樂六年成化十九年二十一年守臣相繼補葺正德八年都御使藍璋奏立侯祠沔城東春秋
致祭距侯墓十里即令祠也祠修且三百年棟宇傾圮明宮齋廬上雨旁風祠地卑窪夏秋淋雨水浸清堂皇瞻拜者
不能成禮嘉慶十九年制府長將軍賽會師勦匪大軍營沔郭外謁侯祠愴然曰是不足以妥侯靈也飭守土亟修
治太殿甫拆沔令周君賡調寶雞去余方會新令范君掄策醵金修理時韓君鼎晋視學秦中見神像露處又分俸倡
捐於是庀材鳩工祠址窪者壘土堅築高五尺甃以巨石採良材更梁楹易桷椽蒼磚雕甍上覆下環高大其楔閥飾
以丹漆繚以垣墉享堂拜棚規模宏整氣象一新工既竣祠之道人李復心請於余曰是不可不詳其顛末且士民之
托侯庥歷久而不能諼者當有以志之余曰侯學本醇儒才為王佐詎待後之管窺蠡測者詞費哉惟茲祠因侯墓而
建而民之慕侯亦因侯墓而彌摯則墓之係茲祠重矣侯與昭烈魚水之契千古所無考星隕郿原時侯靈輀當歸蜀
依惠陵而遺命乃葬定軍山後人或言軍山有王氣侯墓截其山脈即羊太尉鑿祖壟裴中令斷宅岡也又曰沔古陽
平三關蜀口侯身葬此氣壯山河亦風雲護儲胥之意也二說者未知當侯心否余嘗以意推之高祖封漢王都南鄭
由故道度陳倉還定三秦是沔陽固兩漢帝業所由基昭烈之興也由葭萌米倉進營定軍馘淵走操而漢事將成當
時君若臣憑軍山形勢悵望舊都慨懷先烈相與昕夕規為籌興復之大猷視永安彌留相對欷歔氣象為不侔矣則
軍山固侯與昭烈壯志之所存迨後獎率三軍北定中原營軍山椒麓申明陣法築城峙糧興復之志之事先帝式鑒
臨之崎嶇褒斜酸辛嘔血鞠躬盡瘁齎恨而終死而已者侯之身死而不已者侯之心歸骨故壘丹誠耿耿依先帝高
祖之靈告後人以興復之在漢川者始終以之吁可哀已詎不壯哉漢南人士於侯水旱兵疫必禱歲時伏臘必祭君
萬悽愴如將見之敬愛者著於人人之心數千載如一日而侯之英靈呵護庇佑奇跡屢昭亦若於漢南之吉凶憂樂
注念獨殷則豈非以侯藏魂斂魄精神常存此地也哉則神人感應之理為不爽也已祠修於嘉慶丙子年仲春丁丑
年仲夏落成共費銀三千餘兩始事者邑令周賡成之者邑令范掄策董役者邑少府邵念劬官吏商民蠲貲勷事者
皆例得書名是為記　岦

嘉慶二十二年春三月陝安兵備道楚南嚴如熤撰文　後學耘　臺書丹　主持道人錦江李復心立石

説明

清嘉慶二十二年（1817）三月刻。碑高136厘米，寬77厘米。正文楷書22行，滿行45字。嚴如熤撰文，柏臺書丹。現存勉縣武侯祠中。《漢中碑石》著録。

釋文

重修諸葛忠武侯正殿拜殿碑記」

蜀漢景耀六年，步兵校尉習隆、中書郎向充等表，就侯墓立祠奉祀以從民願，詔從之。沔陽有侯祠自兹始。唐貞元十」一年，元至元六年，明永樂六年，成化十九年、二十一年，守臣相繼補葺。正德八年，都御史藍璋奏立侯祠沔城東，春秋」致祭，距侯墓十里，即今祠也。祠修且三百年，棟宇傾圮，明宫齋廬，上雨旁風，祠地卑窪，夏秋淋雨水，浸漬堂皇，瞻拜者」不能成禮。嘉慶十九年，制府長將軍賽，會師剿厢匪，大軍營沔郭外，謁侯祠，愴然曰："是不足以妥侯靈也。"飭守土亟修」治。大殿甫拆，沔令周君賡調寶雞去，余方會新令范君掄策，醵金修理。時韓君鼎晋視學秦中，見神像露處，又分俸倡」捐。於是庀材鳩工，祠址窪者，壘土堅築高五尺，甃以巨石。採良材、更梁楹、易桷椽，蒼磚雕甍，上覆下環，高大其楔閼，飾」以丹漆，繚以垣墉，享堂拜棚，規模宏整，氣象一新。工既竣，祠之道人李復心請於余曰："是不可不詳其顛末。且士民之」托侯庥，歷久而不能諼者，當有以志之。"余曰：侯學本醇儒，才爲王佐，詎待後之管窺蠡測者詞費哉？惟兹祠因侯墓而」建，而民之慕侯，亦因侯墓而彌摯，則墓之係兹祠重矣。侯與昭烈，魚水之契，千古所無。考星隕郿原時，侯靈輀當歸蜀」依惠陵，而遺命乃葬定軍山。後人或言軍山有王氣，侯墓截其山脈，即羊太尉鑿祖壟、裴中令斷宅岡也。又曰沔，古陽」平三關蜀口，侯身葬此，氣壯山河，亦風雲護儲胥之意也。二説者未知當侯心否。余嘗以意推之，高祖封漢王，都南鄭」，由故道度陳倉，還定三秦，是沔陽固两漢帝業所由基。昭烈之興也，由葭萌、米倉進營定軍，馘淵走操，而漢事將成。當」時君若臣憑軍山形勢，悵望舊都，慨懷先烈，相與昕夕規爲，籌興復之大猷。視永安彌留，相對欷歔，氣象爲不侔矣。則」軍山固侯與昭烈壯志之所存。迨後獎率三軍，北定中原，營軍山椒麓，申明陣法，築城峙糧，興復之志之事，先帝式鑒」臨之。崎嶇褒斜，酸辛嘔血，鞠躬盡瘁，齎恨而終。死而已者侯之身，死而不已者侯之心。歸骨故壘，丹誠耿耿，依先帝、高」祖之靈，告後人以興復之在漢川者，始終以之。吁！可哀已，詎不壯哉！漢南人士於侯水旱兵疫必禱，歲時伏臘必祭，焄」蒿悽愴，如將見之。敬愛者著於人人之心，數千載如一日，而侯之英靈呵護庇佑，奇迹屢昭，亦若於漢南之吉凶憂樂」，注念獨殷，則豈非以侯藏魂斂魄、精神常存此地也哉。則神人感應之理，爲不爽也已。祠修於嘉慶丙子年仲春，丁丑」年仲夏落成，共費銀三千餘兩。始事者邑令周賡，成之者邑令范掄策，董役者邑少府邵念劬。官吏商民，蠲貲勸事者」，皆例得書名，是爲記。

時」嘉慶二十二年春三月

陝安兵備道楚南嚴如熤撰文

後學柏臺書丹

主持道人錦江李復心立石」

按

撰者嚴如熤，字炳文，號樂園，湖南溆浦人。歷官洵陽知縣、定遠廳同知、漢中知府、陝安兵備道、陝西按察使等。著有《三省邊防備覽》《嚴樂園詩集》《樂園文鈔》等。

770.1818　題仙遊寺碑

終南之區山水窟萬壑千岩勢崔崒窈
然而藏深且阻告華往〻得匪愛我問仙遊
寺宿昔擅奇勝頗著謝公屐探幽逸興
是日相尋二三子言尋九口三十里平遠
嶂疊畫作屏青蔥嶺色樹如薺崎嶇澗
入側徑通旭光日出飛幢〻水亭瀉漫石洞
出四圍山色翠激中南北分峙有蘭若隋
唐勝蹟宛如昨阿閣巢成燕子飛小院
陰晴桐花蔭穆王八駿何曾到仙人無復
留丹竈玉女簫聲不可聞欲求其事恐言
鑿山僧〻非支公流掃地焚香印禪修遺
文茫〻遠沈劫與我酬答語未休畫像
猶傳道子碑特來半榻餘殘石涅服
細畫隱依稀古物千年人不惜瑜瓏塑
有病維摩佛金剎荒無顏色山門之外
打麥場僧徒若力事稼穡遙望北寺更
荒涼碌屋數間土作牆石磴鉤連木為梁
隔水終渡意傍徨古來興廢亦偶然時
過無與景乃還金馬銅駝生荊棘況復
此地少人煙吾聞佛理本清淨潭影空山
悅至性日暮還信馬歸歸時有白雲相
與送
戊辰首夏與張丙野李綺谷遊仙遊
寺擬古二十四韻
碧軒蓋方泌草
嘉慶歲次戊寅中秋望一日鐫石
住持義來敬立

説 明

清嘉慶二十三年（1818）八月刻。碑長方形。長80厘米，寬39厘米。正文行書27行，滿行14至16字不等。蓋方泌撰文并書丹。現存周至仙遊寺博物館。

釋 文

終南之區山水窟，萬壑千岩勢嵂崒。窈」然而藏洂且阻，此中往往得佳處。我問仙遊」寺，宿昔擅奇勝。願著謝公屐，探幽發逸興」。是日相尋二三子，言尋水口三十里。平遠」嶂叠畫作屏，青葱嶺色樹如薺。崎嶇漸」入側徑通，旭光日出正曈曈。水聲潺湲石澗」出，四圍山色翠微中。南北分峙多蘭若，隋」唐勝迹宛如昨。阿閣巢成燕子飛，小院」陰晴桐花落。穆王八駿何曾到，仙人無復」留丹竈。玉女簫聲不可聞，欲求其事恐言」鑿。山僧亦非支公流，掃地焚香即禪修。遺」文茫茫遭沈劫，與我酬答語未休。畫像」猶傳道子碑，持來半榻餘斷石。冠服」細畫認依稀，古物千年人不惜。塔龕塑」有病維摩，佛金剥落無顔色。山門之外」打麥埸，僧徒苦力事稼穡。遥望北寺更」荒凉，椽屋數間土作墻。石磴鈎連木爲梁」，隔水野渡意傍徨。古来興廢亦偶然，時」過每與景爲遷。金馬銅駝生荆棘，况復」此地少人煙。吾聞佛理本清净，潭影空山」悦至性。日暮還信馬蹄歸，時有白雲相」與送」。

戊辰首夏，與張丙野、李綺谷遊仙遊」寺，擬古二十四韻」。

碧軒蓋方泌草」

嘉慶歲次戊寅中秋望一日鎸石」

住持義來敬立」

按

仙遊寺，位於今周至縣城南秦嶺黑水峪口，相傳秦穆公之女弄玉與蕭史相愛於此，故稱仙遊。始建於隋開皇十八年（598）。原爲隋文帝行宫，稱仙遊宫。仁壽元年（601）安置佛舍利，改稱仙遊寺。白居易《長恨歌》即創作於此。

撰書者蓋方泌，字季源，又字春舫，號碧軒，山東蒲臺人。乾隆五十四年（1789）拔貢，官陝西漢陰廳通判、石泉知縣。嘉慶三年（1798）署商州州同。八年（1803）授盩厔知縣，擢寧陜廳同知。嘉慶二十三年（1818）擢臺灣知府。《清史稿》有傳。

771.1819　白三德墓誌

皇清例贈修職郎太學生西金白先生墓誌銘
先生姓白氏諱三德字修齋西金其號也世居乾之大洋里鷄
子村祖對廷公諱玉階輕財重義乾隆戊辰歲歉首倡賑濟方
伯 慧公州牧 侯公重其人舉鄉飲賓深為褒揚有義周鄉
里親隣愛戴牌匾父松年公諱庚燦與弟獻之公諱秀瑋併入
國學亦以周邺繼其志先生生而醇篤孝謹讀書有大志庚子
秋以監生入闈圖上進以慰親厥志未遂而是年九月松年公
歿遺二弟峻德懋德俱幼家務在身不獲專意詩書獻之公先
卒遺一子墳德先生設家塾歉請名師勤為訓誨俱行成名立
峻德入太學懋德入州庠食廩餼墳德以附生貢太學身修家
二
齊為一鄉之望乾隆壬子歲大歉先生亦首倡賑濟立粥廠歷
四月餘全活者以數萬計嘉慶乙丑歲又大歉斗米千錢有餘
市幾無粟先生復為首倡令富民各量力出貲入南山買糴谷
濟急活人厥功偉甚方伯 常公州牧 徐公甚為嘉美以樂
善好施任邺可風旌門而先生絶無德色且其為善不求人知
鄉黨受其惠者懸匾製錦以酧先生再三辭不獲已而後受之
癸酉年歲稍歉先生於遠近村隣量口給錢全活甚衆次年學
院 韓大人聞其事美之曰白某能平糶減價量口給錢實屬
可嘉既卒後有遠方數人前来吊奠舉家不識其人自言曾受
先生周邺其陰行善事類如此尤喜成人之美按狀有助某孝
廉會試某明經入貢某童子入庠事有助某娶妻生子事有助
某扶柩歸塋事總之見善必為古之不為良相必為良醫者不
是過也先生持已端方待人和厚喜酒飲與同人讌集恢諧瀟
洒知交中無不愛重其人余廻思庚子癸卯歲同赴秋闈時笑
語款洽依依若前日事而先生已飄然西逝余之老態龍鍾故
舊寥落其於世又何心耶先生生於乾隆十三年九月初十日
卒於嘉慶二十二年四月二十二日壽七十歲元配宋氏永壽
恩貢生宋海公女繼配樊氏永壽樊自明公女今稱未亡人子
二長並庠生次蘭廩生俱樊出並妻張氏永壽監生張星晟公
女蘭妻樊氏永壽樊雲慶公女女七長適永壽武生胡鳳儀次
三
適永壽廩生王賓蕆俱宋出三適永壽庠生宋炳早亡四適永
壽試用教職侯建章之子道坦庠生五適永壽庠生王占魁六
適永壽增生趙有恒之子玫务字監生秋慶餘尚在室俱樊出
孫三長鶴齡次鶴皋皆並出三懷雅蘭出聘娶郡王氏王金公
女皋聘永壽 恩貢生張德秀公姪女先生歿後年餘鶴齡懷
雅俱已孫女二一並出適永壽監生胡鳳彩之子士元一蘭出
尚务字何廷銓之子 茲卜吉於嘉慶二十四年三月二十日
卯時瑩於村西南新塋癸山丁向系之以銘曰
乾之土腴而厚乾之水深而廿代有仁人毓乎其間佳城在望
翼翼綿綿利其後嗣者於萬斯年

皇清例贈修職
郎太學生西
金白先
生墓誌銘
例授修職佐郎吏部候銓儒學司訓丙寅科歲進士通家弟吴 玉
頓首拜撰文
特授文林郎癸卯科舉人現任河南許州長葛縣知縣加五級紀錄
十次年家眷姻晚生南幽張德聚頓首拜書丹
誥授奉直大夫甘肅蘭州府河州知州加五級卓異加一級紀錄七
次愚弟劉賓頓首拜篆蓋
不孝男並蘭率孫鶴皋泣血納石
四

說 明

清嘉慶二十四年（1819）三月刻。誌、蓋一體，共二石。均長方形。均長90厘米、寬40厘米。第一石蓋文4行，滿行4字，篆書“皇清例贈修職」郎太學生」西金白先」生墓誌銘」”。誌文楷書，第一石7行，滿行24字，第二石40行，滿行24字。吴玉撰文，張德聚書丹，劉賓篆蓋。現存乾縣關頭鄉鷂子村。《咸陽碑刻》著録。

釋 文

皇清例贈修職郎太學生西金白先生墓誌銘」

先生姓白氏，諱三德，字修齊，西金其號也。世居乾之大羊里鷂」子村。祖對廷公諱玉階，輕財重義，乾隆戊辰歲歉，首倡賑濟。方」伯慧公、州牧侯公重其人，舉鄉飲賓，深爲褒揚，有“義周鄉」里，親鄰愛戴”牌匾。父松年公諱庚燦，與弟獻之公諱秀璋，併入」國學，亦以周恤繼其志。先生生而醇篤孝謹，讀書有大志。庚子」秋，以監生入闈，圖上進以慰親。厥志未遂，而是年九月松年公」殁，遺二弟峻德、懋德俱幼，家務在身，不獲專意詩書。獻之公先」卒，遺一子堉德。先生設家塾，敦請名師，勤爲訓誨，俱行成名立」。峻德入太學，懋德入州庠，食廪餼，堉德以附生貢太學。身修家」齊，爲一鄉之望。乾隆壬子歲大歉，先生亦首倡賑濟，立粥廠歷」四月餘，全活者以數萬計。嘉慶乙丑歲又大歉，斗米千錢有餘」，市幾無粟。先生復爲首倡，令富民各量力出貲，入南山買剥谷」，濟急活人，厥功偉甚。方伯常公、州牧徐公甚爲嘉美，以“樂」善好施，任恤可風”旌門，而先生絶無德色。且其爲善不求人知」，鄉黨受其惠者，懸匾製錦以酬，先生再三辭，不獲已而後受之」。癸酉年，歲稍歉，先生於遠近村鄰，量口給錢，全活甚衆。次年，學」院韓大人聞其事，美之曰：“白某能平糶減價，量口給錢，實属」可嘉。”既卒後，有遠方數人前来吊奠，舉家不識，其人自言曾受」先生周恤。其陰行善事類如此。尤喜成人之美。按状，有助某孝」廉會試、某明經入貢、某童子入庠事，有助某娶妻生子事，有助」某扶柩歸葬事。總之，見善必爲，古之不爲良相，必爲良醫者，不」是過也。先生持己端方，待人和厚，喜酒飲，與同人讌集，恢諧瀟」洒，知交中無不愛重其人。余迴思庚子、癸卯歲同赴秋闈時，笑」語款洽，依依若前日事。而先生已飄然西逝，余之老態龍鍾，故」舊寥落，其於世又何心耶。先生生於乾隆十三年九月初十日」，卒於嘉慶二十二年四月二十二日，壽七十歲。元配宋氏，永壽」恩貢生宋海公女；繼配樊氏，永壽樊自明公女，今稱未亡人。子」二：長芷，庠生；次蘭，廪生，俱樊出。芷妻張氏，永壽監生張星晟公」女。蘭妻樊氏，永壽樊雲慶公女。女七：長適永壽武生胡鳳儀，次」適永壽廪生王寶箴，俱宋出；三適永壽庠生宋炳，早亡，四適永」壽試用教職侯建章之子道坦，庠生，五適永壽庠生王占魁，六」適永壽增生趙有恒之子玫，幼字監生秋慶餘，尚在室，俱樊出」。孫三：長鶴齡，次鶴皐，皆芷出；三懷雅，蘭出。齡娶郡王氏王金公」女，皐聘永壽恩貢生張德秀公姪女。先生殁後年餘，鶴齡、懷」雅俱亡。孫女二：一芷出，適永壽監生胡鳳彩之子士元；一蘭出」，尚幼，字何廷銓之子。兹卜吉於嘉慶二十四年三月二十日」卯時，葬於村西南新塋，癸山丁向。系之以銘曰」：

乾之土腴而厚，乾之水深而甘。代有仁人，毓乎其間。佳城在望」，翼翼綿綿。利其後嗣者，於萬斯年」。

例授修職佐郎吏部候銓儒學司訓丙寅科歲進士通家弟吴玉」頓首拜撰文」

特授文林郎癸卯科舉人現任河南許州長葛縣知縣加五級紀録」十次年家眷姻晚生南豳張德聚頓首拜書丹」

誥授奉直大夫甘肅蘭州府河州知州加五級卓異加一級紀録七」次愚弟劉賓頓首拜篆盖」

不孝男芷、蘭率孫鶴皐泣血納石」

按

書者張德聚，字敬齋，號六有，陝西永壽人。乾隆四十八年（1783）舉人，歷任河南長葛、滎澤、新鄭知縣。民國《永壽縣志》有傳。

772.1819　龍洞渠條規碑

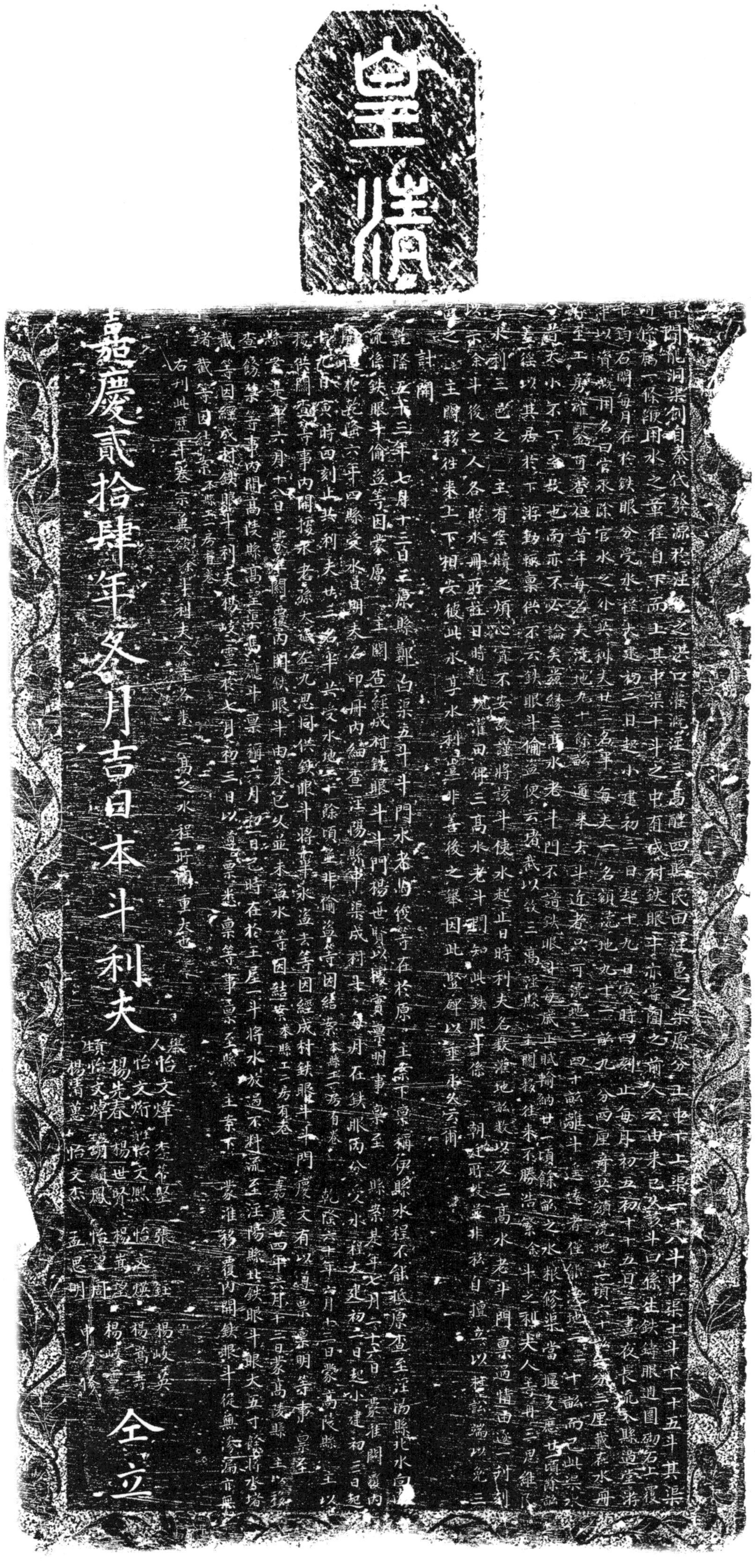

説明

清嘉慶二十四年（1819）十一月刻。碑方額龜趺。通高172厘米，寬69厘米。額篆書“皇清”二字。正文楷書22行，滿行53字。周飾蔓草花紋。現存涇陽縣王橋鎮涇惠渠碑廊。《咸陽碑刻》著録。

釋文

嘗聞龍洞渠創自秦代，發源於涇邑之洪口，灌溉涇、三、高、醴四縣民田。涇邑之渠，原分上、中、下，上渠一十八斗，中渠十斗，下一十五斗。其渠」道係属一條鞭，用水之章程，自下而上。其中渠十斗之中，有成村鐵眼斗，亦嘗聞之前人云，由来已久。該斗口係生鐵鑄眼，周圍砌石，上覆」千鈞石閘。每月在於鐵眼分受水程，大建初二日起，小建初三日起，十九日寅時四刻止。每月初五、初十、十五日三晝夜長流，入縣過堂游」泮，以資溉用，名曰官水。除官水之外，共利夫廿三名半，每夫一名，額澆地九十一畝九分四厘奇，共額澆地廿一頃六十畝六分三厘，載在水册」，存至工房，確鑿可查。但昔年每名夫澆地九十餘畝，邇来去斗近者，只可澆地三四十畝；離斗遥遠者，僅能澆地二三十畝而已。此渠水」今昔大小不一之故也，而亦不必論矣。兹緣三、高水老斗門，不諳鐵眼斗，每歲正賦輸納廿一頃餘畝之水粮，修渠當堰支應廿一頃餘畝」之差徭。以其居於下游，動輒稟供，不云鐵眼斗偷盗，便云堵截，以致三、高、涇縣主關移往来，不勝浩繁。余斗之利夫人等，再三思維，民」享水利，三邑之主，有案牘之煩，心實不安。故謹將該斗使水起止日時、利夫名数、灌地畝数以及三、高水老斗門稟過情由，逐一刊刻」，以示余斗後之人各照水册所注日時，遵規灌田。俾三、高水老斗門，知此鐵眼斗係朝廷所設，並非私自擅立，以杜訟端，以免三」邑之主關移往来，上下相安，彼此永享水利，豈非善後之舉！因此竪碑，以垂永久云爾」。

計開」乾隆五十三年七月十三日，三原縣鄭白渠五斗，斗門水老馬俊等在於原主案下，稟稱，伊縣水程不能抵原，查至涇陽縣北，水向南」流，係鐵眼斗偷盗等因。蒙原主關查經成村鐵眼斗斗門楊世賢以據實稟明事，稟至縣案。是年七月二十六日，蒙准關覆，内」開隨於乾隆六年，四縣受水日期、夫名印册内，細查涇陽縣中渠成村斗，每月在鐵眼内分受水程，大建初二日起，小建初三日起」，十九日寅時四刻止，共利夫廿三名半，共受水地二十餘頃，並非偷盗等因結案本縣工一房有卷。乾隆六十年六月十三日，蒙高陵縣主以」據供關查等事，内開據水老孫大斌、左九思同供鐵眼斗將一半水盗去等因，經成村鐵眼斗斗門慶文有以遵票稟明等事，稟至」縣案。是年六月十八日，蒙准關覆，内開鐵眼斗由来已久，並未盗水等因結案本縣工二房有卷。嘉慶廿四年六月十三日，蒙高陵縣主以移」查飭禁等事，内開高陵縣高望渠馬應斗稟稱，六月初一日巳時，在於王屋一斗將水放過，不料流至涇陽縣北鐵眼斗，眼大五寸餘，將水堵」截等因，經成村鐵眼斗利夫楊岐靈於七月初三日以遵票悉稟等事，稟至縣主案下，蒙准移覆，内開鐵眼斗從無滲漏，亦無」堵截等因結案本縣工一房有卷」。

右刊此歷年卷宗，冀欲余斗利夫人等，各悉三、高之水程，所關重大也」。

嘉慶貳拾肆年冬月吉日，本斗利夫舉人怡文煒、怡文桁，貢生楊先春、怡文焯、楊清蕙，生員李蒂堅、怡文熙、楊世賢，監生胡顯鳳、怡文杰、張鈺、怡文烘、楊嵩望、怡望周、孟思明、楊岐英、楊嵩壽、楊岐靈、申乃修仝立」

按

龍洞渠，爲涇河仲山口引水自流之灌溉工程，位於關中平原之涇陽縣。此地戰國時即有鄭國渠，漢代有白渠，宋代有豐利渠，元代有王御史渠，明代有廣惠渠。清代因引涇水困難，便於峽谷引山澗泉水，名龍洞渠。

773.1821　雁字回文詩碑

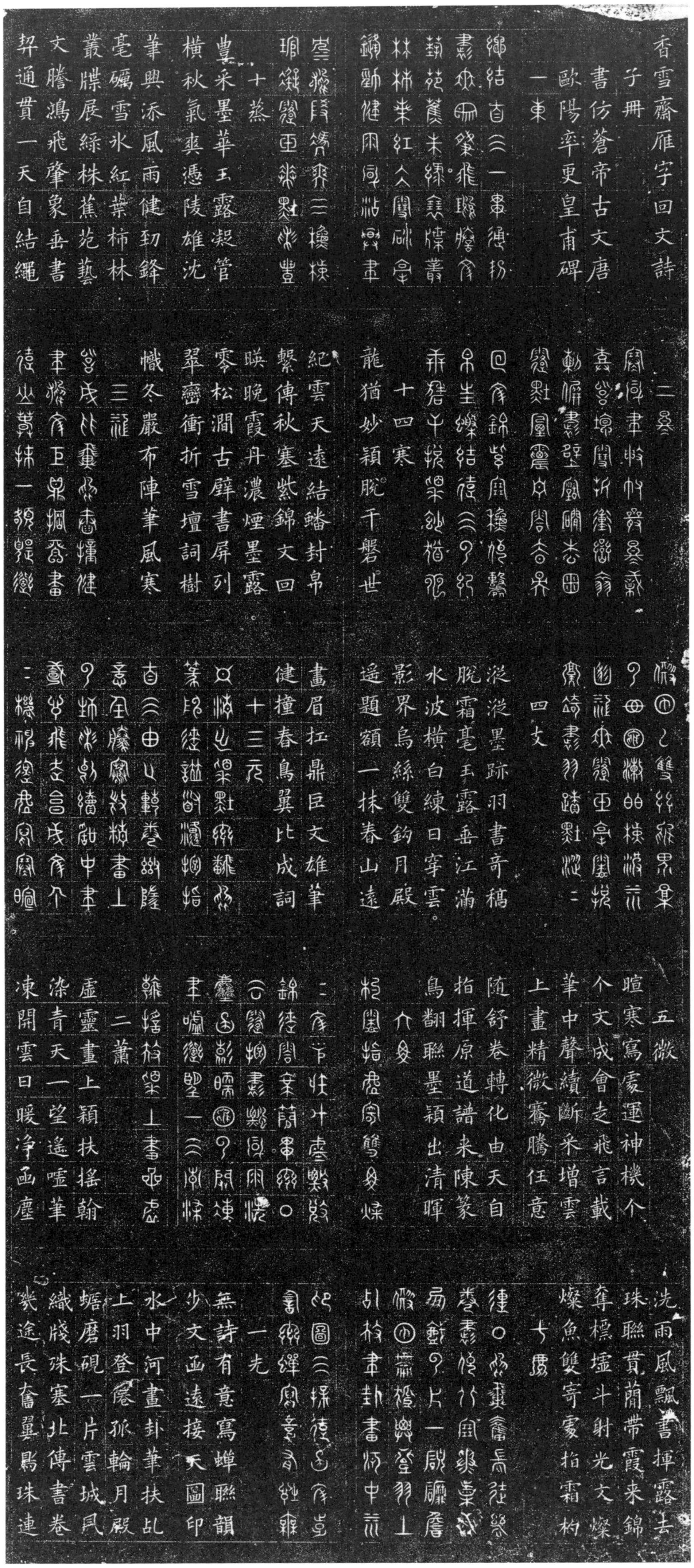

第一石

説明

清道光元年（1821）正月刻。碑共24石，尺寸相同，均高154厘米，寬66厘米。均分上下5欄鎸刻，各欄間陰綫界格區分。共100行，滿行8至10字不等。張玉德撰文并書丹。原置鄠縣城北街張氏宗祠，後竪於大觀樓南北樓洞。現存西安市鄠邑區文廟。《户縣碑刻》著録。

釋文

香雪齋雁字回文詩」

子册」

書仿蒼帝古文、唐」歐陽率更《皇甫碑」》

一東」

繩結自天一貫通，契」書垂象筆飛鴻。謄文」藝苑蕉朱緑，展牒叢」林柿葉紅。冰雪礪毫」鋒勁健，雨風沾興筆」沈雄[①]。陵憑爽氣秋横」珦，凝露玉華墨采豐」。

十蒸」

豐采墨華玉露凝，管」横秋氣爽憑陵。雄沈」筆興添風雨，健勁鋒」毫礪雪冰。紅葉柿林」叢牒展，緑株蕉苑藝」文謄。鴻飛筆象垂書」契，通貫一天自結繩」。

二冬」

寒風筆陣布嚴冬，幟」樹詞壇雪折衝。巒翠」列屏書壁古，磵松零」露墨煙濃。丹霞晚映」回文錦，紫塞秋傳繫」帛封。蟠結遠天雲紀」世，磐干脱穎妙猶龍」。

十四寒」

龍猶妙穎脱干磐，世」紀雲天遠結蟠。封帛」繫傳秋塞紫，錦文回」映晚霞丹。濃煙墨露」零松磵，古壁書屏列」翠巒。衝折雪壇詞樹」幟，冬嚴布陣筆風寒」。

三江」

詞成比翼鳥春撞，健」筆雄文巨鼎扛。眉畫」遠山春抹一，額題遥」殿月鈎雙。絲鳥界影」雲穿日，練白横波水」滿江。垂露玉毫霜脱」稿，奇書羽迹墨淙淙」。

四支」

淙淙墨迹羽書奇，稿」脱霜毫玉露垂。江滿」水波横白練，日穿雲」影界鳥絲。雙鈎月殿」遥題額，一抹春山遠」畫眉。扛鼎巨文雄筆」健，撞春鳥翼比成詞」。

十三元」

暉清出穎墨聯翻，鳥」篆陳來譜道原。揮指」自天由化轉，卷舒隨」意任騰騫。微精畫上」雲增采，斷續聲中筆」載言。飛走會成文个」个，機神運處寫寒暄」。

五微」

暄寒寫處運神機，个」个文成會走飛。言載」筆中聲續斷，采增雲」上畫精微。騫騰任意」隨舒卷，轉化由天自」指揮。原道譜来陳篆」鳥，翻聯墨穎出清暉」。

六魚」

杓霜指處寄雙魚，燦」燦文光射斗墟。標奪」錦來霞帶簡，貫聯珠」去露揮書。飄風雨洗」塵函净，暖日雲開凍」筆嘘。遥望一天青染」翰，摇扶穎上畫靈虚」。

二蕭」

虚靈畫上穎扶摇，翰」染青天一望遥。嘘筆」凍開雲日暖，净函塵」洗雨風飄。書揮露去」珠聯貫，簡帶霞来錦」奪標。墟斗射光文燦」燦，魚雙寄處指霜杓」。

七虞」

連珠鳥翼奮長途，幾」卷書傳北塞殊。㡆織」鳳城雲片一，硯磨詹」殿月輪孤。仙登羽上」乩扶筆，卦畫河中水」印圖。天

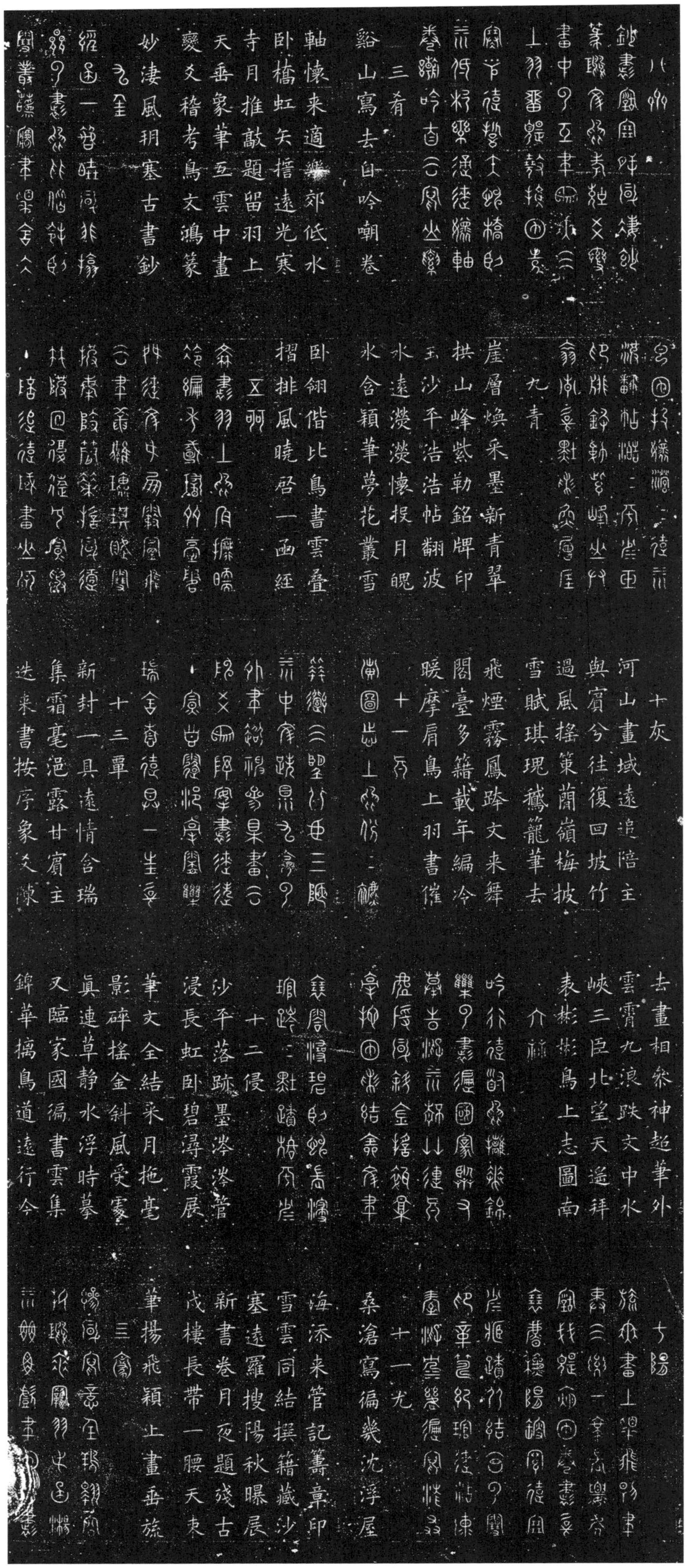

第二石

接遠函文步」韻，聯蟬寫意有詩無」。

一先」

無詩有意寫蟬聯，韻」步文函遠接天。圖印」水中河畫卦，筆扶乩」上羽登仙。孤輪月殿」蟾磨硯，一片雲城鳳」織牋。殊塞北傳書卷」幾，途長奮翼鳥珠連」。（以上第一石）

八齊」

鈔書古塞朔風淒，妙」篆鴻文鳥考稽。爻變」畫中雲互筆，象垂天」上羽留題。敲推月寺」寒光遠，誓矢虹橋卧」水低。郊樂適來懷軸」卷，嘲吟自去寫山溪」。

三肴」

谿山寫去自吟嘲，卷」軸懷来適樂郊。低水」卧橋虹矢誓，遠光寒」寺月推敲。題留羽上」天垂象，筆互雲中畫」變爻。稽考鳥文鴻篆」妙，淒風朔塞古書鈔」。

九佳」

經函一啓曉風排，摺」疊雲書鳥比偕。翎卧」雪叢花夢筆，穎含冰」魄月投懷。瀅瀅遠水」波翻帖，浩浩平沙玉」印牌。銘勒紫峰山拱」翠，青新墨采焕層崖」。

九青」

崖層焕采墨新青，翠」拱山峰紫勒銘。牌印」玉沙平浩浩，帖翻波」水遠瀅瀅。懷投月魄」冰含穎，筆夢花叢雪」卧翎。偕比鳥書雲疊」摺，排風曉啓一函經」。

五哥」

催書羽上鳥肩摩，暖」冷編年載籍多。臺閣」舞來文跨鳳，霧煙飛」去筆籠鵝。瑰琪賦雪」披梅嶺，簡策摇風過」竹陂。回復往兮賓與」主，陪追遠域畫山河」。

十灰」

河山畫域遠追陪，主」與賓兮往復回。坡竹」過風摇策簡，嶺梅披」雪賦琪瑰。鵝籠筆去」飛煙霧，鳳跨文来舞」閣臺。多籍載年編冷」暖，摩肩鳥上羽書催」。

十一真」

南圖志上鳥彬彬，表」拜遥天望北臣。三陋」水中文跌浪，九霄雲」外筆超神。參相畫去」陳爻象，序按書來迭」主賓。甘露浥毫霜集」瑞，含情遠具一封新」。

十三覃」

新封一具遠情含，瑞」集霜毫浥露甘。賓主」迭来書按序，象爻陳」去畫相參。神超筆外」雲霄九，浪跌文中水」峡三。臣北望天遥拜」表，彬彬鳥上志圖南」。

六麻」

吟行遠道鳥摛華，錦」集雲書遍國家。臨又」摹時浮水静，草連真」處受風斜。金摇碎影」毫拖月，采結全文筆」展霞。潯碧卧虹長浸」琯，蹺蹺墨迹落平沙」。

十二侵」

沙平落迹墨涔涔，管」浸長虹卧碧潯。霞展」筆文全結采，月拖毫」影碎摇金。斜風受處」真連草，静水浮時摹」又臨。家國遍書雲集」錦，華摛鳥道遠行吟」。

七陽」

旒垂畫上穎飛揚，筆」束天腰一帶長。樓戍」古殘題夜月，卷書新」展曝秋陽。搜羅遠塞」沙藏迹，撰結同雲雪」印章。籌紀琯來沾海」屋，浮沈幾遍寫滄桑」。

十一尤」

桑滄寫遍幾沈浮，屋」海添来管記籌。章印」雪雲同結撰，籍藏沙」塞遠羅搜。陽秋曝展」新書卷，月夜題殘古」戍樓。長帶一腰天束」筆，揚飛穎上畫垂旒」。

果然字字蟻之屈曲
[illegible]來然鬱鬱[illegible]鳳書
果得茲登後字殿冊
此日臺損蠹神生采
十五箴
牢封秘稿脫塵凡妙
象懸空遠啓織濤浪
畫煙松鬱鬱鳥蟲鐫
辟石巉巉毫合晃穎
書吞月筆戲魚鱗水
蕩函毛羽羅辭鴻析
奐翻翔任意寫風絲
八庚
錯綜書樂成鳳明劃
新穗[illegible]來三[illegible][illegible]戲
鳳騰飛錦[illegible][illegible][illegible]
柱徑精不[illegible]縞不上
來書[illegible][illegible][illegible][illegible][illegible]
素予[illegible]貼[illegible][illegible][illegible][illegible]
羽層[illegible][illegible][illegible][illegible][illegible]

十四鹽
旌文展處覺觀蟾羽
翼摩霄紫貼粘名篆
鳥存常古奧譜書蟲
入不嬌纖平橋遠柱
虹題采碎錦飛花雪
織纏清氣爽颯秋剡
劃明霜礪穎筆鋒銛
十二侯
攸成書上羽聯鱗整
烟綫編風葉隨班錄
[illegible]吉回鳳用翠鳳段
虛動[illegible][illegible][illegible][illegible][illegible][illegible]
書鼓[illegible][illegible][illegible][illegible][illegible][illegible]
果[illegible][illegible][illegible][illegible][illegible][illegible][illegible]
此荷二書抹一三[illegible]
十五刪
雲天一抹筆開閒妙
絕詞華歲序須文穎
墨垂金莖露管城書

度玉門關勳功勒處
陵煙紫雨雪回時纖
錦斑墳典古編殘頡
整群鴻羽上畫成班
時

道光元年歲次辛巳
春正月
鄂縣張玉德作並
書

香雪齋鴈字回文詩
丑冊
書做晉王右軍聖
教序唐歐陽蘭臺
道因碑

一東
涔涔墨跡望寘鴻羽翼
垂天補鳥跡[illegible][illegible][illegible]時
靈雨好雪鋪文字密雲
同沈浮任意題河海暖

冷隨心寫化功今古自來
編節序陰晴記注搏鈞洪
十二侵
洪鈞轉注記晴陰序
節編來自古今功化
寫心隨冷暖海河題
意任浮沈同雲密處
文鋪雪好雨靈時筆
蘸霖蟲鳥補天垂翼
羽鴻冥望跡墨涔涔

二冬
須書古塞紫煙濃勁筆
凌風雪陣衝環搏處纏
遙記瑞界開疆域遠提
封山中霧點斑文豹之
雲翻梟篆龍還復法兮
南又北刪刊鳥跡妙藏鋒
十五刪
鋒藏妙跡鳥刊刪北
又南兮往復還龍篆

梟翻雲上水豹文斑
點霧中山封提遠域
疆開界瑞紀遙纏度
轉環衝陣雪風凌筆
勁濃煙紫塞古書頌

三江
丹霞染翰筆如杠素練
排空遠擊撞寒寺古題
名級七曉城邊桂月鈎雙
漫漫雪案書鋪玉滾滾波
文錦羅江圖結露珠墨
吐穎灘霜脫稿草塵幢
十四寒
幢塵草稿脫霜灘穎
吐墨珠露結圖江羅
錦文波滾滾玉坡書
案雪漫漫雙鈎月挂
邊城曉七級名題古
寺寒撞擊遠空排練
素杠如筆翰染霞丹

第三石

四豪」

縿風寫意任翔翺，奥」折鴻辭羈羽毛。函蕩」水鱗魚戲筆，月吞書」（以上第二石）穎兔含毫。巉巉石壁」鎸蟲鳥，鬱鬱松煙畫」浪濤。緘啓遠空懸象」妙，凡塵脱稿秘封牢」。

十五咸」

牢封秘稿脱塵凡，妙」象懸空遠啓緘。濤浪」畫煙松鬱鬱，鳥蟲鎸」壁石巉巉。毫含兔穎」書吞月，筆戲魚鱗水蕩函。毛羽羈辭鴻折」奥，翺翔任意寫風縿」。

八更」

銛鋒筆穎礪霜明，劃」刻秋飆爽氣清。縑織」雪花飛錦碎，采題虹」柱遠橋平。纖嬌不入」蟲書譜，奥古常存鳥」篆名。粘貼紫霄摩翼」羽，瞻觀聳處展文旌。

十四鹽」

旌文展處聳觀瞻，羽」翼摩霄紫貼粘。名篆」鳥存常古奥，譜書蟲」入不嬌纖。平橋遠柱」虹題采，碎錦飛花雪」織縑。清氣爽飆秋刻」劃，明霜礪穎筆鋒銛」。

十二文」

班成畫上羽鴻群，整」頓殘編古典墳。斑錦」織時回雪雨，紫煙陵」處勒功勳。關門玉度」書城琯，露薤金垂墨」穎文。頒序歲華詞絶」妙，閒閒筆抹一天雲」。

十五删」

雲天一抹筆閒閒，妙」絶詞華歲序頒。文穎」墨垂金薤露，管城書」度玉門關。勳功勒處」陵煙紫，雨雪回時織」錦斑。墳典古編殘頓」整，群鴻羽上畫成班」。

時」道光元年歲次辛巳」春正月」鄠縣張玉德作並」書」

香雪齋雁字回文詩」

丑册」

書仿晋王右軍《聖」教序》、唐歐陽蘭臺」《道因碑」》

一東」

涔涔墨迹望冥鴻，羽翼」垂天補鳥蟲。霖蘸筆時」靈雨好，雪鋪文處密雲」同。沉浮任意題河海，暖」冷隨心寫化功。今古自来」編節序，陰晴記注轉鈞洪」。

十二侵」

洪鈞轉注記晴陰，序」節編来自古今。功化」寫心隨冷暖，海河題」意任浮沉。同雲密處」文鋪雪，好雨靈時筆」蘸霖。蟲鳥補天垂翼」羽，鴻冥望迹墨涔涔」。

二冬」

頒書古塞紫煙濃，勁筆」凌風雪陣衝。環轉度纏」遥記瑞，界開疆域遠提」封。山中霧點斑文豹，水上」雲翻裊篆龍。還復往兮」南又北，删刊鳥迹妙藏鋒」。

十五删」

鋒藏妙迹鳥刊删，北」又南兮往復還。龍篆」裊翻雲上水，豹文斑」點霧中山。封提遠域疆開界，瑞紀遥纏度」轉環。衝陣雪風凌筆」勁，濃煙紫塞古書頒」。

三江」

丹霞染翰筆如扛，素練」排空遠擊撞。寒寺古題」名級七，曉城邊挂月鈎雙」。漫漫雪案書鋪玉，滚滚波」文錦濯江。團結露珠墨」吐穎，灘霜脱稿草麾幢」。

十四寒」

幢麾草稿脱霜灘，穎」吐墨珠露結團。江濯」錦文波滚滚，玉披書」案雪漫漫。雙鈎月挂」邊城曉，七級名題古」寺寒。

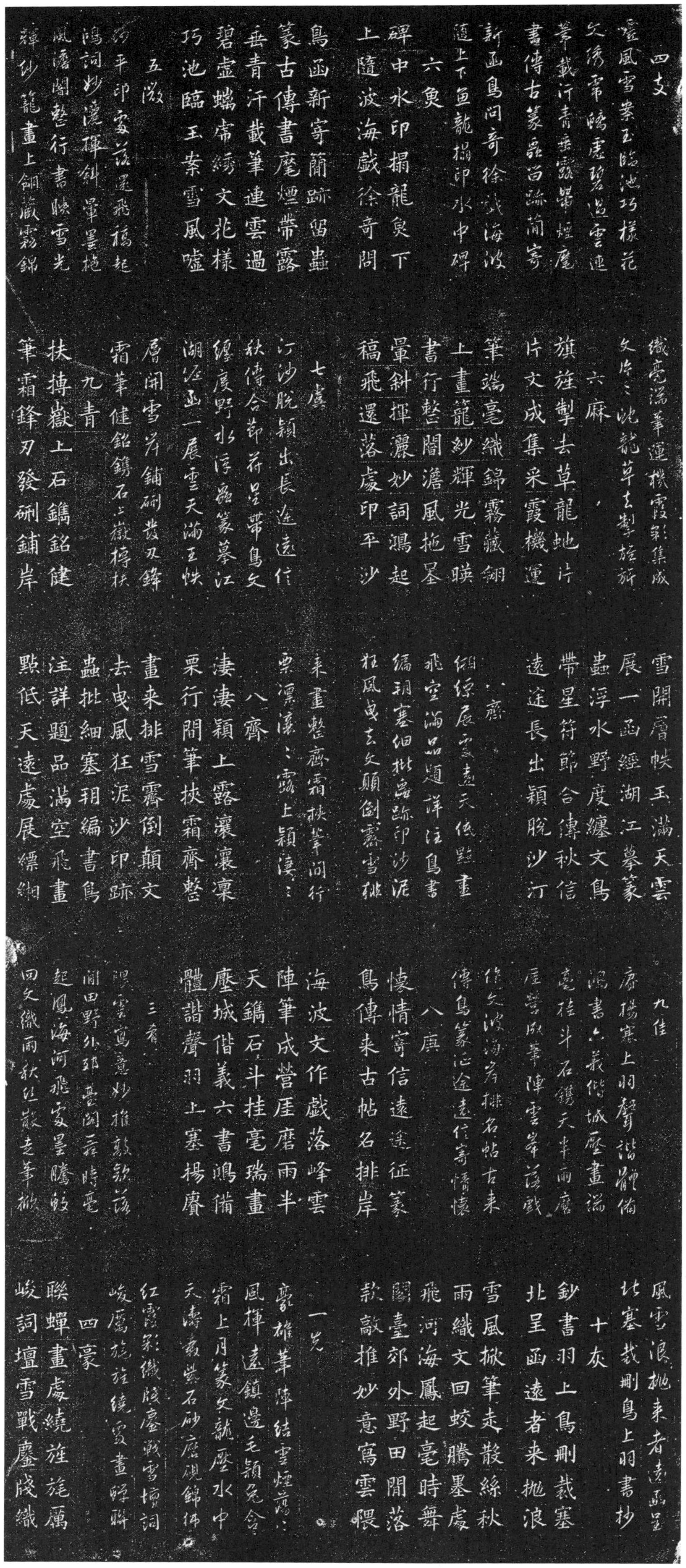

第四石

撞擊遠空排練」素，扛如筆翰染霞丹」。（以上第三石）

四支」

嘘風雪案玉臨池，巧樣花」文綉虎螭。虚碧過雲連」筆載，汗青垂露帶煙麾」。書傳古篆蟲留迹，簡寄」新函鳥問奇。徐戲海波」隨上下，魚龍搨印水中碑」。

六魚」

碑中水印搨龍魚，下」上隨波海戲徐。奇問」鳥函新寄簡，迹留蟲」篆古傳書。麾煙帶露」垂青汗，載筆連雲過」碧虚。螭虎綉文花樣」巧，池臨玉案雪風嘘」。

五微」

沙平印處落還飛，稿起」鴻詞妙灑揮。斜暈墨拖」風澹闇，整行書映雪光」輝。紗籠畫上翎藏霧，錦」織毫端筆運機。霞彩集成」文片片，蛇龍草去掣旌旗」。

六麻」

旗旌掣去草龍蛇，片」片文成集采霞。機運」筆端毫織錦，霧藏翎」上畫籠紗。輝光雪映」書行整，闇澹風拖墨」暈斜。揮灑妙詞鴻起」稿，飛還落處印平沙」。

七虞」

汀沙脱穎出長途，遠信」秋傳合節符。星帶鳥文」纏度野，水浮蟲篆摹江」湖。經函一展雲天滿，玉帙」層開雪岸鋪。硎發刃鋒」霜筆健，銘鎸石上嶽搏扶」。

九青」

扶搏嶽上石鎸銘，健」筆霜鋒刃發硎。鋪岸」雪開層帙玉，滿天雲」展一函經。湖江摹篆」蟲浮水，野度纏文鳥」帶星。符節合傳秋信」遠，途長出穎脱沙汀」。

八齊」

緗縹展處遠天低，點畫」飛空滿品題。詳注鳥書」編朔塞，細批蟲迹印沙泥」。狂風曳去文顛倒，霽雪排」来畫整齊。霜挾筆間行」栗凛，瀼瀼露上穎淒淒」。

八齊」[2]

淒淒穎上露瀼瀼，凛」栗行間筆挾霜。齊整」畫来排雪霽，倒顛文」去曳風狂。泥沙印迹」蟲批細，塞朔編書鳥」注詳。題品滿空飛畫」點，低天遠處展縹緗」。

九佳」

賡揚塞上羽聲諧，體備」鴻書六義偕。城壓畫端」毫挂斗，石鎸天半雨磨」厓。營成筆陣雲峰落，戲」作文波海岸排。名帖古来」傳鳥篆，征途遠信寄情懷」。

八庚」

懷情寄信遠途征，篆」鳥傳来古帖名。排岸」海波文作戲，落峰雲」陣筆成營。厓磨雨半天鎸石，斗挂毫瑞畫」壓城。偕義六書鴻備」體，諧聲羽上塞揚賡」。

三肴」

限雲寫意妙推敲，款落」閒田野外郊。臺閣舞時毫」起鳳，海河飛處墨騰蛟」。回文織雨秋絲散，走筆掀」風雪浪抛。来者遠函呈」北塞，裁删鳥上羽書抄」。

十灰」

鈔書羽上鳥删裁，塞」北呈函遠者来。抛浪」雪風掀筆走，散絲秋」雨織文回。蛟騰墨處」飛河海，鳳起毫時舞」閣臺。郊外野田閒落」款，敲推妙意寫雲限」。

一先」

豪雄筆陣結雲煙，藹藹」風揮遠鎮邊。毛穎兔含」霜上月，篆文龍壓水中」天。濤奔紫石砂磨硯，錦拂」紅霞彩織牋。鏖戰雪壇詞」峻厲，旄旌繞處畫蟬聯」。

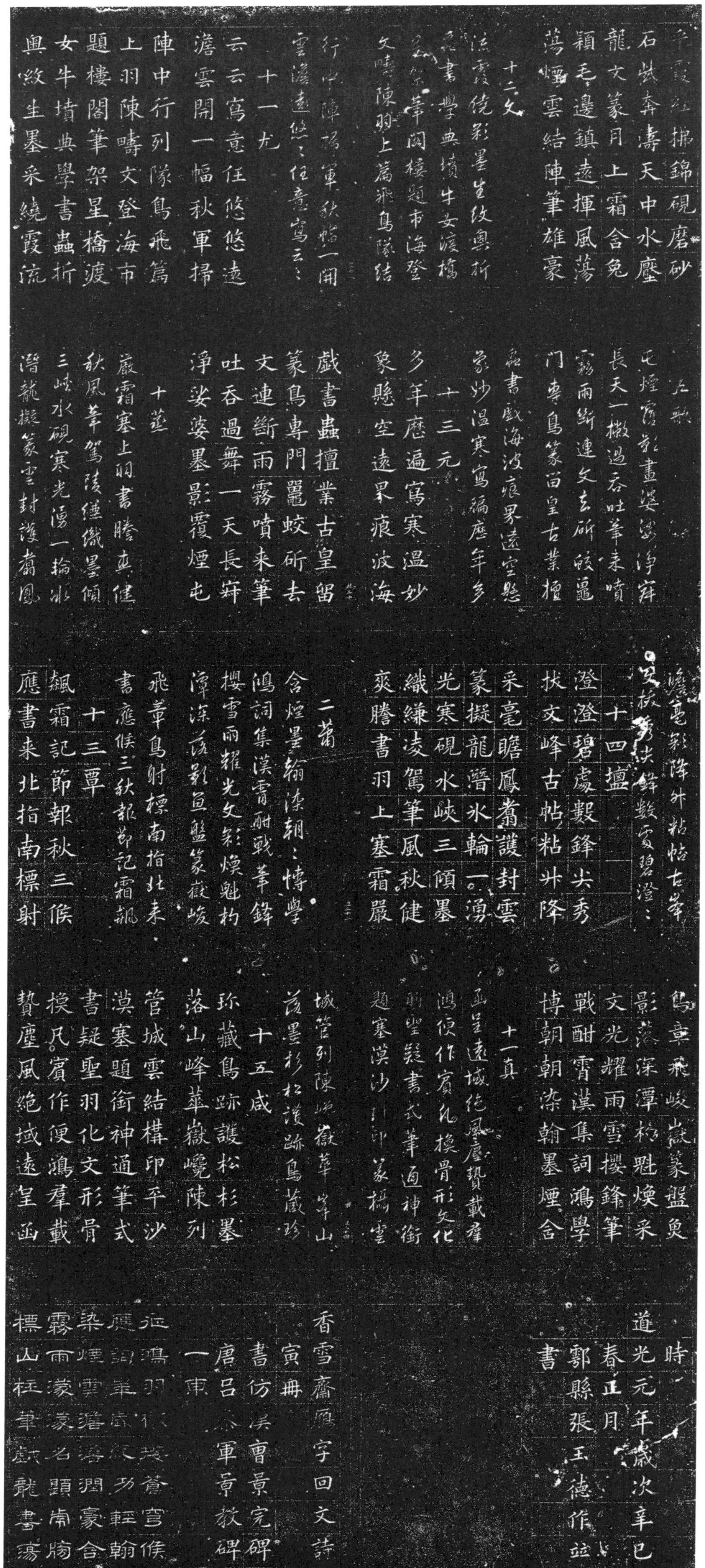
石獸奔濤天中水壓
龍文篆月上霜含兔
穎毛邊鎮遠揮風蕩
蕩煙雲結陣筆雄豪
云云寫意任悠悠遠
瀋雲開一幅秋軍掃
陣中行列隊鳥飛篇
上羽陳疇文登海市
題樓閣筆架星橋渡
女牛墳典學書蟲折
與斂生墨采繞霞流
多年歷遍寫寒溫妙
象懸空遠界痕波海
戲書蟲擅業古皇留
篆鳥專門鼉蛟斫去
文連斷雨霧噴來筆
吐吞過舞一天長舜
淨娑婆墨影霞煙屯
澄澄碧處穀鋒尖秀
拔文峰古帖粘斗降
采毫瞻鳳翥護封雲
篆擬龍噴水輪一湧
光寒硯水峽三頃墨
纖縑凌駕筆風秋健
爽騰書羽上塞霜嚴
颯霜記節郭秋三候
應書來北指南標射
影深潭杓魁煥采
文光耀雨雪櫻鋒筆
戰酣霄漢集詞鴻學
博朝朝染翰墨煙含
珍藏鳥跡護松杉墨
落山峰華嶽巉陳列
管城雲結構印平沙
漠塞題銜神通筆式
書疑聖羽化文形骨
換凡賓作便鴻犀載
贄塵風絕域遠呈函
時道光元年歲次辛巳
春正月鄠縣張玉德作並
書
香雪齋雁字回文詩
寅冊仿漢曹景完碑
書唐呂軍章教碑
一東

第五石

四豪」

聯蟬畫處繞旌旄，厲」峻詞壇雪戰鏖。牋織」（以上第四石）采霞紅拂錦，硯磨砂」石紫奔濤。天中水壓」龍文篆，月上霜含兔」穎毛。邊鎮遠揮風蕩」蕩，煙雲結陣筆雄豪」。

十二文」

流霞繞彩墨生紋，奥折」蟲書學典墳。牛女渡橋」星架筆，閣樓題市海登」文。疇陳羽上篇飛鳥，隊結」行中陣掃軍。秋幅一開」雲澹遠，悠悠任意寫云云」。

十一尤」

云云寫意任悠悠，遠」澹雲開一幅秋。軍掃」陣中行列隊，鳥飛篇」上羽陳疇。文登海市」題樓閣，筆架星橋渡」女牛。墳典學書蟲折」奥，紋生墨采繞霞流」。

五歌」

屯煙覆影畫婆娑，净寂」長天一撇過。吞吐筆来噴」霧雨，斷連文去斫蛟鼉」。門專鳥篆留皇古，業擅」蟲書戲海波。痕界遠空懸」象妙，温寒寫遍歷年多」。

十三元」

多年歷遍寫寒温，妙」象懸空遠界痕。波海」戲書蟲擅業，古皇留」篆鳥專門。鼉蛟斫去」文連斷，雨霧噴来筆」吐吞。過撇一天長寂」净，娑婆墨影覆煙屯」。

十蒸」

嚴霜塞上羽書謄，爽健」秋風筆駕陵。縑織墨傾」三峽水，硯寒光湧一輪冰」。潛龍擬篆雲封護，翥鳳」瞻毫彩降升。粘帖古峰」文拔秀，尖鋒數處碧澄澄」。

十四鹽」

澄澄碧處數鋒尖，秀」拔文峰古帖粘。升降」采毫瞻鳳翥，護封雲」篆擬龍潛。冰輪一湧」光寒硯，水峽三傾墨」織縑。凌駕筆風秋健」爽，謄書羽上塞霜嚴」。

二蕭」

含煙墨翰染朝朝，博學」鴻詞集漢霄。酣戰筆鋒」攖雪雨，耀光文彩焕魁杓」。潭深落影魚盤篆，嶽峻」飛章鳥射標。南指北来」書應候，三秋報節記霜飆」。

十三覃」

飆霜記節報秋三」，候應書来北指南。標射」鳥章飛峻嶽，篆盤魚」影落深潭。杓魁焕采」文光耀，雨雪攖鋒筆」戰酣。霄漢集詞鴻學」博，朝朝染翰墨煙含」。

十一真」

函呈遠域絶風塵，贊載群」鴻便作賓。凡换骨形文化」羽，聖疑書式筆通神。銜」題塞漠沙封印，篆攝雲」城管列陳。巉嶽華峰山」落墨，杉松護迹鳥藏珍」。

十五咸」

珍藏鳥迹護松杉，墨」落山峰華嶽巉。陳列」管城雲結構，印平沙」漠塞題銜。神通筆式」書疑聖，羽化文形骨」换凡。賓作便鴻群載」贊，塵風絶域遠呈函」。

時」道光元年歲次辛巳」春正月」鄠縣張玉德作並」書」

香雪齋雁字回文詩」

寅册」

書仿漢《曹景完碑》」、唐吕參軍《景教碑」》

一東」

征鴻羽檄接蒼穹，候」應詞華歲紀功。輕翰」染煙雲澹澹，潤豪含」霧雨濛濛。名題虎榜」標山柱，筆戲龍書蕩」（以上第

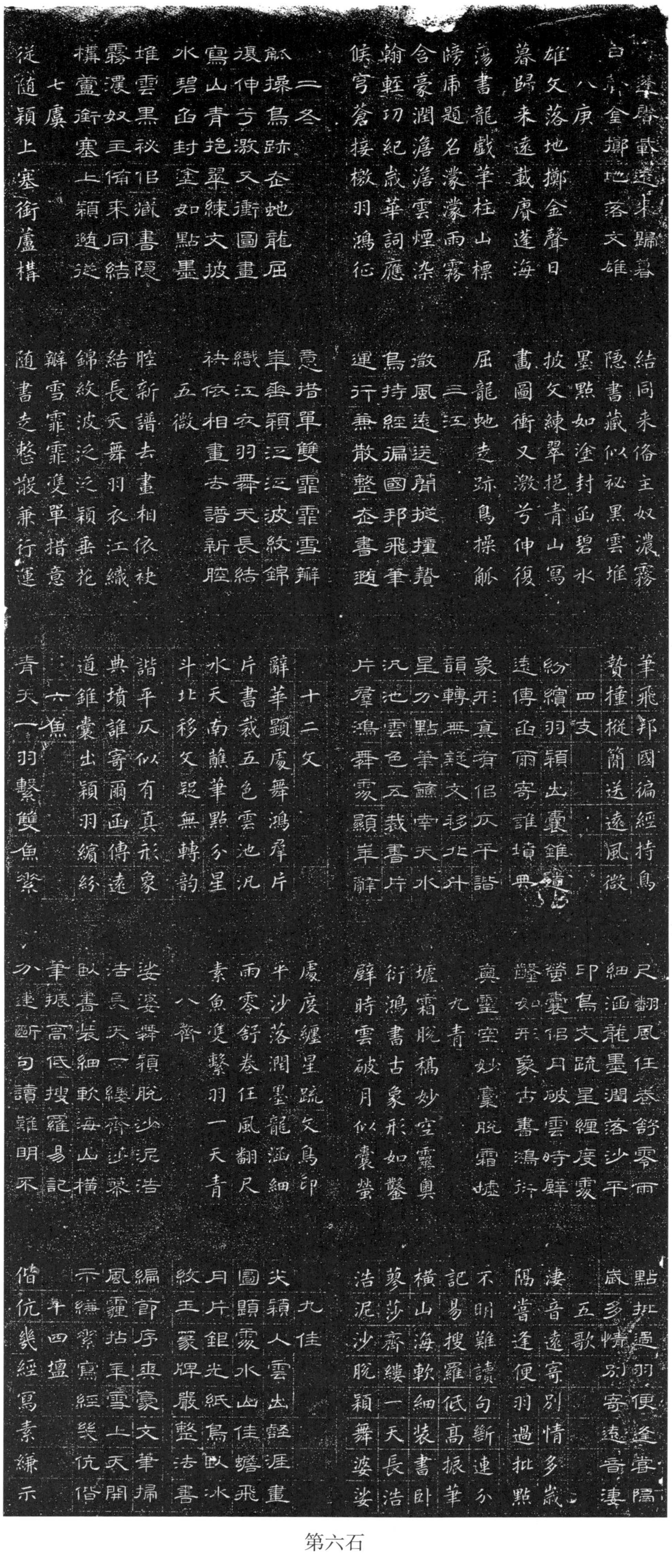

第六石

五石）海蓬。賡載遠來歸暮」日，聲金擲地落文雄」。

八庚」

雄文落地擲金聲，日」暮歸来遠載賡。蓬海」蕩書龍戲筆，柱山標」榜虎題名。濛濛雨霧」含豪潤，澹澹雲煙染」翰輕。功紀歲華詞應」候，穹蒼接檄羽鴻征」。

二冬」

觚操鳥迹走蛇龍，屈」復伸兮激又衝。圖畫」寫山青挹翠，練文披」水碧函封。塗如點墨」堆雲黑，秘似藏書隱」霧濃。奴主備来同結」構，蘆銜塞上穎隨從」。

七虞」

從随穎上塞銜蘆，構」結同来備主奴。濃霧」隱書藏似秘，黑雲堆」墨點如塗。封函碧水」披文練，翠挹青山寫」畫圖。衝又激兮伸復」屈，龍蛇走迹鳥操觚」。

三江」

微風遠送簡樅撞，贊」鳥持經遍國邦。飛筆」運行兼散整，走書随」意措單雙。霏霏雪瓣」花垂穎，泛泛波紋錦」織江。衣羽舞天長結」袂，依相畫去譜新腔」。

五微」

腔新譜去畫相依，袂」結長天舞羽衣。江織」錦紋波泛泛，穎垂花」瓣雪霏霏。雙單措意」随書走，整散兼行運」筆飛。邦國遍經持鳥」贊，撞樅簡送遠風微」。

四支」

紛繽羽穎出囊錐，道」遠傳函爾寄誰。墳典」象形真有似，仄平諧」韻轉無疑。文移北斗」星分點，筆蘸南天水」泛池。雲色五裁書片」片，群鴻舞處顯華辭」。

十二文」

辭華顯處舞鴻群，片」片書裁五色雲。池泛」水天南蘸筆，點分星」斗北移文。疑無轉韻」諧平仄，似有真形象」典墳。誰寄爾函傳遠」道，錐囊出穎羽繽紛」。

六魚」

青天一羽繫雙魚，素」尺翻風任卷舒。零雨」細涵龍墨潤，落沙平」印鳥文疏。星纏度處」螢囊似，月破雲時壁」鑿如。形象古書鴻衍」奥，靈空妙稿脱霜墟」。

九青」

墟霜脱稿妙空靈，奥」衍鴻書古象形。如鑿」壁時雲破月，似囊螢」處度纏星。疏文鳥印」平沙落，潤墨龍涵細」雨零。舒卷任風翻尺」素，魚雙繫羽一天青」。

八齊」

娑婆舞穎脱沙泥，浩」浩長天一縷齊。莎蓼」卧書裝細軟，海山横」筆振高低。搜羅易記」分連斷，句讀難明不」點批。過羽便逢嘗隔」歲，多情别寄遠音淒」。

五歌」

淒音遠寄别情多，歲」隔嘗逢便羽過。批點」不明難讀句，斷連分」記易搜羅。低高振筆」横山海，軟細裝書卧」蓼莎。齊縷一天長浩」浩，泥沙脱穎舞婆娑」。

九佳」

尖穎入雲出壑涯，畫」圖題處水山佳。蟾飛」月片銀光紙，鳥卧冰」紋玉篆牌。嚴整法書」編節序，爽豪文筆掃」風霾。拈花雪上天開」示，縑素寫經幾伉偕」。

十四鹽」

偕伉幾經寫素縑，示」（以上第六石）開天上雪花拈。霾風」掃筆文豪爽，序節編」書法整嚴。牌篆玉紋」冰卧鳥，紙光銀片月」飛蟾。佳山水處題圖」畫，涯壑出雲入穎尖」。

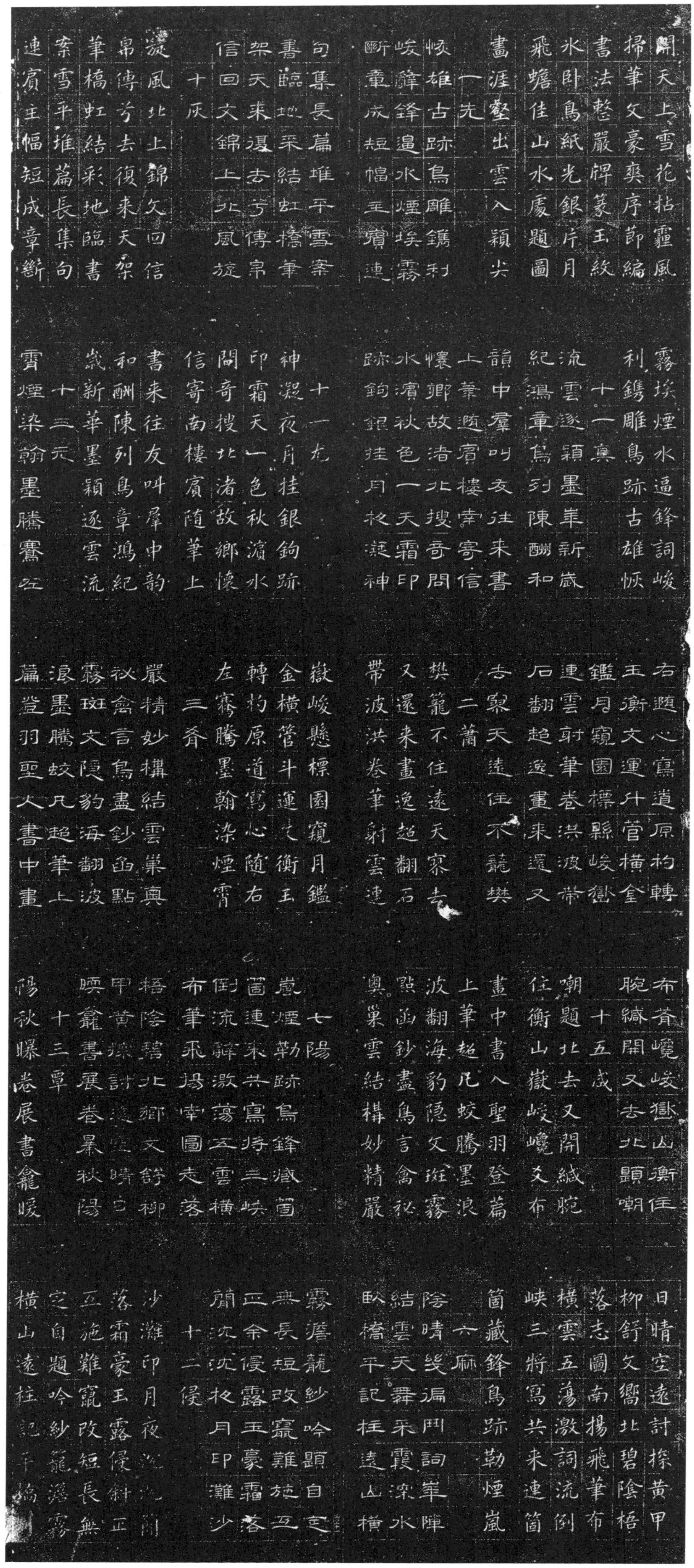

第七石

一先」

恢雄古迹鳥雕鎸，利」峻辭鋒逼水煙。埃霧」斷章成短幅，主賓連」句集長篇。堆平雪案」書臨地，采結虹橋筆」架天。来復去兮傳帛」信，回文錦上北風旋」。

十灰」

旋風北上錦文回，信」帛傳兮去復来。天架」筆橋虹結彩，地臨書」案雪平堆。篇長集句」連賓主，幅短成章斷」霧埃。煙水逼鋒詞峻」利，鎸雕鳥迹古雄恢」。

十一真」

流雲逐穎墨華新，歲」紀鴻章鳥列陳。酬和」韻中群叫友，往来書」上筆隨賓。樓南寄信」懷鄉故，渚北搜奇問」水濱。秋色一天霜印」迹，鉤銀挂月夜凝神」。

十一尤」

神凝夜月挂銀鉤，迹」印霜天一色秋。濱水」問奇搜北渚，故鄉懷」信寄南樓。賓隨筆上」書来往，友叫群中韵」和酬。陳列鳥章鴻紀」歲，新華墨穎逐雲流」。

十三元」

霄煙染翰墨騰騫，左」右隨心寫道原。杓轉玉衡文運斗，管横金」鑒月窺園。標縣峻嶽」連雲射，筆卷洪波帶」石翻。超逸晝来還又」去，寥天遠住不籠樊」。

二蕭」

樊籠不住遠天寥，去」又還来晝逸超。翻石」帶波洪卷筆，射雲連」嶽峻縣標。園窺月鑒」金横管，斗運文衡玉」轉杓。原道寫心随右」左，騫騰墨翰染煙霄」。

三肴」

嚴精妙構結雲巢，奥」秘禽言鳥盡鈔。函點」霧斑文隱豹，海翻波」浪墨騰蛟。凡超筆上」篇登羽，聖入書中畫」布爻。巉峻嶽山衡住」腕，緘開又去北題嘲」。

十五咸」

嘲題北去又開緘，腕」住衡山嶽峻巉。爻布」畫中書入聖，羽登篇」上筆超凡。蛟騰墨浪」波翻海，豹隱文斑霧」點函。鈔盡鳥言禽秘」奥，巢雲結構妙精嚴」。

七陽」

嵐煙勒迹鳥鋒藏，箇」箇連来共寫將。三峽」倒流辭激蕩，五雲横」布筆飛揚。南圖志落」梧陰碧，北鄉文舒柳」甲黄。探討遠空晴日」暖，龕書展卷暴秋陽」。

十三覃」

陽秋曝卷展書龕，暖」日晴空遠討探。黄甲」柳舒文鄉北，碧陰梧」落志圖南。揚飛筆布」横雲五，蕩激詞流倒」峽三。將寫共来連箇」箇，藏鋒鳥迹勒煙嵐」。

六麻」

陰晴幾遍鬥詞華，陣」結雲天舞采霞。深水」卧橋平記柱，遠山横」霧澹籠紗。吟題自定」無長短，改竄難施互」正余。侵露玉豪霜落」簡，沉沉夜月印灘沙」。

十二侵」

沙灘印月夜沉沉，簡」落霜豪玉露侵。斜正」互施難竄改，短長無」定自題吟。紗籠澹霧」横山遠，柱記平橋卧」（以上第七石）水深。霞彩舞天雲結」陣，華詞鬬遍幾晴陰」。

四豪」

繩繩結去鳥翔翱，古」集鴻書凑羽毛。凝水」印心文似鏡，利鋒藏」穎筆如刀。澄泥硯洗」灘沙膩，版玉牋鋪雪」岸高。簦負自天雲路」遠，承宣妙化轉鈞陶」。

十蒸」

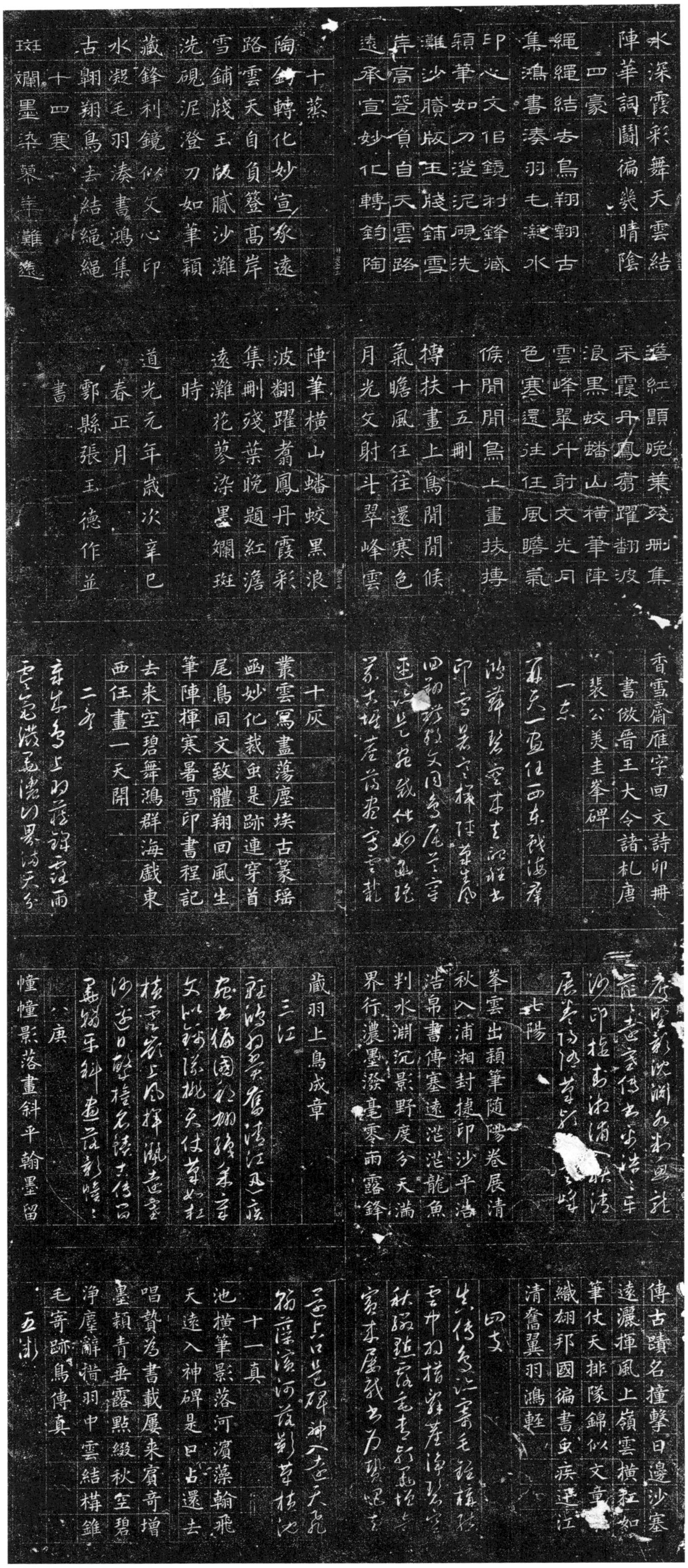
水深霞彩舞天雲結
陣華詞闘偏幾晴陰
四豪
繩繩結古鳥翔翱古
集鴻書湊羽毛凝水
印心文侶鏡利鋒藏
穎筆如刀澄泥硯洗
灘沙牘牋玉牋鋪雪
岸高登負自天雲路
遠承宣妙化轉鈞陶
十蒸
陶鈞轉化妙宣承遠
路雲天自負登高岸
雪鋪牋玉牋牘沙灘
洗硯泥澄刀如筆穎
藏鋒利鏡侶文心印
水凝毛羽湊書鴻集
古翱翔鳥古結繩繩
十四寒
斑斕墨染翠華難遶
滃紅顯晚葉殘刪集
采霞丹鳳翥躍翻波
浪黑蛟蟠山橫筆陣
雲峰翠斗射文光月
色寒還往任風瞻氣
候閒閒鳥上畫扶搏
十五刪
搏扶畫上鳥閒閒候
氣瞻風任往還寒色
月光文射斗翠峰雲
陣筆橫山蟠蛟黑浪
波翻躍翥鳳丹霞彩
集刪殘葉晚題紅滃
遠灘花蓼染墨斕斑
時
道光元年歲次辛巳
春正月
鄠縣張玉德作並
書
香雪齋雁字回文詩卯冊
書倣晉王大令諸札唐
裴公美圭峯碑
一東
十灰
業雲寫畫蕩塵埃古篆瑶
函妙化裁虫是跡連穿首
尾鳥同文致體翔回風生
筆陣揮寒暑雪印書程記
去来空碧舞鴻群海戲東
西任畫一天開
二冬
七陽
峯雲出穎筆隨陽卷展清
秋入浦湘封捷印沙平浩
浩帛書傳塞遠茫茫龍魚
判水淵沉影野度兮天滿
界行濃墨潑毫零雨露鋒
藏羽上鳥成章
三江
八庚
幢幢影落畫斜平翰墨留
傳古蹟名撞擊日邊沙塞
遠灑揮風上嶺雲橫紅如
筆仗天排隊錦似文章
織翃邦國編書虫疾逆江
清奮翼羽鴻輕
四支
十一真
池橫筆影落河濱藻翰飛
天遠入神碑是曰占還去
唱贊為書載屢来賓奇增
壘穎青垂露點綴秋空碧
淨塵辭揩羽中雲結構錐
毛寄跡鳥傳真
五微

第八石

陶鈞轉化妙宣承，遠」路雲天自負簦。高岸」雪鋪牋玉版，膩沙灘」洗硯泥澄。刀如筆穎」藏鋒利，鏡似文心印」水凝。毛羽湊書鴻集」古，翺翔鳥去結繩繩」。

十四寒」

斑斕墨染蓼花灘，遠」澹紅題晚葉殘。刪集」采霞丹鳳翥，躍翻波」浪黑蛟蟠。山横筆陣」雲峰翠，斗射文光月」色寒。還往任風瞻氣」候，閒閒鳥上畫扶摶」。

十五删」

摶扶畫上鳥閒閒，候」氣瞻風任往還。寒色」月光文射斗，翠峰雲」陣筆横山。蟠蛟黑浪」波翻躍，翥鳳丹霞彩」集刪。殘葉晚題紅澹」遠，灘花蓼染墨斕斑」。

時」道光元年歲次辛巳」春正月」鄠縣張玉德作並」書」

香雪齋雁字回文詩卯册」

書倣晋王大令諸札、唐」裴公美《圭峰碑」》

一東」

開天一畫任西東，戲海群」鴻舞碧空。來去記程書」印雪，暑寒揮陣筆生風」。回翔體致文同鳥，尾首穿」連迹是蟲。裁化妙函瑶」篆古，埃塵蕩盡寫雲叢」。

十灰」

叢雲寫盡蕩塵埃，古篆瑶」函妙化裁。蟲是迹連穿首」尾，鳥同文致體翔回。風生」筆陣揮寒暑，雪印書程記」去来。空碧舞鴻群海戲，東」西任畫一天開」。

二冬」

章成鳥上羽藏鋒，露雨」零毫潑墨濃。行界滿天分」度野，影沉淵水判魚龍」。茫茫遠塞傳書帛，浩浩平」沙印捷封。湘浦入秋清」展卷，陽隨筆穎出雲峰」。

七陽」

峰雲出穎筆隨陽，卷展清」秋入浦湘。封捷印沙平浩」浩，帛書傳塞遠茫茫。龍魚」判水淵沉影，野度分天滿」界行。濃墨潑毫零雨露，鋒」藏羽上鳥成章」。

三江」

輕鴻羽翼奮清江，迅疾」蟲書遍國邦。翃織采章」文似錦，隊排天仗筆如杠」。横雲嶺上風揮灑，遠塞」沙邊日撃撞。名迹古傳留」墨翰，平斜畫落影幢幢」。

八庚」

幢幢影落畫斜平，翰墨留」傳古迹名。撞撃日邊沙塞」遠，灑揮風上嶺雲横。杠如」筆仗天排隊，錦似文章采織翃。邦國遍書蟲疾迅，江」清奮翼羽鴻輕」。

四支」

真傳鳥迹寄毛錐，構結」雲中羽措辭。塵净碧空」秋綴點，露垂青穎墨增奇」。賓來屢載書爲贊，唱去」還占口是碑。神入遠天飛」翰藻，濱河落影筆横池」。

十一真」

池横筆影落河濱，藻翰飛」天遠入神。碑是口占還去」唱，贊爲書載屢来賓。奇增」墨穎青垂露，點綴秋空碧」净塵。辭措羽中雲結構，錐」毛寄迹鳥傳真」。

五微」（以上第八石）

形追影上畫憑依，即又離」兮顯復微。翎掛月鈎雙」管下，筆臨秋水一天揮」。靈圓體致隨風舞，豔冷」詞華帶雪飛。汀蓼浴毫」霜脱穎，冥鴻望迹」鳥斐斐」。

九青」

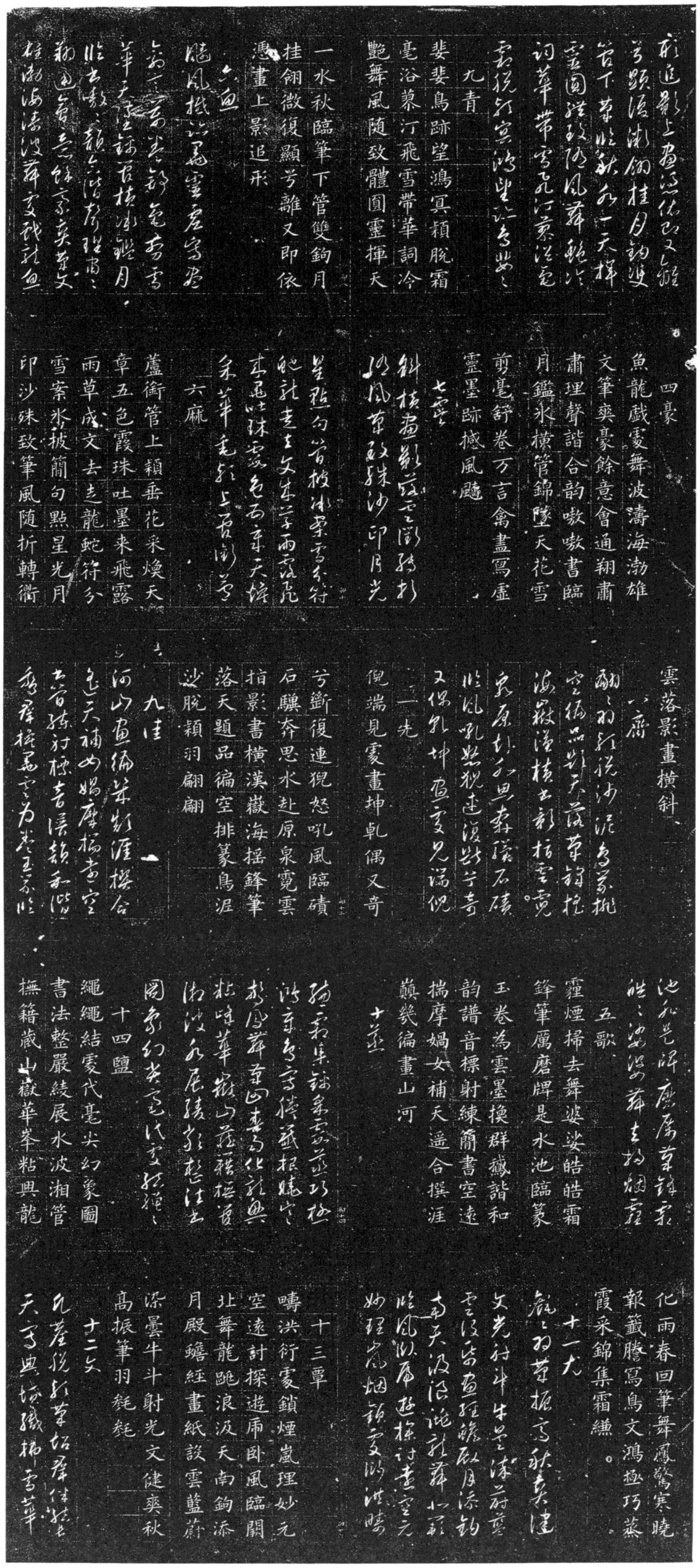

第九石

斐斐鳥迹望鴻冥，穎脱霜」毫浴蓼汀。飛雪帶華詞冷」艷，舞風隨致體圓靈。揮天」一水秋臨筆，下管雙鈎月」掛翎。微復顯兮離又即，依」憑畫上影追形」。

六魚」

飀風撼迹墨靈虚，寫盡」禽言萬卷舒。毫剪雪」花天墜錦，管横冰鑒月」臨書。嗷嗷韻合諧聲理，肅肅」翔通會意餘。豪爽筆文」雄渤海，濤波舞處戲龍魚」。

四豪」

魚龍戲處舞波濤，海渤雄」文筆爽豪。餘意會通翔肅」肅，理聲諧合韻嗷嗷。書臨」月鑒冰横管，錦墜天花雪」剪毫。舒卷万言禽盡寫，虚」靈墨迹撼風飀」。

七虞」

斜横畫影落雲衢，轉折」隨風筆致殊。沙印月光」星點句，簡披冰案雪分符」。蛇龍走去文成草，雨露飛」來墨吐珠。霞色五章天焕」采，華垂穎上管銜蘆」。

六麻」

蘆銜管上穎垂花，采焕天」章五色霞。珠吐墨来飛露」雨，草成文去走龍蛇。符分」雪案冰披簡，句點星光月」印沙。殊致筆風随折轉，衢」雲落影畫横斜」。

八齊」

翩翩羽穎脱沙泥，鳥篆排」空遍品題。天落筆鋒摇」海嶽，漢横書影指雲霓」。泉原赴水思奔驥，石磧」臨風吼怒猊。連復斷兮奇」又偶，乾坤畫處見端倪」。

一先」

倪端見處畫坤乾，偶又奇」兮斷復連。猊怒吼風臨磧」石，驥奔思水赴原泉。霓雲」指影書横漢，嶽海摇鋒筆」落天。題品遍空排篆鳥，泥」沙脱穎羽翩翩」。

九佳」

河山畫遍幾巔涯，撰合」遥天補女媧。摩揣遠空」書簡練，射標音譜韻和諧」。鵝群换墨雲爲卷，玉篆臨」池水是牌。磨厲筆鋒霜」皓皓，娑婆舞去掃煙霾」。

五歌」

霾煙掃去舞婆娑，皓皓霜」鋒筆厲磨。牌是水池臨篆」玉，卷爲雲墨换群鵝。諧和」韻譜音標射，練簡書空遠」揣摩。媧女補天遥合撰，涯」巔幾遍畫山河」。

十蒸」

縑霜集錦采霞蒸，巧極」鴻章鳥寫謄。籖報曉寒」驚鳳舞，筆回春雨化龍興」。粘峰華岳山藏籍，撫管」湘波水展綾。嚴整法書」圖像幻，尖毫代處結繩繩」。

十四鹽」

繩繩結處代毫尖，幻象圖」書法整嚴。綾展水波湘管」撫，籍藏山嶽華峰粘。興龍」化雨春回筆，舞鳳驚寒曉」報籖。謄寫鳥文鴻極巧，蒸」霞采錦集霜縑」。

十一尤」

毿毿羽筆振高秋，爽健」文光射斗牛。曇染蔚藍」雲設紙，畫經蟾殿月添鈎」。南天汲浪跳龍舞，北闕」臨風卧虎遊。探討遠空元」妙理，嵐煙鎖處衍洪疇」。

十三覃」

疇洪衍處鎖煙嵐，理妙元」空遠討探。游虎卧風臨闕」北，舞龍跳浪汲天南。鈎添」月殿蟾經畫，紙設雲藍蔚」染曇。牛斗射光文健爽，秋」高振筆羽毿毿」。

十二文」

凡塵脱穎筆超羣，伴結長」天寫典墳。緘拂雪華」（以上第九石）飛片片，筆揮霜葉落紛紛」。函呈碧漢雲投款，簡汗」青

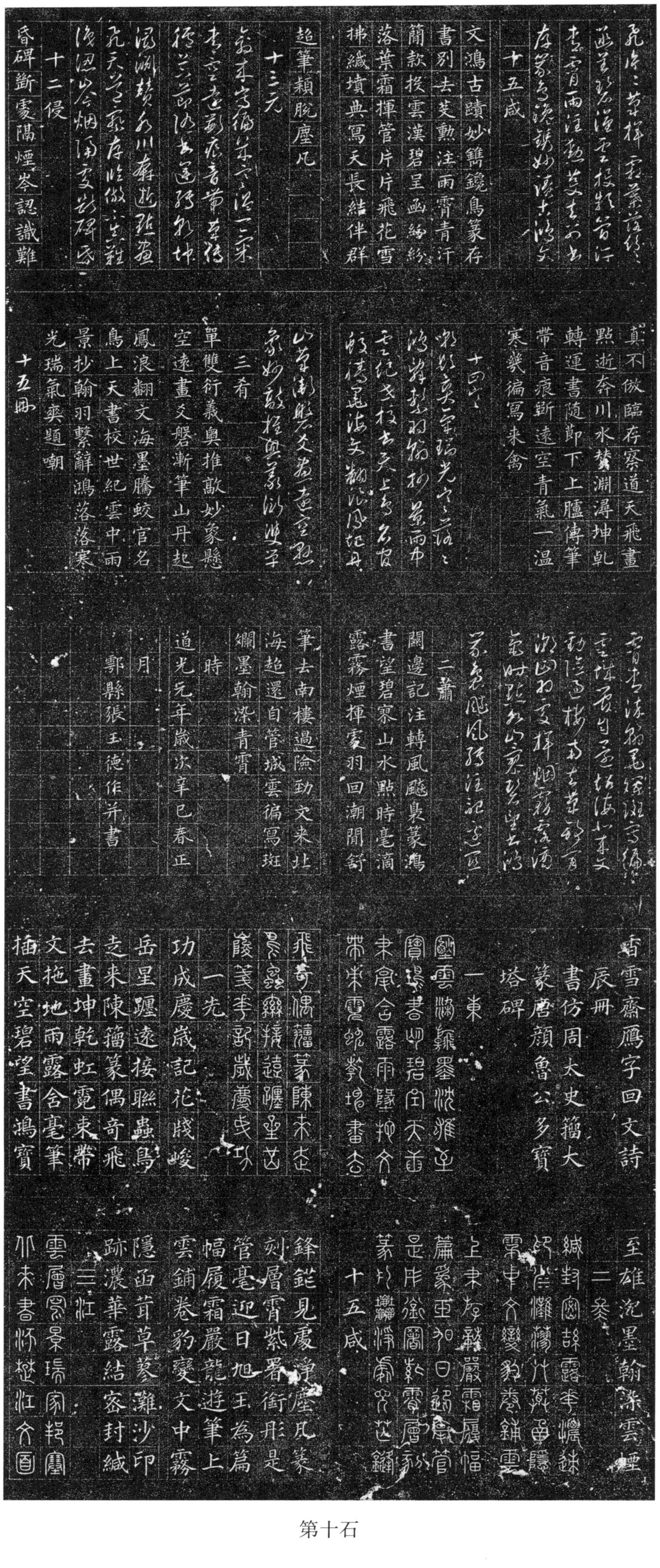

第十石

霄雨注勳。芰去别書存篆鳥，鑱鎸妙迹古鴻文」。

十五咸」

文鴻古迹妙鎸鑱，鳥篆存」書别去芰。勳注雨霄青汗」簡，款投雲漢碧呈函。紛紛」落葉霜揮管，片片飛花雪」拂縅。墳典寫天長結伴，群」超筆穎脱塵凡」。

十三元」

禽來寫遍幾寒温，一氣」青空遠斵痕。音帶筆傳」臚上下，節隨書運轉乾坤」。潯淵贊水川奔逝，點畫」飛天道察存。臨倣不真難」識認，岑煙隔處斷碑昏」。

十二侵」

昏碑斷處隔煙岑，認識難」真不倣臨。存察道天飛畫」點，逝奔川水贊淵潯。坤乾」轉運書隨節，下上臚傳筆」帶音。痕斵遠空青氣一，温寒幾遍寫来禽」。

十四寒」

嘲題爽氣瑞光寒，落落」鴻辭繫羽翰。抄景雨中」雲紀世，校書天上鳥名官」。蛟騰墨海文翻浪，鳳起丹」山筆漸磐。爻畫遠空懸」象妙，敲推奥義衍雙單」。

三肴」

單雙衍義奥推敲，妙象懸」空遠畫爻。磐漸筆山丹起」鳳，浪翻文海墨騰蛟。官名」鳥上天書校，世紀雲中雨」景抄。翰羽繫辭鴻落落，寒」光瑞氣爽題嘲」。

十五删」

霄青染翰墨斕斑，寫遍」雲城管自還。超海北來文」勁險，過樓南去筆舒閒」。潮回羽處揮烟霧，露滴」毫時點水山。寥碧望書鴻」篆梟，飆風轉注記邊關」。

二蕭」

關邊記注轉風飆，梟篆鴻」書望碧寥。山水點時毫滴」露，霧煙揮處羽回潮。閒舒」筆去南樓過，險勁文来北」海超。還自管城雲遍寫，斑」斕墨翰染青霄」。

時」道光元年歲次辛巳春正」月」鄠縣張玉德作并書」

香雪齋雁字回文詩」

辰册」

書仿周太史籀大」篆、唐顔魯公《多寶」塔碑」》

一東」

煙雲染翰墨沉雄，至」寶鴻書望碧空。天插」筆毫含露雨，地拖文」帶束霓虹。乾坤畫去」飛奇偶，籀篆陳來走」鳥蟲。聯接遠矑星岳」峻，箋花記歲慶成功」。

一先」

功成慶歲記花牋，峻」岳星矑遠接聯。蟲鳥」走来陳籀篆，偶奇飛」去畫坤乾。虹霓束帶」文拖地，雨露含毫筆」插天。空碧望書鴻寶」至，雄沉墨翰染雲煙」。

二冬」

縅封密結露華濃，迹」印沙灘蓼草茸。函隱」霧中文變豹，卷鋪雲」上筆游龍。嚴霜履幅」篇爲玉，旭日迎毫管」是彤。銜署紫霄層刻」篆，凡塵净處見芒鋒」。

十五咸」

鋒鋩見處净塵凡，篆」刻層霄紫署銜。彤是」管毫迎日旭，玉爲篇」幅履霜嚴。龍遊筆上」雲鋪卷，豹變文中霧」隱函。茸草蓼灘沙印」迹，濃華露結密封縅」。

三江」

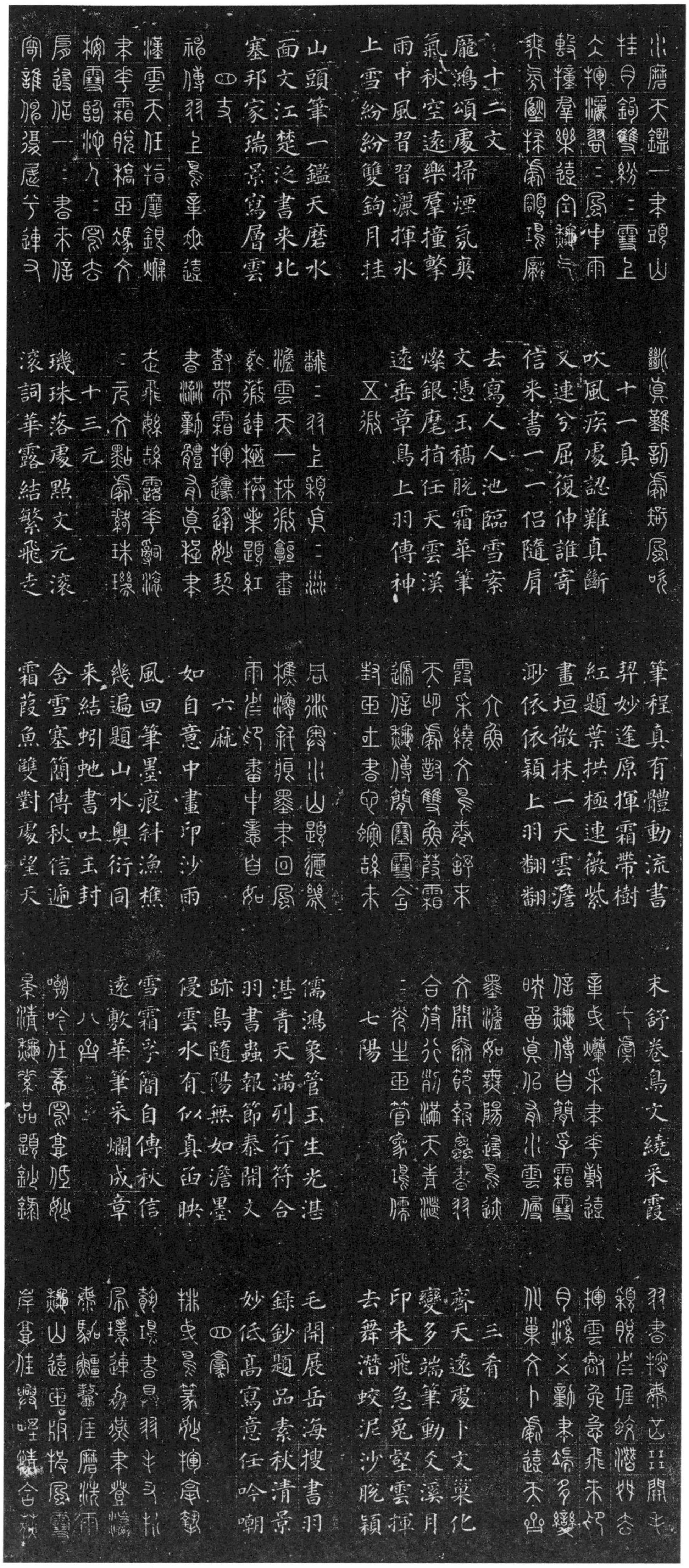
十二文
麗鴻頌處掃煙氣爽
氣秋空遠樂羣撞擊
雨中風習習濃揮冰
上雪紛紛雙鉤月挂
山頭筆一鑑天磨水
面文江楚之書來北
塞邦家瑞景寫層雲
十一真
吹風疾處認難真斷
文連分屈復伸誰寄
信來書一一侶隨肩
去寫人人池臨雪案
文憑玉稿脫霜華筆
燦銀魔指任天雲漢
遠垂章鳥上羽傳神
十三元
璣珠落處點文元滾
滾詞華露結繁飛走
筆程真有體動流書
紅題葉拱極連薇紫
書垣微抹一天雲澹
沙依依穎上羽翩翩
六麻
如自意中畫印沙雨
風回筆墨痕斜漁樵
幾遍題山水輿衍同
來結蚓蛇書吐玉封
含雪塞簡傳秋信遞
霜葭魚雙對處望天
七陽
儒鴻象管玉生光湛
湛青天滿列行符合
羽書蟲報節泰開文
跡鳥隨陽無如澹墨
侵雲水有似真函映
雪霜字簡自傳秋信
遠敷華筆采爛成章
三肴
齊天遠處下文巢化
變多端筆動爻溪月
印來飛急兔堅雲揮
去舞潛蛟泥沙脫穎
毛開展岳海搜書羽
錄鈔題品素秋清景
妙紙高寫意任吟嘲

第十一石

雲層寫景瑞家邦，塞」北來書泛楚江。文面」（以上第十石）水磨天鑑一，筆頭山」挂月鈎雙。紛紛雪上」冰揮灑，習習風中雨」擊撞。群樂遠空秋氣」爽，氛煙掃處頌鴻龐」。

十二文」

龐鴻頌處掃煙氛，爽」氣秋空遠樂群。撞擊」雨中風習習，灑揮冰」上雪紛紛。雙鈎月挂」山頭筆，一鑑天磨水面文。江楚泛書来北」塞，邦家瑞景寫層雲」。

四支」

神傳羽上鳥章垂，遠」漢雲天任指麾。銀燦」筆華霜脱稿，玉憑文」案雪臨池。人人寫去」肩隨侶，一一書來信」寄誰。伸復屈兮連又」斷，真難認處疾風吹」。

十一真」

吹風疾處認難真，斷」又連兮屈復伸。誰寄」信来書一一，侶隨肩」去寫人人。池臨雪案」文憑玉，稿脱霜華筆」燦銀。麾指任天雲漢」遠，垂章鳥上羽傳神」。

五微」

翻翻羽上穎依依，渺」澹雲天一抹微。垣畫」紫薇連極拱，葉題紅」樹帶霜揮。原逢妙契」書流動，體有真程筆」走飛。繁結露華詞滚」滚，元文點處落珠璣」。

十三元」

璣珠落處點文元，滚」滚詞華露結繁。飛走」筆程真有體，動流書」契妙逢原。揮霜帶樹」紅題葉，拱極連薇紫」畫垣。微抹一天雲澹」渺，依依穎上羽翻翻」。

六魚」

霞采繞文鳥卷舒，末」天望處對雙魚。葭霜」遞信秋傳簡，塞雪含」封玉吐書。蛇蚓結來」同衍奥，水山題遍幾」樵漁。斜痕墨筆回風」雨，沙印畫中意自如」。

六麻」

如自意中畫印沙，雨」風回筆墨痕斜。漁樵」幾遍題山水，奥衍同」来結蚓蛇。書吐玉封」含雪塞，簡傳秋信遞」霜葭。魚雙對處望天」末，舒卷鳥文繞采霞」。

七虞」

章成爛采筆華敷，遠」信秋傳自簡孚。霜雪」映函真似有，水雲侵」墨澹如無。陽隨鳥迹」文開泰，節報蟲書羽」合符。行列滿天青湛」湛，光生玉管象鴻儒」。

七陽」

儒鴻象管玉生光，湛」湛青天滿列行。符合」羽書蟲報節，泰開文」迹鳥隨陽。無如澹墨」侵雲水，有似真函映」雪霜。孚簡自傳秋信」遠，敷華筆采爛成章」。

八齊」

嘲吟任意寫高低，妙」景清秋素品題。鈔録」羽書搜海岳，展開毛」穎脱沙泥。蛟潛舞去」揮雲壑，兔急飛來印」月溪。爻動筆端多變」化，巢文卜處遠天齊」。

三肴」

齊天遠處卜文巢，化」變多端筆動爻。溪月」印来飛急兔，壑雲揮」去舞潛蛟。泥沙脱穎」毛開展，岳海搜書羽」録鈔。題品素秋清景」妙，低高寫意任吟嘲」。

四豪」

排成鳥篆妙揮毫，贊」載鴻書具羽毛。叉折」珮環連鳳燕，筆登瀛」海駕鯨鼇。崖磨洗雨」秋山遠，玉版披風雪」岸高。佳興野情含荻」（以上第十一石）葦，涯雲泛景墨增濤」。

九佳」

濤增墨影泛雲涯，葦」荻含情野興佳。高岸」雪風披版玉，遠山秋」雨洗磨崖。鼇鯨駕海」瀛登筆，燕鳳連環珮」折釵。

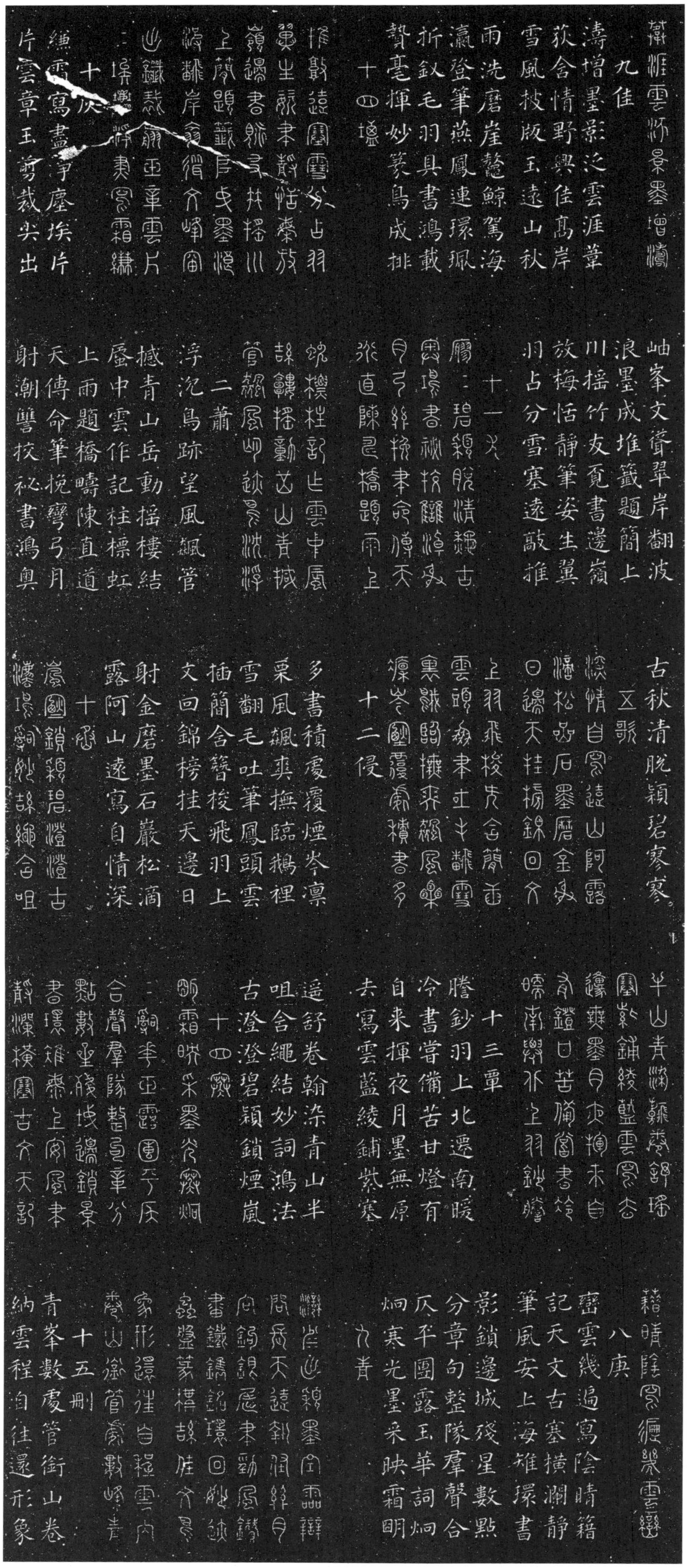

第十二石

毛羽具書鴻載」贇，毫揮妙篆鳥成排」。

十四鹽」

推敲遠塞雪分占，羽」翼生姿筆静恬。梅放」嶺邊書覓友，竹摇川」上簡題籤。堆成墨浪」波翻岸，翠聳文峰岫出尖。裁剪玉章雲片」片，埃塵净盡寫霜縑」。

十灰」

縑霜寫盡净塵埃，片」片雲章玉剪裁。尖出」岫峰文聳翠，岸翻波」浪墨成堆。籤題簡上」川摇竹，友覓書邊嶺」放梅。恬静筆姿生翼」羽，占分雪塞遠敲推」。

十一尤」

寥寥碧穎脱清秋，古」奥鴻書秘校讎。潮射」月弓彎挽筆，命傳天」道直陳疇。橋題雨上」虹標柱，記作雲中蜃」結樓。摇動岳山青撼」管，飆風望迹鳥沉浮」。

二蕭」

浮沉鳥迹望風飆，管」撼青山岳動摇。樓結」蜃中雲作記，柱標虹」上雨題橋。疇陳直道」天傳命，筆挽彎弓月」射潮。讎校秘書鴻奥」古，秋清脱穎碧寥寥」。

五歌」

深情自寫遠山阿，露」滴松嵒石墨磨。金射」日邊天挂榜，錦回文」上羽飛梭。簪含簡插」雲頭鳳，筆吐毛翻雪」裹鵝。臨撫爽飆風栗」凛，岑煙覆處積書多」。

十二侵」

多書積處覆煙岑，凛」栗風飆爽撫臨。鵝裹」雪翻毛吐筆，鳳頭雲」插簡含簪。梭飛羽上」文回錦，榜挂天邊日」射金。磨墨石巖松滴」露，阿山遠寫自情深」。

十蒸」

嵐煙鎖穎碧澄澄，古」法鴻詞妙結繩。含咀」半山青染翰，卷舒瑶」塞紫鋪綾。藍雲寫去」原無墨，月夜揮来自」有鐙。甘苦備嘗書冷」暖，南遷北上羽鈔謄」。

十三覃」

謄鈔羽上北遷南，暖」冷書嘗備苦甘。鐙有」自来揮夜月，墨無原」去寫雲藍。綾鋪紫塞」遥舒卷，翰染青山半」咀含。繩結妙詞鴻法」古，澄澄碧穎鎖煙嵐」。

十四寒」

明霜映采墨光寒，炯」炯詞華玉露團。平仄」合聲群隊整，句章分」點數星殘。城邊鎖景」書環雉，海上安風筆」静瀾。横塞古文天記」籍，晴陰寫遍幾雲巒」。

八庚」

巒雲幾遍寫陰晴，籍」記天文古塞横。瀾静」筆風安上海，雉環書」影鎖邊城。殘星數點」分章句，整隊群聲合」仄平。團露玉華詞炯」炯，寒光墨采映霜明」。

九青」

灣沙出穎墨空靈，辯」問長天遠執經。彎月」向鈎銀屈筆，勁風鑽」畫鐵鎸銘。環回妙迹」蟲盤篆，構結佳文鳥」象形。還往自程雲内」卷，山銜管處數峰青」。

十五删

青峰數處管銜山，卷」納雲程自往還。形象」（以上第十二石）鳥文佳結構，篆盤蟲」迹妙回環。銘鎸鐵畫」鑽風勁，筆屈銀鈎向」月彎。經執遠天長問」辯，靈空墨穎出沙灣」。

時」道光元年歲次辛巳」春正月」鄂縣張玉德作並」書」

香雪齋雁字迴文詩」

巳册」

鳥文佳結構篆盤蟲
跡妙回環銘鐫鐵畫
鎖風動筆屈銀鉤向
月彎經執迹天長間
辮靈空墨韵出沙灣
時
道光元年歲次辛巳
春正月
鄠縣張玉德作並
書
香雪齋雁字廻文詩
已冊
書倣唐李北海雲
麾碑褚河南聖教
序碑
一東
陵憑畫上羽生風凛
烈霜天遠戲鴻騰集
彩霞雲似錦吐吞文
勢氣如虹燈懸月杖

蔡同照句點星盤度
比工繩結代書垂鳥
篆騰飛妙技絶雕蟲
十蒸
蟲雕絶技妙飛騰篆
鳥垂書代結繩工比
度盤星點句照同蔡
杖月懸燈虹如氣勢
文吞吐錦似雲霞彩
集騰鴻戲遠天霜烈
凛風生羽上畫憑陵
二冬
旋迴鳥跡見藏鋒抹
又塗芳濃復濃弦避
月中豪脱兎細鷺雲
上筆遊龍牋臨玉版
鋪氷卧墨和松煙帶
雨春編簡繫書經翼
羽翩翩舞去畫相蹤
一先

蹤相畫去舞翩翩羽
翼經書繫簡編春雨
帶煙松和墨卧氷鋪
版玉臨牋龍遊筆上
雲鷺細兎脱豪中月
避弦濃復濃芳塗又
抹鋒藏見跡鳥廻旋
三江
羣鴻會意寫單雙奕
氣秋空遠擊撞文模
細風搖竹野管横疏
影過梅鷓雲垂簡底
書行雨海立豪端筆
載纖芬露浥華詞秀
潤紛紛羽上墨縱縱
十二文
縱縱墨上羽紛紛潤
秀詞華浥露芬纖載
筆端豪立海雨行書
底簡垂雲鷓梅過影

疏横管野竹摇風細
模文撞擊遠空秋氣
奕雙單寫意會鴻羣
四支
寒風朔塞北陳詞妙
景秋開一幅奇闌雨
霽橋虹記柱晚林霜
葉樹題詩殘山雪案
氷呵穎剩水春波墨
洗池刊刻不成天結
構蟠飛自去寫高畀
十四寒
畀高寫去自飛蟠構
結天成不刻刊池洗
墨波春水剩穎呵氷
案雪山殘詩題樹葉
霜林晚柱記虹橋霽
雨闌奇幅一開秋景
妙詞陳北塞朔風寒
五微

虛清出穎履霜霏玉
軸千秋素管揮徐疾
舞時行復草霧煙龍
處顯還微書車滿運
風輪轉筆陣堅穿羽
翦飛舒卷幾番更冷
暖魚雙寄去又来歸
六魚
歸来又去寄雙魚暖
冷更番幾卷舒飛翦
羽穿堅陣筆轉輪風
運滿車書微還顯處
龍煙霧草復行時舞
疾徐揮管素秋千軸
玉霏霜履穎出清虛
七虞
存書羽上鳥摛觚烈
烈霜風筆布數痕印
雪心氷作賦封浮河
面水呈圖溫寒共敘

第十三石

書仿唐李北海《雲」麾碑》、褚河南《聖教」序碑」》

一東」

陵憑畫上羽生風，凜」烈霜天遠戲鴻。謄集」彩霞雲似錦，吐吞文」勢氣如虹。燈懸月杖」藜同照，句點星盤度」比工。繩結代書垂鳥」篆，騰飛妙技絶雕蟲」。

十蒸」

蟲雕絶技妙飛騰，篆」鳥垂書代結繩。工比」度盤星點句，照同藜」杖月懸燈。虹如氣勢」文吞吐，錦似雲霞彩」集謄。鴻戲遠天霜烈」凜，風生羽上畫憑陵」。

二冬」

旋迴鳥迹見藏鋒，抹」又塗兮澹復濃。弦避」月中豪脱兔，網驚雲」上筆游龍。牋臨玉版」鋪冰卧，墨和松煙帶」雨春。編簡繫書經翼」羽，翩翩舞去畫相蹤」。

一先」

蹤相畫去舞翩翩，羽」翼經書繫簡編。春雨」帶煙松和墨，卧冰鋪」版玉臨牋。龍遊筆上」雲驚網，兔脱豪中月」避弦。濃復澹兮塗又」抹，鋒藏見迹鳥迴旋」。

三江」

群鴻會意寫單雙，爽」氣秋空遠擊撞。文摸」細風摇竹野，管横疏」影過梅牕。雲垂簡底」書行雨，海立豪端筆」載艭。芬露浥華詞秀」潤，紛紛羽上墨縱縱」。

十二文」

縱縱墨上羽紛紛，潤」秀詞華浥露芬。艭載」筆端豪立海，雨行書」底簡垂雲。牕梅過影」疏横管，野竹摇風細」摸文。撞擊遠空秋氣」爽，雙單寫意會鴻群」。

四支」

寒風朔塞北陳詞，妙」景秋開一幅奇。闌雨」霽橋虹記柱，晚林霜」葉樹題詩。殘山雪案」冰呵穎，剩水春波墨」洗池。刊刻不成天結構，蟠飛自去寫高卑」。

十四寒」

卑高寫去自飛蟠，構」結天成不刻刊。池洗」墨波春水剩，穎呵冰」案雪山殘。詩題樹葉」霜林晚，柱記虹橋霽」雨闌。奇幅一開秋景」妙，詞陳北塞朔風寒」。

五微」

虚清出穎履霜，霏玉」軸千秋素管揮。徐疾」舞時行復草，霧煙籠」處顯還微。書車滿運」風輪轉，筆陣堅穿羽」箭飛。舒卷幾番更冷」暖，魚雙寄去又來歸」。

六魚」

歸来又去寄雙魚，暖」冷更番幾卷舒。飛翦」羽穿堅陣筆，轉輪風」運滿車書。微還顯處」籠煙霧，草復行時舞」疾徐。揮管素秋千軸」玉，霏霜履穎出清虚」。

七虞」

存書羽上鳥操觚，烈」烈霜風筆布敷。痕印」雪心冰作賦，卦浮河」面水呈圖。温寒共叙」（以上第十三石）分賓主，遠近同來合」節符。吞吐半天雲戒」備，屯煙寫去穎銜蘆」。

十三元」

蘆銜穎去寫煙屯，備」戒雲天半吐吞。符節」合来同近遠，主賓分」叙共寒温。圖呈水面」河浮卦，賦作冰心雪」印痕。敷布筆風霜烈」烈，觚操鳥上羽書存」。

六麻」

低昂畫去撇風斜，就」急成章斷彩霞。泥雪」壓豪書倒薤，霧煙藏」迹墨籠紗。題分各處」佳山水，篆結同文妙」蚓蛇。藜杖不須相照」耀，梯雲步月弄詞華」。

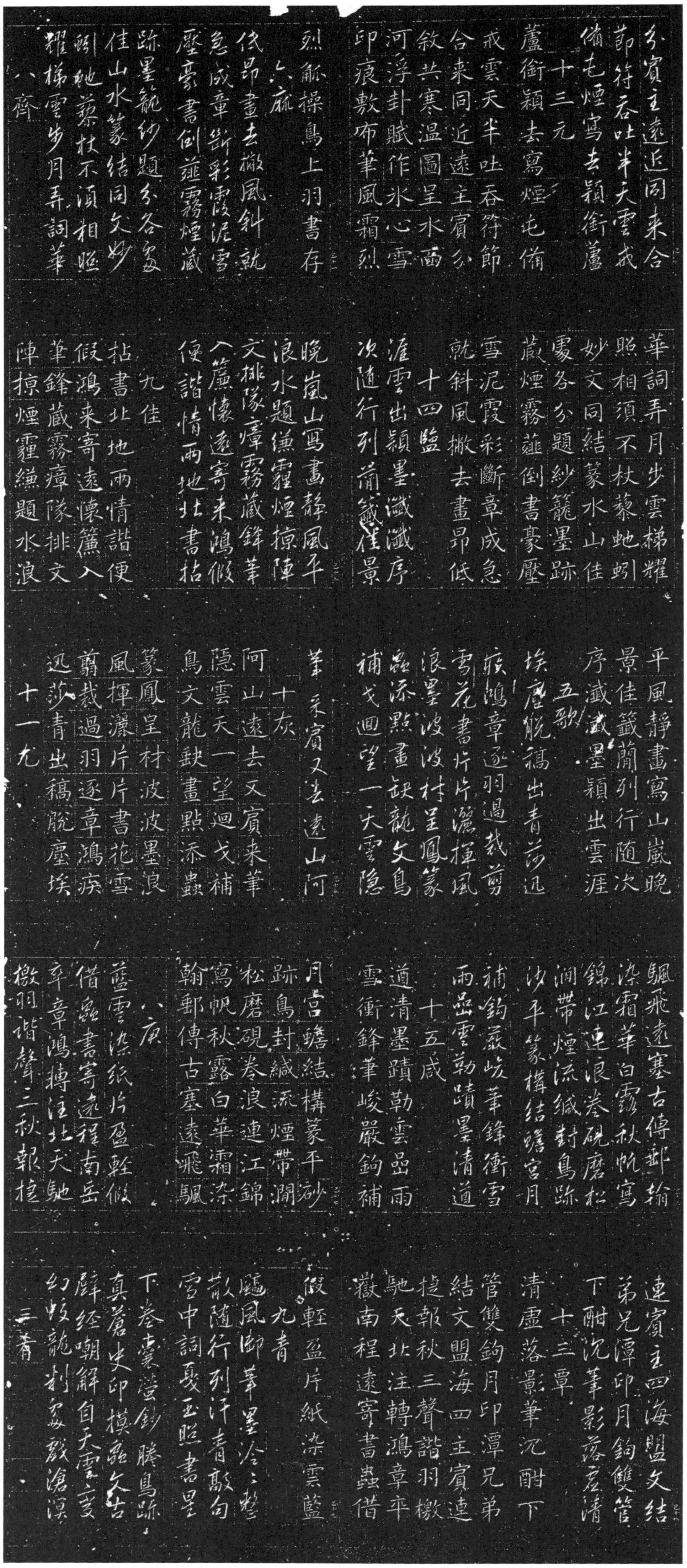
分賓主遠近同來合
節符吞吐半天雲戒
備乇煙寫去穎銜蘆
十三元
蘆銜穎去寫煙乇備
戒雲天半吐吞符節
合來同近遠主賓分
敘共寒温圖呈水面
河浮卦賦作冰心雪
印痕數布華風霜烈
烈霜操鳥上羽書存
六麻
低昂畫去撇風斜就
急成章斷彩霞泥雪
壓豪書倒蘸霧煙藏
跡墨籠紗題分各霙
佳山水篆結同文妙
蚓蚰藜杖不須相照
耀梯雲步月弄詞華
八齊
華詞弄月步雲梯耀
照相須不杖藜蚰蚓
妙文同結篆水山佳
霙各分題紗籠墨跡
藏煙霧蘸倒書豪壓
雪泥霞彩斷章成急
就斜風撇去畫昂低
十四鹽
涯雲出穎墨纖纖序
次隨行列箭纖佳景
晚嵐山寫畫靜風平
浪水題織霾煙掠陣
文排隊障霧藏鋒筆
入簾懷遠寄來鴻假
便諧情兩地北書拈
九佳
拈書北地兩情諧便
假鴻來寄遠懷簾入
筆鋒藏霧障隊排文
陣掠煙霾織題水浪
平風靜畫寫山嵐晚
景佳纖箭列行隨次
序纖纖墨穎出雲涯
五歌
埃塵脫禍出青莎迅
疾鴻章逐羽過裁翦
雪花書片片灑揮風
浪墨波波村呈鳳篆
蟲添點畫缺龍文鳥
補戈迴望一天雲隱
筆來賓又去遠山阿
十灰
阿山遠去又賓來筆
隱雲天一望迴戈補
鳥文龍缺畫點添蟲
篆鳳呈村波波墨浪
風揮灑片片書花雪
翦裁過羽逐章鴻疾
迅莎青出禍脫塵埃
十一尤
颿飛遠塞古傳郵翰
染霜華白露秋帆寫
錦江連浪卷硯磨松
澗帶煙流緘封鳥跡
汝平篆構結蟾宮月
補鈞巖峻筆鋒銜雪
雨岳雲勒蹟墨清道
十五咸
道清墨蹟勒雲岳雨
雪銜鋒筆峻巖鈞補
月宮蟾結構篆平沙
跡鳥封緘流煙帶澗
松磨硯卷浪連江錦
寫帆秋露白華霜染
翰郵傳古塞遠飛颿
八庚
藍雲染紙片盈輕假
借蟲書寄遠程南岳
卒章鴻搏注北天馳
撤羽諧聲三秋報捷
連賓主四海盟文結
弟兄潭印月鈎雙管
下酣沉筆影落虛清
十三覃
清虛落影筆沉酣下
管雙鈎月印潭兄弟
結文盟海四主賓連
捷報秋三聲諧羽撤
馳天北注轉鴻章卒
嶽南程遠寄書蟲借
假輕盈片紙染雲藍
九青
颺風御筆墨冷冷螢
散隨行列汗青敲句
雪中詞覓玉照書星
下卷囊螢鈔勝鳥跡
真蒼史印摸蟲文古
辭經嘲解自天雲变
幻蛟龍利劃戲滄溟
三肴

第十四石

八齊」

華詞弄月步雲梯，耀」照相須不杖藜。蛇蚓」妙文同結篆，水山佳」處各分題。紗籠墨迹」藏煙霧，薤倒書豪壓」雪泥。霞彩斷章成急」就，斜風撇去畫昂低」。

十四鹽」

涯雲出穎墨瀸瀸，序」次随行列簡籤。佳景」晚嵐山寫畫，静風平」浪水題縑。霾煙掠陣」文排隊，瘴霧藏鋒筆」入簾。懷遠寄来鴻假」便，諧情兩地北書拈」。

九佳」

拈書北地兩情諧，便」假鴻来寄遠懷。簾入」筆鋒藏霧瘴，隊排文」陣掠煙霾。縑題水浪」平風静，畫寫山嵐晚」景佳。籤簡列行随次」序，瀸瀸墨穎出雲涯」。

五歌」

埃塵脱稿出青莎，迅」疾鴻章逐羽過。裁剪」雪花書片片，灑揮風」浪墨波波。材呈鳳篆」蟲添點，畫缺龍文鳥」補戈。迴望一天雲隱」筆，来賓又去遠山阿」。

十灰」

阿山遠去又賓来，筆」隱雲天一望迴。戈補」鳥文龍缺畫，點添蟲」篆鳳呈材。波波墨浪」風揮灑，片片書花雪」剪裁。過羽逐章鴻疾」迅，莎青出稿脱塵埃」。

十一尤」

颿飛遠塞古傳郵，翰」染霜華白露秋。帆寫」錦江連浪卷，硯磨松」澗帶煙流。緘封鳥迹」沙平篆，構結蟾宫月」補鈎。嚴峻筆鋒衝雪雨，嵒雲勒迹墨清遒」。

十五咸」

遒清墨迹勒雲嵒，雨」雪衝鋒筆峻嚴。鈎補」月宫蟾結構，篆平砂」迹鳥封緘。流煙帶澗」松磨硯，卷浪連江錦」寫帆。秋露白華霜染」翰，郵傳古塞遠飛颿」。

八庚」

藍雲染紙片盈輕，假」借蟲書寄遠程。南岳」卒章鴻轉注，北天馳」檄羽諧聲。三秋報捷」連賓主，四海盟文結」弟兄。潭印月鈎雙管」下，酣沉筆影落虚清」。

十三覃」

清虚落影筆沉酣，下」管雙鈎月印潭。兄弟」結文盟海四，主賓連」捷報秋三。聲諧羽檄馳天北，注轉鴻章卒」嶽南。程遠寄書蟲借」假，輕盈片紙染雲藍」。

九青」

飅風御筆墨泠泠，整」散随行列汗青。敲句」雪中詞戛玉，照書星」下卷囊螢。鈔謄鳥迹」真蒼史，印摸蟲文古」壁經。嘲解自天雲」變幻，蛟龍判處戲滄溟」。

三肴」（以上第十四石）

溟滄戲處判龍蛟，幻」變雲天自解嘲。經壁」古文蟲摸印，史蒼真」迹鳥謄鈔。螢囊卷下」星書照，玉戛詞中雪」句敲。青汗列行随散」整，泠泠墨筆御風飅」。

七陽」

音傳羽上露瀼瀼，爽」健秋豪送肅霜。今古」變遷書紀歲，地天旋」轉筆随陽。参揑腕下」星加點，海戲群中水」印章。心寫遠空長結」構，岑雲舞去畫飛揚」。

十二侵」

揚飛畫去舞雲岑，構」結長空遠寫心。章印」水中群戲海，點加星」下腕揑参。陽随筆轉」旋天地，歲記書遷變」古今。霜肅送豪秋健」爽，瀼瀼露上羽傳音」。

四豪」

溟滄戲處判龍蛟紛
變雲天自解嘲經辟
古文蟲模印史蒼真
跡鳥騰鈔螢囊卷下
星書照玉戞詞中雪
句敲青汗列行隨散
整冷冷墨筆御風飄
七陽
音傳羽上露瀼瀼爽
健秋豪送肅霜今古
變還書紀歲地天旋
摶筆隨陽參捫腕下
星加點海戲羣中水
印章心寫遠空長結
構卷雲舞去畫飛揚
十二侵
揚飛畫去舞雲卷構
結長空遠寫心章印
水中羣戲海點加星
下腕捫參陽隨筆轉

旋天地歲記書還變
古今霜肅送豪秋健
爽瀼瀼露上羽傳音
四豪
霄煙接跡鳥翔翱幾
卷書開一羽毛批趯
有情多盼顧設鋪隨
意任依高綃邊日碎
題霞彩練上江平寫
浪濤蕭蓼賦詩新集
句約霜入譜韻謷謷
二蕭
謷謷韻譜入霜約句
集新詩賦蓼蕭濤浪
寫平江上練彩霞題
碎日邊綃高低任意
隨鋪設顧盼多情有
趯批毛羽一開書卷
幾翱翔鳥跡接煙霄
十一真

闌榆夜穎妙通神遠
剌援來贄載賓山疊
卷層千嶂玉水縈書
帶一河銀閒雲片上
文恬靜整隊羣中畫
稱勻刪定鳥言禽集
古斑斕墨筆老風塵
十五刪
塵風老筆墨斕斑古
集禽言鳥定刪勻稱
畫中羣隊整靜恬文
上片雲閒銀河一帶
書縈水玉嶂千層卷
疊山賓載贄來援剌
遠神通妙穎夜榆闌
時
道光元年歲次辛巳
春正月
鄠縣張玉德作並
書

香雪齋鷹字迴文詩
千冊
書仿漢華山廟碑
唐柳誠懸魏公先
廟碑
一東
摶扶鳥跡鑿虛空段
片無心任始終斕戲
采豪縈海渤陣開雄
筆戰霜風殘陽夕照
丹書卷古塞秋傳紫
牒蕺寒點數峯雲澹
遠湯湯路上穎匆匆
十四寒
匆匆穎上路湯湯遠
澹雲峯數點寒蕺牒
紫傳秋塞古卷書丹
照夕陽殘風霜戰筆
雄開陣渤海縈毫彩
戲斕終始任心無片

段空虛鑿跡鳥扶摶
二冬
霜風染翰墨華濃歲
陽常留鳥跡蹤揚舞
嶽山丹翥鳳覽登瀛
海碧翔龍蒼蒼曉色
秋垂露凜凜寒光月
印封梁稻薄田耕代
筆倉書積處霧藏鋒
七陽
鋒藏霧處積書倉筆
代耕田薄稻梁封印
月光寒凜凜露垂秋
色曉蒼蒼龍翔碧海
瀛登覽鳳翥丹山嶽
舞揚蹤跡鳥留常陽
歲濃華墨翰染風霜
三江
佳書古跡墨春撞篆
鳥翻經歷國邦斂折

第十五石

霄煙接迹鳥翔翱，幾」卷書開一羽毛。挑趯」有情多盼顧，設鋪随」意任低高。綃邊日碎」題霞彩，練上江平寫」浪濤。蕭蓼賦詩新集」句，杓霜入譜韻砉砉」。

二蕭」

砉砉韻譜入霜杓，句」集新詩賦蓼蕭。濤浪」寫平江上練，彩霞題」碎日邊綃。高低任意」随鋪設，顧盼多情有」趯挑。毛羽一開書卷」幾，翱翔鳥迹接煙霄」。

十一真」

闞榆度穎妙通神，遠」刺投来贊載賓。山叠」卷層千嶂玉，水縈書」帶一河銀。間雲片上」文恬静，整隊群中畫」稱勻。删定鳥言禽集」古，斑斕墨筆老風塵」。

十五删」

塵風老筆墨斕斑，古」集禽言鳥定删。勻稱」畫中群隊整，静恬文」上片雲間。銀河一帶」書縈水，玉嶂千層卷」叠山。賓載贊来投刺」遠，神通妙穎度榆闞」。

時」道光元年歲次辛巳」春正月」鄠縣張玉德作並」書」

香雪齋雁字迴文詩」

午册」

書仿漢《華山廟碑》」、唐柳誠懸《魏公先」廟碑」》

一東」

摶扶鳥迹鑿虚空，段」片無心任始終。瀾戲」采豪縈海渤，陣開雄」筆戰霜風。殘陽夕照」丹書卷，古塞秋傳紫」牒叢。寒點數峰雲澮」遠，漫漫路上穎匆匆」。

十四寒」

匆匆穎上路漫漫，遠」澮雲峰數點寒。叢牒」紫傳秋塞古，卷書丹」照夕陽殘。風霜戰筆」雄開陣，渤海縈毫彩」戲瀾。終始任心無片」段，空虚鑿迹鳥扶摶」。

二冬」

霜風染翰墨華濃，歲」隔常留鳥迹蹤。揚舞」嶽山丹翥鳳，覽登瀛」海碧翔龍。蒼蒼曉色」秋垂露，凛凛寒光月」印封。粱稻薄田耕代」筆，倉書積處霧藏鋒」。

七陽」

鋒藏霧處積書倉，筆」代耕田薄稻粱。封印」月光寒凛凛，露垂秋」色曉蒼蒼。龍翔碧海」瀛登覽，鳳翥丹山嶽」舞揚。踪迹鳥留常隔」歲，濃華墨翰染風霜」。

三江」

佳書古迹墨春撞，篆鳥翻經歷國邦。釵折」（以上第十五石）遠風回玉珮，卷披明」月對銀釭。偕随筆去」摇山嶽，險勁文來過」海江。霾霧掃開天鑒」朗，俳俳畫上影幢幢」。

九佳」

幢幢影上畫俳俳，朗」鑑天開掃霧霾。江海」過来文勁險，嶽山摇」去筆随偕。釭銀對月」明披卷，珮玉迴風遠」折釵。邦國歷經翻鳥」篆，春撞墨迹古書佳」。

四支」

交遊遠塞北修辭，凑」合偏旁在走馳。爻互」畫中風錯簡，墨湮雲」上雨昏碑。抄謄妙迹」真蟲鳥，印仿雄文古」鼎彝。肴載不須相問」辯，巢書唱去共矜奇」。

三肴」

奇矜共去唱書巢，辯」問相須不載肴。彝鼎」古文雄仿印，鳥蟲真」迹妙謄鈔。碑昏雨上」雲湮墨，簡錯風中畫」互爻。馳走在旁偏合」凑，詞修北塞遠遊交」。

遠風回王珮卷披明
月對銀缸偕隨筆去
搖山嶽險勁文來過
海江霾霧掃開天鑑
朗俳俳畫上景幢幢

九佳
幢幢景上畫俳俳朗
鑑天開掃霧霾江海
過來文勁險嶽山搖
去筆隨偕缸銀對月
明披卷珮玉迴風遠
析敍邦國歷經翻鳥
篆春檣墨跡古書佳

四支
文遊遠塞北遊辭湊
合偏旁走馳交五
畫中風錯簡墨湮雲
上雨昏碑鈔騰妙跡
真蟲鳥印仿雄文古
鼎彝看載不須相問

辯巢書唱去共聆奇

三肴
奇聆共去唱書巢辯
問相須不載看彝鼎
古文雄仿印鳥蟲真
跡妙騰鈔碑昏雨上
雲湮墨簡錯風中畫
五交馳走在旁偏合
湊詞遊北塞遠遊交

五微
舒又卷兮密又稀動
流文致盡精微漁樵
伴僊題山水瘴霧來
賓人幕帷徐韻步聲
隨筆杳急詩催雨霽
雲飛書成比類乃出
鳥魚魯辯刊校是非

六魚
非是校刊辯魯魚鳥
蟲分類比成書飛雲

帶雨催詩急走筆隨
聲步韻徐帷幕入賓
來霧瘴水山題叟伴
樵漁微精盡致文流
動稀又密兮卷又舒

七虞
纖霜記注轉寰區候
氣隨書出塞榆尖穎
剡雲飛峻嶽紫紈臨
水舞平湖纖纖王箸
水[illegible]指燦燦銀華月
印[illegible]粘鑿遠空青片
一嚴精法帖古追摹

十四鹽
摹追古帖法精嚴一
片青空遠鑿粘圖印
月華銀燦燦指揮冰
著玉纖纖湖平舞水
臨紈素嶽峻飛雲剡
穎尖榆塞出書隨氣

候區寰轉注記霜纖

八齊
微書鳥道遠留題塞
翔翻刊不東黎增減
自心馮輯湊卷舒隨
意任東西水輪一轉
揮金鑑水峽三傾倒
墨溪亙有信來傳冷
暖登臨畫上羽新齊

十蒸
齊新羽上畫臨登暖
冷傳來信有恒溪墨
倒傾三峽水鑑金揮
轉一輪水西東任意
隨舒卷湊輯憑心自
減增黎東不刊翻翔
塞題留遠道鳥書微

十三元
回環幾遍寫寒暄序
次排行列簡煩魁斗

射光文有耀海河翻
浪墨探源林星鳥跡
留皇古技擅蟲書校
土苗裁剪費工天集
錦梅頭嶺傍雪華繁

十灰
繁華雪傍嶺頭梅錦
集天工費剪裁苗土
校書蟲擅技古皇留
跡鳥星林源探墨浪
翻河海耀有文光射
斗魁煩簡列行排次
序暄寒寫遍幾環迴

十五刪
約霜指事記邊關歲
節編書自定刪簫葉
舞時歌樂燕津林飛
霞賭歸還橋題雨露
虹排柱筆架水雲雪
雨山朝復莫兮豪迨

第十六石

五微」

舒又卷兮密又稀，動」流文致盡精微。漁樵」伴傻題山水，瘴霧來」賓入幕帷。徐韻步聲」随筆走，急詩催雨帶」雲飛。書成比類分蟲」鳥，魚魯辯刊校是非」。

六魚」

非是校刊辯魯魚，鳥」蟲分類比成書。飛雲」帶雨催詩急，走筆随」聲步韻徐。帷幕入賓」来霧瘴，水山題叟伴」樵漁。微精盡致文流」動，稀又密兮卷又舒」。

七虞」

緗霜記注轉寰區，候」氣随書出塞榆。尖穎」刻雲飛峻嶽，素紈臨」水舞平湖。纖纖玉箸」冰揮指，燦燦銀華月」印圖。粘緊遠空青片」一，嚴精法帖古追摹」。

十四鹽」

摹追古帖法精嚴，一」片青空遠緊粘。圖印」月華銀燦燦，指揮冰」箸玉纖纖。湖平舞水」臨紈素，嶽峻飛雲刻」穎尖。榆塞出書随氣」候，區寰轉注記霜緗」。

八齊」

徵書鳥道遠留題，塞」朔翻刊不棗梨。增減」自心憑輯湊，卷舒随」意任東西。冰輪一轉」揮金鑑，水峽三傾倒」墨溪。恒有信來傳冷」暖，登臨畫上羽新齊」。

十烝」

齊新羽上畫臨登，暖」冷傳来信有恒。溪墨」倒傾三峡水，鑑金揮」轉一輪冰。西東任意」随舒卷，湊輯憑心自」減增。梨棗不刊翻朔」塞，題留遠道鳥書徵」。

十三元」

回環幾遍寫寒暄，序」次排行列簡煩。魁斗」射光文有耀，海河翻」浪墨探源。材呈鳥迹」留皇古，技擅蟲書校」土番。裁剪費工天集」錦，梅頭嶺傍雪華繁」。

十灰」

繁華雪傍嶺頭梅，錦」集天工費剪裁。番土」校書蟲擅技，古皇留」迹鳥呈材。源探墨浪」翻河海，耀有文光射」斗魁。煩簡列行排次」序，暄寒寫遍幾環迴」。

十五刪」

杓霜指事記邊關，歲」節編書自定刪。蕭蓼」舞時歌樂燕，澤林飛」處賦歸還。橋題雨霽」虹排柱，筆架冰雲雪」滿山。朝復莫兮毫浥」（以上第十六石）露，翛翛羽上墨瀟瀟」。

二蕭」

瀟瀟墨上羽翛翛，露」浥毫兮暮復朝。山滿」雪雲冰架筆，柱排虹」霽雨題橋。還歸賦處」飛林澤，燕樂歌時舞」蓼蕭。刪定自書編節」歲，關邊記事指霜杓」。

十二文」

河山畫去自精勤，健」勁鴻書具骨筋。鵝換不經黄寫卷，鳳題常」帶素飄雲。摩肩舞月」余拖穎，記迹留沙細」印文。多興逸情關冷」暖，哦吟妙句集霜雰」。

五歌」

雰霜集句妙吟哦，暖」冷關情逸興多。文印」細沙留迹記，穎拖斜」月舞肩摩。雲飄素帶」常題鳳，卷寫黄經不」换鵝。筋骨具書鴻勁」健，勤精自去畫山河」。

六麻」

岑雲寫練整還余，露」結霜毫玉吐華。深海」戲波洪濺墨，遠天漫」霧薄籠紗。沉雄畫去」飛風雨，奥折書來走」蚓蛇。擒縱有章成局」布，森森筆陣演平沙」。

十二侵」

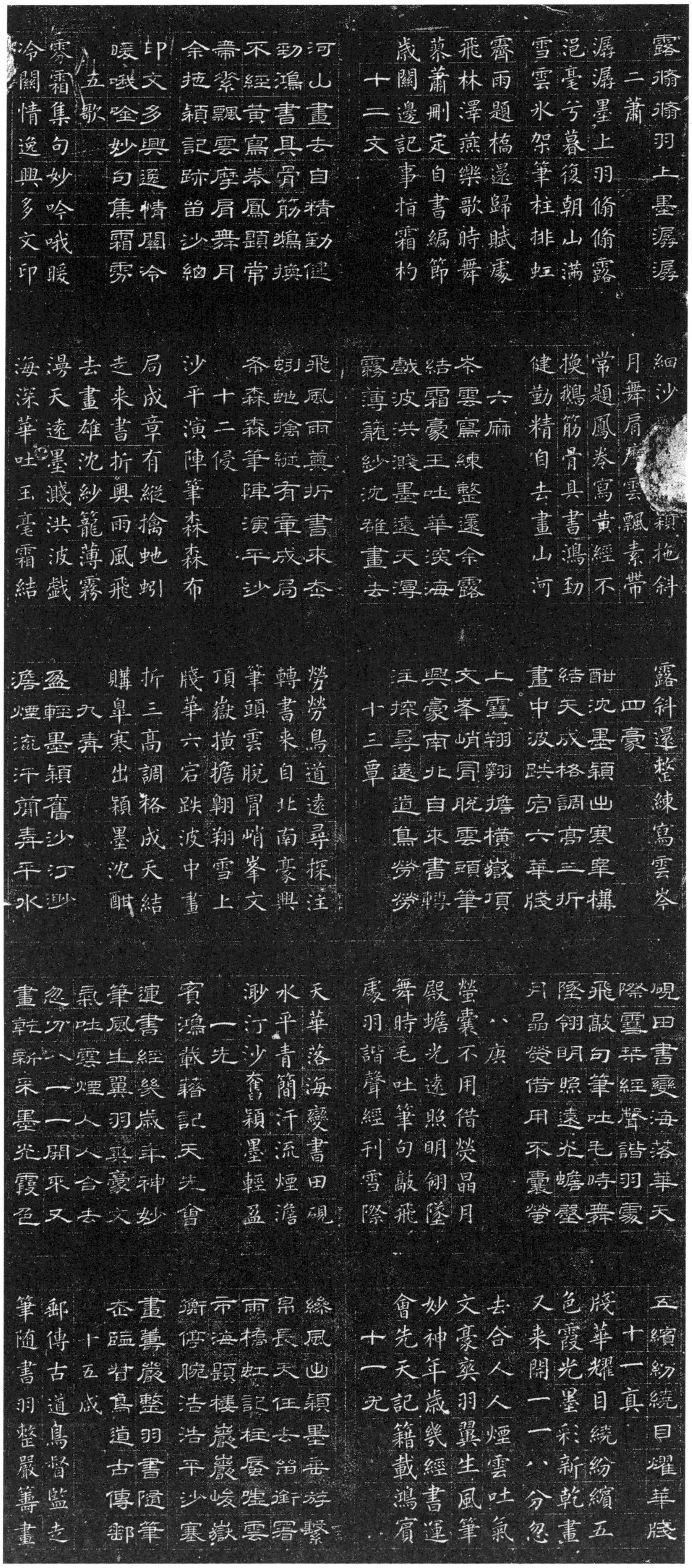
露漪漪羽上墨潺潺
二蕭
潺潺墨上羽漪漪露
浥毫兮暮復朝山滿
雪雲氷架筆柱排虹
霽雨題橋還歸賦處
飛林澤燕樂歌時舞
蔡蕭刪定自書編節
歲闌邊記事指霜杓
十二文
河山畫去自精勤健
劲鴻書具骨筋鵝換
不經黃寫卷鳳題常
帶素飄雲摩肩舞月
斜拖穎記跡留沙細
印文多興逸情闌冷
暖哦吟妙句集霜雰
十五歌
雰霜集句妙吟哦暖
冷闌情逸興多文印

細沙留跡記穎拖斜
月舞肩摩雲飄素帶
常題鳳卷寫黃經不
換鵝筋骨具書鴻劲
健勤精自去畫山河
六麻
岑雲寫練整還余露
結霜豪王吐華演海
戲波洪濺墨遠天潯
霧薄籠紗沈雄畫去
飛風雨蕙折書來杳
蚓蛇擒縱有章成局
杳森森筆陣演平沙
十二侵
沙平演陣筆森森布
局成章有縱擒蛇蚓
走来書折興雨風飛
去畫雄沈紗籠薄霧
漫天遠墨濺洪波戲
海深華吐玉毫霜結

露斜還整練寫雲岑
四豪
酣沈墨穎出寒皐構
結天成格調高三折
畫中波跌宕六華牋
上雪翔翱擔橫嶽項
文峯峭冐脫雲頭筆
興豪南北自來書轉
注探尋遠道鳥勞勞
十三覃
勞勞鳥道遠尋探注
轉書來自北南豪興
筆頭雲脫冐峭峯文
項嶽橫擔翱翔雪上
牋華六宕跌波中畫
折三高調格成天結
構皐寒出穎墨沈酣
九青
盈輕墨穎奮沙汀渺
潛煙流汗簡青平水

硯田書變海落華天
際雲華經聲諧羽震
飛敲句筆吐毛時舞
隆翎明照遠光蟾壁
月晶熒借用不囊螢
八庚
螢囊不用借熒晶月
殿蟾光遠照明翎隆
舞時毛吐筆句敲飛
處羽諧聲經刊雪際
天華落海變書田硯
水平青簡汗流煙潛
渺汀沙奮穎墨輕盈
一先
賓鴻載籍記天先會
運書經幾歲年神妙
筆風生翼羽異豪文
氣吐雲煙人人合去
忽分八一一開來又
畫乾新彩墨光霞色

五繽紛繞目耀華牋
十一真
牋華耀目繞紛繽五
色霞光墨彩新乾畫
又來開一一八分忽
去合人人煙雲吐氣
文豪奕羽翼生風筆
妙神年歲幾經書運
會先天記籍載鴻賓
十一尤
緜風出穎墨垂游鑿
帛長天任去留銜霤
雨橋虹記柱蜃嘘雲
市海題樓巖巖峻嶽
衡停腕浩浩平沙塞
畫壽巖整羽書隨筆
杳臨皆鳥道古傳郵
十五咸
郵傳古道鳥督監走
筆隨書羽整巖壽畫

第十七石

沙平演陣筆森森，布」局成章有縱擒。蛇蚓」走来書折奥，雨風飛」去畫雄沈。紗籠薄霧」漫天遠，墨濺洪波戲」海深。華吐玉毫霜結」露，斜還整練寫雲岑」。

四豪」

酣沈墨穎出寒皋，構」結天成格調高。三折」畫中波跌宕，六華牋」上雪翔翱。擔横嶽頂」文峰峭，冒脱雲頭筆」興豪。南北自來書轉」注，探尋遠道鳥勞勞」。

十三覃」

勞勞鳥道遠尋探，注」轉書来自北南。豪興」筆頭雲脱冒，峭峰文」頂嶽横擔。翱翔雪上」牋華六，宕跌波中畫」折三。高調格成天結」購，皋寒出穎墨沉酣」。

九青」

盈輕墨穎奮沙汀，渺」澹煙流汗簡青。平水」硯田書變海，落華天」際雪刊經。聲諧羽處」飛敲句，筆吐毛時舞」墜翎。明照遠光蟾殿」月，晶熒借用不囊螢」。

八庚」

螢囊不用借熒晶，月」殿蟾光遠照明。翎墜」舞時毛吐筆，句敲飛」處羽諧聲。經刊雪際」天華落，海變書田硯」水平。青簡汗流煙澹」渺，汀沙奮穎墨輕盈」。

一先」

賓鴻載籍記天先，會」運書經幾歲年。神妙」筆風生翼羽，爽豪文」氣吐雲煙。人人合去」忽分八，一一開來又」畫乾。新彩墨光霞色」五，繽紛繞目耀華牋」。

十一真」

牋華耀目繞紛繽，五」色霞光墨彩新。乾畫」又来開一一，八分忽」去合人人。煙雲吐氣」文豪爽，羽翼生風筆」妙神。年歲幾經書運」會，先天記籍載鴻賓」。

十一尤」

縿風出穎墨垂遊，繫」帛長天任去留。銜署」雨橋虹記柱，蜃噓雲」市海題樓。巖巖峻嶽」衡停腕，浩浩平沙塞」畫籌。嚴整羽書随筆」走，監督鳥道古傳郵」。

十五咸」

郵傳古道鳥督監，走」筆随書羽整嚴。籌畫」（以上第十七石）塞沙平浩浩，腕停衡」嶽峻巖巖。樓題海市」雲噓蜃，柱誓星橋鵲」署銜。留去任天長帛」繫，遊垂墨穎出風縿」。

時」道光元年歲次辛巳」春正月」鄂縣張玉德作並」書」

香雪齋雁字迴文詩末册」

書仿随釋智永《真草千」文」》

一東」

高天遠望一函冲，補綴雲」文闕處空。刀似筆鋒霜脱」穎，玉爲篇簡雪凋蟲。滔滔」水練澄江浄，燦燦霞林暎」日紅。毛羽繫書鴻法古，毫」揮猶帶結繩風」。

四豪」

風繩結帶猶揮毫，古法鴻」書繫羽毛。紅日暎牋霞燦」燦，浄江澄練水滔滔。蟲凋」雪簡篇爲玉，穎脱霜鋒筆」似刀。空處闕文雲綴補，冲」函一望遠天高」。

二冬」

馳飛畫去走蛇龍，草又行」兮淡又濃。時節合書文有」自，句章分竄點無從。池臨」夜月星光曜，筆戲晴潮海」浪冲。移轉任天雲遍寫，遲」遲影盡不留踪」。

四支」

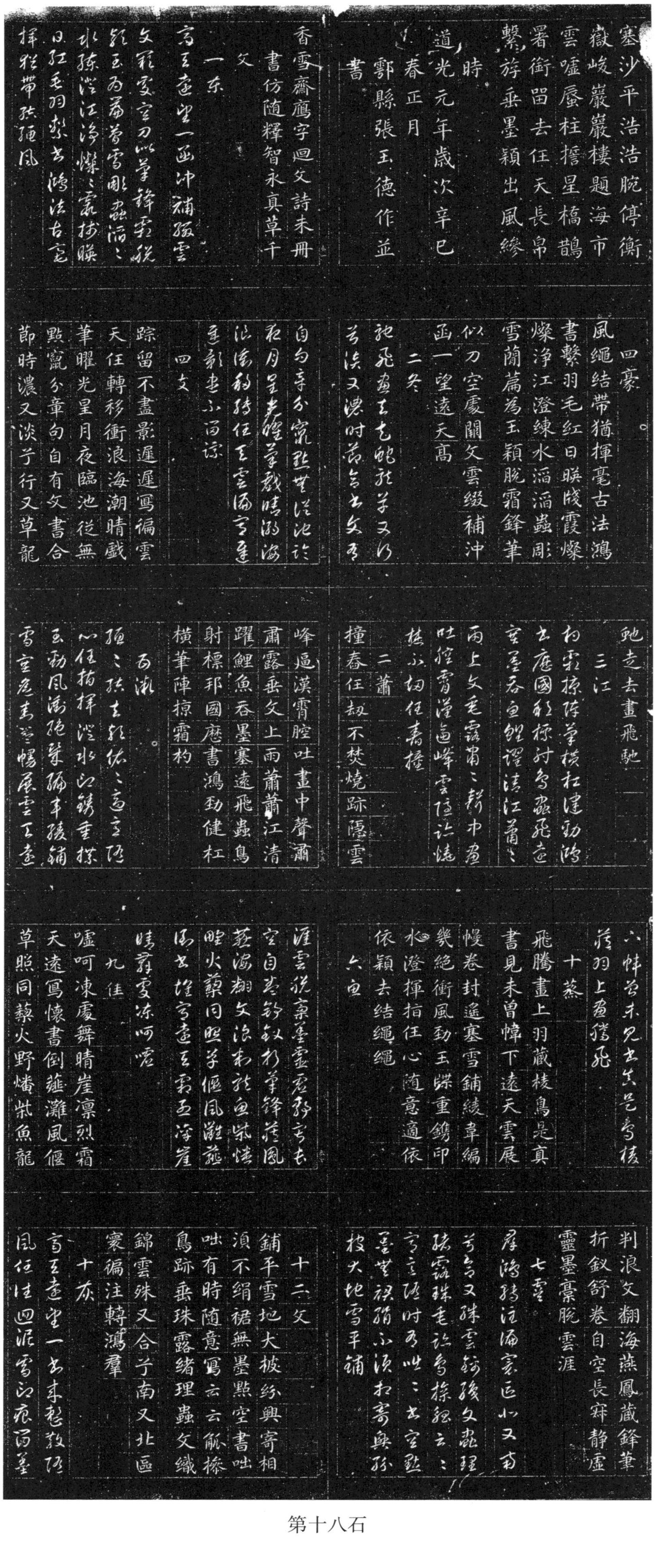

塞沙平浩浩腕停衡
嶽峨巖巖樓題海市
雲嘘蜃柱擔星橋鵲
署銜留去任天長帛
繫旋垂墨穎出風縿
時
道光元年歲次辛巳
春正月
鄞縣張玉德作並
書

香雪齋鷹字迴文詩未冊
書仿隨釋智永真草千
文
一东

四豪
風繩結帶猶揮毫古法鴻
書繫羽毛紅日暎殘霞爍
爍淨江澄練水滔滔蟲彫
雪蘭蒿爲玉穎腕霜鋒筆
似刀空處闢文雲綴補沖
函一望遠天高
二冬

四支
蹤留不盡影遲遲寫徧雲
天任轉移衡浪海潮晴戲
筆曜光星月夜臨池從無
點竄分章句自有文書合
節時濃又淡兮行又草龍

馳走去畫飛馳
三江
二蕭
撞春任叔不焚燒跡隱雲

峰迴漢霄腔吐畫中聲瀟
瀟露垂文上雨蕭蕭江清
躍鯉魚吞墨塞遠飛蟲鳥
射標邦國歷書鴻動健杠
橫筆陣掠霜杓
五微

十蒸
飛騰畫上羽藏棲鳥是真
書見未曾幃下遠天雲展
幔卷封遙塞雪鋪綾韋編
縱絕銜風動玉蝶重鐫印
心澄揮指任心隨意適依
依穎去結繩繩
六鱼

九佳
嘘呵凍處舞晴崖凜烈霜
天遠寫懷書倒薤灘風偃
草照同蘋火野燐紫魚龍

判浪文翻海燕鳳藏鋒筆
折釵舒卷自空長霧靜虛
靈墨豪腕雲涯
七虞
枝大地雪平鋪

十二文
鋪平雪地大披紛與寄相
須不絹裙無墨點空書咄
咄有時隨意寫云云觚椽
鳥跡垂珠露緒理蟲文織
錦雲殊又合兮南又北匾
褱徧注轉鴻羣
十灰

第十八石

踪留不盡影遲遲，寫遍雲」天任轉移。銜浪海潮晴戲」筆，曜光星月夜臨池。從無」點竄分章句，自有文書合」節時。濃又淡兮行又草，龍」蛇走去畫飛馳」。

三江」

杓霜掠陣筆横杠，健勁鴻」書歷國邦。標射鳥蟲飛遠」塞，墨吞魚鯉躍清江。蕭蕭」雨上文垂露，肅肅聲中畫」吐腔。霄漢逼峰雲隱迹，燒」焚不劫任春撞」。

二蕭」

撞春任劫不焚燒，迹隱雲」峰逼漢霄。腔吐畫中聲肅」肅，露垂文上雨蕭蕭。江清」躍鯉魚吞墨，塞遠飛蟲鳥」射標。邦國歷書鴻勁健，杠」横筆陣掠霜杓」。

五微」

繩繩結去穎依依，適意隨」心任指揮。澄水印鎸重牒」玉，勁風衝絶幾編韋。綾鋪」雪塞遥封卷，幔展雲天遠」下幃。曾未見書真是鳥，棱」藏羽上畫騰飛」。

十蒸」

飛騰畫上羽藏棱，鳥是真」書見未曾。幃下遠天雲展」幔，卷封遥塞雪鋪綾。韋編」幾絶衝風勁，玉牒重鎸印」水澄。揮指任心隨意適，依」依穎去結繩繩」。

六魚」

涯雲脱稿墨靈虚，静寂長」空自卷舒。釵折筆鋒藏鳳」燕，海翻文浪判龍魚。柴燔」野火藜同照，草偃風灘葅」倒書。懷寫遠天霜烈凛，崖」晴舞處凍呵嘘」。

九佳」

嘘呵凍處舞晴崖，凛烈霜」天遠寫懷。書倒葅灘風偃」草，照同藜火野燔柴。魚龍」判浪文翻海，燕鳳藏鋒筆」折釵。舒卷自空長寂静，虚」靈墨稿脱雲涯」。

七虞」

群鴻轉注遍寰區，北又南」兮合又殊。雲錦織文蟲理」緒，露珠垂迹鳥操觚。云云」寫意隨時有，咄咄書空點」墨無。裙絹不須相寄興，紛」披大地雪平鋪」。

十二文」

鋪平雪地大披紛，興寄相」須不絹裙。無墨點空書咄」咄，有時隨意寫云云。觚操」鳥迹垂珠露，緒理蟲文織」錦雲。殊又合兮南又北，區」寰遍注轉鴻群」。

十灰」

齊天遠望一書來，整散隨」風任往回。泥雪印痕留墨」（以上第十八石）寳，鳥蟲排陣破雲堆。題分」嶽色山如畫，筆振河聲浪」似雷。批點不成難集句，栖」栖影上羽删裁」。

八齊」

裁删羽上影栖栖，句集難」成不點批。雷似浪聲河振」筆，畫如山色嶽分題。堆雲」破陣排蟲鳥，寳墨留痕印」雪泥。回往任風隨散整，来」書一望遠天齊」。

十一真」

霜風挾處幻還真，候應書」來自有神。疆出旅程雲載」贊，刺投飛檄羽藏身。堂堂」筆陣排兄弟，凛凛文壇列」主賓。行印日光天射影，鄉」田井界鳥絲新」。

七陽」

新絲鳥界井田鄉，影射天」光日印行。賓主列壇文凛」凛，弟兄排陣筆堂堂。身藏」羽檄飛投刺，贊載雲程旅」出疆。神有自来書應候，真」還幻處挾風霜」。

十三元」

沙平脱穎墨騰騫，落落鴻」辭措簡繁。斜正寫心憑月」印，斷連隨意任風翻。花生」筆夢應眠雪，句集天經屢」紀元。遐

實多出桃陣破雲堆影分
錦色山如畫筆揮河奔流
似雷批點不安難集句栖
栖影上羽刪裁
八齊
裁刪羽上影栖栖句集難
成不點批雷似浪聲河振
筆畫如山色嶽分題堆雲
破陣排蟲鳥寶墨留痕印
雪泥迴往任風隨散鷩来
書一望遠天齊
十一先
霜風扶変羽逐先雁去
來自有神駐生旅程雲飛
贊東投飛徽羽落子螢螢
筆陣桃花雨浮浮文壇万
主賓行印日光至討影徹
田井界句影新
七陽
新絲鳥界井田鄉影射天

光日印行賓主列壇文凛
凛第兄排陣筆堂堂身藏
羽檄飛投刺贄載雲程旅
出疆神有自来書應候真
還幻處扶風霜
十三元
沙平從緑墨鷺客落落鷗
飛揩篆斜正字心逐月
印斷在隨意任風翻毛生
筆夢雁眠雪句集玄經屢
紀元丞迹漏本同昭和義
霜蛙変叙字喧
六麻
喧寒敘處賦霜葭和唱同
来徧迹遐元紀屢經天集
句雪眠應夢筆生花翻風
任意隨連斷印月憑心自
正斜繁蘭揩辭鴻落落騫
騰墨穎脱平沙
十四寒

含毫紫室查括指東記玄
經筆異字雲布孫拙雲操
小玉陳古葉霜陽陽三江
印篆蟲浮水飛錦投文多
集冶稱討不生難讀句嵐
烟霧去自彫鑚
十三覃
鑚彫自去舞烟嵐句讀難
真不討探巒集鳥文搖嶽
五水浮蟲篆印江三漫漫
雪案書陳玉燦燦雲牋緑
布曇寒暑幾經天紀歲搏
扶遠塞紫毫含
五歌
靈室盘上影婆娑飲急去
集小紋磨銘勒密雲落作
羽筆鈎斜月挂星河青山
瑤峯飛峰峻碧海彫龍戲
水波形談多言鳥步韻寘
鴻望處舞還歌

九青
歌還舞處望鴻寘韻步禽
言鳥踐形波水戲龍彫海
碧峻峰飛雨繡山青河星
挂月斜鈎筆毀片藏雲密
勒銘磨改不成書急就娑
娑穎上畫空靈
三肴
侵字脩筆走風颱録發玄
屯雪滾抛林上封去穿窗
枩浮中影句集詩鈔青聲
名韻諧琵琶變互分形象
卦爻心字遠空長拱伴吟
吟自去推敲
十二侵
敲推共去自行吟伴結長
空遠寫心爻卦象形分互
變琶琴諧韻合聲音鈔詩
集句題中澤繫帛穿書射
上林抛浪雪花天綴錦飆

風走筆峭寒侵
一先
秋風曉送秘古播名運紅
經筆東手雜枝夕陽斜討
紅印篆波水遠連玄影傳
多許文弛羽記化雲峰筆
不仙孟色聖灘霜孫絲絲
悠任言字屯掛
十一尤
牋花寫意任悠悠緑結霜
灘野色幽仙列筆峰雲作
紀羽馳文跡鳥傳郵天連
遠水波摹印穎射斜陽夕
按儺年歲幾經須運會編
書秘送曉風秋
十五刪
纖纖蓋影從沙汀暖汀隨
时任法意漸漏葉波雲靡
水落峰文筆日御山影森
雪上舞送勒殘折風巾畫

第十九石

迩遍來同唱和，葭」霜賦處叙寒喧」。

六麻」

喧寒叙處賦霜葭，和唱同」来遍迩遐。元紀屢經天集」句，雪眠應夢筆生花。翻風」任意随連斷，印月憑心自」正斜。繁簡措辭鴻落落，騫」騰墨穎脱平沙」。

十四寒」

含毫紫塞遠扶摶，歲紀天」經幾暑寒。暈布彩牋雲燦」燦，玉陳書案雪漫漫。三江」印篆蟲浮水，五嶽搖文鳥」集巒。探討不真難讀句，嵐」煙舞去自彫鑽」。

十三覃」

鑽彫自去舞煙嵐，句讀難」真不討探。巒集鳥文搖嶽」五，水浮蟲篆印江三。漫漫」雪案書陳玉，燦燦雲牋」彩布暈。寒暑幾經天紀歲，摶」扶遠塞紫毫含」。

五歌」

靈空畫上穎婆娑，就急書」成不改磨。銘勒密雲藏片」羽，筆鈎斜月掛星河。青山」繡虎飛峰峻，碧海凋龍戲」水波。形踐鳥言禽步韻，冥」鴻望處舞還歌」。

九青」

歌還舞處望鴻冥，韻步禽」言鳥踐形。波水戲龍凋海」碧，峻峰飛虎繡山青。河星」掛月斜鈎筆，段片藏雲密」勒銘。磨改不成書急就，娑」婆穎上畫空靈」。

三肴」

侵寒峭筆走風颾，錦綴天」花雪浪拋。林上射書穿帛」繫，澤中題句集詩鈔。音聲」合韻諧琴瑟，變互分形象」卦爻。心寫遠空長結伴，吟」行自去共推敲」。

十二侵」

敲推共去自行吟，伴結長」空遠寫心。爻卦象形分互」變，瑟琴諧韻合聲音。鈔詩」集句題中澤，繫帛穿書射」上林。拋浪雪花天綴錦，颾」風走筆峭寒侵」。

一先」

秋風晚送秘書編，會運頒」經幾歲年。讎校夕陽斜射」穎，印摹波水遠連天。郵傳」鳥迹文馳羽，紀作雲峰筆」列仙。幽色野灘霜結彩，悠」悠任意寫花牋」。

十一尤」

牋花寫意任悠悠，彩結霜」灘野色幽。仙列筆峰雲作」紀，羽馳文迹鳥傳郵。天連」遠水波摹印，穎射斜陽夕」校讎。年歲幾經頒運會，編」書秘送晚風秋」。

十五删」

韓韓墨穎脱沙灣，暖冷隨」時任往還。漸海筆波雲壓」水，落峰文暈日銜山。嚴森」雪上辭遒勁，轉折風中畫」（以上第十九石）曲彎。瞻顧一天青展卷，尖」毫結構妙如環」。

十四鹽」

環如妙構結毫尖，卷展青」天一顧瞻。彎曲畫中風折」轉，勁遒辭上雪森嚴。山啣」日暈文峰落，水壓雲波筆」海漸。還往任時隨冷暖，灣」沙脱穎墨瀸瀸」。

八庚」

函達遠天水氣清，練垂文」帶一江横。咢雲寫去原無」墨，點畫飛來自有聲。凡换」骨形成翼羽，聖疑書式格」通明。縿風結句連賓主，銜」署鳥官莅管城」。

十五咸」

城管莅官鳥署銜，主賓連」句結風縿。明通格式書疑」聖，羽翼成形骨换凡。聲有」自来飛畫點，墨無原去寫」雲咢。横江一帶文垂練，清」氣水天遠達函」。

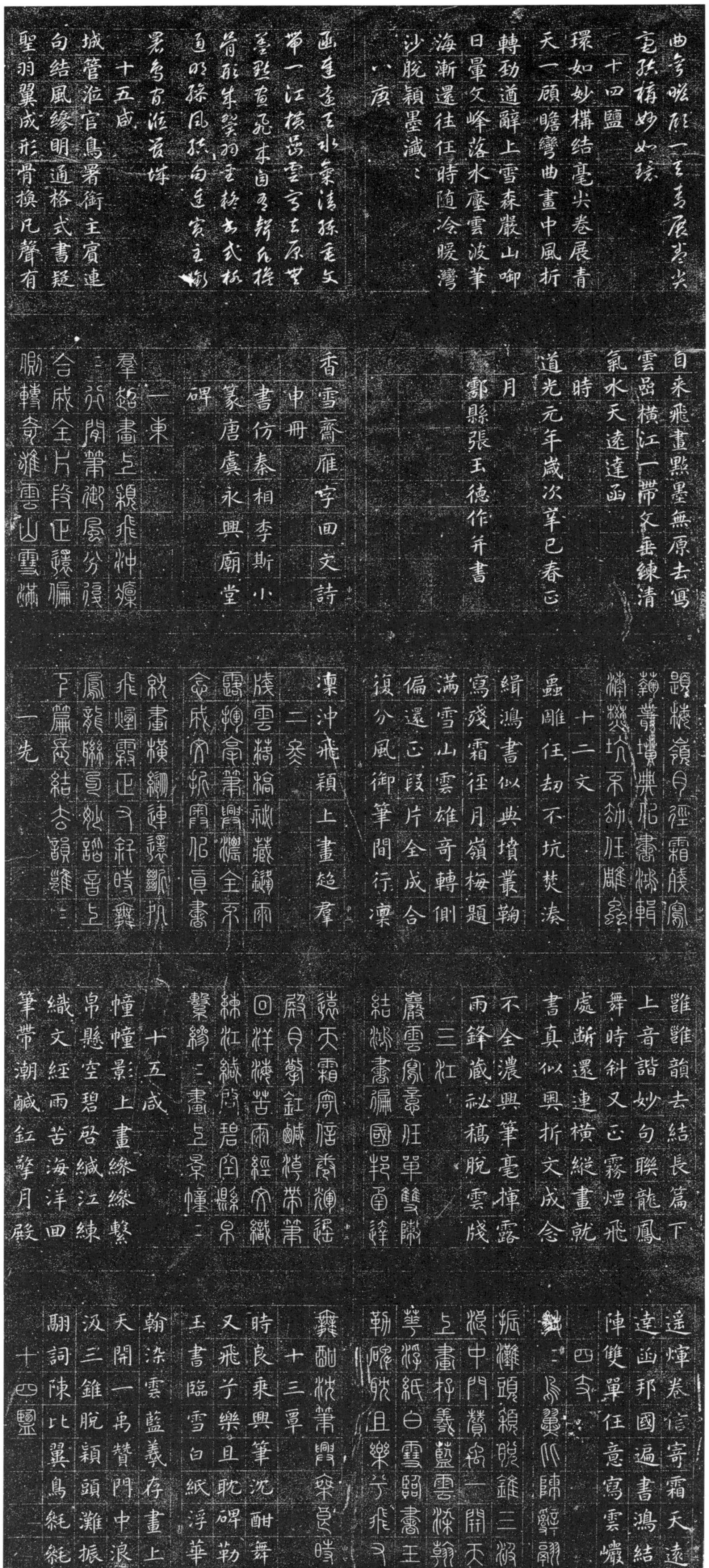
曲弯蜿蜒一字長展尖
毫孫精妙如瑤
十四鹽
環如妙構結毫尖卷展青
天一顧瞻彎曲畫中風折
轉勁道辭上雪森巖山㘞
日暈文峰落水塵雲波筆
海漸還往任時隨冷暖灣
沙脫穎墨濺濺
八庚
函逢達至水氣清孫毛文
帶一江橫岳雲高去原堂
墨點會飛來自多翻凡條
骨形朱鸞羽垂稱古式格
通明孫風孫句達賓主衡
署鳥宜泜簽烘
十五咸
城管泜官鳥署衙主賓連
句結風繆明通格式書疑
聖羽翼成形骨換凡聲有
自来飛畫點墨無原去寫
雲岳橫江一帶文垂練清
氣水天遠達函
時
道光元年歲次辛巳春正
月
鄠縣張玉德作并書
香雪齋雁字回文詩
中冊
書仿秦相李斯小
篆唐虞永興廟堂
碑
一東
羣超畫上綫飛沖爍
𠄢開筆御風分浸
合成全片段正還偏
賜轉奇雅雲山雪滿
題樓嶺月徑霜飛鳳
藕叢墳典花畫縱輯
瀟灑坑不劫任雕蟲
十二文
蟲雕任劫不坑焚湊
緗鴻書似典墳叢鞠
寫殘霜徑月嶺梅題
滿雪山雲雄奇轉側
偏還正段片全成合
復分風御筆間行凜
凜沖飛穎上畫超羣
二冬
陵雲橋楇裱藏鋪雨
露神毫筆興濃全不
念成文折宵似真書
就畫橫綢連還斷執
飛烟霞正又舒時舞
鳳龍聯句然諧音上
下篇爲結合韻雖雖
一先
雖雖韻去結長篇下
上音諧妙句聯龍鳳
舞時斜又正霧煙飛
處斷還連橫縱畫就
書真似興折文成念
不全濃興筆毫揮露
雨鋒藏秘稿脫雲牋
三江
巖雲鳳毫狂單雙隊
結欲畫編國扫函縫
遠天霜宵信書鴻遥
殿月擎缸鹹漬帶筆
回祥樓苦雨經文織
練江織啟碧空懸帛
繫縿縿畫上景幢幢
十五咸
幢幢影上畫縿縿繫
帛懸空碧啟織江練
織文經雨苦海洋回
筆帶潮鹹缸擎月殿
遥煇卷信寄霜天遠
達函邦國遍書鴻結
陣雙單任意寫雲巘
四支
斜斜為羣八陣辭翮
振灘頭穎脫錐三級
浪中門贊禹一開天
上畫抒義藍雲染翰
華浮紙白雪臨書王
勒碑耽且樂兮飛又
舞酣沈筆興乘良時
十三覃
時良乘興筆沈酣舞
又飛兮樂且耽碑勒
王書臨雪白紙浮華
翰染雲藍義存畫上
天開一禹贊門中浪
汲三錐脫穎頭灘振
翮詞陳比翼鳥紛紛
十四鹽

第二十石

時」道光元年歲次辛巳春正」月」鄠縣張玉德作并書」

香雪齋雁字回文詩」

申册」

書仿秦相李斯小」篆、唐虞永興《廟堂」碑」》

一東」

群超畫上穎飛冲，凛」凛行間筆御風。分復」合成全片段，正還偏」側轉奇雄。雲山雪滿」題梅嶺，月徑霜殘寫」鞠叢。墳典似書鴻輯」凑，焚坑不刼任雕蟲」。

十二文」

蟲雕任刼不坑焚，凑」緝鴻書似典墳。叢鞠」寫殘霜徑月，嶺梅題」滿雪山雲。雄奇轉側」偏還正，段片全成合」復分。風御筆問行凛」凛，冲飛穎上畫超群」。

二冬」

牋雲脱稿秘藏鋒，雨」露揮毫筆興濃。全不」念成文折奥，似真書」就畫横縱。連還斷處」飛煙霧，正又斜時舞」鳳龍。聯句妙諧音上」下，篇長結去韻雍雍」。

一先」

雍雍韻去結長篇，下」上音諧妙句聯。龍鳳」舞時斜又正，霧煙飛」處断還連。横縱畫就」書真似，奥折文成念」不全。濃興筆毫揮露」雨，鋒藏秘稿脱雲牋」。

三江」

巖雲寫意任單雙，陣」結鴻書遍國邦。函達」遠天霜寄信，卷輝遥」殿月擎釭。鹹潮帶筆」回洋海，苦雨經文織」練江。緘啓碧空懸帛」繫，縿縿畫上影幢幢」。

十五咸」

幢幢影上畫縿縿，繫」帛懸空碧啓緘。江練」織文經雨苦，海洋回」筆帶潮鹹。釭擎月殿」遥輝卷，信寄霜天遠」達函。邦國遍書鴻結」陣，雙單任意寫雲巖」。

四支」

毵毵鳥翼比陳詞，翮」振灘頭穎脱錐。三汲」浪中門贇禹，一開天」上畫存羲。藍雲染翰」華浮紙，白雪臨書玉」勒碑。耽且樂兮飛又」舞，酣沉筆興乘良時」。

十三覃」

時良乘興筆沈酣，舞」又飛兮樂且耽。碑勒」玉書臨雪白，紙浮華」翰染雲藍。羲存畫上」天開一，禹贇門中浪」汲三。錐脱穎頭灘振」翮，詞陳比翼鳥毵毵」。

十四鹽」（以上第二十石）

飛騰海上屋籌沾，世」紀鴻章鳥報籤。暉落」偃書群疊束，曉清開」卷各分占。幃侵冷露」垂金簡，硯洗寒光耀」玉蟾。機化寫來文隱」隱，非還是處望毫鑯」。

五微」

尖毫望處是還非，隱」隱文来寫化機。蟾玉」耀光寒洗硯，簡金垂」露冷侵幃。占分各卷」開清曉，束叠群書偃」落暉。籤報鳥章鴻紀」世，添籌屋上海騰飛」。

六魚」

瀾翻墨景泛清虚，筆」拍天風破浪徐。寒陣」雪封蟲迹密，遠山雲」過鳥文疏。丹霞落去」書偕鶩，紫塞遺來帛」繫魚。灘蓼滿鋪紅軸」卷，蟠龍妙穎脱霜豬」。

十四寒」

豬霜脱穎妙龍蟠，卷」軸紅鋪滿蓼灘。魚繫」帛来遺塞紫，鶩偕書」去落霞丹。疏文鳥過」雲山遠，密迹蟲封雪」陣寒。徐

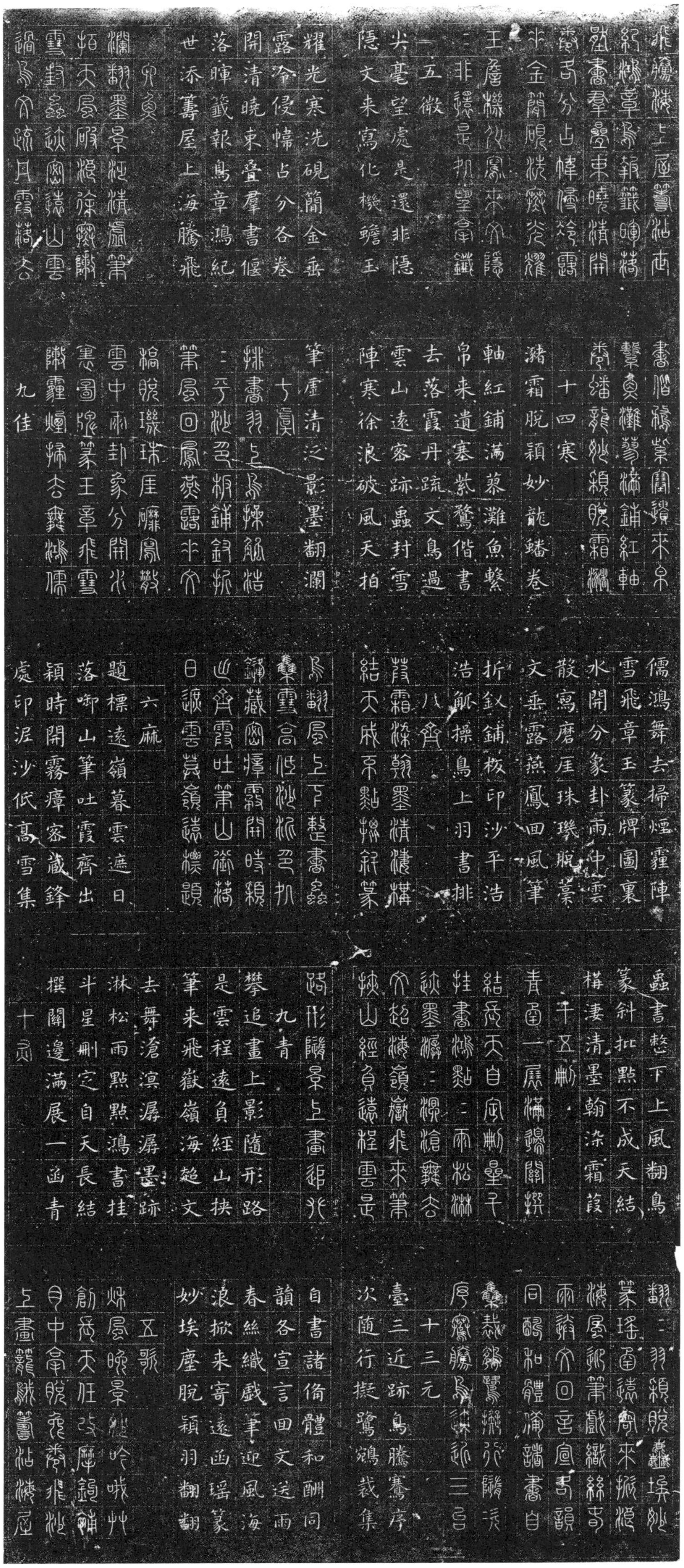

第二十一石

浪破風天拍」筆，虚清泛影墨翻瀾」。

七虞」

排書羽上鳥操觚，浩」浩平沙印板鋪。釵折」筆風回鳳燕，露垂文」稿脱璣珠。厓磨寫散」雲中雨，卦象分開水」裏圖。牌篆玉章飛雪」陣，霾煙掃去舞鴻儒」。

九佳」

儒鴻舞去掃煙霾，陣」雪飛章玉篆牌。圖裹」水開分象卦，雨中雲散寫磨厓。珠璣脱稿」文垂露，燕鳳回風筆」折釵。鋪板印沙平浩」浩，觚操鳥上羽書排」。

八齊」

葭霜染翰墨清淒，構」結天成不點批。斜篆」鳥翻風上下，整書蟲」集雪高低。沙泥印處」鋒藏密，瘴霧開時穎」出齊。霞吐筆山銜落」日，遮雲暮嶺遠標題」。

六麻」

題標遠嶺暮雲遮，日」落銜山筆吐霞。齊出」穎時開霧瘴，密藏鋒」處印泥沙。低高雪集」蟲書整，下上風翻鳥」篆斜。批點不成天結」構，淒清墨翰染霜葭」。

十五删」

青函一展滿邊關，撰」結長天自定删。星斗」掛書鴻點點，雨松淋」迹墨潺潺。溟滄舞去」文超海，嶺嶽飛來筆」挾山。經負遠程雲是」路，形隨景上畫追攀」。

九青」

攀追畫上影隨形，路」是雲程遠負經。山挾」筆来飛嶽嶺，海超文」去舞滄溟。潺潺墨迹」淋松雨，點點鴻書挂」斗星。删定自天長結」撰，關邊滿展一函青」。

十灰」

翻翻羽穎脱塵埃，妙」篆瑶函遠寄來。掀浪」海風迎筆戲，織絲春」雨送文回。言宣各韻」同酬和，體備諸書自」集裁。鵷鷺擬行隨次」序，騫騰鳥迹近三臺」。

十三元」

臺三近迹鳥騰騫，序」次随行擬鷺鵷。裁集」自書諸備體，和酬同」韻各宣言。回文送雨」春絲織，戲筆迎風海」浪掀。来寄遠函瑶篆」妙，埃塵脱穎羽翻翻」。

五歌」

秋風晚景妙吟哦，草」創長天任改摩。鈎補」月中毫脱兔，卷飛沙」上畫籠鵝。籌沾海屋」（以上第二十一石）連書貯，筆背雲文帶」雨過。幽興野田閑落」款，遒清墨迹履霜莎」。

十一尤」

莎霜履迹墨清遒，款」落閒田野興幽。過雨」帶文雲背筆，貯書連」屋海添籌。鵝籠畫上」沙飛卷，兔脱毫中月」補鈎。摩改任天長創」草，哦吟妙景晚風秋」。

七陽」

心寫遠空滿列行，短」長隨致妙回翔。緘懸」筆上蘆銜穎，薤倒書」中草偃霜。沉滯不聞」馳檄羽，走飛常去遞」郵囊。涔涔墨外天藍」蔚，臨仿鳥文古史蒼」。

十二侵」

蒼史古文鳥仿臨，蔚」藍天外墨涔涔。囊郵」遞去常飛走，羽檄馳」聞不滯沉。霜偃草中」書倒薤，穎銜蘆上筆」懸緘。翔回妙致隨長」短，行列滿空遠寫心」。

四豪」

成功歲報晚秋高，爽」健文詞繞節旄。晴日」曉霞紅吐穎，遠天霜」塞紫含毫。銜持妙迹」蟲呈鑒，構結佳書鳥」集毛。横陣筆鋒冲霧」瘴，征鴻羽上畫雄豪」。

連書貽筆貸雲文帶
雨過幽閒野田閒精
新緇精墨迹履霜苔
十一尤
莎霜履跡墨清逍款
落閒田野興幽過雨
帶文雲背筆貯書連
屋海添籌鶴龍畫上
沙飛卷兔脫毫中月
補鉤摩改任天長創
草哦吟妙景晚風秋
七陽
光寫遠空滿前花短
飛騰勢剎回翔鐵懸
筆上蘆溪穎饒御書
中州雁霜秋滿吊閒
聯翩羽毛飛常去遍
墨兼兼墨外天藍
蒼頡仿鳥文古史蒼
十二侵

蒼史古文鳥仿臨蔚
藍天外墨涔涔囊鄴
逕去常飛毛羽儆馳
閒不滯沉霜偃草中
書倒薤穎啣蘆上筆
懸鐵翔回妙致隨長
短行列滿空遠寫心
四豪
成功歲報晚秋高爽
健文辭繞節旋晴日
曉霞紅吐穎遠天霜
閒蒙合豪衝陣妙迹
蟲呈鑑構結佳書鳥
集毛橫陣筆鋒衝霧
障征鴻羽上畫雄豪
八庚
豪雄畫上羽鴻征障
霧衝鋒筆陣橫毛集
鳥書佳結構鑑呈蟲
跡妙持衡毫含紫塞

霜天遠穎吐紅霞曉
日晴旋節繞詞文健
爽高秋晚報歲功成
十蒸
文相畫去筆從朋詠
又吟兮寫又騰鈔景
雪中花集錦載書天
上羽擔簽文陳象跡
蟲凝道運啟鴻文鳥
結繩梢桂月鉤雙落
藁敲推印轉一輪水
三肴
水輪一轉印推敲藁
落雙鉤月桂梢繩結
鳥文鴻啟運道凝蟲
跡象陳文簽擔羽上
天書載錦集花中雪
景鈔騰又寫兮吟又
詠朋從筆去畫相文
十一真

朝朝染翰墨清新五
色雲書拱北辰潮戲
鳥蟲雕海渤影圖龍
馬倚河濱綃紅寫彩
霞飛錦簡素披花雪
舞銀飛超有風生筆
下飄飄穎上畫通神
二蕭
神通畫上穎飄飄下
筆生風有超飛銀舞
雪花披素簡錦飛霞
彩寫紅綃濱河倚馬
龍圖影渤海雕蟲鳥
戲潮辰北拱書雲色
五新清墨翰染朝朝
時
道光元年歲次辛巳
春正月
鄠縣張玉德作幷
書

刻鴈字迴文詩一部宛轉相生循環不斷按沈郎之韻織蘇蕙之圖雲譎波詭之思目送手揮之態如斷崖絕壑策杖獨行如駭浪驚風挂帆竟去句中有句奇外出奇戛戛其難多多益善讀未畢竊嘆曰文心之幻一至此乎至其書體各體派衍諸家躡斯邈之蹤入晉唐之室雲間寫意摹騰遊鶴之天沙上談經快覩換鵝之帖既資諷誦復便臨摹誠可寶已渼陂之上紫閣之陰山水娛人文章餟我鷗盟鷺侶益助其吟情壽籙雞碑益探其古趣訪君他日會看風雨揮毫笑我今番也似雪泥留爪

盩厔愚弟路德頓首拜跋

先君生平篤嗜古法書凡周秦漢唐諸名帖靡不究心臨摹曩遊千城寫福壽殿曰製雁字迴文三百六十首即做各家法為十二冊刻之石餘戊亥二冊尚未及書而 先君辭世矣茲奇編先業之未卒竟也與之忒忠爰識其顛末於後云

男毓謹識

頻陽 劉義明 杜思白 鐫

第二十二石

八庚」

豪雄畫上羽鴻征，瘴」霧衝鋒筆陣横。毛集」鳥書佳結構，鑒呈蟲」迹妙持衡。毫含紫塞」霜天遠，穎吐紅霞曉」日晴。旄節繞詞文健」爽，高秋晚報歲功成」。

十蒸」

交相畫去筆從朋，詠」又吟兮寫又謄。鈔景」雪中花集錦，載書天」上羽擔簦。癸陳象迹」蟲凝道，運啓鴻文鳥」結繩。梢挂月鈎雙落」稿，敲推印轉一輪冰」。

三肴」

冰輪一轉印推敲，稿」落雙鈎月挂梢。繩結」鳥文鴻啓運，道凝蟲」迹象陳癸。簦擔羽上」天書載，錦集花中雪」景鈔。謄又寫兮吟又」詠，朋從筆去畫相交」。

十一真」

朝朝染翰墨清新，五」色雲書拱北辰。潮戲」鳥蟲雕海渤，影圖龍」馬倚河濱。綃紅寫彩」霞飛錦，簡素披花雪」舞銀。挑趯有風生筆」下，飄飄穎上畫通神」。

二蕭」

神通畫上穎飄飄，下」筆生風有趯挑。銀舞」雪花披素簡，錦飛霞」彩寫紅綃。濱河倚馬」龍圖影，渤海雕蟲鳥」戲潮。辰北拱書雲色」五，新清墨翰染朝朝」。

時」道光元年歲次辛巳春正月」鄠縣張玉德作并」書」(以上第二十二石)

香雪齋雁字迴文詩酉册」

書仿漢《北海相景君碑」》、唐王知敬《李衛公碑」》

一東」

横縱畫上羽書同，序次隨」心寫化功。明净筆毫含露」雨，幻奇文態變雲風。名詩」著集安賓主，譜篆成形象」鳥蟲。精妙絶人誰政腕，清」輕墨去舞虚空」。

八庚」

空虚舞去墨輕清，腕政誰」人絶妙精。蟲鳥象形成篆」譜，主賓安集著詩名。風雲」變態文奇幻，雨露含毫筆」净明。功化寫心随次序，同」書羽上畫縱横」。

二冬」

郵傳鳥道遠隨從，構結天」成自友恭。樓鳳五修蜚筆」陣，信魚雙寄走書封。鈎銀」挂月明縣景，版玉鎸霜肅」挺鋒。秋有大田三肄雅，收」豐歲報早寒冲」。

十一尤」

衝寒早報歲豐收，雅肄三」田大有秋。鋒挺肅霜鎸玉」版，影懸明月挂銀鈎。封書」走寄雙魚信，陣筆飛修五」鳳樓。恭友自成天結構，從」随遠道鳥傳郵」。

三江」

連珠自記遍家邦，北又南」兮擊又撞。篇滿雪華蜚瓣」六，柱題虹采落橋雙。肩隨」筆去同兄弟，羽挾書來過」海江。牋錦集成雲朵五，鮮」新墨上景幢幢」。

一先」

幢幢影上墨新鮮，五朵雲」成集錦牋。江海過来書挾」羽，弟兄同去筆随肩。雙橋」落采虹題柱，六瓣飛花雪」滿篇。撞又擊兮南又北，邦」家遍記自珠連」。

四支」

斐斐羽翼比成辭，穎脱霜」華玉露垂。揮雨帶雲横掃」筆，抹天連水遠臨池。幾神」運去常蜚走，暖冷傳來自」轉移。非又是兮翻篆譜，韋」編絶處疾風披」。

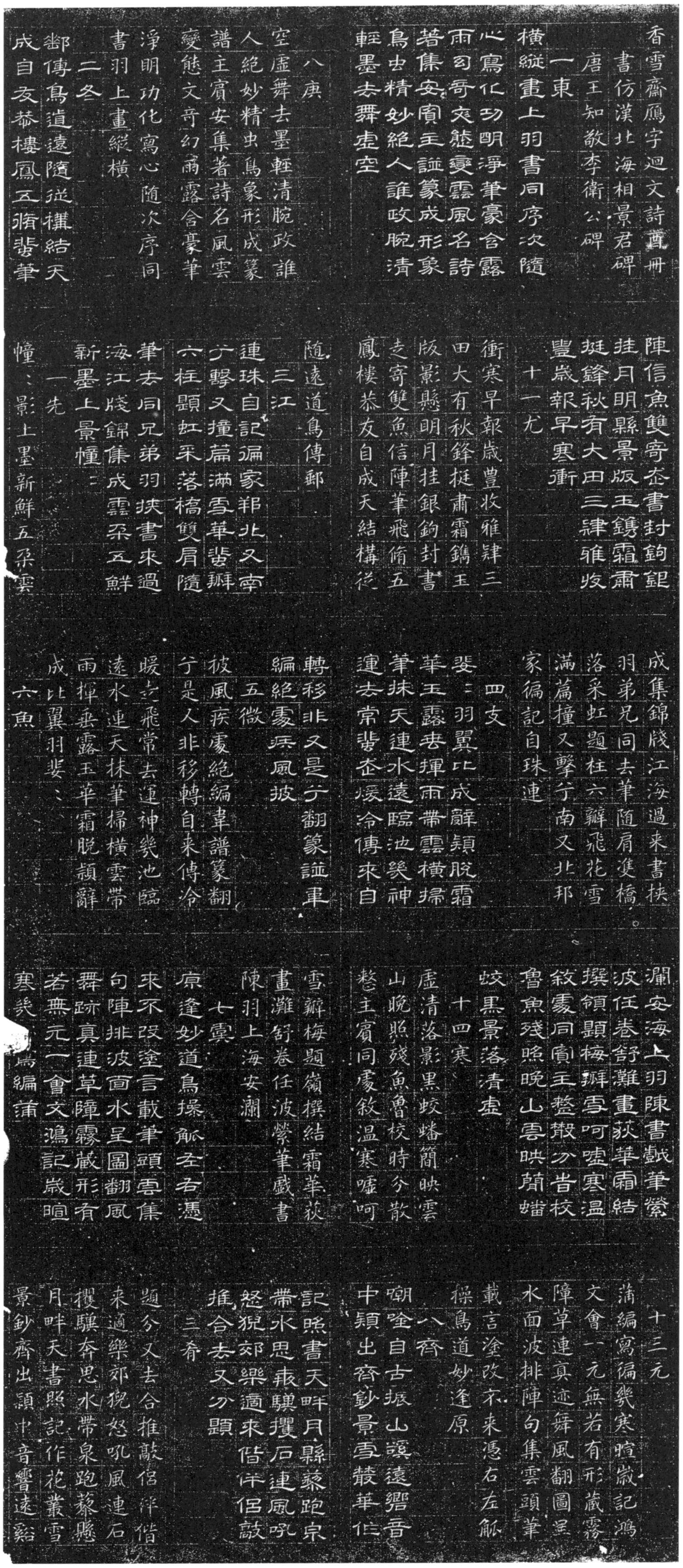

第二十三石

五微」

披風疾處絶編韋，譜篆翻」兮是又非。移轉自来傳冷」暖，走飛常去運神幾。池臨」遠水連天抹，筆掃横雲帶」雨揮。垂露玉華霜脱穎，辭」成比翼羽斐斐」。

六魚」

瀾安海上羽陳書，戲筆縈」波任卷舒。灘畫荻華霜結」撰，嶺題梅瓣雪呵嘘。寒温」叙處同賓主，整散分時校」魯魚。殘照晚山雲映簡，蟠」蛟黑景落清虚」。

十四寒」

虚清落影黑蛟蟠，簡映雲」山晚照殘。魚魯校時分散」整，主賓同處叙温寒。嘘呵」雪瓣梅題嶺，撰結霜華荻」畫灘。舒卷任波縈筆戲，書」陳羽上海安瀾」。

七虞」

原逢妙道鳥操觚，左右憑」來不改塗。言載筆頭雲集」句，陣排波面水呈圖。翻風」舞迹真連草，障霧藏形有」若無。元一會文鴻記歲，暄」寒幾遍寫編蒲」。

十三元」

蒲編寫遍幾寒暄，歲記鴻」文會一元。無若有形藏霧」障，草連真迹舞風翻。圖呈」水面波排陣，句集雲頭筆」載言。塗改不来憑右左，觚」操鳥道妙逢原」。

八齊」

嘲吟自古振山溪，遠響音」中穎出齊。鈔景雪叢花作」記，照書天畔月懸藜。跑泉」帶水思奔驥，攫石連風吼」怒猊。郊樂適來偕伴侣，敲」推合去又分題」。

三肴」

題分又去合推敲，侣伴偕」来適樂郊。猊怒吼風連石」攫，驥奔思水帶泉跑。藜懸」月畔天書照，記作花叢雪」景鈔。齊出穎中音響遠，谿」（以上第二十三石）山振古自吟嘲」。

六麻」

排成妙篆鳥摛華，錦凑天」書遍國家。懷滿月波清映」卷，迹藏雲漢碧籠紗。偕隨」體上肩摩撫，宕跌風中腕」曲余。佳興野音遺調古，諧」諧韵句落平沙」。

九佳」

沙平落句韵諧諧，古調遺」音野興佳。斜曲腕中風跌」宕，撫摩肩上體随偕。紗籠」碧漢雲藏迹，卷映清波月」滿懷。家國遍書天凑錦，華」摛鳥篆妙成排」。

十一真」

回文古籍載鴻賓，北又南」遷互指陳。開闢遠天青湛」湛，戲游遥海碧粼粼。裁删」屢定無長短，構結成形有」屈伸。來集鳥書雲紀世，灰」塵不劫歷嬴秦」。

十灰」

秦嬴歷劫不塵灰，世紀雲」書鳥集来。伸屈有形成結」構，短長無定屢删裁。粼粼」碧海遥游戲，湛湛青天遠」辟開。陳指互遷南又北，賓」鴻載籍古文迴」。

十二文」

心寫自天遠樂群，句章留」上嶺頭雲。音遺古調平沙」譜，采結新詞織錦文。沉鬱」似來扛九鼎，縱擒同去掃」千軍。全縣不得難求購，深」塞朔風御典墳」。

十二侵」

墳典御風朔塞深，購求難」得不懸金。軍千掃去同擒」縱，鼎九扛来似鬱沉。文錦」織詞新結彩，譜沙平調古」遺音。雲頭嶺上留章句，群」樂遠天自寫心」。

五歌」

山振古自吟嘲
六麻
排成紗篆鳥搞華錦湊天
書遍國家褒滿月波清映
卷跡藏雲漢碧龍紗借隨
體上肩摩撫宕跌風中腕
曲余佳興墅音遺調古諧
〻韵句落平沙
九佳
沙平落句韵譜〻古調遺
音野興佳斜曲腕中風跌
宕撫摩肩上體隨借紗籠
碧漢雲藏迹卷映清波月
滿懷家國偏書天湊錦華
搞鳥篆妙成排
十一真
回文古藉載鴻賓北又幸
還互指陳開闢遠天青湛
〻戲游遙海碧鄰〻裁刪
屢定無長短構結成形有

屈伸來集鳥書雲記并灰
壓不封璽嬴秦
十灰
秦嬴歷劫不塵灰世紀雲
書鳥集來伸屈有形成結
構短長無定屢刪裁鄰〻
碧海遙游戲湛〻青天遠
闢開陳指互邊南又北賓
鴻載籍古文迴
十二文
心寫自天遠樂羣句章留
上領頭雲音遺古調平沙
謚采結新詞織錦文沈鬱
佀來扛九鼎縱翕同去埽
千軍全縣不得難求購濱
塞翊風御典墳
十二侵
墳典御風翊塞深購求難
得不懸金軍千掃去同翕
縱鼎九扛來似鬱沈文錦

織詞新結綵譜沙平調古
遺音雲頭嶺上留章句羣
樂遠天自寫心
五歌
羅〻羽上墨波〻露浥行
中頴漸磨藍蔚寫天如遠
度白裴臨雪立平坡三秋
報節文豪爽五嶽搖峰筆
舞歌探討不真難識認嵐
煙鎖霧積書多
十三覃
多書積霧鎖煙嵐認識難
真不討探歌舞筆峰搖岳
五爽豪文節報秋三坡平
立雪臨飛白度遠分天寫
蔚藍磨漸頴中行浥露波
〻墨上羽羅〻
七陽
青天一卷展縹緗下上羣
鴻戲海滄溟霧接連常集

句領雲宵斷不成章熒光
枕卧書田月爽氣秋橫筆
陣霜形象古文真是鳥冷
風翊塞紫豪藏
九青
藏豪紫塞翊風冷鳥是真
文古象形霜陣筆橫秋氣
爽月田書卧夜光熒章成
不斷宵雲嶺句集常連接
霧溟滄海戲鴻羣上下緗
縹展卷一天青
十五刪
杓霜指跡鳥追攀爽氣秋
空遠送須挑超任風憑折
轉短長隨意自栞刪跳龍
舞去文超海卧鼎蜚來筆
扶山寨碧墅書雲集錦霄
青脫頴墨斕斑
二蕭
斑斕墨頴脫青霄錦集雲

書望碧寨山扶筆來飛虎
卧海超文去舞龍跳刪刊
自意隨長短轉折憑風任
超挑須送遠空秋氣爽攀
追鳥跡指霜杓
時
道光元年歲次辛巳春正
月
鄠縣張玉德作并書

行行印水曾傳戲海之篇咄咄
書空大有摩天之筆題標鷹字
代著鵰章然倚倖揣稱體物
為工鄭谷以鷓鴣得名崔珏以
鴛鴦為號洵屬[illegible]林之佳製究
非文苑之奇吾[illegible]張子此
[illegible]慧識翕言神[illegible]東塗西
抹具活潑之機[illegible]鴻寶書極騰
翻之致飲醇助興萬紙供其一
揮弄墨忘疲千毫回之盡秃吾
夙慕其跳龍之妙翰初不知為
吐鳳之詞人也甲午秋見惠石

第二十四石

毿毿羽上墨波波，露浥行中穎漸磨。藍蔚寫天分遠」度，白蜚臨雪立平坡。三秋」報節文豪爽，五嶽搖峰筆」舞歌。探討不真難識認，嵐」煙鎖處積書多」。

十三覃」

多書積處鎖煙嵐，認識難」真不討探。歌舞筆峰搖岳」五，爽豪文節報秋三。坡平」立雪臨飛白，度遠分天寫」蔚藍。磨漸穎中行浥露，波」波墨上羽毿毿」。

七陽」

青天一卷展縹緗，下上群」鴻戲海滄。溟霧接連常集」句，嶺雲穿斷不成章。螢光」夜卧書田月，爽氣秋横筆」陣霜。形象古文真是鳥，泠」風朔塞紫豪藏」。

九青」

藏豪紫塞朔風泠，鳥是真」文古象形。霜陣筆横秋氣」爽，月田書卧夜光熒。章成」不斷穿雲嶺，句集常連接」霧溟。滄海戲鴻群上下，緗」縹展卷一天青」。

十五删」

杓霜指迹鳥追攀，爽氣秋」空遠送頒。挑趯任風憑折」轉，短長隨意自刊删。跳龍」舞去文超海，卧虎蜚來筆」挾山。寥碧望書雲集錦，霄」青脱穎墨斕斑」。

二蕭」

斑斕墨穎脱青霄，錦集雲」書望碧寥。山挾筆来飛虎」卧，海超文去舞龍跳。删刊」自意随長短，轉折憑風任」趯挑。頒送遠空秋氣爽，攀」追鳥迹指霜杓」。

時」道光元年歲次辛巳春正」月」鄠縣張玉德作並書」

行行印水，曾傳戲海之篇；咄咄」書空，大有摩天之筆。題標雁字」，代著鴻章。然皆侔形揣稱，體物」爲工。鄭谷以鷓鴣得名，崔珏以」鴛鴦爲號。洵屬藝林之佳製，究」非文苑之奇觀。吾友張子比」亭，慧識禽言，神搜鳥迹。東塗西」抹，具活潑之機；瞑寫晨書，極騰」翻之致。飲醇助興，萬紙供其一」揮；弄墨忘疲，千毫因之盡秃。吾」夙慕其跳龍之妙翰，初不知爲」吐鳳之詞人也。甲午秋，見惠石（以上第二十四石，以下刻於第二十二石下部）刻《雁字回文詩》一部，宛轉相生」，循環不斷。按沈郎之韻，織蘇蕙」之圖。雲譎波詭之思，目送手揮」之態。如斷崖絶壑，策杖獨行，如」駭浪驚風，挂帆竟去。句中有句」，奇外出奇。戛戛其難，多多益善」。讀未畢，竊嘆曰：文心之幻，一至」此乎！至其書臚各體，派衍諸家」，躡斯邈之蹤，入晋唐之室。雲間」寫意，群瞻遊鶴之天；沙上談經」，快睹换鵝之帖。既資諷誦，復便」臨摹。誠可寶已！渼陂之上，紫閣」之陰，山水娱人，文章假我。鷗盟」鷺侶，並助其吟情；爵籙雞碑，益」探其古趣。訪君他日，會看風雨」揮毫，笑我今番也，似雪泥留爪」。

盩厔愚弟路德頓首拜跋」

先君生平篤嗜古法書，凡周秦漢唐諸名帖，靡不」究心臨摹。曩遊斗城薦福寺，暇日製《雁字迴文」》三百六十首，即仿各家法爲十二册，刻之石。餘」戌亥二册，尚未及書，而先君辭世矣。峻等痛」先業之未卒，慮舊典之或忘，爰識其巔末於」後云」。

男峻謹識

頻陽劉義明、杜思白鐫」

校勘記

①一東中“沾”與十蒸中“添”原文如此。兩厢對讀的回文詩中或有個别改字。類此情况，下不出校。

②八齊，當作“七陽”。

按

此碑人稱三絶：以雁字爲詩而不出現雁字爲一絶，以回文作之爲二絶，以真、草、隸、篆、行書之爲三絶。

撰、書者張玉德，字比亭，鄠縣人。好詩詞，工書法。

撰跋者路德，字潤生，盩厔人。嘉慶間進士，官户部郎中。歸鄉後，主講關中各書院。

774.1821　閤村公議禁條碑

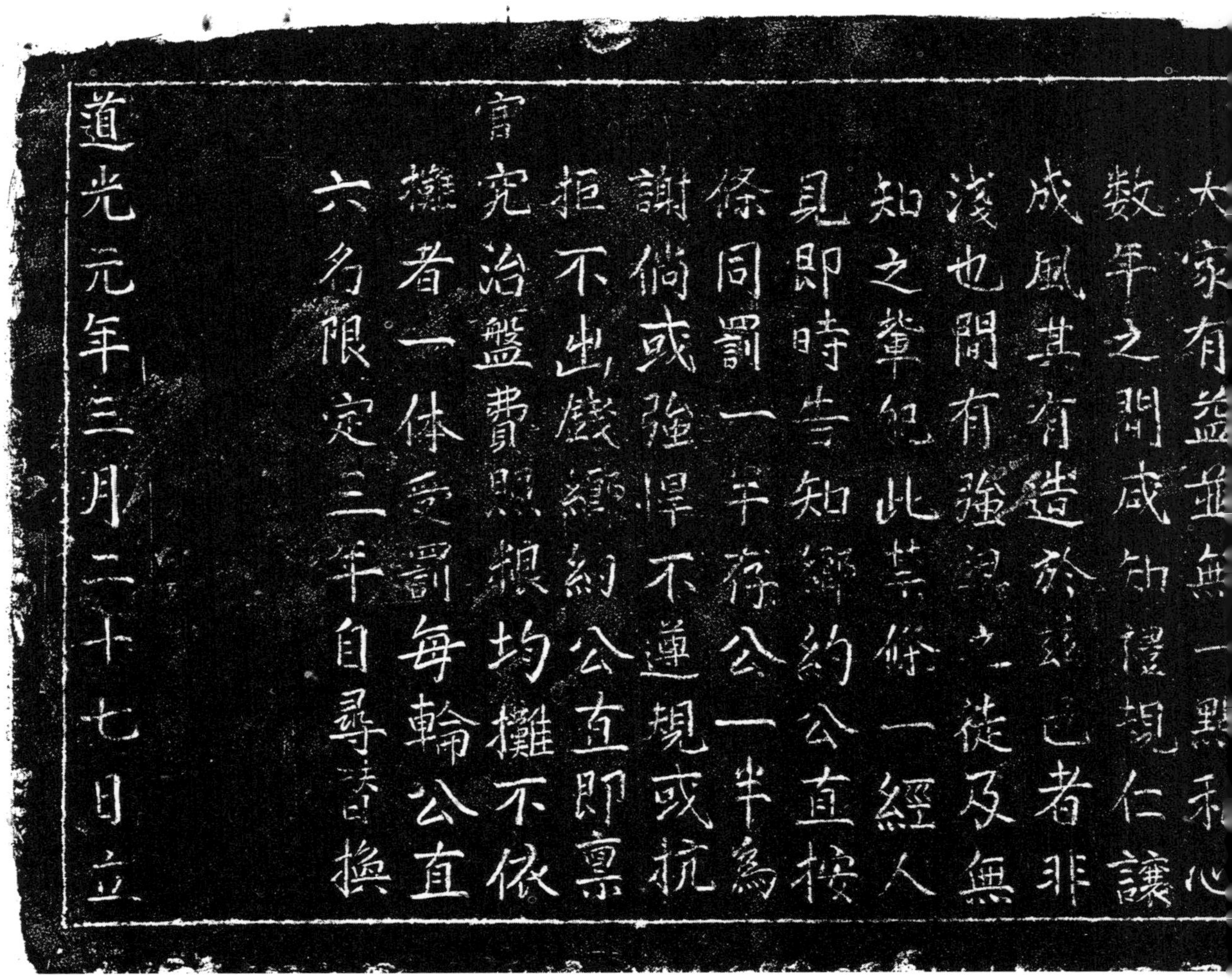

説明

清道光元年（1821）三月刻。碑長方形。長167厘米，寬63厘米。正文楷書28行，滿行11字。現存澄城縣善化鄉馬村。《澄城碑石》著録。

釋文

閤村公議禁條開列於後」：

一、招場窩賭，罰錢二千文」。

二、攀折樹木，罰錢二百文」。

三、偷糜掐谷，罰錢一千文」。

四、偷割草苗，罰錢五百文」。

五、盗採苜蓿，罰錢一百文」。

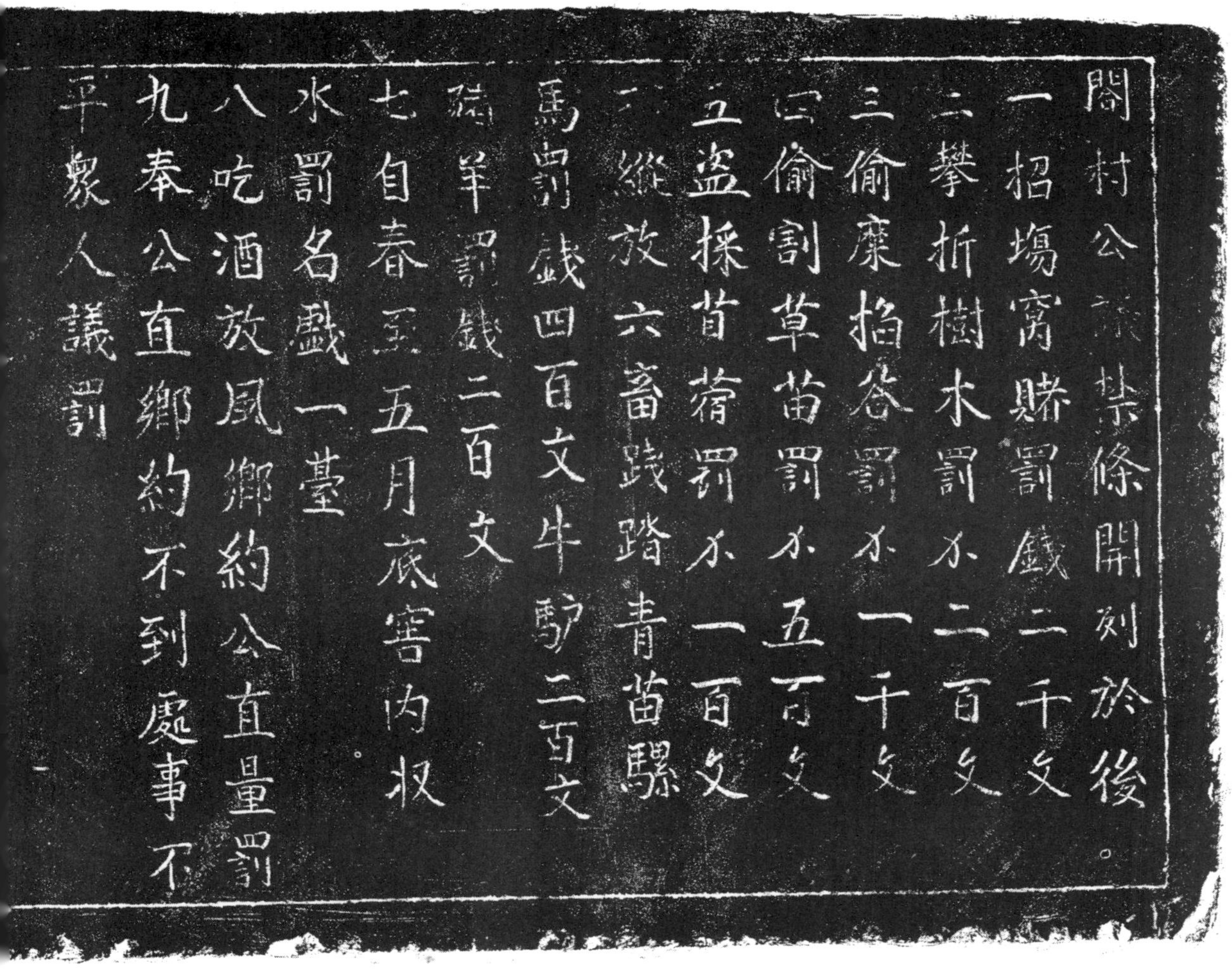

六、縱放六畜踐踏青苗，騾」馬罰錢四百文，牛驢二百文」，豬羊罰錢二百文」。

七、自春至五月底，窖内收」水，罰名戲一臺」。

八、吃酒放風，鄉約公直量罰」。

九、奉公直鄉約不到，處事不」平，衆人議罰」。

凡此數條，若能遵而行之」，大家有益，并無一點私心」。數年之間，咸知禮規，仁讓」成風，其有造於兹邑者，非」淺也。間有强梁之徒及無」知之輩，犯此禁條，一經人」見，即時告知鄉約公直，按」條同罰。一半存公，一半爲」謝。倘或强悍不遵規，或抗」拒不出錢，鄉約公直即稟」官究治。盤費照粮均攤，不依」攤者，一体受罰。每輪公直」六名，限定三年，自尋替换」。

道光元年三月二十七日立」

775.1823　唐公車湃水利碑

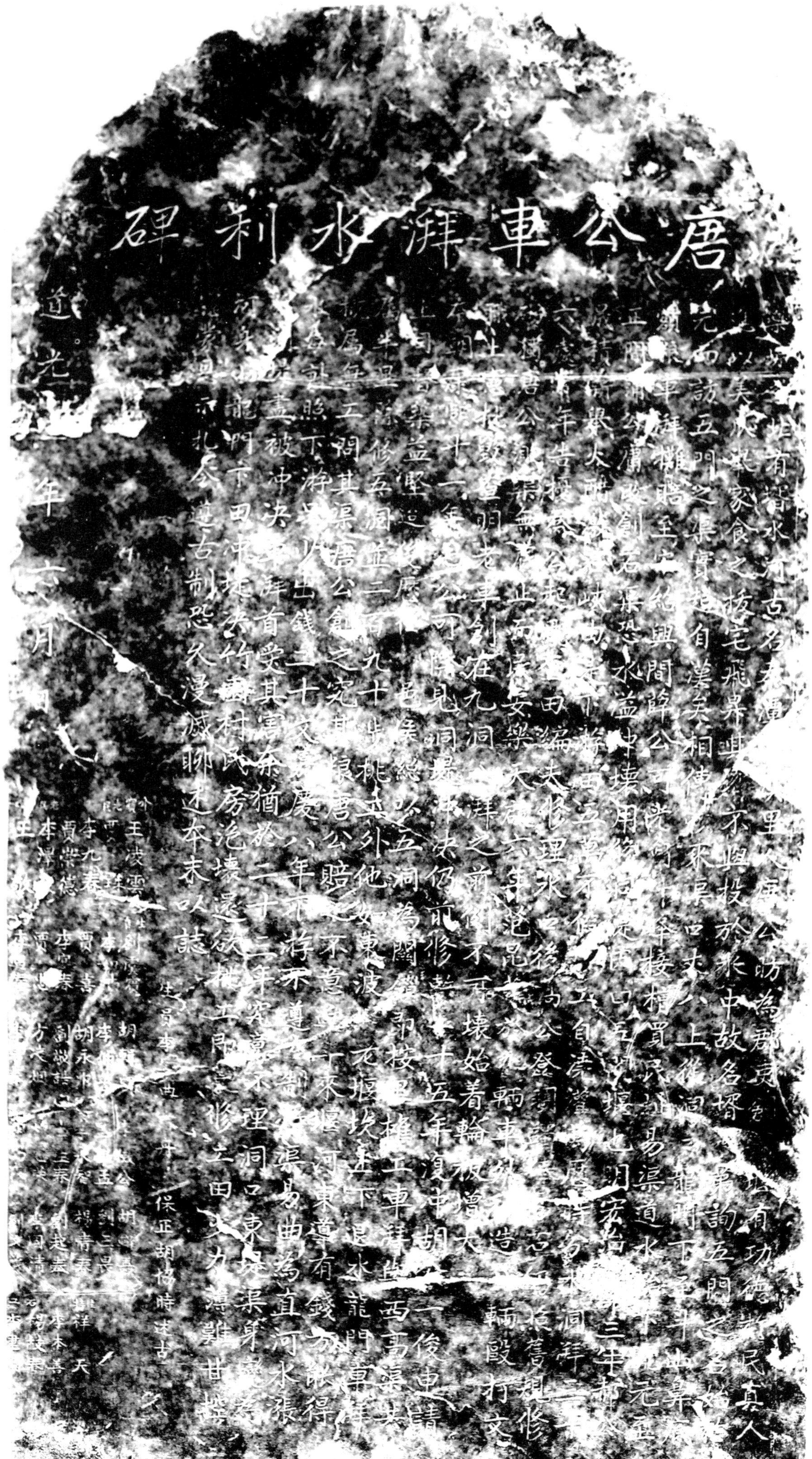

説 明

清道光三年（1823）六月刻。碑高130厘米，寬68厘米。額横書1行楷書“唐公車湃水利碑”。正文楷書23行，滿行32字。胡協時撰文，李經典書丹。現存城固縣五門堰文物保管所。《漢中碑石》著録。

釋 文

樂城之北有壻水河，古名秦潭。北溪里人唐公昉爲郡吏，創□堰有功德於民，真人」進以美瓜，舉家食之，拔宅飛昇，其壻不與，投於水中，故名壻。第詢五門之名，始於」元；而訪五門之渠，實起自漢矣。相傳古來渠口丈八，上從洞之龍門，下至斗山鼻底」，額粮車湃攤賠。至宋紹興間，薛公可光創斗峰接槽，買民址，易渠道，水始下流。元至」正間，蒲公庸改創石渠，恐水溢冲壞，用修洞堤，因曰五門堰也。明宏治十三年[①]，郝公」晟積薪舉火，醋激石峽，由是下游田五萬，不假人工自澆灌。萬曆時，分水洞湃三十」六處，常年告擾，喬公起鳳，查田編夫，修理水口。後高公登明蠲俸易石，仍照舊規修」砌，獨唐公湃渠無底止，而民安樂。天啓六年，范昆等於九輛車外，私造八輛，歐打文」職。上憲批毁，查明老車創在九洞八湃之前，例不可壞，始着輪板增大」。本朝康熙十一年，毛公可際見洞堤冲决[②]，仍前修整。二十五年復冲，胡公一俊申請」上司，督築益堅。迨後歷任邑侯，總以五洞爲關鎖，即按里攤工，車湃與西高渠共」属半里，除修五洞並二百九十步挑工外，他如東波□老堰坎，上下退水，龍門車湃」概属無工。問其渠，唐公創之，究其粮，唐公賠之。不意近年來，堰河東導，有錢方能得」水，每畝照下游只少出錢二十文。嘉慶八年，下游不遵古制，將渠易曲爲直，河水漲」發，洞堤盡被冲决，車湃首受其害，奈猶於二十三年究竟不理，洞口東堤，渠身變爲」河身。小龍門下，田冲堤决，竹園村民房泡壞，還欲挑工。即之修工田少，力薄難甘，控」憲蒙恩示扎，令遵古制。恐久漫滅，聊述本末以誌」。

生員李經典書丹

保正胡協時述古」

介賓：王凌雲。生員：劉虞賓、胡輯□、李效公、胡輯壽」。老民：賈珠、李如楠、李仲善、王學孟、劉三畏」、李九春、賈喜、胡永□、李永智、楊青春」、賈崇德、李宴春、劉敬誥、李生春、劉起奉」。老民：李澤□、賈忠、方凌烟、□世榮、李國清」、王敬、李遇春、李早春、胡錫成、劉文茂」。

住持：祥天」、李本善。

石工：楊枝春、李建福」。

道光三年六月日」

校勘記

①宏，本作“弘”，因避乾隆帝諱而改。

②可際，爲“際可”之倒乙。

按

五門堰位於陝西城固縣城北15公里。碑所云歷代邑令維修五門堰者有：宋紹興間邑令薛可光，字景孝。因興水利以灌民田，民懷其德，名其所修橋渠爲薛公渠。元至正間邑令蒲庸，字時中。改做石渠，渠底開列五洞，可以啓閉，節制水量。東二西三，洞口高廣皆逾五尺，故名“五門堰”。因修五門堰，民蒙其惠。郝晟，明孝宗弘治五年（1492）任漢中府推官，用“火燒水激”之法，開鑿抱石嘴爲峽，使五門堰水暢行無阻。明神宗萬曆三年（1575）縣令喬起風，二十六年（1598）縣令高登明，又相繼主持擴修，五門堰全部水利工程，始大抵告成。毛際可，字會侯，號鶴舫，晚號松泉老人，順治十五年（1658）進士，授彰德府推官，康熙十一年（1672）爲城固縣令，疏浚舊渠，水大通行。康熙二十五年（1686）縣令胡一俊，因堤坍，重新修築，較前益堅。

776.1823　仙遊寺小記

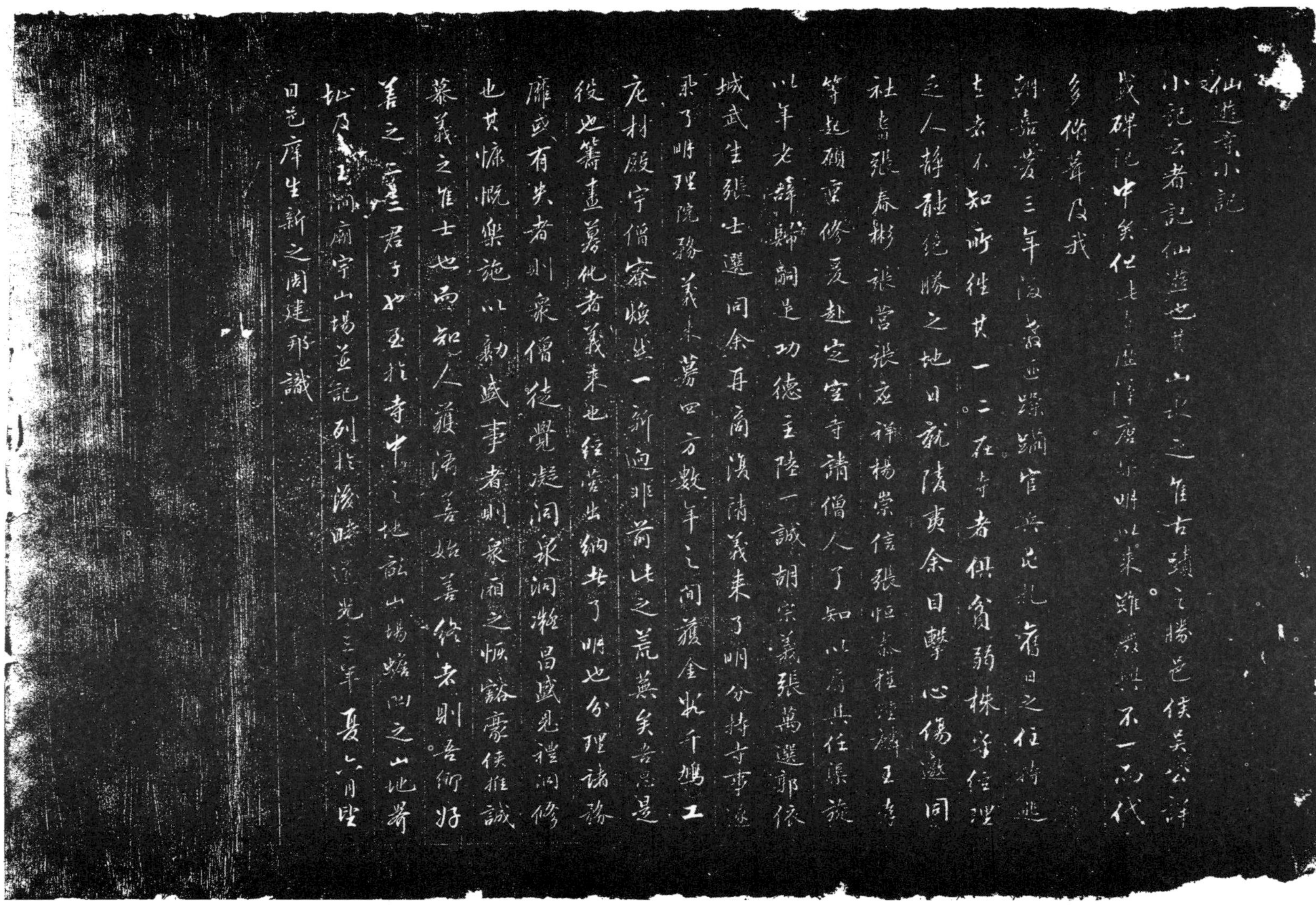

説 明

清道光三年(1823)六月刻。碑長方形。長113厘米,寬61厘米。正文行書20行,行字不等。周建邦撰文并書丹。現存周至縣仙遊寺博物館。

釋 文

仙遊寺小記」

小記云者,記仙遊也。其山水之佳,古迹之勝,邑侯吴公詳」載碑記中矣。但此寺歷澤唐宋明以來,雖廢興不一,而代」多修葺。及我」朝嘉慶三年後教匪蹂躪,官兵屯扎,舊日之住持逃」走者不知所往,其一二在寺者,俱貧弱株守,經理」乏人。静聽絶勝之地,日就陵夷。余目擊心傷,邀同」社耆張春彬、張營、張应祥、楊崇信、張恒泰、程鍾麟、王孝」等,起願重修,爰赴定空寺請僧人了知,以肩其任,渠旋」以年老辭歸。嗣是功德主陸一誠、胡宗義、張萬選、郭依」城,武生張士選,同余再商,復請義來、了明分持寺事,遂」舉了明理院務,義來募四方。數年之間,獲金數千。鳩工」庀材,殿宇僧寮焕然一新,迥非前此之荒蕪矣。吾思是」役也,籌畫募化者,義來也;經營出納者,了明也;分理諸務」,靡或有失者,則衆僧徒覺凝、洞泉、洞凝、昌盛、見禮、洞修」也;其慷慨樂施,以勷盛事者,則衆厢之恢豁豪侠,推誠」慕義之佳士也;而知人獲濟,善始善終者,則吾鄉好」善之二三君子也。至於寺中之地畝山場,蟾凹之山地界」址,及玉澗廟宇山場,並記列於後。

時道光三年夏六月望」日

邑庠生新之周建邦識」

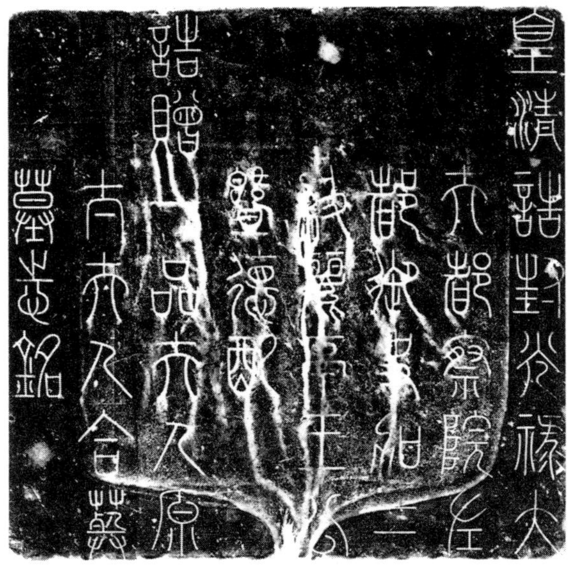
皇清誥封光祿大夫都察院左都御史加二級鼎亭王公暨德配誥贈一品夫人原夫人合葬墓誌銘

777.1823　王鎮淮暨配原氏墓誌

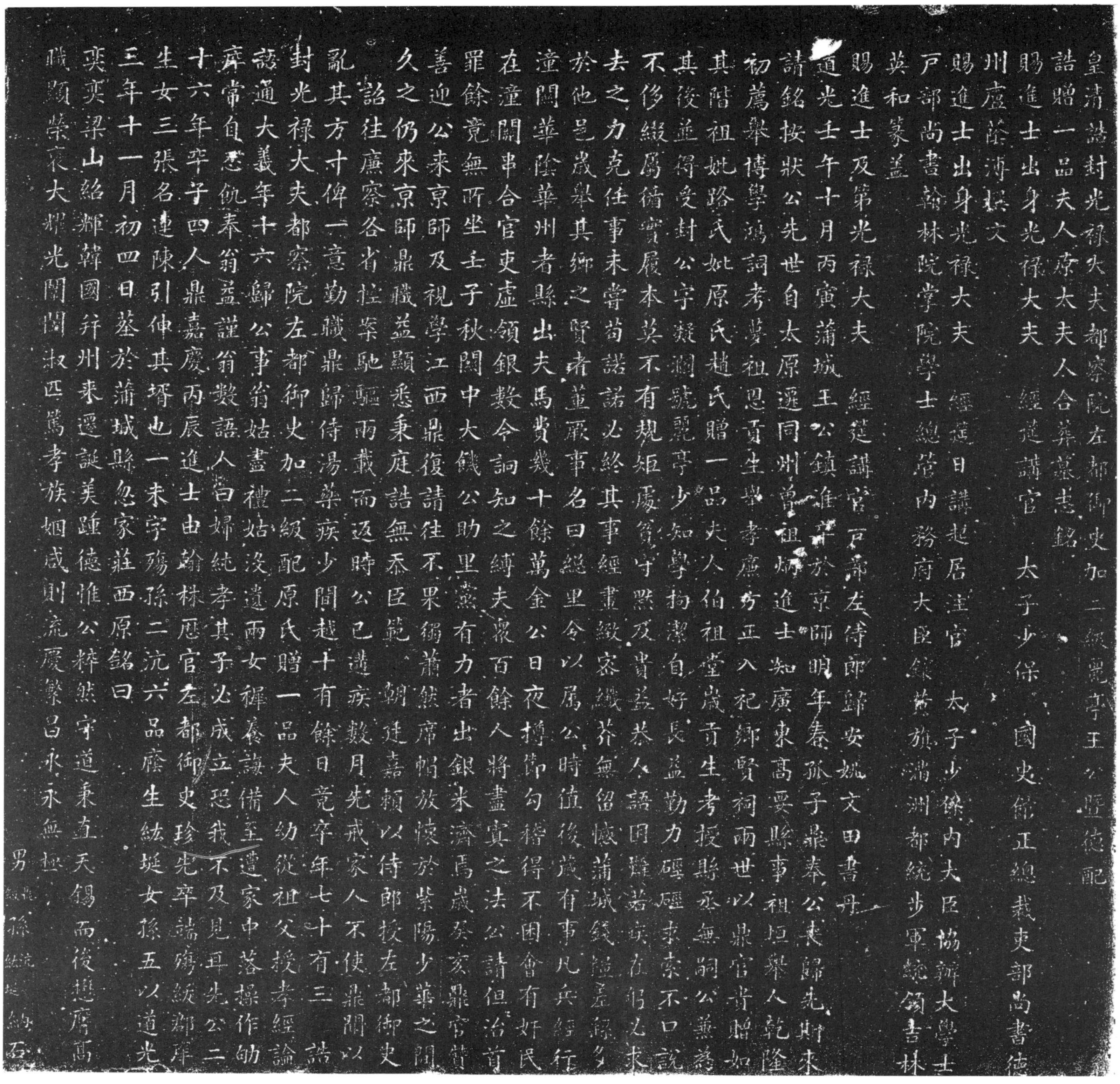
皇清誥封光祿大夫都察院左都御史加二級鼎亭王公暨德配
誥贈一品夫人原太夫人合葬墓誌銘
賜進士出身光祿大夫經筵講官太子少保國史館正總裁吏部尚書德
州盧蔭溥撰文
賜進士出身光祿大夫經筵日講起居注官太子少傅内大臣協辦大學士
戸部尚書翰林院掌院學士總管内務府大臣鑲黄旗滿洲都統步軍統領吉林
英和篆蓋
賜進士及第光祿大夫經筵講官戸部左侍郎歸安姚文田書丹
道光壬午十月丙寅蒲城王公鎮淮卒於京師明年春孫子鼎奉公柩歸先期來
請銘按狀公先世自太原遷同州曾祖炳進士知廣東高要縣事祖垣舉人乾隆
初薦舉博學鴻詞考夢祖恩貢生舉孝廉方正入祀鄉賢祠兩世以鼎官貴贈如
其階祖妣路氏妣原氏趙氏贈一品夫人伯祖瑩歲貢生考援例丞無嗣公兼祧
其後並得受封公字凝瀾號麗亭少知學拘潔自好長益勤力硜硜求索不口說
不侈纖屬備實履本莫不有規矩處貧守默及貴益恭人語因難若疾在躬必求
去之力克任事未嘗苟諾諾必終其事經畫緻密纖芥無留憾蒲城錢糧差徭多
於他邑歲舉其鄉之賢者董厥事名曰總里令以屬公時值後藏有事凡兵經行
潼關華陰華州者縣出夫馬費幾十餘萬金公日夜撙節勾稽得不困會有奸民
在潼關串合官吏虛領銀數令詗知之縛夫眾百餘人將盡寘之法公請但治首
罪餘竟無所坐壬子秋闈中大饑公助里藁有力者出銀米濟焉歲癸亥鼎官贊
善迎公來京師及視學江西鼎復請往不果獨蕭然席帽放懷於紫陽少華之間
久之仍來京師鼎職益顯悉秉庭誥無忝臣範朝廷嘉賴以侍郎授左都御史
誥往廉察各省控案馳驅兩載而返時公已遘疾數月先戒家人不使鼎聞以
亂其方寸俾一意勤職鼎歸侍湯藥疾少間越十有餘日竟卒年七十有三誥
封光祿大夫都察院左都御史加二級配原氏贈一品夫人幼從祖父授孝經論
語通大義年十六歸公事翁姑盡禮姑沒遺兩女襁養護備至遭家中落操作劬
瘁常自悲飢奉翁盂謹翁數語人曰婦純孝其子必成立恐我不及見耳先公二
十六年卒子四人鼎嘉慶丙辰進士由翰林歷官左都御史珍先卒端殤紘鄰庠
生女三張名達陳引伸其壻也一未字殤孫二沆六品蔭生紘埏女孫五以道光
三年十一月初四日葬於蒲城縣忽家莊西原銘曰
奕奕梁山絡鄰韓國并州來遷誕美踵德惟公粹然守道秉直天錫而後擢膺高
職顯榮哀大耀光閭閻淑匹篤孝族姻咸則流慶繁昌永永無極
男鼎孫紘沆埏勒石

説明

清道光三年（1823）十一月四日刻。誌、蓋均正方形。邊長均84厘米。蓋文8行，滿行5字，篆書“皇清誥封光禄大」夫都察院左」都御史加二」級麗亭王公」暨德配」誥贈一品夫人原」太夫人合葬」墓志銘」”。誌文楷書32行，滿行31字。盧蔭溥撰文，姚文田書丹，英和篆蓋。20世紀70年代蒲城縣三合鄉忽家村出土。現存蒲城縣博物館。

釋文

皇清誥封光禄大夫都察院左都御史加二級麗亭王公暨德配」誥贈一品夫人原太夫人合葬墓志銘」

賜進士出身光禄大夫經筵講官太子少保國史館正總裁吏部尚書德」州盧蔭溥撰文」

賜進士出身光禄大夫經筵日講起居注官太子少保内大臣協辦大學士」户部尚書翰林院掌院學士總管内務府大臣鑲黄旗滿洲都統步軍統領吉林」英和篆盖」

賜進士及第光禄大夫經筵講官户部左侍郎歸安姚文田書丹」

道光壬午十月丙寅，蒲城王公鎮淮卒於京師。明年春，孤子鼎奉公喪歸，先期來」請銘。按狀，公先世自太原遷同州。曾祖炳，進士，知廣東高要縣事。祖垣，舉人，乾隆」初薦舉博學鴻詞。考夢祖，恩貢生，舉孝廉方正，入祀鄉賢祠。兩世以鼎官貴，贈如」其階，祖妣路氏，妣原氏、趙氏贈一品夫人；伯祖堂，歲貢生；考授縣丞，無嗣，公兼爲」其後，並得受封。公字凝瀾，號麗亭。少知學，拘潔自好。長益勤力，硜硜求索，不口説」，不侈綴屬，循實履本，莫不有規矩。處貧守默，及貴益恭。人語困難，若疾在躬，必求」去之，力克任事，未嘗苟諾，諾必終其事，經畫緻密，纖芥無留憾。蒲城錢糧差繇多」於他邑，歲舉其鄉之賢者董厥事，名曰總里，令以屬公。時值後藏有事，凡兵經行」潼關、華陰、華州者，縣出夫馬，費幾十餘萬金。公日夜撙節勾稽，得不困。會有奸民」在潼關串合官吏，虚領銀數，令詗知之，縛夫衆百餘人，將盡置之法。公請但治首」罪，餘竟無所坐。壬子秋，關中大饑，公助里黨有力者，出銀米濟焉。歲癸亥，鼎官贊」善，迎公来京師。及視學江西，鼎復請往，不果，獨蕭然席帽，放懷於紫陽、少華之間」。久之，仍來京師。鼎職益顯，悉秉庭誥，無忝臣範。朝廷嘉賴，以侍郎授左都御史」，詔往廉察各省控案，馳驅兩載而返。時公已遘疾數月，先戒家人不使鼎聞，以」亂其方寸，俾一意勤職。鼎歸，侍湯藥，疾少間。越十有餘日，竟卒，年七十有三。誥」封光禄大夫、都察院左都御史加二級。配原氏，贈一品夫人。幼從祖父授《孝經》《論」語》，通大義。年十六，歸公，事翁姑盡禮。姑没，遺兩女，稺，養誨備至。遭家中落，操作劬」瘁，常自忍飢，奉翁益謹，翁數語人曰：“婦純孝，其子必成立，恐我不及見耳。”先公二」十六年卒。子四人：鼎，嘉慶丙辰進士，由翰林歷官左都御史；珍，先卒；端，殤；紱，郡庠」生。女三：張名連、陳引伸，其壻也；一未字，殤。孫二：沆，六品廕生；紘埏。女孫五。以道光」三年十一月初四日，葬於蒲城縣忽家莊西原。銘曰」：

奕奕梁山，紹輝韓國。并州来遷，誕美踵德。惟公粹然，守道秉直。天錫而後，懋膺高」職。顯榮哀大，耀光闔閭。淑匹篤孝，族姻咸則。流慶繁昌，永永無極」。

男鼎、紱，孫沆、紘埏納石」

按

撰者盧蔭溥，字南石，號霖生，山東德州人。從政五十餘年，歷乾隆、嘉慶、道光三朝，曾官吏、户、禮、兵、刑、工各部尚書，軍機大臣等。

書者姚文田，字秋農，號梅漪，浙江歸安人。清代狀元。官至禮部尚書。

篆者英和，字樹琴，一字定圃，號煦齋，滿州正白旗人。清朝大臣、書法家。官至軍機大臣、户部尚書。

墓主之子王鼎，字定九，號省厓。嘉慶元年（1796）成進士，歷任翰林院庶吉士、編修、侍講學士、侍讀學士、户部尚書、河南巡撫、直隸總督、軍機大臣等。

778.1824　劉合崙衣鉢塔

道光歲次甲申菊月上吉
崑山律師衣鉢塔
特授漢中府知府何承熏題

（第一石）

龍門正宗第一十六代崑山劉合崙衣鉢塔
師姓劉氏派出彭城上合下崙崑山其號也豫之禹州人乾
隆丙子年辜月十八日誕育生而頴慧不凡早失怙恃依
兄成立。兄物故　師哀毀欲絶夜夢異人語曰升沉萬態
榮悴多端　人世黃粱自求覺路　師感悟遂詣本州書堂
山王母洞　蘇真人壇下簪冠學道求度世術會　壽山
張律師同主書堂山。　師演鉢從遊燕履鹿車遍歷名勝
得性命圭旨歸隱書堂律師羽化。　師建塔立碣廬墓三
載嘉慶丁巳馮翊羌白鎮紳耆慕　師道範延主三聖宮
開期演鉢得戒子三十餘人丙寅入京都白雲觀於戒公
卿訪道接踵蔡善人尤至心皈依捐貲洊遂[illegible]常制畢業
中丞延　師主樓觀臺八仙菴　師青詞鬻字大振叢林
十三年本菴開期　教先力承法戒受心印妙諦推使主教
自歸三聖宮聽松歌桂以自優游茲建衣鉢塔為壽禮也
銘曰
茫茫大道　誰啟其戶　篤生異人　占壇揮麈
系姓淮南　地紀神禹　絶類離群　刈真夾輔
演鉢傳衣　聿作教主　韜采自藏　瀟瀟靈府
術深化立　川嶽並古　建塔秘椿　永奠茲土
恩科辛巳舉人吏部候銓知縣鶴洲路上林頓首拜撰
邑儒學增廣生員法晚生檀舫楊清漣頓首書丹
本堂執事道衆人等合勒
經臺方丈法子朱教先立石
道光四年歲次甲申黃鐘下浣穀旦

（第二石）

説 明

清道光四年(1824)十一月刻。碑二石,均長方形。第一石長67厘米,寬23厘米。中間大字,左行,隸書“崑山律師衣鉢塔”,右側小字1行,楷書“道光歲次甲申菊月上吉”,左側小字一行,楷書“特授漢中府知府何承勳題”。四周飾幾何圖形。第二石長56厘米,寬48厘米。爲塔銘,楷書24行,滿行22字。路上林撰文,楊清漣書丹。現存周至縣樓觀臺。《樓觀臺道教碑石》著録。

釋 文

龍門正宗第一十六代崑山劉合崙衣鉢塔」

師姓劉氏,派出彭城,上合下崙,崑山其號也,豫之禹州人。乾」隆丙子年辜月十八日誕育。生而穎慧不凡,早失怙恃,依」兄成立。兄物故,師哀毁欲絶,夜夢異人語曰:“升沉萬態」,榮悴多端,人世黄粱,自求覺路。”師感悟,遂詣本州書堂」山王母洞蘇真人壇下,簪冠學道,求度世術。會壽山」張律師同主書堂山,師演鉢從遊,燕履鹿車,遍歷名勝」,得性命圭旨。歸隱書堂。律師羽化,師建塔立碣,廬墓三」載。嘉慶丁巳,馮翊羌白鎮紳耆慕師道範,延主三聖宫」,開期演鉢,得戒子三十餘人。丙寅,入京都白雲觀放戒,公」卿訪道接踵。蔡善人尤至心皈依,捐貲渡迷通常。制軍葉」中丞延師主樓觀臺八仙庵,師青詞紫字,大振叢林」。十三年,本庵開期,教先力承法戒,受心印妙諦,推使主教」,自歸三聖宫,聽松歌桂,以自優遊,玆建衣鉢塔爲壽禮也」。銘曰」:

茫茫大道,誰啓其户。篤生異人,杏壇揮麈」。系姓淮南,地紀神禹。絶類離群,列真夾輔」。演鉢傳衣,聿作教主。鉛汞自藏,濬瀹靈府」。術深化童,川嶽並古。建塔祝椿,永奠玆土」。

恩科辛巳舉人吏部候銓知縣鶴洲路上林頓首拜撰」

邑儒學增廣生員法晚生檀舫楊清漣頓首書丹」

本臺執事道衆人等合勒」

經臺方丈法子朱教先立石」

道光四年歲次甲申黄鍾下浣穀旦」

按

撰者路上林,字鶴洲,盩厔人。道光元年(1821)舉人,吏部揀選盩厔縣知縣。

779.1825　賈雲中壙記

皇清鄉飲介賓太學生先考賈府君壙記
先府君諱雲中字鶴亭姓賈氏陝西西安府鄠縣花原㨫留犢堡人曾祖諱宗
賢妣孫氏祖諱自烈妣楊氏考諱經濟妣南氏石氏山氏三世皆以耕讀傳家
府君生於乾隆十二年八月二十九日寅時兄弟五人伯兄諱淲邑庠生仲兄
諱用中鄉飲正賓俱妣南氏生叔兄諱時中鄉飲介賓太學生妣石氏生弟諱
遇泰鄉飲介賓邑庠生與府君俱妣山氏生府君生而聰敏長而仁厚其
事父母也克盡子職其處兄弟也能教友于其治家也勤儉有法其待人也真
誠無偽府君誠存順歿寧者矣府君年二十八入太學年六十邑廣文舉
鄉飲之典匾其門曰品端行粹年七十有七以道光三年二月初五日戌時終
於正寢娶同邑王氏生員汝棫之女次娶同邑劉氏恩賜七品溥之女又次娶
同邑張氏太學生珷之女先府君而卒男三聯璧聯捷聯輝女四長適同邑
庠生鍾毓秀次適長安生員梁印璐次適同邑韓大興早逝又次適同邑生員
武履吉孫男四墉淑偉朗女四長字同邑韓門次字長安梁門餘俱幼以道光
五年正月初九日塟於留犢堡之橋西新阡未山丑向不肖子璧等號慕隕絕
痛貫心骨敢竊記壙中如此昊天罔極嗚呼痛哉。
不孝男聯璧捷輝謹記
聯璧等泣血稽首禱於
後世仁人君子曰
滄桑變遷理之常然見斯壙者乞為掩焉
道光五年歲次乙酉正月初九日穀旦

説明

清道光五年（1825）正月九日刻。誌正方形。邊長63厘米。記文楷書20行，滿行30字。賈聯璧、賈聯捷、賈聯輝撰文。四周飾纏枝花紋。1960年户縣牛東鄉滄浪河牛東橋西出土。現存西安市鄠邑區秦渡鎮牛三村。《户縣碑刻》著録。

釋文

皇清鄉飲介賓太學生先考賈府君壙記」

先府君諱雲中，字鶴亭，姓賈氏，陝西西安府鄠縣花原操留犢堡人。曾祖諱宗」賢，妣孫氏。祖諱自烈，妣楊氏。考諱經濟，妣南氏、石氏、山氏。三世皆以耕讀傳家」。府君生於乾隆十二年八月二十九日寅時。兄弟五人：伯兄諱起，邑庠生；仲兄」諱用中，鄉飲正賓。俱妣南氏生。叔兄諱時中，鄉飲介賓，太學生。妣石氏生。弟諱」遇泰，鄉飲介賓，邑庠生。與府君俱妣山氏生。府君生而聰敏，長而仁厚。其」事父母也，克盡子職；其處兄弟也，能敦友于；其治家也，勤儉有法；其待人也，真」誠無僞。府君誠存順歿寧者矣。府君年二十八入太學。年六十，邑廣文舉」鄉飲之典，匾其門曰“品端行粹”。年七十有七，以道光三年二月初五日戌時，終」於正寢。娶同邑王氏，生員汝棫之女；次娶同邑劉氏，恩賜七品博之女；又次娶」同邑張氏，太學生玳之女，先府君而卒。男三：聯璧、聯捷、聯輝。女四：長適同邑」庠生鍾毓秀，次適長安生員梁印琳，次適同邑韓大興，早逝，又次適同邑生員」武履吉。孫男四：墉、淑、偉、朗。女四：長字同邑韓門，次字長安梁門，餘俱幼。以道光」五年正月初九日，葬於留犢堡之橋西新阡，未山丑向。不肖子璧等號慕隕絶」，痛貫心骨，敢竊記壙中如此。昊天罔極，嗚呼痛哉！」

不孝男聯璧、聯捷、聯輝謹記」

聯璧等泣血稽首，禱於」後世仁人君子曰」：

滄桑變遷，理之常然。見斯壙者，乞爲掩焉」。

道光五年歲次乙酉正月初九日穀旦」

780.1825　重修觀音堂記

重修觀音堂記
蓋聞村陽雞頭
堂成雁宇法輪
并轉寶相同瞻
極虹漆棼往之
奇煌螭角丹播
之勝而後足以
輝增龍家悅遍
人天法鼓震于
迷津清鐘警更
覺路也吾鄉觀
音堂昉於前代
乾隆季間曾重
修爲故址猶存
數椽僅托重吕
雨風剝蝕鳥鼠
摧殘拾得寒山
柰來成辟乾竺
之威儀莫覩華
嚴之富貴聯閒
奚培淨土于現
前便值喜林于
方寸欣諸眷屬
廿業菩提敬從
全塔以結緣先
向石杯而作禮
丹霞曳曉即挂
新幡白鶴盤空
佀鷲舊錫從此
光生般若繞瓔
珞之四圍風起
毘嵐吹艾蕩於
十界慈雲欲洽
慧日光明聽清
梵於魚山皆大
歡喜登歷禪於
鹿苑得恒吉祥
庶幾領略甯馨
合掌顧離火宅
靜觀自在回頭
即是靈山是爲
記道光五年五
月程一敬撰并
書仇文棨琹字

説 明

清道光五年（1825）五月刻。碑長方形。長78厘米，寬53厘米。正文隸書，分上下兩段，上段首刻觀音像，文20行，下段文24行，滿行均6字。有行格界欄。程一敬撰文并書丹。現存咸陽市秦都區馬莊街道賈村。《咸陽碑刻》著録。

釋 文

重修觀音堂記」

蓋聞剎號雞頭」，堂成雁字；法輪」并轉，寶相同瞻」。極虹梁紫柱之」奇，擅蝸角丹墻」之勝。而後足以」耀增龍象，悦遍」人天；法鼓震乎」迷津，清鐘警其」覺路也。吾鄉觀」音堂，昉於前代」，乾隆年間，曾重」修焉。故址猶存」，數椽僅托。重以」風雨剥蝕，鳥鼠」摧殘，拾得、寒山」，參來破壁。乾竺」之威儀莫睹，華」嚴之富貴無聞」。爰培净土于現」前，便植喜林于」方寸。統諸眷屬」，共發菩提，欲從」金塔以結緣，先」向石牀而作禮」。丹霞曳曉，即挂」新旛；白鶴盤空」，似驚舊錫。從此」光生般若，繞瓔」珞之四圍；風起」毘嵐，吹苾芻於」十界。慈雲欲活」，慧日先明。聽清」梵於魚山，皆大」歡喜；登塵襟於」鹿苑，得恒吉祥」。庶幾領略南無」，合掌願離火宅」；静觀自在，回頭」即是靈山。是爲」記。

道光五年五」月

程一敬撰并」書

仇文發刊字」

781.1825　重修仙遊寺記

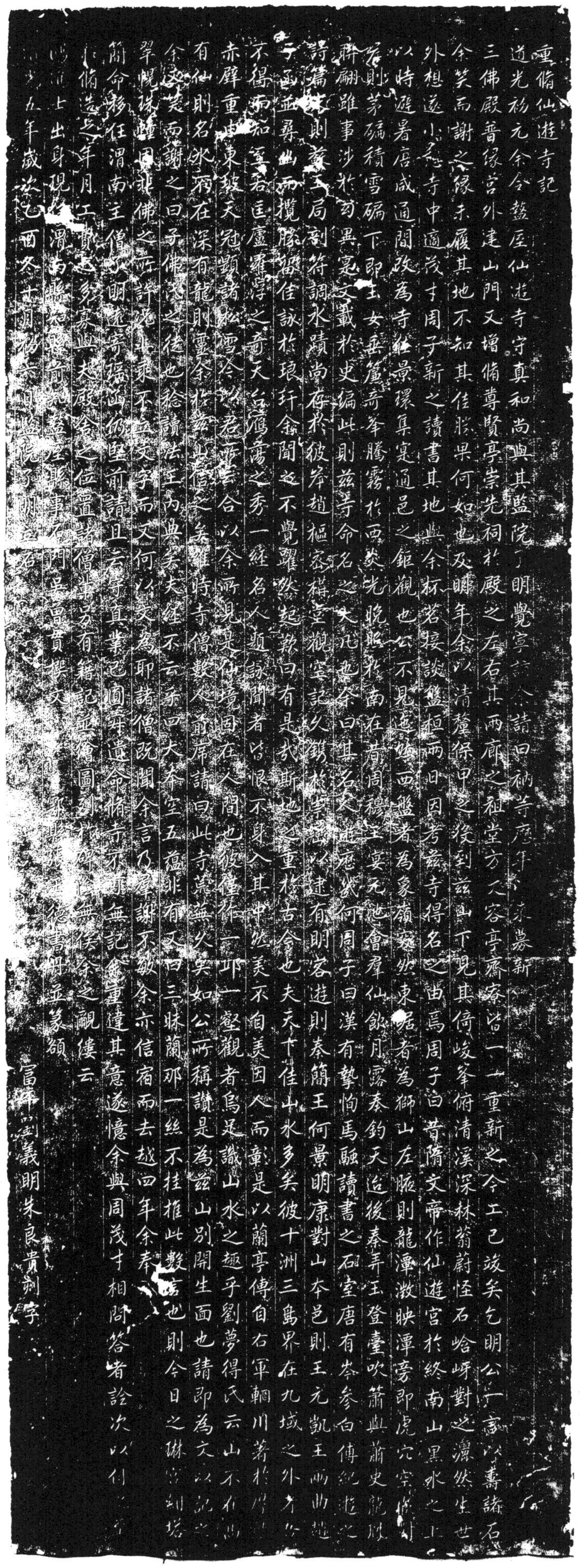
重修仙遊寺記
道光初元余令盩厔仙遊寺守真和尚與其監院了明覺寧[illegible]請曰衲等歷年[illegible]募新
三佛殿普緣宮外建山門又增脩尊賢亭崇先祠於殿之左右其兩廊之祖堂方丈容亭齋寮皆一一重新之今工已竣矣乞明公一言以壽諸石
余笑而謝之[illegible]緣未履其地不知其佳勝果何如也及踰年余以清釐保甲之役到茲山下見其倚峻峯俯清溪深林翁蔚怪石㟏岈對之瀟然生世
外想遂小憩寺中適茂才周子新之讀書其地與余杯茗接談盤桓兩日因考茲寺得名之由焉周子曰昔隋文帝作仙遊宮於終南山黑水之上
以時避暑唐咸通間改為寺然景環集寔通邑之鉅觀也公不見遊寺西盤者為象嶺突然東踞者為獅山左瞰則龍潭激映潭旁即虎穴[illegible]
若則蒹[illegible]積雪磵下即玉女蕭簫奇峯騰霧於西炎光晚照於南在昔周穆王宴元池會羣仙飲月露秦釣天後秦弄玉登臺吹簫與簫史乘鳳
翔翩雖事涉於[illegible]異寔[illegible]文載於史編此則茲寺命名之大凡也余曰其名[illegible]遊[illegible]歷[illegible]何周子曰漢有摯恂馬融讀書之石室唐有岑參白傳紀遊之
詩篇[illegible]則蘇[illegible]局刻符調水蹟尚存於彼岸趙樞密禱堂觀空記久鐫於崇[illegible]以逮有明客遊則秦簡王何景明康對山本邑則王元凱王兩曲趙
[illegible]子函並舁[illegible]而攬勝留佳詠於琅玕余聞之不覺躍然起歎曰有是哉斯地之重於古今也夫天下佳山水多矣彼十洲三島界在九域之外者余
不得而知至若匡廬羅浮之奇天台鴈蕩之秀一經名人題詠聞者皆恨不身入其中然美不自美因人而彰是以蘭亭傳自右軍輞川著於摩詰
赤壁重由東坡天冠顯諸松雪[illegible]以君所云合以余所見是仙境固在人間也彼僅作一邱一壑觀者烏足識山水之趣乎劉夢得氏云山不在高
有仙則名水不在深有龍則靈余於茲山信之矣維時寺僧數人前席請曰此寺荒蕪久矣如公所稱讚是為茲山別開生面也請即為文以記之
余[illegible]笑而謝之曰子佛氏之徒也稔讀法王內典矣夫經不云乎四大本空五蘊非有又曰三昧蘭邪一絲不挂推此數言也則今日之琳宮紺塔
翠幌珠幢[illegible]佛之所許也且求不立文字而文何以文為耶諸僧既聞余言乃羣謝不敏余亦信宿而去越四年余奉
簡命移任渭南主僧了明遺寄[illegible]仍堅前請且云守真業已圓寂遺命脩寺不可無記余重違其意遂憶余與周茂才相問答者詮次以付之
[illegible]脩造[illegible]年月工費[illegible]多寡與夫殿舍之位置諸僧之另有籍記並繪圖列於碑陰無俟余之覼縷云
[illegible]出身現[illegible]渭南縣知縣前盩厔縣事仁和吳[illegible]貢撰文[illegible]郭[illegible]德書丹並篆額
[illegible]光五年歲次乙酉冬十一月初六日監院了明立石　富平劉義明朱良貴刻字

説明

清道光五年（1825）十月六日刻。碑螭首方座。通高310厘米，寬76厘米。正文楷書19行，滿行56字。吴曾貫撰文，張玉德書丹并篆額。現存周至縣仙遊寺博物館。

釋文

重修仙遊寺記」

道光初元，余令盩厔，仙遊寺守真和尚與其監院了明、覺寧詣余請曰："衲等歷年以來募新」三佛殿，普緣宫外建山門，又增修尊賢亭、崇先祠於殿之左右，其兩廊之祖堂、方丈、客亭、齋寮，皆一一重新之。今工已竣矣，乞明公一言以壽諸石」。"余笑而謝之，緣未履其地，不知其佳勝果何如也。及明年，余以清釐保甲之役，到兹山下，見其倚峻峰，俯清溪，深林蓊蔚，怪石巉岈，對之灑然生世」外想。遂小憩寺中。適茂才周子新之讀書其地，與余杯茗接談，盤桓兩日，因考兹寺得名之由焉。周子曰："昔隋文帝作仙遊宫於終南山黑水之上」，以時避暑。唐咸通間改爲寺，佳景環集，寔通邑之鉅觀也。公不見迤然西盤者，爲象嶺；突然東踞者，爲獅山。左腋則龍潭瀲映，潭旁即虎穴空嵌；對」岸則茅碥積雪，碥下即玉女垂簾。奇峰騰霧於西，炎光晚照於南。在昔周穆王宴元池，會群仙，飲月露，奏鈞天。迨後秦弄玉登臺吹簫，與蕭史龍鳳」聯翩，雖事涉於幻異，寔文載於史編，此則兹寺命名之大凡也。"余曰："其名人遊歷幾何？"周子曰："漢有摯恂、馬融讀書之石室，唐有岑参、白傅紀遊之」詩篇，宋則蘇王局剖符調水迹尚存於彼岸，趙樞密構堂觀空記久鐫於崇巒，以逮有明客遊則秦簡王、何景明、康對山，本邑則王元凱、王兩曲、趙」子函並尋幽而攬勝，留佳詠於琅玕。"余聞之，不覺躍然起歎曰："有是哉，斯地之重於古今也。夫天下佳山水多矣，彼十洲三島界在九域之外者，吾」不得而知。至若匡廬、羅浮之奇，天台、雁蕩之秀，一經明人題詠，聞者皆恨不身入其中。然美不自美，因人而彰，是以蘭亭傳自右軍，輞川著於摩詰」，赤壁重由東坡，天冠顯諸松雪。今以君所云，合以余所見，是仙境固在人間也。彼僅作一邱一壑觀者，烏足識山水之趣乎？劉夢得氏云：山不在高」，有仙則名；水不在深，有龍則靈。余於兹山信之矣。"維時寺僧數人前席請曰："此寺荒蕪久矣，如公所稱讚，是爲兹山别開生面也，請即爲文以記之」。"余又笑而謝之曰："子佛氏之徒也，稔讀法王内典矣。夫經不云乎'四大本空，五藴非有'，又曰'三昧蘭那，一絲不挂'，推此數言也，則今日之琳宫紺塔」，翠幌珠幢，固非佛之所許。況上乘不立文字，而又何以文爲耶？"諸僧既聞余言，乃群謝不敏。余亦信宿而去。越四年，余奉」簡命，移任渭南，主僧了明遠寄瑶函，仍堅前請，且云：守真業已圓寂，遺命修寺，不可無記。余重違其意，遂憶余與周茂才相問答者，詮次以付之。至」於修造之年月，工費之多寡，與夫殿舍之位置，諸僧輩另有籍記，并繪圖列於碑陰，無俟余之覼縷云」。

賜進士出身現任渭南縣知縣前知盩厔縣事石門吴曾貫撰文，鄠縣張玉德書丹並篆額」

道光五年歲次乙酉冬十月初六日

監院了明立石

富平劉義明、朱良貴刻字」

按

撰者吴曾貫，號澗蕤，浙江桐鄉人。嘉慶二十二年（1817）進士。歷官盩厔、渭南知縣，寧陝同知等。

書者張玉德，見本書773.1821條。

782.1827　劉重鳳墓誌

皇清例授登仕佐郎候銓翰林院待詔太學生梧軒劉君墓誌銘
例授文林郎吏部揀選知縣癸酉科舉人丙戌會試
大挑二等即用　儒學教諭　愚表兄董對策獻之甫頓首拜撰文
例授文林郎吏部揀選知縣辛巳科舉人愚弟謝灝對廷甫頓首拜書丹
例授文林郎吏部揀選知縣戊寅科舉人愚弟謝天賓申之甫頓首拜篆蓋
梧軒劉君者余之表弟也丁亥冬其子繼綸繼縉將安葬焉求誌且銘適值余披閱古傳臧　君古道
之猶存遂援筆而摭其寔按狀　君劉姓諱重鳳字儀九梧軒其號也始祖德明公自山西洪洞縣
遷朝邑趙渡鎮家焉高祖諱仕望字聞菴曾祖諱瀚字海若畊讀傳家世多隐德俱
誥贈通議大夫祖諱大受字可亭好義樂施篤行善事如修學宫建社倉設義學置義地焚借券周貧乏
種種善事俱詳　邑乘韓城王文端公曾為傳焉善人之名遠近益著由太學生以散賑事
欽賜八品頂帶繼以道職加二級
誥封通議大夫伯父諱牲字林瞻持躬方正不好奢華以捐貲修　邑城由太學生
議叙州吏目繼以子重麟官廣西桂平梧鬱道
誥封中憲大夫父諱珏字珪璋質直好義素愛先正格言濟急扶危樂善不倦初援
例太學生以子重泰貴
誥封奉直大夫以姪重麟貴
覃恩貤封朝議大夫育子二長諱重泰字仲安號虛堂候銓布政司經歷加二級
誥封奉直大夫次即梧軒賦性孝友事親誠敬不敢少有拂意父母所愛亦愛之父母所敬亦敬之行年
四十有餘而不失赤子之心以故伯父益齋公甚愛焉父珪璋公捐館哭不欲生與胞姪繼善當大
事斟酌度量力所能為者竭蹶為之自伯兄虛堂君歿事賈恭人彌加勤謹手足之間友愛純篤生
平自處儉約雖一文尺布未曾擅用無事絕迹市廛不以言語見長謙遜之態藹然可挹見者莫不
忘其為富貴人也尤喜活人濟世開設藥室令遵法炮製每出門嘗懷藥餌遇病者即給之鄉人賴
以活命者不可枚舉嗚乎賢哉余觀富厚之家衣必文采食必粱肉己身參茸之費在所不計遇鄉
里疾病漠不關心聞　君之風其亦可以少愧矣　君生於乾隆四十五年十月廿六日辰時卒於
道光六年八月廿二日申時享年四旬有七元配王氏本鎮候銓主事諱詩葆公長女先　君卒繼
娶新市鎮王公名經長女子二長繼綸元配出聘大荔縣進士候選知縣王公名恂次女次繼縉繼
配出尚幼今卜吉道光七年十一月二十四日卯時葬於鎮西沙苑祖塋之次子山午向爰誌且銘
銘曰松亦歇石亦裂如君之名不可滅　孝男繼綸繼縉泣血納石

説明

清道光七年（1827）十一月二十四日刻。蓋佚。誌正方形。邊長80厘米。誌文楷書28行，滿行38字。董對策撰文，謝灝書丹，謝天寶篆蓋。現存大荔縣韋林鎮西寨村。《大荔碑刻》著録。

釋文

皇清例授登仕佐郎候銓翰林院待詔太學生梧軒劉君墓誌銘」

例授文林郎吏部揀選知縣癸酉科舉人丙戌會試」大挑二等即用儒學教諭愚表兄董對策獻之甫頓首拜撰文」

例授文林郎吏部揀選知縣辛巳科舉人愚弟謝灝對廷甫頓首拜書丹」

例授文林郎吏部揀選知縣戊寅科舉人愚弟謝天寶申之甫頓首拜篆蓋」

梧軒劉君者，余之表弟也。丁亥冬，其子繼綸、繼縉將安葬焉，求誌且銘。適值余披閱古傳，感君古道」之猶存，遂援筆而摭其實。按狀，君劉姓，諱重鳳，字儀九，梧軒其號也。始祖德明公，自山西洪洞縣」遷朝邑趙渡鎮，家焉。高祖諱仕望，字聞庵。曾祖諱瀚，字海若。耕讀傳家，世多隐德，俱」誥贈通議大夫。祖諱大受，字可亭，好義樂施，篤行善事。如修學宫、建社倉、設義學、置義地、焚借券，周貧乏」，種種善事，俱詳邑乘。韓城王文端公曾爲傳焉，善人之名，遠近益著。由太學生以散賑事」欽賜八品頂帶，繼以道職加二級」，誥封通議大夫。伯父諱甡，字林瞻，持躬方正，不好奢華。以捐貲修邑城，由太學生」議叙州吏目，繼以子重麟官廣西桂平梧鬱道」，誥封中憲大夫。父諱珏，字珪璋，質直好義，素愛先正格言，濟急扶危，樂善不倦，初援」例太學生，以子重泰貴」，誥封奉直大夫，以姪重麟貴」，覃恩貤封朝議大夫。育子二。長諱重泰，字仲安，號虚堂，候銓布政司經歴加二級」，誥封奉直大夫。次即梧軒，賦性孝友，事親誠敬，不敢少有拂意，父母所愛亦愛之，父母所敬亦敬之，行年」四十有餘，而不失赤子之心。以故伯父益齋公甚愛焉。父珪璋公捐館，哭不欲生，與胞姪繼善當大」事，斟酌度量，力所能爲者，竭蹶爲之。自伯兄虚堂君歿，事賈恭人彌加勤謹。手足之間，友愛純篤。生」平自處儉約，雖一文尺布未曾擅用，無事絶迹市廛，不以言語見長，謙遜之態，藹然可挹。見者莫不」忘其爲富貴人也。尤喜活人濟世，開設藥室，令遵法炮製。每出門，嘗懷藥餌，遇病者即給之。鄉人賴」以活命者不可枚舉。嗚乎賢哉！余觀富厚之家，衣必文采，食必粱肉，己身参茸之費，在所不計。遇鄉」里疾病漠不關心。聞君之風，其亦可以少愧矣。君生於乾隆四十五年十月廿六日辰時，卒於」道光六年八月廿二日申時，享年四旬有七。元配王氏，本鎮候銓主事諱詩葆公長女，先君卒。繼」娶新市鎮王公名經長女。子二：長繼綸，元配出，聘大荔縣進士候選知縣王公名恂次女；次繼縉，繼」配出，尚幼。今卜吉道光七年十一月二十四日卯時，葬於鎮西沙苑祖塋之次，子山午向。爰誌且銘」。銘曰：

松亦歇，石亦裂，如君之名不可滅。

孝男繼綸、繼縉泣血納石」

783.1829　明道書院捐補膏火碑記

明道書院捐補膏火碑記

我

皇上聖治光昭

教思廣被循處守土者之奏行不力也於道光二年

特頒

諭旨以各省書院寔去名存

勅令認真整頓時大中丞盧撫陝通飭各屬確查情形妥議詳辦嗣州縣各將書院修過工程及所籌膏火通詳立案中丞奏請□勵

甚盛舉也越四年余蒞其土□書院課程予詞見其規模宏整楹舍肅清諸生皆粹然有儒者風鄠為古豐水地棫樸菁莪之□

渼陂深討□年後又得程明道夫子□明理學是以郁郁彬彬甲於他邑既而稽核膏火按原額則虧短焉且乏續火之虧逕□

始不究其原無以施彌補之策而垂經久之模溯自乾隆三十五年邑令舒君創建書院汪君繼之設立膏火幾先□美矣至嘉□

二年南山軍務旁午王君挪移膏火本銀三千兩以應急需是時僅償十之一此虧之原於邑宰也迨高君□□勸捐得數百兩並

藩憲發清查銀七百兩於原額尚未足數而從前首事又等於□不慎貸戶多窮致本利無着此虧之原於司事也爰得新司書院

首事人楊生機譚芳王建元魏文怡商籌除現存銀兩地畝房租及追繳外寔虧銀□餘兩非重行捐補不足以符原額非全行交

典不能積久常存因令廣為勸輸得銀八百有奇余亦捐廉助並前任視稟請入公項錢四百四十千文共成三千四百四十之數

一概發給典商具領每月分生息由值年首事按時取息分支散給膳膏火之需且約自此以後本銀存典官與首事□許□

毫經手如有□挪而典商徇□者□着落承領之商賠繳並令典商年終出具寔存本銀數目甘結備查彙報各上憲存案庶足

昭名寔而垂久遠乎意自舒王二君□創立以來至今六十年耳而膏火原本竟次虧缺今雖遵前通飭力加整頓而日久弊生安

知此三千餘金之常存在典乎語曰人存政舉後之蒞斯土者尚與余同志焉是為記

附刊紳士捐銀數目於左以垂不朽

進士出身鄠縣[illegible]君湘潭郭汪璨撰

邑庠生李逢春書

首事　文舉人楊生機　廩生王建元　生員譚芳　生員魏文怡

同勸捐人　武舉雒煥文

光九年六月穀旦

朝陽高玉汝鐫

説 明

清道光九年（1829）六月刻。碑圓首。通高167厘米，寬68厘米。額文2行，滿行5字，篆書“明道書院捐」補膏火記」”。正文楷書25行，滿行50字。郭汪璨撰文，李逢春書丹。四周飾纏枝花紋。原立於户縣縣城西街明道書院，1986年移至户縣文廟大成殿東側碑廊。現存西安市鄠邑區文廟。《户縣碑刻》著録。

釋 文

明道書院捐補膏火碑記」

我」皇上聖治光昭」，教思廣被。猶慮守土者之奉行不力也，於道光二年」特頒」諭旨，以各省書院實去名存」，敕令認真整頓。時大中丞盧撫陝，通飭各属確查情形，妥議詳辦。嗣州縣各將書院修過工程及所籌膏火，通詳立案，中丞奏請獎勵」，甚盛舉也。越四年，余莅斯土，至書院，謁程子祠，見其規模宏整，楹舍肅清，諸生皆粹然有儒者風。鄠爲古豐水地，棫樸菁莪之化，淪」浹既深，千餘年後，又得程明道夫子昌明理學，是以郁郁彬彬，甲於他邑。既而稽核膏火，較原額則虧短焉。且夫膏火之虧，匪自今」始。不究其原，無以施彌補之策，而垂經久之模。溯自乾隆三十五年，邑令舒君創建書院，汪君繼之設立膏火，後先濟美矣。至嘉慶」三年，南山軍務旁午，王君挪移膏火本銀三千兩以應急需，去時僅償十之一，此虧之原於邑宰也。迨高君攝篆，勸捐得數百銀，並」藩憲發清查銀九百兩，於原額尚未足數。而從前首事人等放借不慎，貸户多窮，致本利無着，此虧之原於司事也。爰傳新司，書院」首事人楊士機、譚芳、王建元、魏文怡面籌，除現存銀兩、地畝、房租及追繳外，實虧銀千餘兩。非重行捐補，不足以符原額；非全行交」典，不能積久常存。因令廣爲勸輸，得銀八百有奇，余亦捐廉助，並前任祝稟請入公項錢四百四十千文，共成三千四百四十之數」，一概發給典商具領，每月一分生息，由值年首事按時收息，爲支散修脯膏火之需。且約自此以後，本銀存典，官與首事均不許絲」毫經手；如有侵挪而典商依從者，即着落承領之商賠繳，並令典商年終出具實存本銀數目，甘結備查，稟報各上憲存案，庶足以」昭名實而垂久遠乎。噫！自舒、汪二君子創立以來，至今六十年耳，而膏火原本疊次虧缺，今雖尊前通飭力加整頓，而日久弊生，安」必此三千餘金之常存在典乎？語曰：人存政舉。後之莅斯土者，尚與余同志焉。是爲記」。

附刊紳士捐銀數目於左，以垂不朽」。

賜進士出身鄠縣尹湘潭郭汪璨撰」

邑庠生李逢春書」

首事人：介賓楊士機，生員譚芳，廩生王建元，生員魏文怡」

同勸捐人：武舉雒焕文」

道光九年六月穀旦，頻陽高玉汝鎸」

按

明道書院，位於今户縣縣城西街。清乾隆三十五年（1770）知縣舒其紳與地方士紳爲紀念明道先生（程顥）而建，并延師督課，州縣童生以上生員在此攻讀。

撰者郭汪璨，字雲麓，湖南湘潭人，嘉慶十九年（1814）進士。道光七年（1827）任鄠縣知縣。

784.1830　守真和尚塔銘

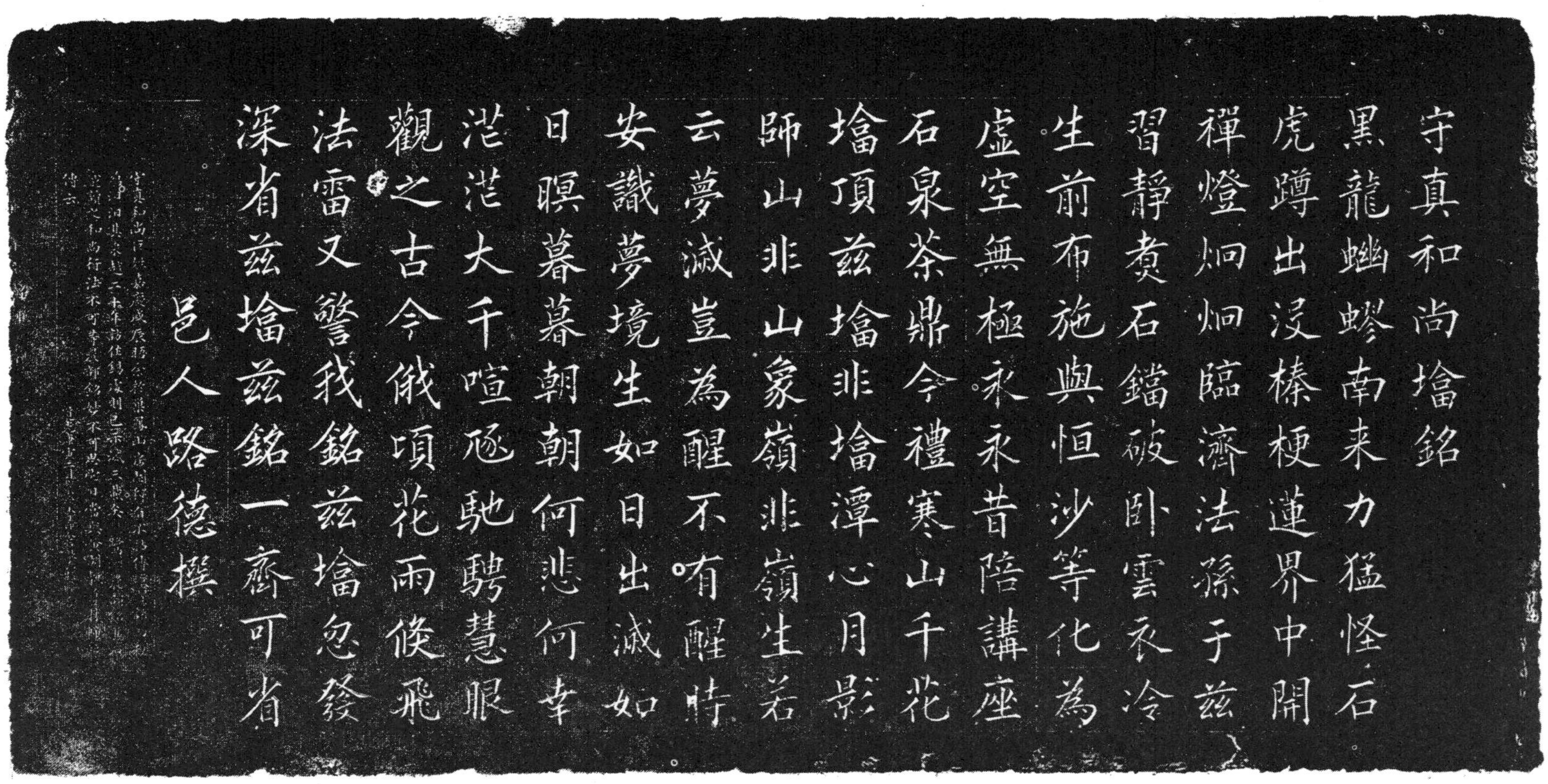
守真和尚墖銘
黑龍蜿蜒南来力猛怪石
虎蹲出没榛梗蓮界中開
禪燈炯炯臨濟法孫于茲
習靜煑石鐺破卧雲衣冷
生前布施與恒沙等化為
虚空無極永永昔陪講座
石泉茶鼎今禮寒山千花
墖頂茲墖非墖潭心月影
師山非山象嶺非嶺生若
云夢滅豈為醒不宥醒時
安識夢境生如日出滅如
日瞑暮暮朝朝何悲何幸
茫茫大千喧豗馳騁慧眼
觀之古今俄頃花雨倏飛
法雷又警我銘茲墖忽發
深省茲墖茲銘一齋可省
邑人路德撰

説明

清道光十年（1830）二月刻。碑長方形。長80厘米，寬45厘米。銘文大字楷書18行，滿行10字。路德撰文。文末李印全跋，小字楷書4行，滿行28字。現存周至縣仙遊寺博物館。

釋文

守真和尚塔銘」

黑龍蚴蟉，南来力猛。怪石」虎蹲，出没榛梗。蓮界中開」，禪燈炯炯。臨濟法孫，于兹」習静。煮石鐺破，卧雲衣冷」。生前布施，與恒沙等。化爲」虚空，無極永永。昔陪講座」，石泉茶鼎。今禮寒山，千花」塔頂。兹塔非塔，潭心月影」。師山非山，象嶺非嶺。生若」云夢，滅豈爲醒。不有醒時」，安識夢境。生如日出，滅如」日瞑。暮暮朝朝，何悲何幸」。茫茫大千，喧豗馳騁。慧眼」觀之，古今俄頃。花雨倏飛」，法雷又警。我銘兹塔，忽發」深省。兹塔兹銘，一齊可省」。

邑人路德撰」

守真和尚，巨姓，嘉慶戊辰晤余於巢鳳山房，闡釋旨不拈，傳燈□語□秋」藴汩汩其采。越二十年，訪住錫處，則已示滅三載矣。鷺洲農部銘其石」龕，讀之，和尚行法不可等，農部銘妙不可思。它日當與黄閍磚、尊勝幢並」傳云。

道光庚寅二月襄□李印全石敲氏跋」

785.1832　净業寺置田并立規約碑

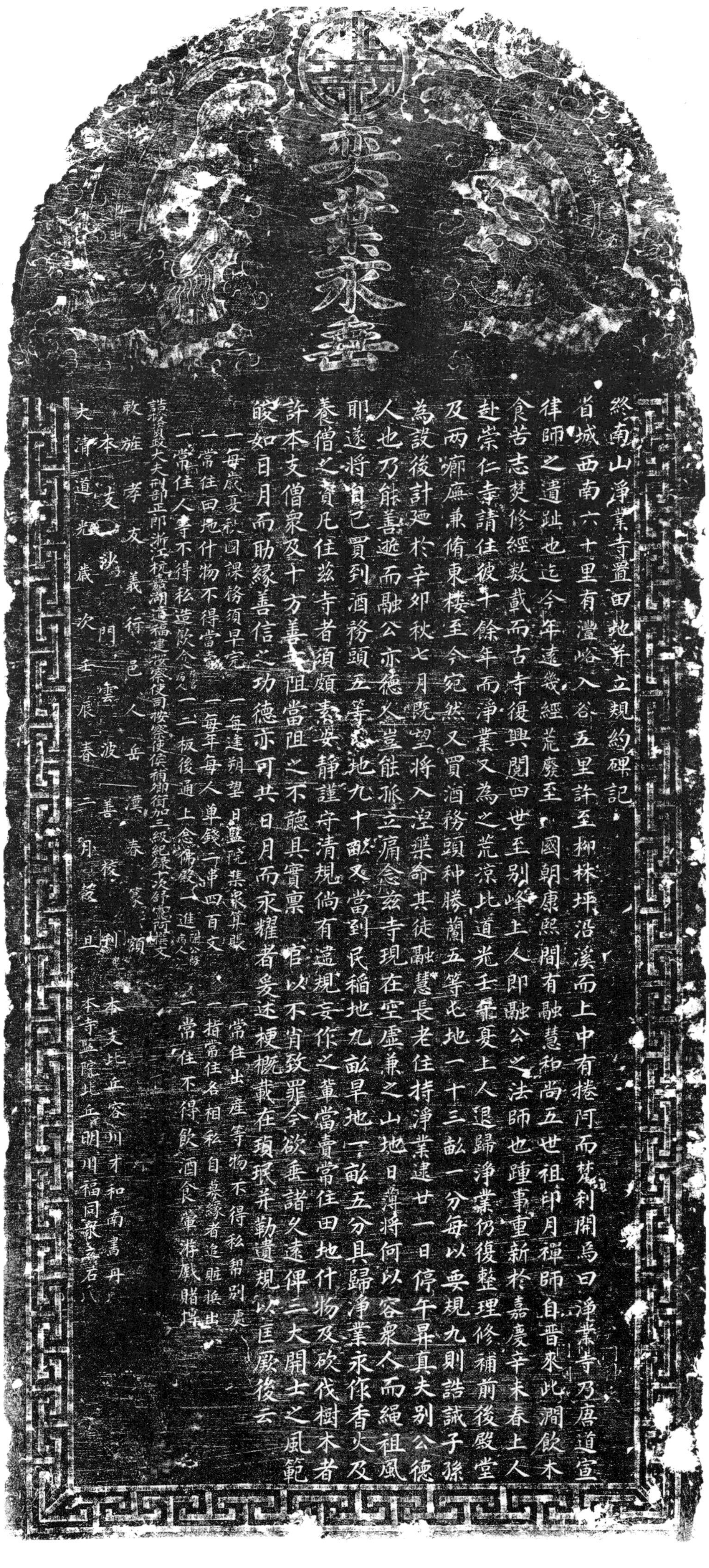

説　明

清道光十二年（1832）二月刻。碑圓首。通高124厘米，寬54厘米。碑額竪向隸書“奕葉永垂”四字。正文楷書19行，滿行40字。舒靈阿撰文，才和南書丹，岳漢春題額。額文兩側飾祥雲龍紋，碑身四周飾幾何圖案。現存西安市長安區净業寺。《長安碑刻》著録。

釋　文

終南山净業寺置田地并立規約碑記」

省城西南六十里，有灃峪。入谷五里許，至柳林坪，沿溪而上，中有捲阿而梵刹開焉，曰净業寺，乃唐道宣」律師之遺趾也。迄今年遠，幾經荒廢。至國朝康熙間，有融慧和尚五世祖印月禪師，自晋來此，澗飲木」食，苦志焚修，經数載而古寺復興。閲四世至別峰上人，即融公之法師也，踵事重新。於嘉慶辛未春，上人」赴崇仁寺，請住彼十餘年，而净業又爲之荒凉。比道光壬午夏，上人退歸净業，仍復整理修補前後殿堂」及两廊廡，兼修東楼，至今宛然。又買酒務頭种勝蘭五等屯地一十三畝一分，每以要規九則誥誡子孫」。爲設後計，乃於辛卯秋七月既望將入涅槃，命其徒融慧長老住持净業。逮廿一日停午昇真。夫別公，德」人也，乃能善逝。而融公亦德人，豈能孤立。痛念兹寺現在空虚，兼之山地日薄，將何以容衆人而繩祖風」耶？遂將自己買到酒務頭五等屯地九十畝，又當到民稻地九畝、旱地一畝五分，具歸净業，永作香火及」養僧之資。凡住兹寺者，須頗素安静，謹守清規。倘有違規妄作之輩，當、賣常住田地、什物及砍伐樹木者」，許本支僧衆及十方善士阻當。阻之不聽，具實稟官，以不肖致罪。今欲垂諸久遠，俾三大開士之風範」皎如日月，而助緣善信之功德，亦可共日月而永耀者。爰述梗概，載在貞珉。并勒遺規，以匡厥後云」。

一、每歲夏秋，國課務須早完。

一、每逢朔望日，監院集衆算賬。

一、常住出産等物，不得私帮别處」。

一、常住田地、什物，不得當賣。

一、每年每人畀錢二串四百文。

一、指常住名相私自募緣者，追贓擯出」。

一、常住人等不得私造飲食。除客、病人。

一、二板後通上念佛殿一進。除公務、病人。

一、常住不得飲酒、食葷、游戲、賭博」。

誥授資政大夫刑部正郎浙江杭嘉湖道福建按察使司按察使候補卿銜加三級紀録十次舒靈阿撰文」

敕旌孝友義行邑人岳漢春篆額」

本支沙門雲波善校刊

本支比丘容川才和南書丹」

大清道光歲次壬辰春二月穀旦

本寺監院比丘明川福同衆立石」

按

碑所記净業寺置田及訂立規約，對於研究清代佛教寺院經濟及寺院規約等有一定的價值。

786.1833　姜嫄聖母感應記

姜嫄聖母感應記
天人感應之際微矣然而其理不過曰誠而已顧人以誠感天以誠應此理之常無足異者若夫以誠感
天而天無不感以誠應人而人無不應其惟恭恭　姜嫄乎粵稽周世本紀　姜嫄為帝嚳元妃克
禋郊禖以弗無子履巨人跡載震載育非誠之感天能若是與而後世遂奉之以祈嗣此亦如棄能播穀
後遂代農為稷云岐之卷阿舊有
姜嫄聖母廟由来已久列於祀典享以少牢每逢暮春報賽遠近祈嗣者肩摩踵接求無不得香火之資數百
千計此豈人故媚神歟亦以誠之應人而人樂於輸誠尔盖嘗論之天地之大德曰生　姜嫄既得天
地之德以化生又推天地之德以施生是以大其生廣其生生生不窮以溥天地之好生而天地之所以
生物不測者亦惟為物不貳而已不貳者誠也生物者誠之通成物者誠之復濂溪曰誠應故妙妙也者
靈也靈也者誠也人惟竭其誠神斯顯其靈靈者誠之應也神既顯其靈人益竭其誠誠者靈之感也感
應之際微之顯也誠之不可掩如此夫然則　姜嫄之德其亦至誠無息者與
例授文林郎吏部揀銓知縣壬午科舉人王樹堂薰沐撿閱
郡儒學廩膳生員王文德薰沐撰文
邑儒學廩膳生員李作舟薰沐書丹
邑儒學生員祝登觀薰沐篆額
董事　張鈞　生庠劉建邦　董琳　馮中清　生庠王芝　王士元　梁[illegible]　馮明遠　刘福
趙鎮　楊定邦　趙德　倪登科　刘芳　楊成邦　張儒　董玉昌　李琳
道光十三年歲次癸巳瓜月穀旦

説 明

清道光十三年（1833）七月刻。碑螭首方座。高180厘米，寬66厘米。正文楷書16行，滿行40字。王文德撰文，李作舟書丹，祝登觀篆額。四周飾寶相花紋。現存岐山縣周公廟管理處。

釋 文

姜嫄聖母感應記」

天人感應之際微矣哉，而其理不過曰誠而已。顧人以誠感，天以誠應，此理之常，無足異者。若夫以誠感」天而天無不感，以誠應人而人無不應，其惟赫赫姜嫄乎。粤稽周世本紀，姜嫄爲帝嚳元妃，克」禋郊禖，以弗無子，履巨人迹，載震載育，非誠足感天能若是與？而後世遂奉之以祈嗣，此亦如棄能播穀」，後遂代農爲稷云。岐之卷阿，舊有」姜嫄聖母廟，由来已久，列於祀典，享以少牢。每逢暮春報賽，遠近祈嗣者肩摩踵接，求無不得，香火之資數百」千計，此豈人故媚神歟？亦以誠足應人，而人樂於輸誠尔。盖嘗論之，天地之大德曰生，姜嫄既得天」地之德以化生，又推天地之德以施生，是以大其生，廣其生，生生不窮，以溥天地之好生，而天地之所以」生物不測者，亦惟爲物不貳而已。不貳者，誠也。生物者誠之通，成物者誠之復。濂溪曰：誠應故妙，妙也者」靈也，靈也者誠也。人惟竭其誠，神斯顯其靈，靈者誠之應也。神既顯其靈，人益竭其誠，誠者靈之感也。感」應之際，微之顯也。誠之不可掩如此夫。然則姜嫄之德，其亦至誠無息者與」！

例授文林郎吏部揀銓知縣壬午科舉人王樹堂薰沐檢閲」

郡儒學廩膳生員王文德薰沐撰文」

邑儒學廩膳生員李作舟薰沐書丹」

邑儒學生員祝登觀薰沐篆額」

道光十三年歲次癸巳瓜月穀旦」

董事：

張鈞、趙鎮、庠生劉建邦、楊定邦、董琳、趙德、馮中清、祝登科、庠生王芝、劉芳、王士元、楊成邦、梁純、張儒、馮明遠、董丕昌、劉福、李琳敬立」

住持：張永朗」

鹿原王鈺鐫」

787.1837　洪瑚璉祝文

清故處士湖三希先生祝文　門生筆政靈順謹序　子洪不葩哈哈達沐手敬書
先生姓洪諱瑚璉號三希西安人也自涼州駐防烏魯木齊幼而敦敏長而端方聰穎絕倫博學孝友筆政期滿無力赴
京於乾隆癸酉退而不仕以祝文自誓告　天遷善改過終日孜孜儒道反躬真踐實行明通易理精與歧黃熟繹清
文善詩楷書[illegible][illegible]訓俗救危恤苦居仁由義甘貧樂道有數千金不昧之事有不愧衾影之行嘗書　上帝臨汝於座
右無事端坐面對凡教諸生必然衣冠整齊雖炎暑則不解冠帶從學於西銘公年六十而不失弟子之禮素與　松
節相答論程朱之學以中孚豐川之未祀為念繹四書反身錄一部著內省錄八卷原稿呈於　節相又同　崇安公相
契講學終日忘食於道光辛巳十二月廿日寅時端坐而逝　崇公夜聞　先生叩門令其子往問之際而　崇公亦逝
矣　先生生子不葩繼父之志不求祿利精明醫術孝善聞名癸巳丙申之間醫救州邑疫疾數千衆食飲俱廢不煩不
怠生等不忍泯滅　先生兩世之行謹將祝文刻石以垂不朽　祝曰祝非文省非告　天清地廓日昭月明予茲藐焉
混然中容涓滴無答於覆載罔非附峻於山陵是以靜攄頑丹罄陳意及敢昭告於　列聖諸神曰奉蒸嘗而虧齋慎薦
血食而鮮禮敬事嚴塋而未竭力違色養而自專行恁疾痾而輕忽毀誠志而方令從己欲而障善流謗怨而歸凶忘年
齒而自樂私貨財而故窮妄作聰明而釀過肆逞愚詐而累躬或妨善誘之往教啟惡漸之來端藐尊長而失禮欺孤幼
而虧憐慢高明而不遜嫉師法而無謙匿怨忿而就容不同塵而逞顏令聲色而鬻馴矯潔直以嫁怨隱邪詐而飾正縫
鄙陋以示賢或當為而不力非宜行以罔踐顛是非而取媚混曲直而遺患受盛德而反汚施理常而望還懷僥倖而苟
從饕食利而傷廉恕己非而責人縱他失而自全貴順意而賤忤樂隨罔而恨宣或陷陰柔之闒懦而無陽剛之果斷機
窺影以沙射閒談物而血御性左方而志固心駁雜而意偏執謬見而勞人狃常習而侮賢興始勤而終惰好攀高而務
遠攻異端而尚邪信讒諛而從奸或詩書不貴硃墨不貪惟歡是動惟悅是觀惟快是聽惟損是言沽名市譽粉節粧儉
碍風妨俗辱教玷詮汨倫亂度褻規隨憲或姓族岐視戚親異瞻草木兄弟金玉子男寶珍妻室荊棘友昆狂橫驕傲猛
暴放顛自尊自是自能自賢酗酒賭博貪色遊歡或嫚罵腹誹溺譆沉玩嫌貧欲富假威依權鑽營諂佞線鑽求援面誆
背詐暗盜明騙口甜心苦耳輭目饞仁義禮智賊害傷殘苟求喻利不正失寬或下上上下前後後前左右右左圓方方
圓外內內外通塞塞通南北北南東西西東畟白白畟紅青青紅低高高低公私私公厚薄薄厚同異異同短長長短中
斜斜中身體髮膚保之履冰諸條不力徒罄墨頌有一犯此銷壽一齡伏惟　列聖默鑒　諸神寘警　祥泰　雙興
道光歲次丁酉十二月朔　受業門人副都統銜賡音岱佐領德興額金洪額蘇克精額防禦握仁岱
主事職銜菩薩保筆帖式富明阿靈順　孫西常阿從孫吉楞布伊彪坦布[illegible]
[illegible]布

説明

清道光十七年（1837）十二月刻。碑圓首方座。高199厘米，寬85厘米。正文楷書24行，滿行46字。靈順撰文，洪不器哈哈達書丹。現存西安碑林博物館。《西安碑林全集》著録。

釋文

清故處士瑚三希先生祝文

門生筆政靈順謹序

子洪不器哈哈達沐手敬書」

先生姓洪，諱瑚璉，號三希，西安人也。自凉州駐防烏魯木齊。幼而敦敏，長而端方，聰穎絶倫，博學孝友。筆政期滿，無力赴」京，於乾隆癸酉，退而不仕，以祝文自誓告天，遷善改過，終日孜孜儒道，反躬真踐實行。明通易理，精奥岐黄，熟繹清」文，善詩楷書，設學訓俗，救危恤苦，居仁由義，甘貧樂道，有數千金不昧之事，有不愧衾影之行。嘗書“上帝臨汝”於座」右，無事端坐而對。凡教諸生必然衣冠整齊，雖炎暑則不解冠帶。從學於西銘公，年六十而不失弟子之禮。素契松」節相答論程朱之學，以中孚、豐川之未祀爲念，繹《四書反身録》一部，著《内省録》八卷，原稿呈於節相。又同崇安公相」契講學，終日忘食。於道光辛巳十二月廿日寅時，端坐而逝。崇公夜聞先生叩門，令其子往問之際，而崇公亦逝」矣。先生生子不器，繼父之志，不求禄利，精明醫術，孝善聞名。癸巳、丙申之間，醫救州邑疫疾數千衆，食飲俱廢，不煩不」怠。生等不忍泯滅先生兩世之行，謹將祝文刻石以垂不朽。祝曰：

祝非文省，非告天清地廓，日昭月明。予兹藐焉」，混然中容，涓滴無答於覆載，罪非附峻於山陵。是以静攄頑丹，罄陳意及，敢昭告於列聖諸神曰：奉蒸嘗而虧齋慎，薦」血食而鮮禮敬。事嚴萱而未竭力，違色養而自專行。恁疾疴而輕忽，毁誠志而方令。從己欲而障善，流謗怨而歸凶。忘年」齒而自樂，私貨財而故窮。妄作聰明而釀過，肆逞愚詐而累躬。或妨善誘之往教，啓惡漸之來端，藐尊長而失禮，欺孤幼」而虧憐，慢高明而不遜，嫉師法而無謙，匿怨忿而就容，不同塵而逞顔，令聲色而鬻馴，矯潔直以嫁愆，隱邪詐而飾正，縫」鄙陋以示賢。或當爲而不力，非宜行以罔踐，顛是非而取媚，混曲直而遺患，受盛德而反污，施理常而望還，懷僥倖而苟」從，饕食利而傷廉，恕己非而責人，縱他失而自全，貴順意而賤忤，樂隨罔而恨宣。或陷陰柔之闒懦，而無陽剛之果斷，機」窺影以沙射，開談物而血唧，性左方而志固，心駁雜而意偏，執謬見而勞人，狃常習而侮賢，興始勤而終惰，好攀高而務」遠，攻異端而尚邪，信讒諛而從奸。或詩書不貴，硃墨不貪，惟歡是動，惟悦是觀，惟快是聽，惟損是言，沽名市譽，粉節粧儉」，碍風妨俗，辱教玷詮，汩倫亂度，隳規墮憲。或姓族岐視，戚親異瞻，草木兄弟，金玉子男，寶珍妻室，荆棘友昆，狂横驕傲，猛」暴放顛，自尊自是，自能自賢，酗酒賭博，貪色遊歡。或嫚罵腹誹，溺謔沉玩，嫌貧欲富，假威依權，鑽營諂佞，線鎖求援，面誆」背詐，暗盗明騙，口甜心苦，耳軟目饞，仁義禮智，賊害傷殘，苛求喻利，不正失寬。或下上上下，前後後前，左右右左，圓方方」圓，外内内外，通塞塞通，南北北南，東西西東，黑白白黑，紅青青紅，低高高低，公私私公，厚薄薄厚，同異異同，短長長短，中」斜斜中，身體髮膚，保乏履冰。諸條不力，徒罄墨穎。有一犯此，銷壽一齡。伏惟列聖默鑒，諸神冥警」。

道光歲次丁酉十二月朔

受業門人副都統銜賡音岱，佐領德興額、舍洪額、蘇克精額，防禦握仁岱、祥泰、雙興」

主事職銜菩薩保，筆帖式富明阿、靈順，孫西常阿，從孫吉楞布、伊克坦布建」

788.1840　聯保甲以弭盜賊

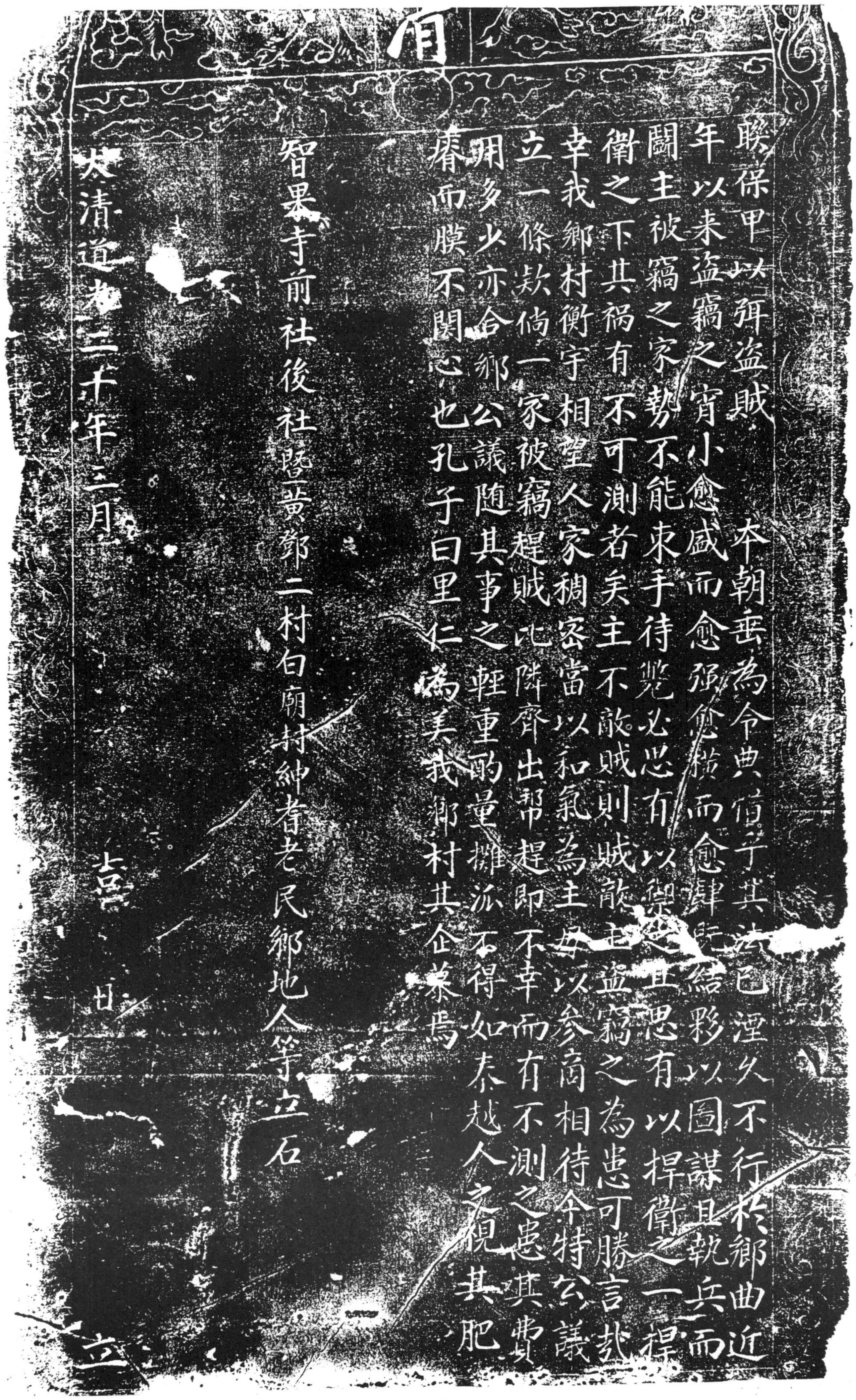

聯保甲以弭盜賊　本朝垂為令典稽于其法已湮久不行於鄉曲近
年以來盜竊之宵小愈盛而愈強愈横而愈肆甚結夥以圖謀且執兵而捍
闔主被竊之家勢不能束手待斃必思有以禦之且思有以捍衛之一捍
衛之下其禍有不可測者矣主不敵賊則賊敵主盜竊之為患可勝言哉
幸我鄉村衛守相望人家稠密當以和氣為主毋以參商相待今特公議
立一條款倘一家被竊趕賊比隣齊出帮趕即不幸而有不測之患其費
用多少亦合鄉公議隨其事之輕重酌量攤派不得如秦越人之視其肥
瘠而膜不關心也孔子曰里仁為美我鄉村共企慕焉
智果寺前社後社暨黄鄭二村白廟村紳耆老民鄉地人等立石
大清道光二十年三月　吉　日　立

説 明

清道光二十年（1840）三月刻。碑圓首。高112厘米，寬54厘米。額楷書“皇清”二字。正文楷書10行，滿行28字。四周飾雲龍紋。現存洋縣智果寺文物管理所。《漢中碑石》著録。

釋 文

聯保甲以弭盜賊

本朝垂爲令典，惜乎其法已湮，久不行於鄉曲。近」年以来，盜竊之宵小愈盛而愈强，愈横而愈肆，既結夥以圖謀，且執兵而」鬭主。被竊之家，勢不能束手待斃，必思有以禦之，且思有以捍衛之。一捍」衛之下，其禍有不可測者矣。主不敵賊，則賊敵主。盜竊之爲患，可勝言哉」！幸我鄉村衡宇相望，人家稠密，當以和氣爲主，毋以参商相待。今特公議」，立一條款，倘一家被竊趕賊，比鄰齊出帮趕，即不幸而有不測之患，其費」用多少，亦合鄉公議，随其事之輕重，酌量攤派。不得如秦越人之視其肥」瘠，而膜不關心也。孔子曰：“里仁爲美。”我鄉村其企慕焉」。

智果寺前社後社暨黄鄧二村、白廟村紳耆老民鄉地人等立石」

大清道光二十年三月吉日立」

按

碑文所載聯保甲以弭盜賊條約，反映清代村民自治理念，對於研究清代鄉村治理有一定的價值。

789.1842　劉重興墓誌

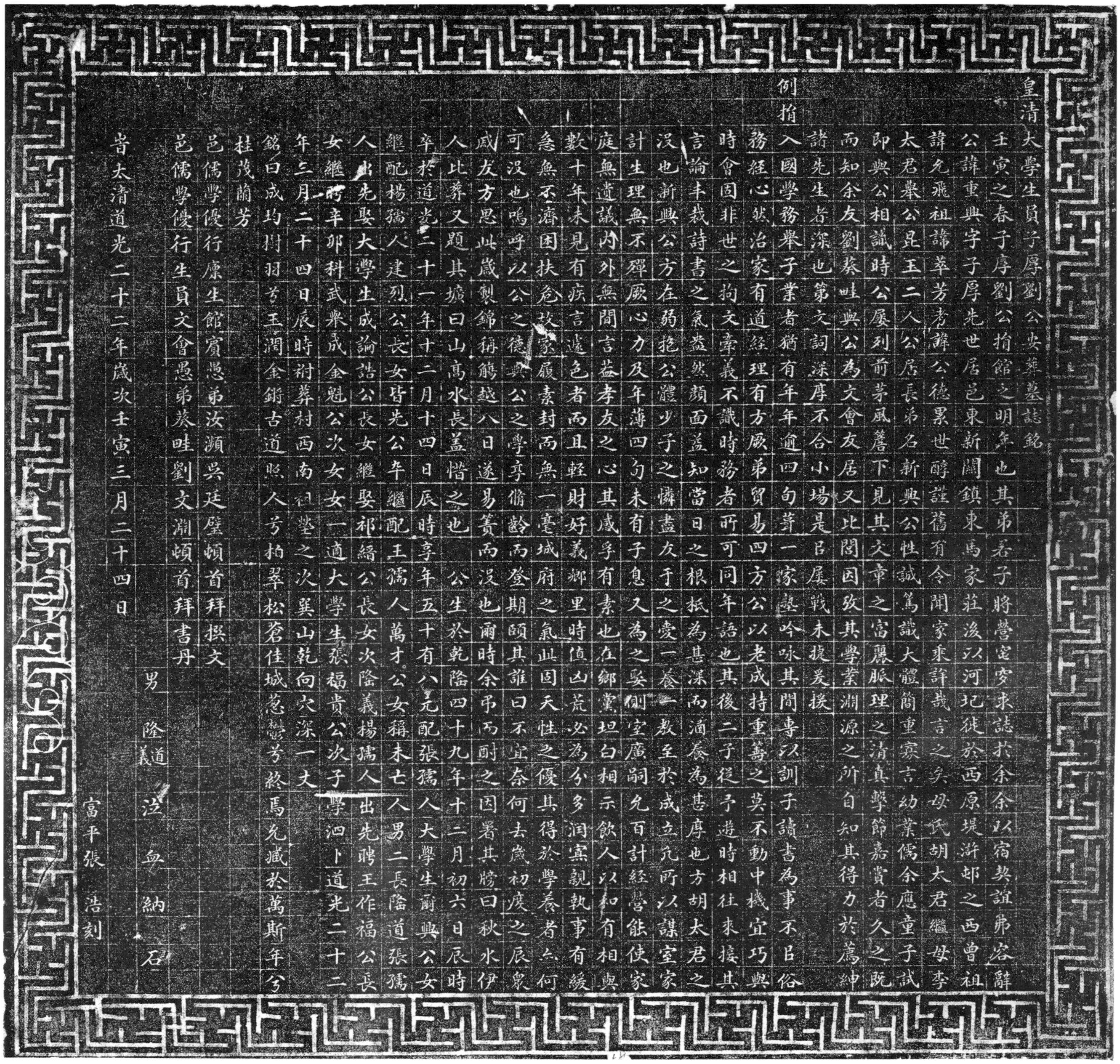

皇清太學生員子厚劉公安葬墓誌銘
壬寅之春子厚劉公捐館之明年也其弟若子將營窀穸來誌於余余以宿契誼弗容辭
公諱重興字子厚先世居邑東新關鎮東馬家莊後以河圮徙於西原堤滸郎之西曾祖
諱允飛祖諱萃芳考諱公德累世醇謹舊有令聞家乘詳哉言之矣母氏胡太君繼母李
太君舉公昆玉二人公居長弟名新興公性誠篤識大體簡重寡言幼業儒余應童子試
即與公相識時公屢列前茅風簷下見其文章之富麗脈理之清真擊節嘉賞者久之既
而知余友劉蔡畦與公為文會友居又比閭因致其學業淵源之所自知其得力於薦紳
諸先生者深也第文詞深厚不合小場是吕屢戰未捷爰援
例捐入國學務舉子業者猶有年年逾四旬葺一家塾吟咏其間專以訓子讀書為事不吕俗
務經心然治家有道經理有方厥弟貿易四方公以老成持重籌之莫不動中機宜巧與
時會固非世之拘文牽義不識時務者所可同年語也其後二子從予遊時相往來接其
言論丰裁詩書之氣盎然顏面益知當日之根柢為甚深而涵養為甚厚也方胡太君之
没也新興公方在弱抱公體少子之憐盡友于之愛一養一教至於成立凡所以謀室家
計生理無不殫厥心力及年薄四旬未有子息又為之娶側室廣嗣凡百計經營能使家
庭無遺議內外無間言蓋孝友之心其感乎有素也在鄉黨坦白相示飲人以和有相與
數十年未見有疾言遽色者而且輕財好義鄉里時值凶荒必為分多潤寡親執事有緩
急無不濟困扶危故家履素封而無一毫城府之氣此固天性之優其得於學養者亦何
可没也嗚呼以公之德與公之學亨脩齡而登期頤其誰曰不宜奈何去歲初度之辰衆
戚友方思此歲製錦稱觴越八日遂易簀而没也爾時余弔而酎之因署其牓曰秋水伊
人比蔡又題其壙曰山高水長蓋惜之也　公生於乾隆四十九年十二月初六日辰時
卒於道光二十一年十二月十四日辰時享年五十有八元配張孺人大學生爾興公女
繼配楊孺人建烈公長女皆先公卒繼配王孺人萬才公女稱未亡人男二長隆道張孺
人出先娶大學生成論誥公長女繼娶祁縉公長女次隆義楊孺人出先聘王作福公長
女繼聘辛卯科武舉成金魁公次女女一適大學生張福貴公次子學泗卜道光二十二
年三月二十四日辰時祔葬村西南祖塋之次巽山乾向穴深一丈
銘曰成均翀羽兮王潤金鏘古道照人兮柏翠松蒼佳城葱鬱兮終焉允臧於萬斯年兮
桂茂蘭芳
邑儒學優行廩生館賓愚弟汝瀕吳廷壁頓首拜撰文
邑儒學優行生員文會愚弟蔡畦劉文淵頓首拜書丹
男　隆道　隆義　泣血納石
旹太清道光二十二年歲次壬寅三月二十四日　富平張浩刻

説明

清道光二十二年（1842）三月刻。誌正方形。邊長64厘米。誌文楷書32行，滿行34字。吴廷璧撰文，劉文淵書丹。有行格。周刻萬字紋。現存大荔縣文物局。《大荔碑刻》《新中國出土墓誌（陝西叁）》著録。

釋文

皇清太學生員子厚劉公安葬墓誌銘」

壬寅之春，子厚劉公捐館之明年也。其弟若子將營窀穸，求誌於余，余以宿契誼，弗容辭」。公諱重興，字子厚。先世居邑東新關鎮東馬家莊，後以河圮，徙於西原堤滸村之西。曾祖」諱允飛，祖諱萃芳，考諱公德，累世醇謹，舊有令聞，家乘詳哉言之矣。母氏胡太君，繼母李」太君，舉公昆玉二人。公居長，弟名新興。公性誠篤，識大體，簡重寡言。幼業儒，余應童子試」，即與公相識。時公屢列前茅，風檐下見其文章之富麗，脈理之清真，擊節嘉賞者久之。既」而知余友劉葵畦與公爲文會友，居又比閭，因考其學業淵源之所自，知其得力於薦紳」諸先生者深也。第文詞深厚，不合小場，是以屢戰未捷。爰援」例捐入國學，務舉子業者猶有年。年逾四旬，葺一家塾，吟詠其間，專以訓子讀書爲事，不以俗」務經心。然治家有道，經理有方。厥弟貿易四方，公以老成持重籌之，莫不動中機宜，巧與」時會。固非世之拘文牽義不識時務者，所可同年語也。其後二子從予遊，時相往來，接其」言論，丰裁詩書之氣，盎然顔面。益知當日之根柢爲甚深，而涵養爲甚厚也。方胡太君之」没也，新興公方在弱抱，公體少子之憐，盡友于之愛，一養一教，至於成立，凡所以謀室家」，計生理，無不殫厥心力。及年薄四旬，未有子息，又爲之娶側室，廣嗣允，百計經營，能使家」庭無遺議，内外無間言，蓋孝友之心，其感孚有素也。在鄉黨，坦白相示，飲人以和，有相與」數十年未見有疾言遽色者。而且輕財好義，鄉里時值凶荒，必爲分多潤寡，親執事，有緩」急無不濟困扶危，故家履素封，而無一毫城府之氣，此固天性之優，其得於學養者亦何」可没也。嗚呼！以公之德，與公之學，享修齡而登期頤，其誰曰不宜。奈何去歲初度之辰，衆」戚友方思此歲製錦稱觴，越八日，遂易簀而没也。爾時余弔而酎之，因署其牓曰“秋水伊」人”。比葬，又題其壙曰“山高水長”。蓋惜之也。公生於乾隆四十九年十二月初六日辰時」，卒於道光二十一年十二月十四日辰時，享年五十有八。元配張孺人，大學生爾興公女」；繼配楊孺人，建烈公長女，皆先公卒。繼配王孺人，萬才公女，稱未亡人。男二：長隆道，張孺」人出，先娶大學生成論詣公長女，繼娶祁縉公長女；次隆義，楊孺人出，先聘王作福公長」女，繼聘辛卯科武舉成金魁公次女。女一，適大學生張福貴公次子學泗。卜道光二十二」年三月二十四日辰時，祔葬村西南祖塋之次，巽山乾向，穴深一丈」。銘曰：

成均樹羽兮，玉潤金鏘。古道照人兮，柏翠松蒼。佳城葱鬱兮，終焉允臧。於萬斯年兮」，桂茂蘭芳」。

邑儒學優行廩生館賓愚弟汝瀕吴廷璧頓首拜撰文」

邑儒學優行生員文會愚弟葵畦劉文淵頓首拜書丹」

男隆道、隆義泣血納石」

時大清道光二十二年歲次壬寅三月二十四日」

富平張浩刻」

790.1842　遊華山詩并序

説明

清道光二十二年（1842）四月刻。碑長方形。長96厘米，寬32厘米。正文行草，序7行，詩27行，滿行12至15字不等。林則徐撰文并書丹。右側鈐印兩方，上方朱文“書生結習”，下方白文“此間不可無我吟”。左側鈐印兩方，上方白文“少穆初稿”，下方朱文“名豈文章著”。現存西安碑林博物館。《華山碑石》《西安碑林全集》著録。

釋文

道光壬寅四月，則徐西行過華陰，邑侯」海珊姜君招遊華山，同遊者陳賡堂」、劉聞石兩郡丞及兒子汝舟也。歸途賦」詩一章，柬海珊並約陳、劉二君同作」。雲生先生聞而見和，且爲作《華嶽圖」》，詞翰雙美，深感其意，因録前詩奉」粲，即希削正」。

神君管領金天嶽，坐對三峰看」未足。公餘喜共客登臨，我適西來真」不速。櫻筍廚開浴佛時，暫輟放衙」事休沐。灝靈宫殿訪碑行，華嶽廟舊名灝靈宫，咋於」廟中同觀儀徵相公補刻《華山碑》，清白園林對床宿。華山麓有楊氏園林，題曰“清」白别墅”，遊山前一夕宿此。凌晨天氣半陰晴，晝永無煩」宵秉燭。竹杖芒鞋結疇侶，酒榼茶鐺」付童僕。雲臺觀裏約乘雲，玉泉院中」聽漱玉。同儕各挾濟勝具，初陟坡陀踵」相續。嶂疊峰迴路忽窮，誰料重關」在山曲。微徑蜿蜒蟻旋磨，絶磴攀」躋鮎上竹。箭鏃依稀王猛臺，丹砂隐」現張超谷。莎蘿坪与青柯坪，小憩聊」尋道書讀。過此巉巖愈危絶，鐵」鎖高垂手難觸。五千仞峻徒窘步」，十八盤徑猶

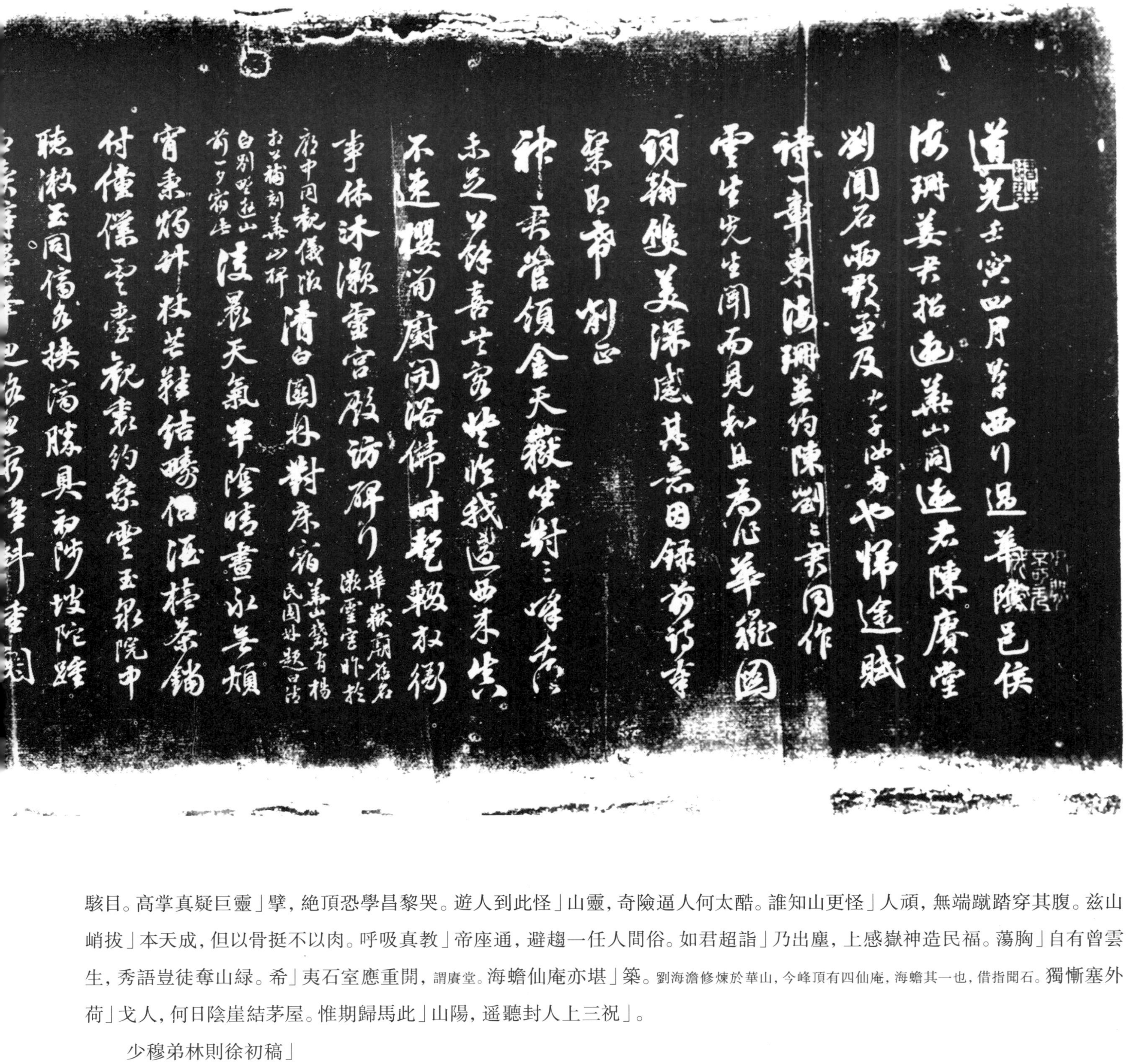

駭目。高掌真疑巨靈」擘，絶頂恐學昌黎哭。遊人到此怪」山靈，奇險逼人何太酷。誰知山更怪」人頑，無端蹴踏穿其腹。茲山峭拔」本天成，但以骨挺不以肉。呼吸真教」帝座通，避趨一任人間俗。如君超詣」乃出塵，上感嶽神造民福。蕩胸」自有曾雲生，秀語豈徒奪山緑。希」夷石室應重開，謂賡堂。海蟾仙庵亦堪」築。劉海澹修煉於華山，今峰頂有四仙庵，海蟾其一也，借指聞石。獨慚塞外荷」戈人，何日陰崖結茅屋。惟期歸馬此」山陽，遥聽封人上三祝」。

少穆弟林則徐初稿」

頻陽劉安篤鐫」

按

撰者林則徐，字元撫，一字少穆，晚號俟村老人。清代政治家、思想家。官至一品。曾官湖廣總督、陝甘總督、雲貴總督，兩次受命欽差大臣。道光二十二年四月，林則徐在赴伊犁途經華陰時，應華陰縣知縣姜申璠之邀與陳堯書、劉建韶等同遊華山，歸途作《遊華山詩》相贈。姜申璠，字海珊。道光十五年（1835）進士。陳堯書，字諸典，一字賡堂，福建長樂人。以典史赴陝西軍營效力，升岐山知縣。劉建韶，字聞石。道光十五年（1835）進士，道光二十一年（1841）任陝西孝義廳同知，後至陝西興安府知府。

791.1842　和林少穆先生遊華嶽原韻即題畫後并序

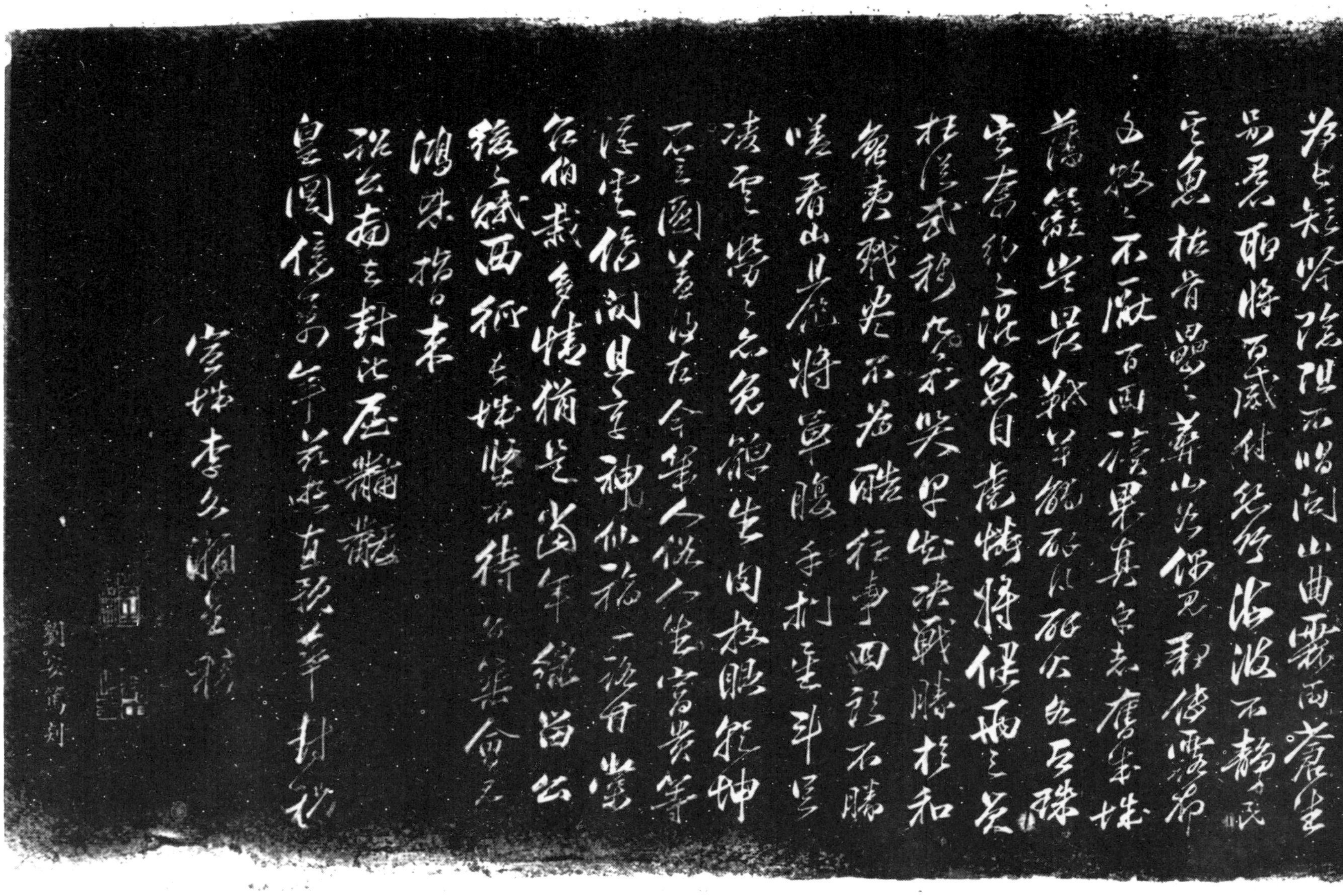

説 明

清道光二十二年（1842）五月刻。碑長方形。長102厘米，寬30厘米。正文行草41行，滿行12至15字不等。李文瀚撰文。文首鈐朱文印“平生是敢”，文末鈐白文印“男兒須到古長安”。文末鈐印兩方，一方朱文“雲生詩草”，一方朱文“鏡中仙吏”。現存西安碑林博物館。《華山碑石》《西安碑林全集》著録。

釋 文

和林少穆先生遊華嶽元韻即」題畫後并序」

道光壬寅五月朔，客從長安來」，傳誦荆州凌刺史和少穆先生《遊」華嶽詩》，知先生有華嶽之遊」。噫！勝地重經，未免今昔之感，古」人不作，誰秉天地之心？某凡塵下」吏，豈能度先生憂樂之衷？而平」生景仰，不啻范希文之於魏公」，况荆州一識，即幽賞識於凡塵，能」不感伸知己，願效馳驅乎？所以」畫先生遊嶽之意、和先生遊」嶽之詩，片長薄技，非自負也，實」願就正有道耳，望先生教之」。

手揮東海來西嶽，驊騮暫息返風足」。憑虚一覽衆山低，風雲變幻何神速。一朵」蓮花青插空，誰適爲容盼膏沐。搔」首問天天不言，無情欲傍希夷宿。石床」丹竈閲人多，一代幾人調玉燭。芒鞋藤」杖竹皮冠，都

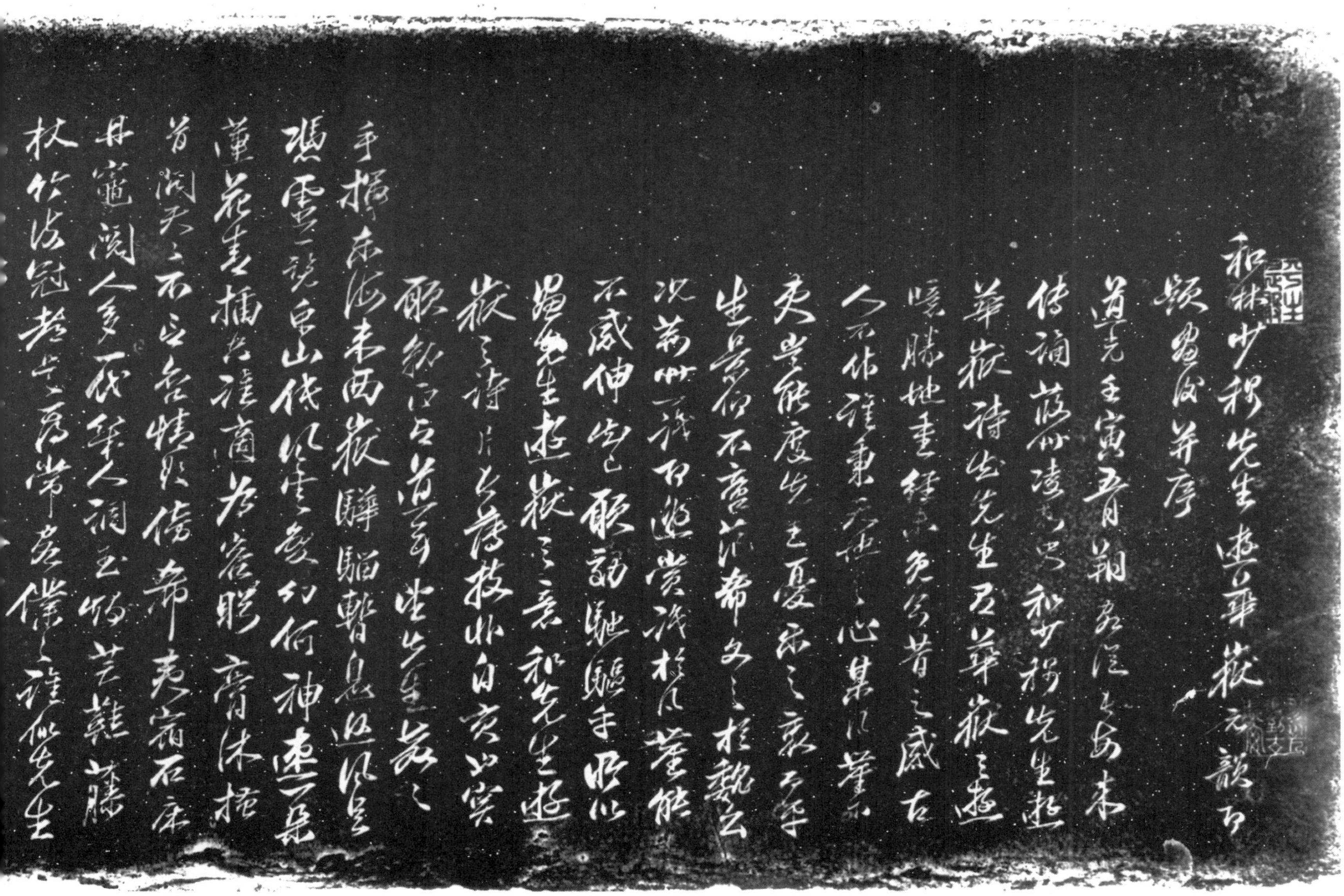

是尋常客僕僕。誰似先生」錦繡腸，九天咳唾落珠玉。經濟鴻才」世絶倫，文章鸞掖嗣能續。慷慨羞」爲長短吟，險阻不唱關山曲。霖雨蒼生」别有心，聊將百感付絲竹。海波不静民」其魚，枯骨纍纍葬山谷。偶見郵傳露布」文，孜孜不厭百回讀。果真臣志奮成城」，藩籬豈畏羝羊觸。醉風醉火各有珠」，豈奈紛紛混魚目。虎憐將健兩三員」，枉從武穆九泉哭。早知决戰勝於和」，蠻夷戰盡不爲酷。往事回頭不勝」嗟，看山且飽將軍腹。手捫星斗足」凌雲，勞勞亦免髀生肉。放眼乾坤」一笠圓，羞得古今幾人俗。人生富貴等」浮雲，偷閒且享神仙福。一路甘棠」召伯栽，多情猶是當年緑。留公」緩緩賦西徵，長城堅石待公築。會見」鴻恩指日來」，詔公南去封此屋。黼黼」皇圖億萬年，兹遊直預華封祝」。

宣城李文瀚呈稿」

劉安篤刻」

按

撰者李文瀚，字雲生，號蓮舫，安徽宣城人。道光八年（1828）舉人。歷官陝西大荔知縣、鄜州知州、四川夔州知府等。

792.1845　勸孝文

勸孝文

文昌帝君曰今日是元旦為人间第一日吾當說人间第一事何為第一事孝為百行之原精而極之可以叅贊化育故謂之第一事赤子離了母胎在孩抱便知得敬謂之第一事舍此並無孝问舍此並無功業舍此而立言則為無本之言舍此而能功蓋天下到[illegible]不從性分中流出必作偽以欺国頁本以滅身天地是孝德積成日月是孝德發光孝之道言不可得而尽也為人子者事富貴之父母易事貧賤之父母难事康健之父母易事衰老之父母难事俱慶之父母易事寡獨之父母难夫富貴之父母出入有人扶持居止有人陪從其顧嘗給其心常歡貧賤之父母舍却白髮夫妻誰為言笑離了青年子媳莫與追随人子一日在外父母一日孤悽為人子者善体其情能頃刻離左右也康健之父母行動可以自如取携可以自便朝作暮息可以任意訪親問舊可以娛情衰老之父母兒子便是手足不在面前手足欲夆而不能媳婦便是腹心不在膝下腹心有求而不遂時而欣欣[illegible]内怨而戚戚於怪為人子者善体其情能頃刻離左右也俱慶之父母日间有作伴夜间有相温畫無所事相與說短論長夜不成眠互為知寒道冷寡獨之父母兒女雖有團圓之樂夫妻已成離别之悲家庭之内獨行踽踽涼涼形影之間惟有悽悽楚楚為人子者善體其情能頃刻離左右也乎嗚呼試問身從何來親為生我之本孝為何事人所自有之心見我此章而不動心者非人也見我此章而不[illegible]者非人也逆子忤媳見我此章而不化為孝子順媳者與禽獸何异也

大清道光二十五年正月十五日

弟子艾崇峯男嘉表敬立

説 明

清道光二十五年（1845）正月刻。碑砂岩質。高75厘米，寬56厘米。額楷書横書“勸孝文”3字。正文楷書20行，滿行30字。四周飾波浪紋。現存米脂縣銀州街道官莊村文昌帝君廟。《榆林碑石》著録。

釋 文

文昌帝君曰：今日是元旦，爲人間第一日，吾當説人間第一事。何爲第一事？孝」爲百行之原，精而極之，可以參贊化育，故謂之第一事。赤子離了母胎，在孩抱」便知得，故謂之第一事。舍此並無學問，舍此並無功業。舍此而立言，則爲無本」之言。舍此而能功盖天下，到底不從性分中流出，必作僞以欺国，負本以滅身」。天地是孝德積成，日月是孝德發光。孝之道，言不可得而尽也。爲人子者，事富」貴之父母易，事貧賤之父母难。事康健之父母易，事衰老之父母难。事俱慶之」父母易，事寡獨之父母难。夫富貴之父母，出入有人扶持，居止有人陪從，其願」常給，其心常歡。貧賤之父母，舍卻白髮夫妻，誰爲言笑。離了青年子媳，莫與追」随。人子一日在外，父母一日孤恓。爲人子者，善体其情，能頃刻離左右也乎？康」健之父母，行動可以自如，取携可以自便，朝作暮息，可以任意訪親問舊，可以」娱情。衰老之父母，兒子便是手足，不在面前，手足欲舉而不能；媳婦便是腹心」，不在膝下，腹心有求而不遂。時而欣欣於内，忽而戚戚於懷。爲人子者，善体其」情，能頃刻離左右也乎？俱慶之父母，日間有作伴，夜間有相温，晝無所事，相與」説短論長；夜不成眠，互爲知寒道冷。寡獨之父母，兒女雖有團圓之樂，夫妻已」成離别之悲。家庭之内，獨行踽踽涼涼；形影之間，惟有恓恓楚楚。爲人子者，善」體其情，能頃刻離左右也乎？嗚呼！試問身從何來？親爲生我之本；孝爲何事？人」所自有之心。見我此章而不動心者，非人也；見我此章而不墮泪者，非人也；逆子」忤媳見我此章而不化爲孝子順媳者，與禽獸何异也！」

大清道光二十五年正月十五日」

弟子艾崇峰、男嘉表敬立」

793.1849　大清故醫宏不器家傳碑文謹序

皇清

大清故醫宏不器家傳碑文謹序　胞妹火金英敬撰
清故家嚴筆政西安人也姓洪諱瑚[illegible]號三布自京師駐防烏魯木齊共生子名哈哈達號日華[illegible]子[illegible]
不器胞妹名金英號少金因母患染疫症一目失明為我兄妹驚惶無計出於無奈之間我兄妹二人
同書表文祈禱上天求壽於母禱知此念已誠感動上帝我二人見母疾微減復虔祈
請神療治祇治數日母恙大愈一目失明祈神治目之間言言皆教吾兄醫道活人保母目明
撫採新藥於母生明余二人覓真草藥為進母母日日瞳人漸生復祈神方降語如求日明
者即將新藥採全五十七位可生目明生此新草乃天降治症之需指公流于後世但我胞兄[illegible]
年之勞心採藥亦全治壽亦成治目明之中言言上天諸神憐憫蒼生之塗炭以後必出異症兄
作新藥料經瘟火惡症刺法共十卷不意公忽於乙巳八月初戊壽終忽然丙午之歲本處火瘟之症
大起妹意想傳此治法秘書不得其便兄在世所留除瘟秘書十卷眼科孝術神符集上中下三卷瘟
百符神成集八卷恐有貧寒無力醫治者專作先天大行集二卷大行孝經九章治政論[illegible]章生死論一
章一切書章俱兄在世所作又遺上策治黃河通流在河南濟源下五十里有火燒林木下北火生[illegible]
處從北開渠向北流一百五十里而入火燒林中自有妙道火年可知　二策治之法黃河通流在孟
縣之北中開一渠引入于竹林中東流至天息中有窟自入地中行十里自減十之五分三策黃河
通流孟縣之北開一渠廣十八丈深五丈中有妙理通至竹林至達天息中入於地下有土有石無水有
十之五分原歸故道而入於海火年可用自有人中治日其策名曰張生華生之後知四策之治在
[illegible]生火處生中火土出特生濟水中之關千孔流入[illegible]以上諸條愚思本處[illegible]傳若有不循[illegible]兄之[illegible]
[illegible]方於往世謹將前情故勒碑文傳于後世永垂不朽
道光歲次己酉五月望　友姪徐烏魯木齊已故年滿筆政綏英之子華軒强謙敬書
孫吉楞布　伊克坦布　愛仁布建

説明

清道光二十九年（1849）五月刻。碑螭首方座。通高216厘米，寬70厘米。額篆書“皇清”二字。正文楷書20行，滿行40字。洪金英撰文，强謙書丹。四周飾纏枝花紋。現存西安碑林博物館。《西安碑林全集》著録。

釋文

大清故醫宏不器家傳碑文謹序

胞妹少金英敬撰」

清故家嚴筆政，西安人也。姓洪，諱瑚璉，號三希。自凉州駐防烏魯木齊，其生子名哈哈達，號日華子，字宏」不器。胞妹名金英，號少金。因母忽染疫症，一目失明，爲我兄妹驚惶無計。出於無奈之間，我兄妹二人」同書表文，祈禱上天求壽於母。禱知此念已誠，感動上帝。我二人見母疾微减，復虔祈方」，請神療治。祇治數日，母恙大愈。一目失明、祈神治目之間，言言皆教吾兄醫道活人，保母目明」，撫採新藥，於母生明。余二人變真草藥而進母，母目日日瞳人漸生。復祈，神方降語，如求目明」者，即將新藥採全五十七位，可生目明。生此新草，乃天降治症之靈指，公流于後世。但我胞兄三」年之勞心，採藥亦全，治書亦成。有求目明之中，言言上天諸神憐憫蒼生之塗炭，以後必出異症，兄」作《新藥草經》《瘟火惡症剌法》共十卷，不意公忽於乙巳八月初戍壽終。忽然，丙午之歲，本處火瘟之症」大起，妹意想傳此治法秘書，不得其便。兄在世所留《除瘟秘書》十卷、《眼科孝行神符集》上中下三卷、《痘疹」百符神成集》八卷，恐有貧寒無力醫治者，專作《先天大行集》二卷、《大行孝經》九章、《治政論》一章、《生死論》一」章。一切書章俱兄在世所作。又遺上策治黄河通流：在河南濟源下五十里，有火燒林木下北火生之」處，從北開渠，向北流一百五十里，而入火燒林中，自有妙道，火年可知；二策治之法黄河通流：在孟津」、孟縣之北，中開一渠，引入于竹林中，東流至天息中，有空自入地中，行十里，自减十之五分；三策黄河」通流：孟縣之北開一渠，廣十八丈，深五丈，中有妙理，通至竹林，至達天息中，入於地下，有土，有石，無水，有」十之五分原歸故道，而入於海。火年可用，自有人中治日生。其策名曰“張生華生之後知”；四策之治：在」河南生火處，生中火，土出，特生濟水中之開千孔，流入滎。以上諸條，愚思本處所傳，若有不循，恐兄之苦」心妄廢在世。謹將前情，故勒碑文，傳于後世，永垂不朽」。

道光歲次己酉五月望」

友姪係烏魯木齊已故年滿筆政綏英之子萃軒强謙敬書」

孫吉愣布、伊克坦布、愛仁布建」

按

參見本書787.1837條。

794.1850　雙豐橋禁賭碑

第一石

説 明

清道光三十年（1850）九月刻。碑共四通。均長方形。均長165厘米、寬88厘米。正文楷書，每通41行，滿行21字。宋德隆撰文，蕭琰玢書丹。現存嵐臯縣孟石嶺鎮雙橋村。《安康碑石》著録。

釋 文

□□觀天下之喪德危身者，莫甚於賭博；天下之傾家」□□者，尤莫速於賭博。一入其中，如沉迷海，將不知所」□□。夫詩書之士，負笈依仁，横經志道；田野之夫，一蓑」□雨，半笠煙雲。而工商則片長作計，薄藝謀生，億中生」財，以義爲利。此皆守分安常，固成家之正路。即或清淡」薄飲，猶寄興之生涯。爾乃狎此淫朋，纏綿永夜。猜紅揣」黑，傾囊於巇巘之巔；呵順呼圍，倒篋於淫昏之骨。錢彈」一對，勢若圓珠走馬，壓貼壓通；手握多張，形如團扇磨」磚，叫糊叫結。左覷人而右顧己，望穿鬼子之睛；陽示弱」而陰用强，費盡狐兒之巧。門前賓客待，猶戀戀於場頭」；舍上烟火生，尚眈眈於盆内。忘飡廢寢，則久入成迷；舌」敝唇焦，則相看似鬼。迨夫全軍盡喪，熱眼空窺，視局中」則叫號濃焉。技癢英雄之臆，顧橐底而貫索空矣；灰寒」壯士之心，引頸徘徊竟白手無濟。垂頭蕭索，始元夜以」方歸。幸交謫之人眠，恐驚犬吠；苦久虚之腹餓，敢怨羹」殘。既而鬻子質田，冀還珠於合浦；不料火灼毛盡，終撈」月於滄江。先則放稍抽頭，狐群取樂；後則姦妻占媳，狗」黨争風。及遭敗後我方思，已作下流之物；試問賭中誰」最善，群推無袴之公。甚而搔頭莫度，仰給於香奩；枵腹」難堪，棲身於暴客。一朝發覺，辱及先人，輕則杖枷於衙」署，重則徒流於異鄉。嗚呼！喪德危身，傾家敗産，孰非博」之一途致之哉！我士農工商可不慎之戒之」！

建橋刊碑，禁賭條規開列於後」：

一議賭博乃朝廷首禁。如鬥雞坑、蟋蟀盆、鵪鶉圈、盒子」寶、彈錢寶、紙牌、骨牌、擲骰摇攤，此皆賭具。我境四」民能守分安常，即爲良民；若犯賭博，國法難容。輕」則杖枷，重則徒流，况南山一帶，罪加一等。可不慎」之戒之」。

一議紳士、糧當、花户、鋪户，昔日家藏賭具者，從今父戒」其子，兄戒其弟，皆要棄毁。如隱匿不毁，一經發覺」，上户罰錢百廿串，中户罰錢八十串，下户罰錢四」十串，以作本境橋梁、道路之費。不遵處罰者，公同」送官。

一議爲父兄者，欲禁子弟之賭博，必先正己，痛改前非」。自議之後，如父兄犯賭，照子弟犯賭更加一等，憑」公處罰。不遵者，亦公同送官」。

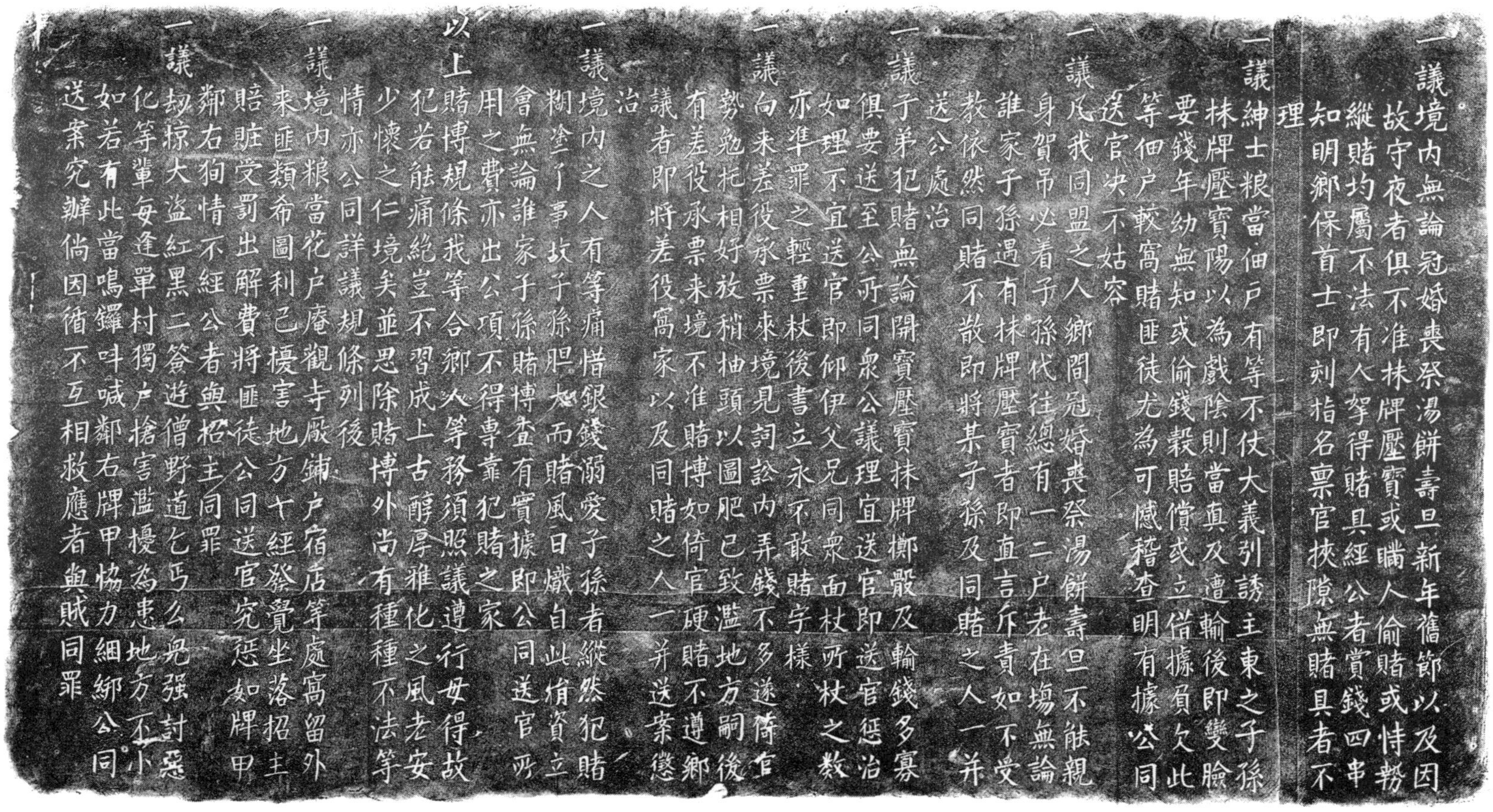

第二石

一議士農工商、庵觀寺院、飯鋪宿店，各有本業，不許遊」手好閑，招留外来匪棍，引誘良家子弟賭博。其種」種情弊，難以屈指。如不安分守己，招留外来者，一」經查獲，匪徒、招主，一并扭挐送官，請法懲治，以警」將來，决不徇隱」。（以上第一石）

一議境内無論冠婚、喪祭、湯餅、壽旦、新年、舊節，以及因」故守夜者，俱不准抹牌壓寶，或瞞人偷賭，或恃勢」縱賭，均屬不法。有人挐得賭具經公者，賞錢四串」。知明鄉保首士，即刻指名稟官，挾隙無賭具者不」理」。

一議紳士、粮當、佃户，有等不仗大義，引誘主東之子孫」抹牌、壓寶，陽以爲戲，陰則當真，及遭輸後，即變臉」要錢。年幼無知，或偷錢穀賠償，或立借據負欠，此」等佃户，較窩賭匪徒尤爲可憾。稽查明有據，公同」送官，决不姑容」。

一議凡我同盟之人，鄉間冠婚、喪祭、湯餅、壽旦，不能親」身賀吊，必着子孫代往，總有一二户老在場。無論」誰家子孫，遇有抹牌、壓寶者，即直言斥責。如不受」教，依然同賭不散，即將某子孫及同賭之人，一并」送公處治」。

一議子弟犯賭，無論開寶、壓寶、抹牌、擲骰，及輸錢多寡」，俱要送至公所，同衆公議。理宜送官，即送官懲治」；如理不宜送官，即仰伊父兄，同衆面杖，所杖之數」，亦準罪之輕重。杖後書立“永不敢賭”字樣」。

一議向来差役承票來境，見詞訟内弄錢不多，遂倚官」勢，勉托相好，放稍抽頭，以圖肥己，致濫地方。嗣後」有差役承票来境，不准賭博，如倚官硬賭不遵鄉」議者，即將差役、窩家，以及同賭之人，一并送案懲」治」。

一議境内之人，有等痛惜銀錢、溺愛子孫者，縱然犯賭」，糊塗了事，故子孫胆大，而賭風日熾。自此捐資立」會，無論誰家子孫賭博，查有實據，即公同送官。所」用之費，亦出公項，不得專靠犯賭之家」。

以上賭博規條，我等合鄉人等，務須照議遵行，毋得故」犯。若能痛絶，豈不習成上古醇厚雅化之風，老安」少懷之仁境矣！並思除賭博外，尚有種種不法等」情，亦公同詳議規條列後」。

一議境内粮當花户、庵觀寺廠、鋪户宿店等處，窩留外」来匪類，希圖利己，擾害地方，一經發覺，坐落招主」賠贜受罰，出解費，將匪徒公同送官究懲。如牌甲」、鄰右徇情不經公者，與招主同罪」。

一議劫掠大盗、紅黑二簽、游僧野道、乞丐么兒、强討惡」化等輩，每逢單村獨户，搶害濫擾，爲患地方不小」。如若有此，當鳴鑼叫喊，鄰右牌甲協力捆綁，公同」送案究辦。倘因循不互相救應者，與賊同罪」。（以上第二石）

一議淫亂爲衆惡之首罪，尤爲朝廷之大禁。凡我境男」女人等，不許遊手好閑，朝暮淫乱爲事。與其有夫」有子，當爲夫子顧其臉面；無夫無子，亦宜爲己身」存其名節。奈有等無耻之男女，暗藏奸心，或圖夫」於斃命，或拐恋於他鄉。是乃傷俗莫甚於淫亂，人」命實出乎姦情。種種情弊，擢髪難數。自今議後，境」内男女，各懷廉耻，悉遵公議。如有不遵，以致故犯」，公

第三石

同送案，照律究懲」。

一議閤境各地，所葬坟冢，不許本鄉及外来刁滑之輩」或冒認己冢，或假親戚同姓倚坟占山，藉冢玆事」，希圖詐索。如有此情，公同稟懲」。

一議境内煙户有負債者，倘有夫婦、姑媳，自相口角，氣」忿繫項，不得藉圖騙於放債之家。如有此情，罪歸」反坐。若不遵者，公同稟究」。

一議閤境無論粮當、花户，不振綱常，一遇事件，縱容妻」女出首，理質興訟。倘及如斯，坐落夫主、家族，認處」認罰。如不遵者，公同稟懲」。

一議閤境無論口角、錢債，大小事件，知情莫過於鄉里」，必須先經投鄉保、紳粮理質，不服者方許控告。如」不遵者，以原作被公同處罰稟懲」。

一議當該鄉保，必須剛方正直，協力辦公。合鄉無論大」小事件，有人經投，稽查的確，邀衆理質，是非剖明」，忠心解釋，不能受賄，舍公偏稟。如有此情，公同稟」革究懲。凡鄉約一役，舊業新置，照議每届三年，各」粮户輪流充當，如推委者，公同稟驗」。

一議竊案緝差，倘倚官勢，下鄉四處詐索，囑及盜誣攀」良善等情，公同稟案究治」。

一議每歲常有湖廣災民，或數百數十男婦蜂擁来境」境[①]，口稱要吃大户。我等合鄉，分文口粮不給。如强」估，即逐離出境，毋任羈延，致亂地方。如不遵者，公」同送官處治」。

一議每歲秋收，五穀瓜菜成熟之際，有無耻之輩偷窃」被獲者，擬其輕重，置酒、罰戲、賠贓、出境。如不遵者」，公同送官。捉賊之人，賞錢四百文。若知情徇隱者」，與賊同罪」。

一議柴山竹木、寸草寸物，各有其主。如私砍盜賣及放」火焚毁，一經查獲，公同處罰，置酒、賠山。倘不遵者」，亦公同稟究」。

一議官塘大路，寬以五尺爲準；鄉間小徑，寬以三尺爲」度。主戒其客，各管各地，無論春耕夏耘，不許上壅」下挖。如不遵者，公同罰錢，以作修路之資」。（以上第三石）

余棄儒爲商貿於漢蕭和（何）之故封酇陽者，幾二十年矣」。道光己酉春，奔母之喪，由楚返秦，守制讀《禮》。夏五月丙」午，有函入幃，啓視由則鄧公曉山、王公玉峰手書，召余」議建。至則諸公在焉。云賭則輸數百金，訟亦費數百金」，與其爲無益之行，莫若廣有餘之福。此橋之所由建也」。方其未建也，左右二流曲折滎洄，潺潺湲湲，奔騰三十」餘里，而瀉出於三山之間者，雙河

第四石

也。春夏汪洋，水石相」搏，聲若洪鐘，濤瀾洶湧，勢莫敢憑。秋冬漣漪，風霜雨雪」，水冷冰寒，揭厲雖能，人皆病其涉也。於是注册捐資，經」營丈尺，鳩工構木，督匠勒石。未幾而徒杠成焉，未幾而」輿梁成焉。二公曰：此地沃野肥原，民康物阜，是橋宜名」“雙豐”。以告從事，衆皆欣悦，相與登橋，遠而南望，迦佛金」貓，出没隱見，若遠若近，仿佛有鐘聲入焉；而東則南坪」、帶浹，高橋鞏固，居民紳士之所重修也；西望孟氏、瓦溪」，蕞爾城郭，藏兵禦乱，楊遇春大人之遺烈猶有存者；北」俯筆架、溢繭，慨然太息，思宏一之仙，而吊其不終，此橋」之通達無限也。近而四顧，前有清平聳翠，下挹嵐水，後」則彰北巍然，上插雲霄，左帶五龍金獅之雄，右領神山」松峰之秀，此橋之佳景不一也。若夫野芳發而幽香頻」来，佳木秀而繁陰相映，風霜高潔，水落而石出者，此橋」之四時不同也。至於日出而林輝，雲歸而壑暝，朝曦一」色，皓月千潭，晦明風雨，變化而無窮者，此橋之朝暮各」异也。然橋既高而寬闊，亦長而堅固，則負者、行者、騎者」、輿者熙熙而来，攘攘而往，莫不曰雙豐之功程浩大而」善福不小也。雖然斯橋之成，敢示不朽，但願後之仁人」志士勿吝資材，勿辭勞苦，繼前人之未建者而建之，未」修者而修之，壞者補之，朽者新之，則是創始者粗成於」前，繼往者媲美於後，庶幾千年不朽，萬古常存，豈不澤」沛寰區，惠深於乘輿之濟也哉」！

培園宋德隆撰

瀟齋蕭琰玢書」

計開建修橋梁道路河堤執事人等名列於後」：

一、總裁：鄧曉山、方孟容、王玉峰、鄧文炳」；一、主簿：宋德隆、李志祥」；一、檢討：劉順興、胡光前」；一、編修：王德輔、鄧玉瓏」；一、監修：焦之昌、江倫昇」；一、承修：趙大富、黄道魁、蔡步祥」；一、提調：蔡志剛」；一、經修：毛德順、黄蘭富、黄長青、何協弟、鄧上志、秦世荣」

道光三十年九月吉日公立」（以上第四石）

校勘記

①此處蓋因涉行衍一“境”字。

按

此碑連載《戒賭文》一篇、《禁賭條規》十款、《禁不法條規》十三款、《建橋記》一篇，融鄉規民約與記事碑於一體，其内容之豐富、保存之完整，爲陝西存藏此類碑刻之最。

795.1851　重修古卷阿周公廟記

重修古卷阿周公廟記
去岐邑治城西北十五里鳳凰山之麓陂陁秀衍古木鬱鬱然山三面圍若屏張若翼志以為古卷阿地邑之人建周文公廟於其
下因稱周公廟其來舊矣元暢師文以為周公采邑廟即其地或以為公之舊邸在焉故又名周邸然考邑志縣東北五十里地名
岐陽宮即太王邑岐之故址周公食采當在於此且公為冢宰輔成王不應復置邸山中是二說也明王禕嘗辨之至卷阿之什序
以為召康公戒成王求賢之詩竹書紀年載成王三十三年游于卷阿召康公從則卷阿實遊觀之地周公或周宮之訛歟書缺有
間其詳不可得考略可考証者建置之時代耳舊志稱唐德武時建按碑記唐大中元年崔珙奏狀稱周公祠舊有泉水則廟置於
唐初無疑也訖宋元祐元年重修府學教授王嚴記之金定興五年重修判官游叔記之元至正二十七年長春宮提點方至正重
修改稱文憲宮西蜀王利用記之皇慶二年判官劉好古復祀典學士暢師文記之元末祀典復廢明宣德正統時前後兩修而成
化十九年都御史阮勤實復祀典焉嗣正德十三年重新之嘉靖十七年勅建名公太公廟於公殿左右始合祀之自後三十八年
萬歷十二年天啟五年凡三修至 國朝順治十一年乾隆九年一再修嘉慶十三年實起享殿始大前規迄十八年畢功碑版
所記詳哉其言之矣歲久風雨剝落采繪闇然大殿楞瓦裂且圮壞邑人士恧焉爰於道光二十五年鳩工二十六年竣役事仍舊
貫而廟煥新觀所以妥神靈重祀典至肅也謹志之如左而備載歷代之修葺庶後有繼者得所考據云爾
賜進士出身翰林院庶吉士膚施張大枏撰並書
大清咸豐元年歲次辛亥仲春之月穀旦
董事 [illegible]

説 明

清咸豐元年（1851）二月刻。碑螭首方座。高230厘米，寬77厘米。正文楷書14行，滿行50字。張大栩撰文并書丹。現存岐山縣周公廟管理處。

釋 文

重修古卷阿周公廟記」

去岐邑治城西北十五里鳳凰山之麓，陂陁秀衍，古木鬱鬱。然山三面圍若屏、張若翼，《志》以爲古卷阿地。邑之人建周文公廟於其」下，因稱周公廟，其來舊矣。元暢師文以爲周公采邑，廟即其地，或以爲公之舊邸在焉，故又名周邸。然考邑《志》，縣東北五十里地名」岐陽宫，即太王邑岐之故址，周公食采當在於此，且公爲冢宰，輔成王，不應復置邸山中，是二説也，明王禕嘗辨之。至《卷阿之什》序」，以爲召康公戒成王求賢之詩。《竹書紀年》載：“成王三十三年，游于卷阿，召康公從。”則卷阿實遊觀之地，周公或周宫之訛歟？書缺有」間，其詳不可得考，略可考証者，建置之時代耳。舊《志》稱唐德武時建[①]，按碑記，唐大中元年崔珙奏狀稱周公祠舊有泉水，則廟置於」唐初無疑也。訖宋元祐元年重修，府學教授王嚴記之。金定興五年重修[②]，判官游叔記之。元至正二十七年長春宫提點方至正重」修，改稱文憲宫，西蜀王利用記之。皇慶二年判官劉好古復祀典，學士暢師文記之。元末祀典復廢。明宣德、正統時，前後兩修，而成」化十九年都御史阮勤實復祀典焉。嗣正德十三年重新之。嘉靖十七年創建召公、太公廟於公殿左右，始合祀之。自後三十八年」、萬曆十二年、天啓五年凡三修。至國朝順治十一年、乾隆九年一再修。嘉慶十三年實起享殿，始大前規，迄十八年畢功，碑版」所記詳哉其言之矣。歲久風雨剥落，采繪闇然，大殿榜瓦裂且朽壞，邑人士恧焉。爰於道光二十五年鳩工，二十六年竣役，事仍舊」貫，而廟焕新觀，所以妥神靈，重祀典，至肅也。謹志之如左，而備載歷代之修葺，庶後有繼者得所考據云爾」。

賜進士出身翰林院庶吉士膚施張大栩撰並書」

大清咸豐元年歲次辛亥仲春之月穀旦」

董事張鈞、庠生王芝、楊成邦、趙德、祝純篤、馮翥、王是憲、劉金玉、馮謀、梁秉元、祝重華、劉保、梁勳、劉作楫、張杰、董丕昌敬立」

木工張效曾」

校勘記

①德武，當爲“武德”之倒乙。武德，唐高祖李淵之年號。

②定興，當爲“興定”之倒乙。興定，金宣宗完顔珣之年號。

按

周公廟，位於今岐山縣西北鳳凰山南麓。古稱“卷阿”，爲紀念周公旦而建之專祠。始建於唐武德元年（618），此後歷代皇家及地方官員祭祀不絶。

796.1852 關聖帝君覺世真經

關聖帝君覺世真經
敬天地禮神明奉祖先孝雙親守王法重師尊
愛兄弟信朋友睦宗族和鄉鄰別夫婦教子孫
時行方便廣積陰功救難濟急恤孤憐貧刱脩
廟宇印造經文捨藥施茶戒殺放生造橋脩路
矜寡拔困重粟惜福排難解紛捐貲成美垂訓
教人寃讐解釋斗秤公平親近有德遠避凶人
隱惡揚善利物救民回心向道改過自新滿腔
仁慈惡念不存一切善事信心奉行人雖不見
神已早聞加福增壽添子益孫災消病減禍患
不侵人物咸寧吉星照臨若存惡心不行善事
淫人妻女破人婚姻壞人名節妬人技能謀人
財產唆人爭訟損人利己肥家潤身咒天怨地
罵雨呵風謗聖毀賢滅像欺神宰殺犬牛穢溺
字紙恃勢辱善倚富壓貧離人骨肉間人兄弟
不信正道奸盜邪行好尚奢詐不重儉勤輕棄
五穀不報有恩瞞心昧己大斗小秤假立邪教
引誘愚人詫說昇天斂物行淫明瞞暗騙橫言
曲語白日詛咒背地謀害不存天理不順人心
不信報應引人作惡不脩片善行諸惡事官詞
口舌水火盜賊惡毒瘟疫生敗產蠢殺身亡家
男盜女淫近報在身遠報子孫神明鑒察毫髮
不紊善惡兩途禍福攸分行善福報作惡禍臨
我作斯語願人奉行言雖淺近大益身心戲侮
吾言斬首分形有能持誦消凶聚慶求子得子
求壽得壽富貴功名皆能有成凡有所祈如意
而獲萬禍雪消千祥雲集諸如此福惟善可致
吾本無私惟佑善人衆善奉行毋怠厥志
咸豐二年三月吉日富平仇和敬立

説明

清咸豐二年（1852）三月刻。碑長方形。長61厘米，寬29厘米。正文楷書29行，滿行18字。現存西安碑林博物館。《西安碑林全集》著録。

釋文

關聖帝君覺世真經」

敬天地，禮神明。奉祖先，孝雙親。守王法，重師尊」。愛兄弟，信朋友。睦宗族，和鄉鄰。別夫婦，教子孫」。時行方便，廣積陰功。救難濟急，恤孤憐貧。創修」廟宇，印造經文。捨藥施茶，戒殺放生。造橋修路」，矜寡拔困。重粟惜福，排難解紛。捐貲成美，垂訓」教人。冤讎解釋，斗秤公平。親近有德，遠避凶人」。隐惡揚善，利物救民。回心向道，改過自新。滿腔」仁慈，惡念不存。一切善事，信心奉行。人雖不見」，神已早聞。加福增壽，添子益孫。災消病減，禍患」不侵。人物咸寧，吉星照臨。若存惡心，不行善事」；淫人妻女，破人婚姻；壞人名節，妒人技能；謀人」財産，唆人争訟；損人利己，肥家潤身；咒天怨地」，罵雨呵風；謗聖毁賢，滅像欺神；宰殺犬牛，穢溺」字紙；恃勢辱善，倚富壓貧；離人骨肉，間人兄弟」；不信正道，奸盗邪行；好尚奢詐，不重儉勤；輕棄」五穀，不報有恩；瞞心昧己，大斗小秤；假立邪教」，引誘愚人；託説昇天，斂物行淫；明瞞暗騙，横言」曲語；白日詛咒，背地謀害；不存天理，不順人心」；不信報應，引人作惡；不修片善，行諸惡事；官詞」口舌，水火盗賊；惡毒瘟疫，生敗産蠢；殺身亡家」，男盗女淫；近報在身，遠報子孫。神明鑒察，毫髮」不紊。善惡兩途，禍福攸分。行善福報，作惡禍臨」。我作斯語，願人奉行。言雖淺近，大益身心。戲侮」吾言，斬首分形。有能持誦，消凶聚慶。求子得子」，求壽得壽。富貴功名，皆能有成。凡有所祈，如意」而獲。萬禍雪消，千祥雲集。諸如此福，惟善可致」。吾本無私，惟佑善人。衆善奉行，毋怠厥志」。

咸豐二年三月吉日富平仇和敬立」

按

《關聖帝君覺世真經》，是一部道教經典，相傳爲關聖帝君關羽所作，是一部勸善良言。

797.1852　大濟堰棉花溝水道争訟斷案碑記

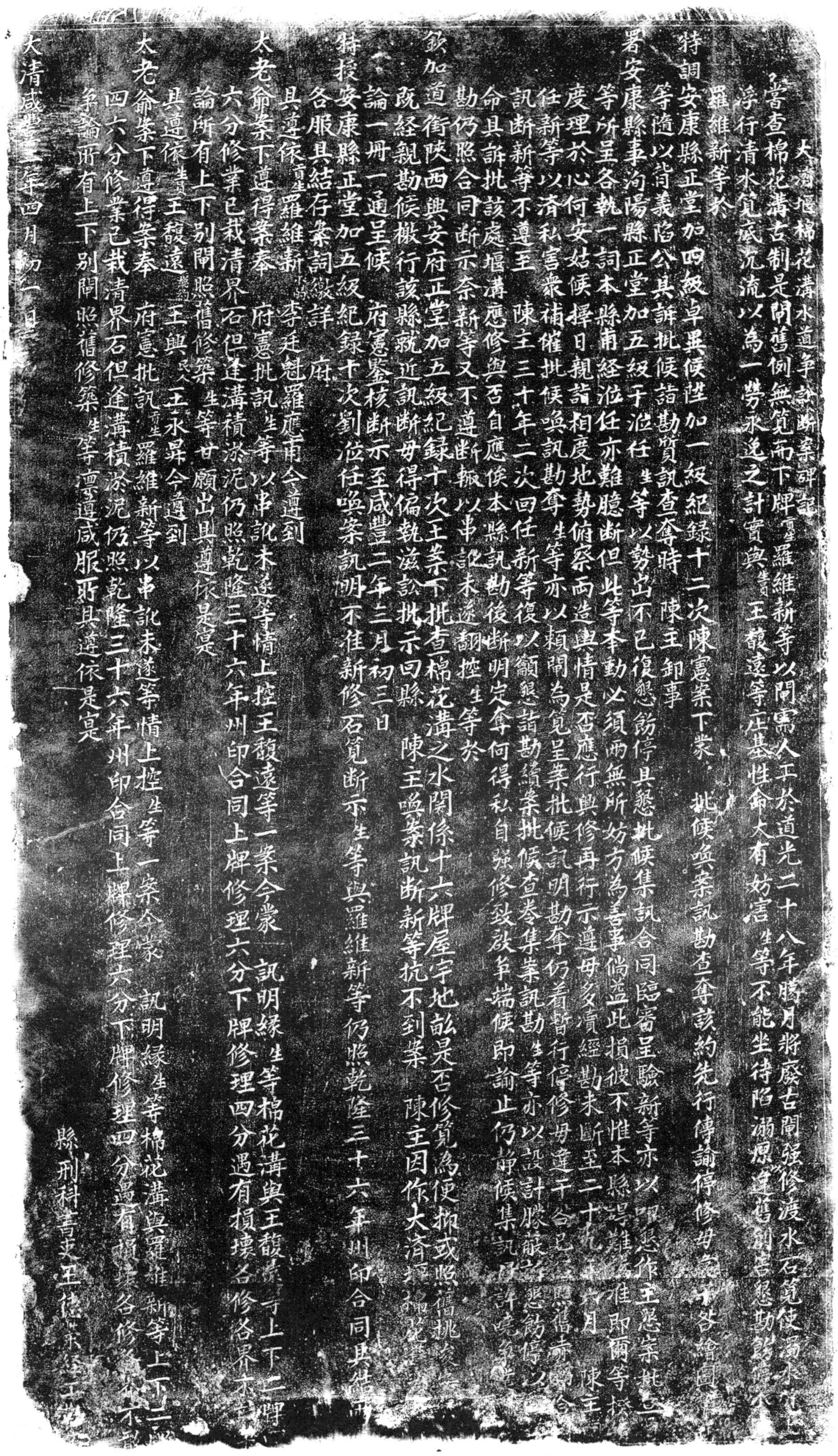

説明

清咸豐二年（1852）四月刻。碑圓首方趺。高166厘米，寬77厘米。正文楷書28行，滿行49字。原嵌於安康市建民鄉頭壋村興寧寺墻壁，後拆寺建校重嵌於頭壋小學院墻中。現存安康市高新區頭壋小學。《安康碑石》著録。

釋文

大濟堰棉花溝水道争訟断案碑記」

嘗查棉花溝古制，是閘舊例無筧。而下牌貢生羅維新等，以閘需人工，於道光二十八年臘月將廢古閘，强修渡水石筧，使濁水筧上」浮行，清水筧底沉流，以爲一勞永逸之計，實與生員王馥遠等庄基性命大有妨害。生等不能坐待陷溺，原以違舊創害，懇勘飭停。□□」羅維新等於」特調安康縣正堂加四級卓異候陞加一級紀録十二次陳憲案下，蒙批：候喚案訊勘查奪，該約先行傳諭停修，毋違干咎，繪圖□□」等隨以背義陷公具訴。批：候詣勘質訊查奪。時陳主卸事」，署安康縣事洵陽縣正堂加五級于莅任，生等以勢出不已，復懇飭停，具懇。批：候集訊合同臨審呈驗。新等亦以叩懇作主懇案。批：查□」等所呈，各執一詞，本縣甫經莅任，亦難臆断。但此等舉動，必須兩無所妨，方爲善事。倘益此損彼，不惟本縣碍難核准，即爾等揆情」度理，於心何安。姑候擇日親詣，相度地勢，俯察兩造輿情，是否應行興修，再行示遵，毋多瀆。經勘未斷。至二十九年六月，陳主回」任，新等以濟私害衆補催。批：候喚訊勘奪。生等亦以賴閘爲筧呈案。批：候訊明勘奪，仍着暫行停修，毋違干咎。已經照舊赤□合同」訊断，新等不遵，至陳主三十年二次回任，新等復以籲懇詣勘續案。批：候查卷集案訊勘。生等亦以設計朦蔽訴懇飭停，以□□」命具訴。批：該處堰溝應修與否，自應俟本縣訊勘後断明定奪，何得私自强修，致啓争端。候即諭止，仍静候集訊，毋許嘵争。業□□」勘，仍照合同断示。奈新等又不遵断，輒以串訛未遂，翻控生等於」欽加道銜陝西興安府正堂加五級紀録十次王案下。批：查棉花溝之水，關係十六牌屋宇地畝，是否修筧爲便，抑或照舊挑浚，安□□」既經親勘，候檄行該縣，就近訊断，毋得偏執滋訟。批示回縣，陳主喚案訊断，新等抗不到案。陳主因作《大濟堰棉花溝水道」論》一册一通，呈候府憲鑒核断示。至咸豐二年三月初三日」，特授安康縣正堂加五級紀録十次劉莅任，喚案訊明，不准新修石筧。断示生等與羅維新等，仍照乾隆三十六年州印合同具結。兩□」各服，具結存案，詞繳詳府」。具遵依：貢生羅維新，小的李廷魁、羅應甫，今遵到」太老爺案下，遵得案奉府憲批訊，生等以串訛未遂等情，上控王馥遠等一案，今蒙訊明。緣生等棉花溝與王馥遠等上下二牌，四」六分修，業已栽清界石，但逢溝積淤泥，仍照乾隆三十六年州印合同，上牌修理六分，下牌修理四分，遇有損壞，各修各界，不敢争」論。所有上下别閘，照舊修築。生等甘願出具遵依是寔」。具遵依：生員王馥遠、總約王興、民人王永昇，今遵到」太老爺案下，遵得案奉府憲批訊，貢生羅維新等以串訛未遂等情，上控生等一案，今蒙訊明。緣生等棉花溝與羅維新等上下二牌」，四六分修，業已栽清界石，但逢溝積淤泥，仍照乾隆三十六年州印合同，上牌修理六分，下牌修理四分，遇有損壞，各修各界，不敢」争論。所有上下别閘，照舊修築。生等凛遵咸服，所具遵依是寔」。

縣刑科書吏王德榮經工勒石」

大清咸豐二年四月初一日」

按

文中安康縣正堂“陳憲”即陳僅，字餘山，號漁珊，浙江寧波人。乾隆四十五年（1775）進士，道光十九年（1839）始任安康縣令。

咸豐二年安康縣正堂“劉”即劉應祥，字雲皋，湖南新化人，道光二十四年（1844）進士。

798.1853　石生玉墓誌

皇清誥授振威將軍陝西固原提督石
公墓誌銘
賜進士出身奉直大夫
欽加知州銜渭南縣知縣蔡外榮亥陝
甘鄉試同考官前兵部武選司主事
上諭震行走加九級金玉麟頓首拜撰
并書

公諱生玉字蘊山姓石民陝西陝安城人
也世多隱德家積餘慶曾祖春忠祖繼
父重友俱以公貴贈振威將軍公生
英地於時楊嚴識高財人
且畏於終軺恩以長負奇姿授
緝原營伍依此楊陝西
回英時將軍許心替陝西能遂領鎮
挺昌奇士恃以親軍銀為

心隊嘉慶十八年渭縣亂作公隨忠
也俱克道口攻司懍一誠依氣三刻論
刀探兇穴以搶渠力能深入評神兵之
天下真景來是役也忠武以四十騎
漙末瀚血剷重廉以功援新營
欣延起爭委愛某嶸右之才為歠
爽北調前營外

霆左心廉千夫作長一歷不驚道光二
喝闹柏林把總六車補馬營千總喀什
寓里輕此慶尸目中地瓊七城贊神模
于掌上秋堅執銳無役不從拓杇摧柏
德勇而進旋頒顏府營宇備繙綵孔翠極
思賞藏花翎

... 偰魚麗火彌縫此鶴媧火節制篇十三
名見電詗方略
牟補北川營都司八京即蒙
持提援直肄喜峰路逕擊地爱近邊釁
臨將服殆正需才席之鎮鋪用事勳
北楊僕乃時不能栅戶追奔惟對方是
長加於...棲煙樓船命將倚量

餘三爽而象七德先本...偏後伍箕張翼舒
師三邊三郊旅火光先風雲以演六花
下戈鐵耀荼火之尤九上九
大澤訓練兵賓以公陳精連戰偶教全
天赴闋展歌入闋道楊海梁中丞開府
心曰瞻

人臣展武之榮彎弓射大黃是塞上立功

移衛又任岳蘇六更十八年戰家州營恭
將衝途扼要州路驗然杅神其空役車
不息公乃自捐薦羞漲去馬來
牛羊資柰假心之力裒鴻澤雁喜燕按籍
之馳民之奉心公之惠巳記授張家口
副將防堵北塘正濤水欿飛天子有干
之展驚次正沸正水欿飛天子有干

城腹心之思重胺肱耳目之任要飭疆
吏各翠將才宜著以公名應
上諭自此朕素知公人女廂送部可
也簡左

希心哀聞天語寇帽不能御眾無勳郵
惠心雄元和吾所巳知阿侯杜悝之墊
故勖績恃登夫薦勉而赴官早注于屏

誌文第一石

説明

清咸豐三年（1853）三月刻。共三石。蓋一石，長65厘米，寬28厘米。誌二石，均長60厘米、寬56厘米。蓋文7行，滿行3字，篆書“皇清誥」授振威」將軍陝」西固原」提督蘊」山石公」墓志銘」”。誌文每石分上下欄，每欄分四個單元，每單元隸書7行，共110行，滿行15字。金玉麟撰文并書丹。1977年陝西澄城縣出土。現存澄城縣文物管理所。《澄城碑石》《新中國出土墓誌（陝西壹）》著録。

釋文

皇清誥授振威將軍陝西固原提督石」公墓誌銘」

賜進士出身奉直大夫」欽加知州銜渭南縣知縣癸卯辛亥陝」甘鄉試同考官前兵部武選司主事」上諭處行走加九級金玉麟頓首拜撰」并書」

公諱生玉，字蘊山，姓石氏，陝之澄城人」也。世多隱德，家積餘慶。曾祖養忠，祖緒」昌，父重友，俱以公貴，贈振威將軍。公生」挺英特，兆驗提戈。長負奇姿，識高投筆」，繻且棄于終童，麾遂依于楊業。弱冠入」固原營伍，時楊忠武侯提督陝西，目爲」奇士，待以親軍，許其銅拔之能，遂領銀」刀之隊。嘉慶十八年，滑縣乱作，公随忠」武侯克道口，攻司寨，一鼓作氣，三刻踰」溝。探虎穴以擒渠，力能深入；訝神兵之」天下，直是飛来。是役也，忠武以四十騎」破五千衆，公實與焉。乃東道師旋，南山」變起，征衣未澣，血劍重磨。以功授新營」外委，調前營外委。愛其端右之才，爲設」虚左之席。千夫作長，一塵不驚。道光二」年，遷柏林把總。六年，補馬營千總。喀什」噶爾逆回倡亂，忠武侯奏公随往。天遥」萬里，輕此虜于目中；地復七城，贊神機」于掌上。被堅執鋭，無役不從；拉朽摧枯」，奮勇而進。旋蒙」恩賞戴花翎，授前營守備。縷縹孔翠，極」人臣旌武之榮；弩射大黄，是塞上立功」之日。瞻」天赴闕，長歌入關。適楊海梁中丞開府」大梁，訓練兵實，以公陣精速戰，俾教全」師。三遂三郊，旗鼓肅風雲之氣；九上九」下，戈鋋耀荼火之光。本八陣以演六花」，飭三變而象七德。先偏後伍，箕張翼舒」，儼魚麗之彌縫，比鸛鵝之節制焉。十三」年，補北川營都司。入京，即蒙」召見，垂詢方略」，特擢授直隸喜峰路遊擊。地處近邊，塞」臨荒服，殆將備雄關之鎖鑰，用李勣□」長城。乃時正需才，席無暇煖。樓船命將」，非楊僕不能；柵户追奔，惟劉方是倚。量」移五任，春秋六更。十八年，轉涿州營參」將。衝途扼要，驛路騷然；杼柚其空，役車」不息。公乃自捐廉俸，以助差徭。去馬来」牛，半資稟假之力；哀鴻澤雁，喜無按籍」之征。民之幸也，公之惠也。尋授張家口」副將，防堵北塘，以都邑之屏藩，作海疆」之砥柱。驚波正沸，立水欲飛。天子有干」城腹心之思，重股肱耳目之任，爰飭疆」吏，各舉將才。直督以公名應」，上諭曰：“此朕所素知之人，毋庸送部可」也。”簡在」帝心，褒聞天語。寇恂才能御衆，無愳鄧」禹之推；元和吾所已知，何俟杜惲之舉」。故勛績恃登夫薦剡，而姓名早注于屏」（以上第一石）風。二十年，授宣化鎮總兵。控龍門維驛」之雄，據灤水桑乾之險。代爲重鎮，實賴」撫綏。疊蒙」恩賜皮袍大緞等件。旋以入」覲，又」恩賜克什殊榮優。荷蕃錫」多，與全斌而共煖；水晶鹽好，許崔浩之」同甘。錦艷七襄，飫需九鼎。人臣遭際，備」極恩榮。二十四年，授湖南提督。甫視事」，而耒陽之難作焉。豺牙厲雪，虺毒吹雲」，聚亡命以跳梁，乘倉卒之無備。公成列」而出，我武維揚，靖張嬰之衆于廣陵，覆」孫恩之舟于海上。月傳三捷，功奏七旬」。聞興霸之鈴聲，姎徒霰釋；望岳侯之旗」影，壁壘風清。故丁雙壽等，以鞭笞之餘」孽，煽蠢賊以内訌。及公調固原，而斂厥」梗頑，散其徒黨，不勞撻伐，自底蕩平。則」張遼屯長社之軍，烽火不動；萬福領江」淮之節，草木知名。以古方今，

風二十年授宣化鎮總兵控龍門雞驛
之雄據灤水桑乾之險代為重鎮賽賴
撫綏疊蒙
恩賜皮袍大緞等件旋以入
覲又
恩賜克什殊榮優宙蕃錫
多與全試而共燒水晶盟好許奮活之
同甘錦艷七襄飫雲九鼎人臣遭際備
極恩榮二十四年授湖南提督視事
而耒陽之難作焉豺牙厲齒虺蜴吹雲
聚匹命以跳梁乘倉卒之無備公戒列
而出武定維揚靖張嬰之衆于廣陵殲
孫恩之丹于海上月傳三捷功奏七旬
間興霸之鈴毅抉徒震釋望吾侯之旂
影壁壘風清故丁雙壽等以鞭笞之餘
孽煽蟲賊以內訌及公調固原而斂厭
梗頑散其徒黨不勞撻伐自定蕩平則
張遼屯長社之軍陣火不動萬福領江
淮之節州木知名以古方今蔑以過矣
二十八年調烏魯木齊提督地里極要
荒以外流人多烬猓而居往往逞其椎
埋為梗衢路公恩威并用撫馭有方殲
聚萑蒲百千里朕戍悉靖掃除榛棘十
六城貨布能通遠近德之頌美斯作
今上登極仍以公提督固原憶老臣于
絕域特名班超念重地于臨洮給須字
廣王門新入
金闕重瞻痛泣舊恩攀龍髯而莫逮睹

言故里切狐首之餘哀上諒陳情曲邀
帝鑒特命改歸澄城原籍並給假省墓
恩至渥也榮何如之乃萬里間關六載
精靈說故鄉之富貴晝錦還來問桑社
之光陰兜嬉如昨申明紀律再整軍容
麾下奇才多此日金貂之客帳前俠士
半當年伏馬之董君子營高文入師吉
何。返轡未經乎寒暑而榮已中于膏
肓蓋家難嬰憂傷雁行之中斷疾成解
休醫焉石以無靈天隕大星地鳴雷鼓
以咸豐二年四月初七日薨晉秝六十
有丞夫人孫氏子一建勳官甘肅高臺
縣丞孫女一字王氏孫慶一品蔭生以
三年三月葬公于東漁之賜塋嗚呼社
山蒼翠如象[illegible]于祁連冢木長青共
認將軍之大樹乃為銘曰
華嶽靈鍾堯山秀孕申甫降神褒鄂應
運拔戟崛起績奮鷹揚牙先士卒功左
疆場克敵為果致果為毅勲亡持闈入
祖入細既討駒支復斬碼苔臨邊郎鉞
下瀨旌旄緯灌無文甘陳不武視此英
多卓然千古輕裘緩帶警角鳴鞭雲掩
鄉月像繪凌烟龍蛇厄歲貔貅雨泣峴
首留碑磨崕勒石黃封鄭重碧葬蒼涼
致思隨恩誰表瀧岡
孤子石建勳泣血納石、

誌文第二石

蔑以過矣」。二十八年，調烏魯木齊提督。地里極要」荒，以外流人多，聚耦而居，往往逞其椎」埋，爲梗道路。公恩威并用，撫馭有方。殲」聚萑蒲，百千里堠戍悉靖；掃除榛棘，十」六城貨布能通。遠近德之，頌美斯作」。今上登極，仍以公提督固原。憶老臣于」絶域，特召班超；念重地于臨洮，終須李」廣。王門新入」，金闕重瞻。痛泣舊恩，攀龍髯而莫逮；眷」言故里，切狐首之餘哀。上疏陳情，曲邀」帝鑒，特命改歸澄城原籍，並給假省墓」。恩至渥也，榮何如之。乃萬里間關，六韜」精覈。説故鄉之富貴，晝錦還来；問欒社」之光陰，兒嬉如昨。申明紀律，再整軍容」。麾下奇才，多此日金貂之客；帳前俠士」，半當年竹馬之童。君子瞀高，丈人師吉」。何返轡未經乎寒暑，而積勞已中于膏」肓。蓋家難嬰憂，傷雁行之中斷；疾成解」㑊，醫馬石以無靈。天墜大星，地鳴雷鼓」。以咸豐二年四月初七日薨，春秋六十」有五。夫人孫氏，子一，建勛，官甘肅高臺」縣縣丞。女一，字王氏。孫廖，一品廕生。以」三年三月葬公于東塬之賜塋。嗚呼！社」山聳翠，如象高冢于祁連；宰木長青，共」認將軍之大樹。乃爲銘曰」：

華嶽靈鍾，堯山秀孕。申甫降神，褒鄂應」運。拔戟崛起，績奮鷹揚。身先士卒，功在」疆埸。克敵爲果，致果爲毅。赳赳將軍，入」粗入細。既討駒支，復斬鴟茗。臨邊節鉞」，下瀨旌旄。絳灌無文，甘陳不武。視此英」多，卓然千古。輕裘緩帶，警角鳴鞭。雲掩」卿月，像繪凌烟。龍蛇厄歲，貔貅雨泣。峴」首留碑，磨崖勒石。黄封鄭重，碧葬蒼凉」。我思随惠，誰表瀧岡」。

孤子石建勛泣血納石」（以上第二石）

按

“楊忠武侯”即楊遇春，字時齋，四川崇慶人。道光五年（1825），署理陝甘總督。“楊海梁中丞”即楊國楨，字海梁，遇春子。

撰、書者金玉麟，字石船，四川閬中人，道光十八年（1821）進士。授兵部主事。先後任定遠、澄城、渭南等縣知縣。

蓋

799.1854　重修觀音廟碑記

重修觀音廟碑記

觀音之祀雖祀典所不載而廟貌之隆徧滿寰區說者謂是　神能以大悲悲人之悲凡造化之所不及帝

德王功之所不至而人苟虔心祈禱有感必通雖婦人孺子莫不知其爲大慈大悲菩薩大士也余邑南

門外官道旁有廟焉不知創自何年邑人見其風雨所患廢圮頹垣法像塵封慘不可拂衆議請月亟會

一籌經理十數年而資斧出焉甲寅春會事將竣卜吉重新而邑貢生田心一見其基址狹隘施地二厘

規模稍覺寬敞興工於是年春正月落成於是年七月而丐余爲文以記之余維大士祥雲承覆慧日常

懸蓮臺清淨憫羣黎而法海無邊竹徑幽深鑒愚悗而慈航普渡或施明照於衆生疾苦災危獲其救或

宏慈悲於下界老幼羸弱蒙其庥執是說也誠所謂造化所不及帝德王功之所不至而　神則默有以

佑之者即婦人孺子亦不謂菩薩自有真也哉爰爲之歌曰聽仰色相兮式玉式金研窮妙法兮匪淺匪

深不忘苦難兮普降甘霖雨字慈悲兮度世規箴人說大士不覩不聞靜居紫竹之林兮誰知變通廣大

舉四大部州皆收拾於大士之一心

邑庠生貞菴王道坦薰沐敬譔

太學生帝臣王佐沐手敬書

首事人　楊登甫　楊鳳典　田煥彩　楊福佑

王敬業　閆清周　王道遠　王育南　仝立石

王福南　屈永壽　楊登林　楊合林

咸豐四年歲次閼逢攝提格復月中澣穀旦

説明

清咸豐四年（1854）閏七月刻。碑圓首。高150厘米，寬57厘米。額篆書“皇清”二字。正文楷書15行，滿行40字。額兩側飾雲龍紋，碑身兩側及底部飾幾何紋。王道坦撰文，王佐書丹。現存華陰市西關村。《華山碑石》著録。

釋文

重修觀音廟碑記」

觀音之祀，雖祀典所不載，而廟貌之隆，遍滿寰區。説者謂是神能以大悲悲人之悲，凡夫造化之所不及，帝」德王功之所不至。而人苟虔心祈禱，有感必通，雖婦人孺子，莫不知其爲大慈大悲菩薩大士也。余邑南」門外官道旁有廟焉，不知創自何年，邑人見其風雨所患，廢瓦頹垣，法像塵封，慘不可拂，衆議請月匝會」一籌經理，十數年而資斧出焉。甲寅春，會事將竣，卜吉重新。而邑貢生田心一見其基趾狹隘，施地二厘」，規模稍覺寬敞。興工於是年春正月，落成於是年七月，而丐余爲文以記之。余維大士祥雲永覆，慧日常」懸。蓮臺清净，憫群黎而法海無邊；竹徑幽深，鑒愚忱而慈航普渡。或施明照於衆生，疾苦灾危獲其救；或」宏慈悲於下界，老幼羸弱蒙其庥。孰是説也，誠所謂造化所不及，帝德王功之所不至，而神則默有以」佑之者。即婦人孺子，誰不謂菩薩自有真也哉。爰爲之歌曰：

瞻仰色相兮，式玉式金。研窮妙法兮，匪淺匪」深。不忘苦難兮，普降甘霖。兩字慈悲兮，度世規箴。人説大士不睹不聞，静居紫竹之林兮，誰知變通廣大」。舉四大部州，皆收拾於大士之一心」。

邑庠生貞庵王道坦熏沐敬撰」

太學生帝臣王佐沐手敬書」

首事人：楊登庸、楊鳳興、田焕彩、楊福佑」、王敬業、閆清周、王道遠、王育南」、王福南、屈永壽、楊登林、楊合林仝立石」

咸豐四年歲次閼逢攝提格復月中澣穀旦」

800.1856　邊獻鼇墓表

第一石

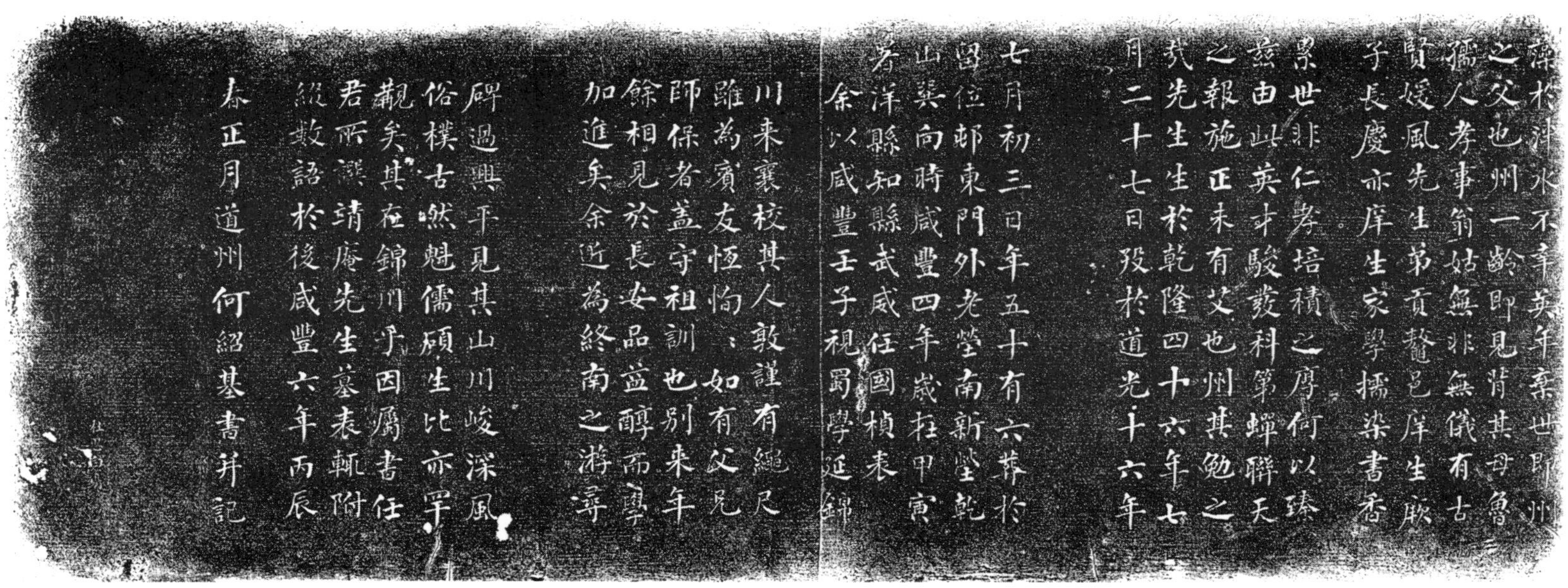

第二石

説明

清咸豐六年（1856）正月刻。碑共二石。均長方形。均長90厘米、寬34厘米。正文楷書57行，滿行12字。任國楨撰表，何紹基書丹并撰記。現存興平市博物館。《咸陽碑刻》著録。

釋文

邊靖庵先生墓表」

門人興平生邊州，字錦川，天性」醇篤，文筆清矯。日者語予曰："州」幼失怙恃，孤苦零丁，幸賴先祖」父之恩養，擕持保抱，飲食教誨」，由襁褓以至成人，無頃刻離。今」日之一知半解，皆祖訓也。祖父」往矣，撫手澤而旁皇，睹栝棬而」隕涕。冀師之有以表其德也。"予」憫其言之懇摯，情之迫切，即以」其泣告於予者，爲之追述顛末」。按狀，先生諱獻鼇，厥字靖庵，鳳」朝太先生之冢嗣也。以博士弟」子員，歲貢成均。秉性剛方，立身」鯁直。治家處世，公是公非，正言」剖决，不徇委曲，不涉依違。凡遇」故舊親朋有所就正，皆大聲揚」言，爽朗直白，期於共聞共見，不」屑下心低首，卑語從人。如有干」以私者，即厲聲正色，呵止撤坐」，不稍姑容。邑中有以薄物細故」起訟端者，但經先生一言，莫不」帖然服、劃然解。以故族姓宗親」見者，咸敬而畏之。道光元年，闔」邑公舉孝廉方正，先生辭之，至」再三，不得已，勉强允之，堅不應」徵試。日以課徒爲事，足不履城」市者，十有餘年。内助安孺人，治」家有條理，稱嘉耦焉。生一子長」庚，字星堂，聞《詩》《禮》於庭訓，采芹」（以上第一石）藻於泮水。不幸英年棄世，即州」之父也。州一齡，即見背。其母魯」孺人，孝事翁姑，無非無儀，有古」賢媛風。先生弟貢鰲，邑庠生。厥」子長慶，亦庠生。家學擩染，書香」累世，非仁孝培積之厚，何以臻」兹。由此英才駿發，科第蟬聯，天」之報施，正未有艾也，州其勉之」哉！先生生於乾隆四十六年七」月二十七日，歿於道光十六年」七月初三日，年五十有六，葬於」留位村東門外老塋南新塋，乾」山巽向。

時咸豐四年歲在甲寅」

署洋縣知縣武威任國楨表」

余以咸豐壬子視蜀學，延錦」川来襄校。其人敦謹有繩尺」，雖爲賓友，恒恂恂如有父兄」師保者，盖守祖訓也。別来年」餘，相見於長安，品益醇而學」加進矣。余近爲終南之游，尋」碑過興平，見其山川峻深，風」俗樸古，然魁儒碩生，比亦罕」覯矣，其在錦川乎？因屬書任」君所撰靖庵先生墓表，輒附」綴數語於後。

咸豐六年丙辰」春正月

道州何紹基書并記」

杜思白鎸」（以上第二石）

按

撰者任國楨，甘肅武威人，進士。咸豐年間任洋縣知縣。

書者何紹基，字子貞，號東洲、蝯叟，湖南道州人。晚清著名書法家，道光十六年（1836）進士。官翰林院編修、國史館總纂。

801.1857　財神廟産業地契碑

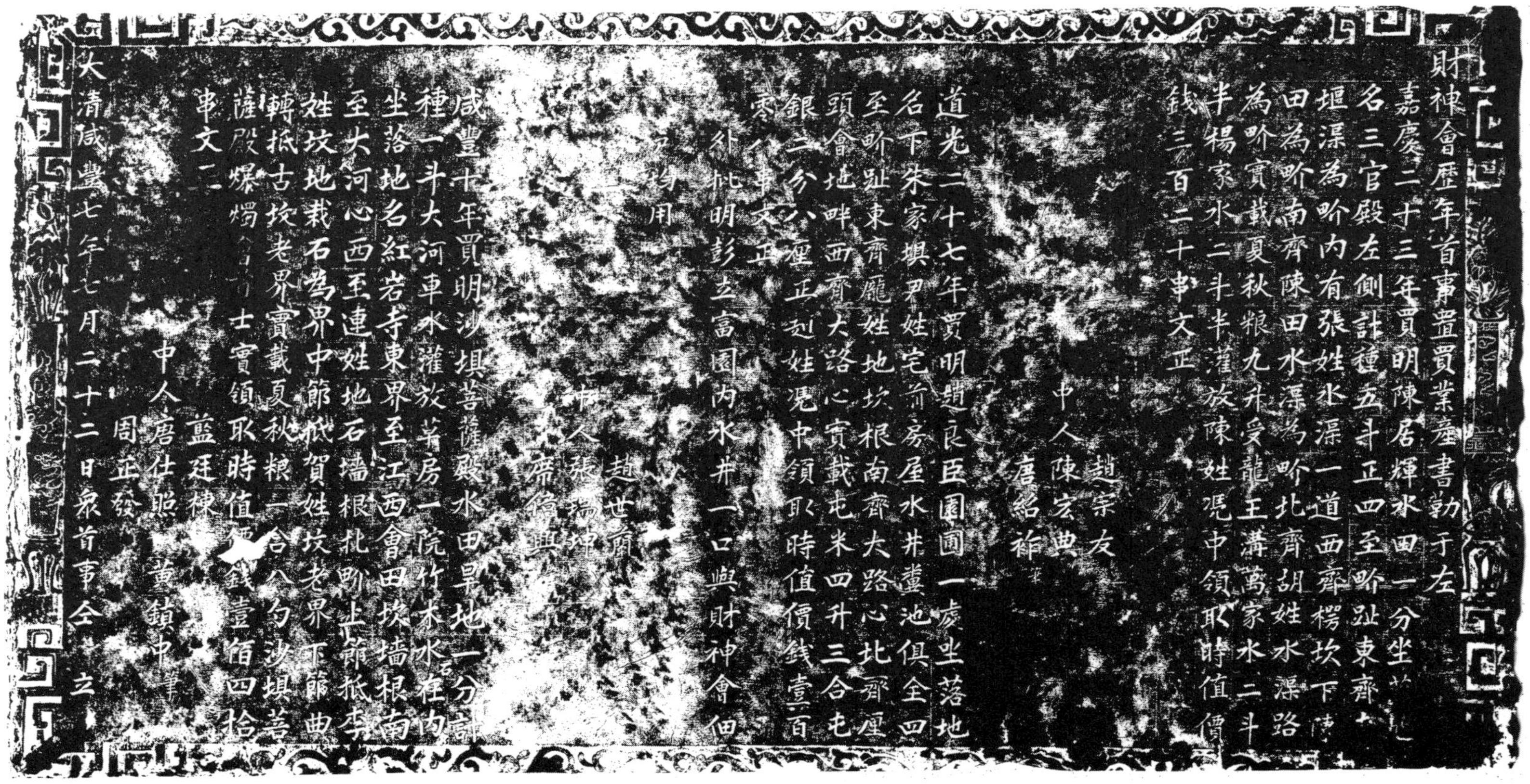

説 明

清咸豐七年（1857）七月二十二日刻。碑長方形。長130厘米，寬68厘米。正文楷書28行，滿行18字。左右邊飾瓶花及幾何紋，上下邊飾忍冬紋。現存漢陰縣澗池鎮。

釋 文

財神會歷年首事置買業産書勒于左」：

嘉慶二十三年，買明陳居輝水田一分，坐落地」名三官殿左側，計種五斗正。四至界趾：東齊老」堰渠爲界，内有張姓水渠一道，西齊楞坎下陳」田爲界，南齊陳田水渠爲界，北齊胡姓水渠路」爲界。實載夏秋粮九升，受龍王溝萬家水二斗」半，楊家水二斗半灌放。陳姓憑中領取，時值價」錢三百二十串文正」。

中人：趙宗友、陳宏典、唐紹祚（筆）」

道光二十七年，買明趙良臣園圃一處，坐落地」名下朱家垻尹姓宅前，房屋、水井、糞池俱全。四」至界趾：東齊龐姓地坎根，南齊大路心，北齊厘」頭會地畔，西齊大路心。實載屯米四升三合，屯」銀二分八厘正。趙姓憑中領取，時值價錢壹百」零八串文正」。

外批明彭立富園内水井一口，與財神會佃」户均用」。

中人：趙世蘭、張瑞坤、席億興（筆）」

咸豐十年①，買明沙垻菩薩殿水田旱地一分，計」種一斗，大河車水灌放。草房一院，竹木水石在内」。坐落地名紅岩寺，東界至江西會田坎墻根，南」至大河心，西至連姓地石墻根，北界上節抵李」姓坟地，栽石爲界，中節抵賀姓坟老界，下節曲」轉抵古坟老界。實載夏秋粮一合八勺，沙垻菩」薩殿爆燭會首士實領取，時值價錢壹百四拾」串文正」。

中人：藍廷棟、唐仕照、周正發、黄鎮中（筆）」

大清咸豐七年七月二十二日衆首事仝立②」

校勘記

①②“十”與“七年”之“七”，必有一訛，待考。暫列於咸豐七年之序。

802.1859　王元泰墓誌

皇清例授修職郎明經進士福田王公墓
誌銘
公諱元泰字福　凌霄公之子也世
居於邑西北鄉之義龍村先世以来
有隱德故　凌霄公之為人忠厚樸
寔至今稱道不衰以迄於公豁達大
度甫讀書便曉大義特以　父凌霄
公　母梁孺人皆早逝蕉之家道艱
澁難以卒儒生業以堂叔　經亭公
貿易興鎮遂藉以權子母於典商焉
然公以年少主事小事專之大事仍
稟命於　經亭公而後行故內外諸
務井井有條由是家道蒸蒸日盛遂
援
例由俊秀而監由監而貢而先世俱有榮
施至其葬　經亭公也衣衾棺槨俱
極豐盈更為石室以圖不朽遠近觀
者莫不嘖嘖稱羡公曰吾非敢為踰
也以貧富不同也又非直為觀美也
亦各盡其心也後以家務繁重棄市
井而常家居焉延師課讀以撫育侄
孫輩忠敬之意蓋莫公若矣且為人
性喜賓客宴飲場中不惜小費而樂
善好施與人若忘是以里中人私相
謂曰是人也家之中固難多得村之
中亦尤所罕覯也凡此皆非其素行
之篤何令人之景慕若此哉嗚呼難
已公生於乾隆六十年八月二十九
日戌時卒於咸豐九年二月十二日
戌時享壽六旬有五德配趙孺人次
配呂氏田氏俱稱未亡人子一闓春
尚幼茲卜吉本年十月十八日子時
安厝於村南　祖塋之次乾山巽向
銘曰
觀公行之磊落兮與浮山而相將緬
公德之深遠兮偕漫水而同長傷美
人之云遙兮久低徊而難忘動予懷
之湫湫兮徒飲恨於夕陽
邑儒學生員愚侄李錦堂頓首拜撰
邑儒學生員重外孫安養恬頓首拜
書並篆蓋
旹咸豐九年歲次己未陽月穀旦
孤子　闓春泣血納石

説明

清咸豐九年（1859）十月刻。誌長57厘米，寬56厘米。正文用細綫劃分爲上、下兩部，每部又以細綫分作四個單元，每單元楷書6行，共43行，滿行14字。李錦堂撰文，安養恬書丹并篆蓋。20世紀80年代蒲城縣義龍村出土。現存該村誌主後人家中。《新中國出土墓誌（陝西叁）》著録。

釋文

皇清例授修職郎明經進士福田王公墓」誌銘」

公諱元泰，字福，凌霄公之子也。世」居於邑西北鄉之義龍村。先世以来」有隐德，故凌霄公之爲人忠厚樸」寔，至今稱道不衰。以迄於公，豁達大」度。甫讀書，便曉大義。特以父凌霄」公、母梁孺人皆早逝，兼之家道艱」澀，難以卒儒生業。以堂叔經亭公」貿易興鎮，遂藉以權子母於典商焉」。然公以年少主事，小事專之，大事仍」稟命於經亭公而後行。故内外諸」務，井井有條。由是家道蒸蒸日盛。遂」援」例由俊秀而監，由監而貢，而先世俱有榮」施。至其葬經亭公也，衣衾棺椁，俱」極豐盈。更爲石室，以圖不朽。遠近觀」者，莫不嘖嘖稱羨。公曰：吾非敢爲踰」也，以貧富不同也；又非直爲觀美也」，亦各盡其心也。後以家務繁重，棄市」井而常家居焉。延師課讀，以撫育侄」孫輩。忠敬之意，蓋莫公若矣。且爲人」性喜賓客，宴飲場中，不惜小費。而樂」善好施，與人若忘。是以里中人私相」謂曰：是人也，家之中固難多得，村之」中亦尤所罕覩也。凡此皆非其素行」之篤，何令人之景慕若此哉。嗚呼難」已！公生於乾隆六十年八月二十九」日戌時，卒於咸豐九年二月十二日」戌時，享壽六旬有五。德配趙孺人，次」配吕氏、田氏，俱稱未亡人。子一，關春」，尚幼。兹卜吉本年十月十八日子時」，安厝於村南祖塋之次。乾山巽向」。銘曰」：

觀公行之磊落兮，與浮山而相將。緬」公德之深遠兮，偕漫水而同長。傷美」人之云遥兮，久低徊而難忘。動予懷」之渺渺兮，徒飲恨於夕陽」。

邑儒學生員愚姪李錦堂頓首拜撰」

邑儒學生員重外孫安養恬頓首拜」書並篆蓋」

時咸豐九年歲次己未陽月穀旦」

孤子關春泣血納石」

803.1860　買山義行記

買山義行記
鄠西南澇峪口有堡焉西環澇水東接栗峪直南則馬峪溝也峪口北對堡門相去僅里許歲久年深峪
中沙石壘積其底高於堡城加以年来峪內樹木開墾一空每當夏秋之交霖潦橫生溝水泛溢村人恒
有其魚之嘆堡外有鹽知事銜賀遇霖字雨亭者其先郃陽人僑居於此今三世矣仁厚性生慷慨有素
見茲峪於癸丑戊午數年之間屢受水患思所以捍禦之乃糾村人而言曰吾堡其聽沒於水乎僉曰非
荒此山使樹木叢生以聚沙石而阻橫潦不可顧山各有主地各有糧荒山必先買山買山之費堡之人
實難辦此雨亭曰此事余其竭力圖之期與諸父老觀其成焉於是捐錢壹千貳百串有奇選里之老成
經事者採買此峪中之地南界嶺表北距溝口東西買到之處各鐫字於碣以誌久遠毋任斧斤之入並
戒牛羊之牧庶乎樹木日生山復其舊水節其流而人可安其居耳異日者天施地生加以人之愛護凡
溝中所産竹木果品除每歲本山應輸錢糧外積其餘息當設立義學以訓吾鄉子弟議富而好禮者督
理其事行見山之材與人之才蒸蒸蔚起為一村興利即為
國家儲材一舉而兩得其為益豈淺鮮哉里之人受其福思彰其善述其巔末懇為記之以告將来夫人情
莫不自惜其財彼家庭骨肉尚有借耰鋤而德於色者矧出千餘緡之費置之荒潦蕪雜之區為里隣謀
安全此其舉措不誠今世之空谷足音哉是真足以風世者矣余既書惠周閭閈以額其門今復徇里人
之請而記之如右
敕授文林郎
誥授奉政大夫鄠縣知縣候選同知蜀成都楊玉章撰並書
大清咸豐十年歲次庚申二月中浣　穀旦

説 明

清咸豐十年（1860）二月刻。碑圓首方座。身首一體，首高53厘米，身高145厘米、寬67厘米。額文雙勒陰刻楷書“皇清”二字。正文楷書18行，滿行40字。楊玉章撰文并書丹。兩側及底部内刻萬字紋，外刻蔓草紋。現存西安市鄠邑區澇峪口小學。《户縣碑刻》著録。

釋 文

買山義行記」

鄠西南澇峪口有堡焉，西環澇水，東接栗峪，直南則馬峪溝也。峪口北對堡門，相去僅里許。歲久年深，峪」中沙石壘積其底，高於堡城。加以年来峪内樹木開墾一空，每當夏秋之交，霖潦横生，溝水泛溢，村人恒」有其魚之嘆。堡外有鹽知事銜賀遇霖字雨亭者，其先郃陽人，僦居於此，今三世矣。仁厚性生，慷慨有素」。見兹峪於癸丑、戊午數年之間屢受水患，思所以捍禦之，乃糾村人而言曰：吾堡其聽没於水乎？僉曰：非」荒此山，使樹木叢生以聚沙石而阻横潦不可。顧山各有主，地各有糧。荒山必先買山，買山之費，堡之人」實難辦此。雨亭曰：此事余其竭力圖之，期與諸父老觀其成焉。於是捐錢壹千貳百串有奇，選里之老成」經事者，採買此峪中之地，南界嶺表，北距溝口，東西買到之處，各鐫字於碣，以誌久遠。毋任斧斤之入，並」戒牛羊之牧。庶乎樹木日生，山復其舊，水節其流，而人可安其居耳。異日者，天施地生，加以人之愛護，凡」溝中所産竹木果品，除每歲本山應輸錢糧外，積其餘息，當設立義學，以訓吾鄉子弟。議富而好禮者，督」理其事行，見山之材與人之才蒸蒸蔚起，爲一村興利，即爲」國家儲材，一舉而兩得，其爲益豈淺鮮哉？里之人受其福，思彰其善，述其巔末，懇爲記之，以告將来。夫人情」莫不自惜其財，彼家庭骨肉尚有借耰鋤而德於色者，矧出千餘緡之費，置之荒凉蕪雜之區，爲里鄰謀」安全，此其舉措不誠今世之空谷足音哉？是真足以風世者矣。余既書“惠周閭閈”以額其門，今復徇里人」之請而記之如右」。

敕授文林郎」誥授奉政大夫鄠縣知縣候選同知蜀成都楊玉章撰並書」

大清咸豐十年歲次庚申二月中浣穀旦」

按

撰、書者楊玉章，字寄鴻，四川成都人。咸豐五年至十年（1855~1860）知鄠縣事。

804.1860　艾選瑞行述

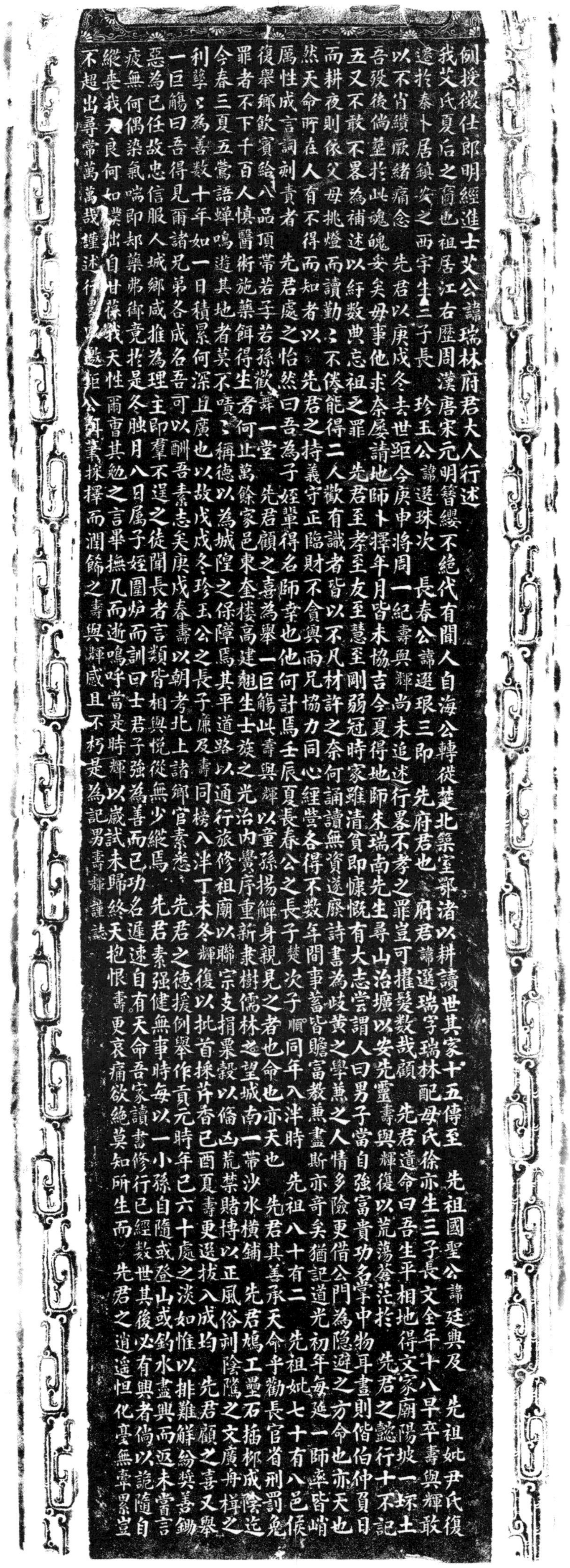

例授徵仕郎明經進士艾公諱瑞林府君大人行述
我艾氏夏后之裔也祖居江右歷周漢唐宋元明簪纓不絕代有聞人自海公轉徙楚北築室鄂渚以耕讀世其家十五傳至先祖國聖公諱廷典及先祖妣尹氏復
遷於秦卜居鎮安之西宇生三子長珍玉公諱選珠次長春公諱選琅三即先府君也府君諱選瑞字瑞林配母氏徐亦生三子長文全年十八早卒壽與輝敢
以不肖纘厥緒痛念先君以庚戌冬去世距今庚申將周一紀壽與輝尚未追述行畧不孝之罪豈可擢髮數哉顧先君遺命曰吾生平相地得文家廟陽坡一坏土
吾殁後倘塟於此魂魄安矣毋事他求奈屢請地師卜擇年月皆未協吉今夏得地師朱瑞南先生尋山治壙以安先靈壽與輝復以荒蕩蓁莽於先君之懿行十不記
五又不敢不畧為補述以紓数典忘祖之罪先君至孝至友至慧至剛弱冠時家雖清貧即慷慨有大志嘗謂人曰男子當自強富貴功名掌中物耳晝則偕伯仲負日
而耕夜則依父母挑燈而讀勤勤不倦能得二人歡有識者皆以不凡材許之奈何誦讀無資遂廢詩書為岐黃之學蕙之人情多險更借公門為隱避之方命也亦天也
然天命所在人有不得而知者以先君之持義守正臨財不貪與兩兄協力同心經營各得不数年間事蓄皆贍富教兼盡斯亦奇矣猶記道光初年每延一師傘皆峭
厲性成言詞剌責者先君處之怡然曰吾為子姪輩得名師幸也他何計焉壬辰夏長春公之長子楚次子順同年入泮時先祖八十有二先祖妣七十有八邑候
復舉鄉飲賓給八品頂帶若子若孫歡舞一堂先君顧之喜為舉一巨觴此壽與輝以童孫揚觶身親見之者也命也亦天也先君其善承天命乎勸長官省刑罰免
罪者不下千百人慎醫術施藥餌得生者何止萬餘家邑東奎樓高建翹生士族之光治內黌序重新隸樹儒林之望城南一帶沙水橫鋪先君鳩工壘石插柳成陰造
今春三夏五鶯語蟬鳴遊其地者莫不嘖嘖稱德以為城隍之保障焉其平道路以通行旅修祖廟以聯宗支捐粟穀以備凶荒禁賭博以正風俗剏陰騭之文廣舟楫之
利孳孳為善数十年如一日積累何深且廣也以故戊戌冬珍玉公之長子濂及壽同榜入泮丁未冬輝復以批首採芹己酉夏壽更選拔入成均先君顧之喜又舉
一巨觴曰吾得見爾諸兄弟各成名吾可以酬吾素志矣庚戌春壽以朝考北上諸鄉官素悉先君之德援例舉作貢元時年已六十處之淡如惟以排難解紛奬善鋤
惡為己任故忠信服人城鄉咸推為理主即羣不逞之徒聞長者言類皆相與悅從無少縱焉先君素強健無事時每以一小孫自隨或登山或釣水盡興而返未嘗言
疲無何偶染氣喘即却藥弗御竟於是冬朏月八日屬子姪圍炉而訓曰士君子強為善而已功名遲速自有天命吾家讀書修行已經数世其後必有興者倘以詭隨自
縱喪我天良何如樸拙自甘葆我天性爾曹其勉之言畢撫几而逝嗚呼當是時輝以歲試未歸終天抱恨壽更哀痛欲絕莫知所生而先君之道遥恒化臺無[illegible]豈
不超出尋常萬萬哉謹述行畧以邀鉅公與[illegible]採擇而潤飾之壽與輝感且不朽是為記男壽輝謹誌

第一石

説明

清咸豐十年（1860）刻。碑共三石，尺寸相同。均高275厘米、寬97厘米。正文楷書第一石18行，滿行65字；第二石16行，滿行60字；第三石16行，滿行60字。第一石艾壽、艾輝撰文，第二石艾文廉、艾文葆、艾文亨撰文，第三石艾文順撰文。第一石左右邊飾捲草紋、上邊飾纏枝花紋；第二石左右邊飾萬字紋、上邊飾寶相花紋；第三石左右邊飾萬字紋、上邊飾纏枝花紋。現存鎮安縣餘師鄉文家廟村。

釋文

例授徵仕郎明經進士艾公諱瑞林府君大人行述」

我艾氏，夏后之裔也。祖居江右，歷周漢唐宋元明，簪纓不絶，代有聞人。自海公轉徙楚北，築室鄂渚，以耕讀世其家，十五傳至先祖國聖公諱廷興及先祖妣尹氏，復」遷於秦，卜居鎮安之西宇。生三子，長珍玉公諱選珠，次長春公諱選琅，三即先府君也。府君諱選瑞，字瑞林，配母氏徐。亦生三子，長文全，年十八早卒。壽與輝敢」以不肖纘厥緒，痛念先君以庚戌冬去世，距今庚申將周一紀。壽與輝尚未追述行略，不孝之罪，豈可擢髮数哉。顧先君遺命曰："吾生平相地，得文家廟陽坡一坏（抔）土」，吾歿後，倘葬於此，魂魄妥矣，毋事他求。"奈屡請地師卜擇年月，皆未協吉。今夏得地師朱瑞南先生尋山治壙，以安先靈。壽與輝復以荒蕩蒼茫，於先君之懿行十不記」五，又不敢不略爲補述，以紓数典忘祖之罪。先君至孝至友，至慧至剛。弱冠時家雖清貧，即慷慨有大志，尝謂人曰："男子當自强，富貴功名掌中物耳。"晝則偕伯仲負日」而耕，夜則依父母挑燈而讀。勤勤不倦，能得二人歡。有識者皆以不凡材許之。奈何誦讀無資，遂廢詩書，爲岐黄之學。兼之人情多險，更借公門爲隐避之方。命也，亦天也」。然天命所在，人有不得而知者，以先君之持義守正，臨財不貪，與兩兄協力同心，經營各得，不数年間，事蓄皆贍，富教兼盡，斯亦奇矣。猶記道光初年，每延一師，率皆峭」属性成，言詞刻責者。先君處之怡然，曰："吾爲子姪輩得名師，幸也，他何計焉。"壬辰夏，長春公之長子楚、次子順同年入泮，時先祖八十有二，先祖妣七十有八，邑侯」復舉鄉飲賓，給八品頂帶，若子若孫，歡舞一堂。先君顧之喜，爲舉一巨觴。此壽與輝以童孫揚觶，身親見之者也。命也，亦天也。先君其善承天命乎！勸長官，省刑罰，免」罪者不下千百人；慎醫術，施藥餌，得生者何止萬餘家。邑東奎楼高建，翹生士族之光；治内黌序重新，隶樹儒林之望。城南一帶沙水横鋪，先君鳩工壘石，插柳成陰，迄」今春三夏五，鶯語蟬鳴，遊其地者莫不嘖嘖稱德，以爲城隍之保障焉。其平道路以通行旅、修祖廟以聯宗支、捐粟穀以備凶荒、禁賭博以正風俗，刻陰騭之文，廣舟楫之」利，孳孳爲善，数十年如一日，積累何深且廣也！以故戊戌冬，珍玉公之長子廉及壽同榜入泮。丁未冬，輝復以批首採芹香。己酉夏，壽更選拔入成均。先君顧之喜，又舉」一巨觴曰："吾得見爾諸兄弟各成名，吾可以酬吾素志矣。"庚戌春，壽以朝考北上，諸鄉官素悉先君之德，援例舉作貢元，時年已六十，處之淡如。惟以排難解紛、奬善鋤」惡爲己

例授徵仕郎明經進士艾公諱瑞林叔父大人行述

叔乃當代偉人也性剛心直貌恭言忠惟性剛雖愛友不敢干以私惟心直即至親不容護其短惟其貌恭言忠故覘丰采者莫不欽而敬之聆緒論者莫不悅而信之此　叔父秉至性以與人奉天德以動衆之大概也若夫業醫術至極其精疹人病不受微謝心存濟世旣活國而活人手可回春等炙醫於炙相感而戴之者動以萬計德何如其厚也居公門共推遺愛負心事不敢有為看堦前草綠苔青無非生意聽墻外鵶鳴鵲噪恐有寃魂起而怨之者從無一人恩何如其周也待下人剛柔交濟不狼戾以施其威不狎昵以僻其愛用人惟公心何如其平也處鄉邑訓導交致常勸勉以成人善常戒懲以止人奸敦俗為謹愿何如其深也其於族姓之中若尊卑若長幼仰而奉者雍雍有禮而不敢失俯而育者諄諄致誠而無或違不苟簡亦不慘刻敬又何其深愛又何其至乎至於身之所歷行傳為家範楷為型式者不又可殫述哉　叔父居家日短在外日長似乎孝友难盡慈愛未孚然有甘旨則寄奉二親有籌画則信諭二兄其餘老幼之所資莫不於　叔父乎是賴是　叔父於孝弟慈之道未嘗忘於外寓之時也歸省日觴慕之誠依依於膝下友愛之誼切切於胸中提攜者在赤子訓誡者在成童於是一家之和氣協焉休聲著焉非又　叔父以身教家之所致歟語云廣結交者得名賢拔擢報重師儒者得子孫賢俊報　叔父偏交名士雅重賢儒始也顯親名著鴻章有齒德兼尊之譽繼也尊兄賓開鄉宴有敦篤無欺之稱此雖屬衆紳所公舉非由　叔父氣誼之所臻不至此且　叔父志切光宗思深耀祖恨已身未成名勉子孫以力學廣延名師課功肆業勞心竭慮者數十年故猶子之能學欣仕籍之偕登愛兒果不誣免宮牆之外望故賢象克家獨超貢舉後昆蔚起並列黌宮休休焉丕承家學式煥人文續書香者振振繩繩世守於勿替焉豈非　叔父之德報也哉惟廉賦性愚拙成名較遲累　叔父憂慮者至矣及食廩後又承委以家事並命納入明經以榮之者休之其信之也有獨深愛之者有獨切已廉二弟葆承志經商訓戒維切凡所欲者無不與在所需者悉與謀雖議叙未經實授亦足見推愛之切焉三弟亨依膝下者十餘年啟迪多方教養兼至又承命捐授縣丞此恩此德其何日忘之乎蓋　叔父之為人有肫肫之仁有耿耿之節有儒推之風有休容之度有歷久不易之操有移世獨立之行雖老授貢舉賓有不愧不怍者矣廉等痛之念之愛之敬之思之慕之而欲效之效之而不可得故謹述之以誌不朽云肫　姪　文廉葆亨謹述

第二石

任，故忠信服人，城鄉咸推爲理主。即群不逞之徒聞長者言，類皆相與悦，從無少縱焉。先君素强健無事，時每以一小孫自隨，或登山，或釣水，盡興而返，未嘗言」疲。無何，偶染氣喘，即卻藥弗御，竟於是冬臘月八日，属子姪圍炉而訓曰："士君子强爲善而已，功名遲速，自有天命。吾家讀書修行，已經数世，其後必有興者。倘以詭隨自」縱，喪我天良，何如樸拙自甘，葆我天性，爾曹其勉之。"言畢，撫几而逝。嗚呼！當是時，輝以歲試未歸，終天抱恨。壽更哀痛欲絶，莫知所生。而先君之逍遥怛化，毫無牽累，豈」不超出尋常萬萬哉！謹述行略，以邀鉅公弭筆採擇而潤飾之。壽與輝感且不朽，是爲記。

男壽、輝謹誌」（以上第一石）

例授徵仕郎明經進士艾公諱瑞林叔父大人行述」

叔乃當代偉人也。性剛心直，貌恭言忠。惟性剛，雖愛友不敢干以私；惟心直，即至親不容護其短。惟其貌恭言忠，故覘丰采者，莫不欽而敬之；聆緒論者，莫不」悦而信之。此叔父秉至性以與人，奉天德以動衆之大概也。若夫業醫術至極其精，疹人病不受微謝。心存濟世，既活國而活人；手可回春，等良醫於良相」。感而戴之者，動以萬計。德何如其厚也！居公門，共推遺愛；負心事，不敢有爲。看階前草緑苔青，無非生意；聽墻外鴉鳴鵲噪，恐有冤魂。起而怨之者，從無一人」。恩何如其周也！待下人，剛柔交濟，不狼戾以施其威，不狎昵以僻其愛，用人惟公。心何如其平也！處鄉愚，訓導交致，常勸勉以成人善，常戒懲以止人奸，敦俗」爲謹。慮何如其深也！其於族姓之中，若尊卑，若長幼，仰而奉者，雍雍有禮而不敢失；俯而育者，諄諄致誡而無或違。不苟簡亦不慘刻，敬又何其深，愛又何其」至乎！至於身之所歷行，傳爲家範，楷爲型式者，不又可殫述哉！叔父居家日短，在外日長，似乎孝友难盡，慈愛未孚，然有甘旨則寄奉二親，有籌画則信諭」二兄。其餘老幼之所資，莫不於叔父乎是賴，是叔父於孝弟慈之道未嘗忘於外寓之時也。歸省日，孺慕之誠，依依於膝下；友愛之誼，切切於胸中。提攜」者在赤子，訓誡者在成童。於是一家之和氣協焉，休聲著焉。非又叔父以身教家之所致歟！語云：廣結交者，得名賢拔擢報；重師儒者，得子孫賢俊報。叔」父遍交名士，雅重賢儒。始也顯親名，著鴻章，有齒德兼尊之譽；繼也尊兒賓，開鄉宴，有敦篤無欺之稱。此雖属衆紳所公舉，非由叔父氣誼之所臻不至此」。且叔父志切光宗，思深耀祖，恨己身未成名，勉子孫以力學。廣延名師，課功肄業，勞心竭慮者数十年。故猶子之能學，欣仕籍之偕登；愛兒果不誣，免宫墻」之外望。故賢象克家，獨超貢舉；後昆蔚起，並列黌宫。休休焉丕承家學，式焕人文，續書香者，振振繩繩，世守於勿替焉。豈非叔父之德報也哉！惟廉賦性愚」拙，成名較遲，累叔父憂虞者至矣。及食廩後，又承委以家事，並命納入明經以榮之者，休之其信之也！有獨深愛之者，有獨切已！廉二弟葆承志經商，訓戒」維切。凡所欲者無不與，在所需者悉與謀，雖議叙未經實授，亦足見推愛之切焉。三弟享依膝下者十餘年，啓迪多方，教養兼至，又承命捐授縣丞，此恩此德」，其何日忘之乎！蓋叔父之爲人，有肫肫之仁，有耿耿之節，有儒雅之風，有休容之度，有歷久不易之操，有移世獨立之行，雖老授貢舉，實有不愧不怍者矣」。廉等

例授徵仕郎明經進士爻公諱瑞林叔父大人行述

夫太上立德其次立功功德所存斯謂不朽是以羊公既没峴山有墮淚之碑黔婁云亡東海存高士之傳惟吾　叔父諱選瑞字瑞林授明經進士復授徵
仕郎其與吾　父暨　大伯父為同胞弟也伯仲偕居友愛一室灼艾分痛釃酒言歡為鬼會者亦得朝夕承歡奉事惟謹無何　先父辞世未幾而　叔父
亦繼逝嗚呼痛哉今當窀穸永安之時愧無珥筆以評章　叔父之德姑即所能言者聊為誌之　叔父賦性方剛持身嚴毅內貯和順之衷外發英華之氣
仁經義緯敦倫紀於人事之餘樂善好施修睦好於外出之際宗族稱其孝鄉党稱其弟風儀同秋月之明朗音徽若春日之熙熙故挹其源者涵泳而莫測
其深仰其度者優游而不覺其醉也無如時運不齊命途多舛始而空乏繼之兵焚播棄其室家蕩蕩其資産井臼弗給藜藿弗供家貧親老計無復之追維
田生致親之議聊效毛子捧檄之情殆勢所不得已耳至若心存濟世既精炎帝之經手可回春實參杏林之術一時拜謁盈門歡忻載道士女戴德邑宰旌
閭非甚盛德曷以至此若夫義方之教庭訓之遺隆師以崇其學重道以端其趨刻惜字之篇修奎文之閣效于公之治獄等竇氏之濟貧陰隲廣行善舉時
見故今有子承考既名貢於　天家厥後克昌復蜚聲於藝苑則其食斯文之報啟象賢之裔良有以也即如順雖質慚佳器亦得恩被素風情意纏綿嘗
申伏波之誡叨蒙培植猶見東山之遺惠我後人愛真如子丕承家學世守巾箱豈非德動神鑒福自天申也哉所痛者長兄楚英才磊落　叔所鍾愛者也
丁未冬歲試病歸奄然棄世　叔爾時痛苦無門號泣頓地遂致氣喘之疾卒於不起言念及此情何以堪而今哲人其萎尚有典型永哀深戚無計挽留思
所以克播徽音者惟刊石立碑以寓銘頌焉耳其辞曰　天生真人非時所及耿耿拔俗介然獨立仰惟　叔父望古遙集夏后鍾祥艾山啟秀天水流長東
鄉世第堂堂洪族　公其嗣焉柔而能峻剛而不越剛柔相濟廉勇簡默入而家庭孝垂為典出而鄉党弟示為型仔肩斯道自得其真逮下以仁御衆以寬
為父止慈教子以義名成速退其介如石高蹈遠引心期超曠汲流舊巘葺宇家林晨煙暮靄春煦秋陰惟勤與儉以示子孫瀟灑出羣身無阿行喬嶽峻峙
緑水長存少微下降永照典型何期義馭流遷無停年週甲子朝露忽晞泰山其頹吾曹安仰競羞野奠爭舉去輮遵諸號追臨歧涕泣迴首塋園逝者長夜
荷蒙生成萬言難寫金石聊刊謝而未謝胞姪文順謹述

第三石

痛之念之，愛之敬之，思之慕之，而欲效之。效之而不可得，故謹述之，以誌不朽云。

胞姪文廉、葆、享謹述」（以上第二石）

例授徵仕郎明經進士艾公諱瑞林叔父大人行述」

夫太上立德，其次立功。功德所存，斯謂不朽。是以羊公既没，峴山有墮淚之碑；黔婁云亡，東海存高士之傳。惟吾叔父諱選瑞，字瑞林，授明經進士，復授徵」仕郎。其與吾父暨大伯父爲同胞弟也。伯仲偕居，友愛一室。灼艾分痛，釃酒言歡。爲兒曹者，亦得朝夕承歡，奉事惟謹。無何，先父辞世。未幾，而叔父」亦繼逝。嗚呼痛哉！今當窀穸永安之時，愧無珥筆以評章叔父之德，姑即所能言者，聊爲誌之。叔父賦性方剛，持身嚴毅。内貯和順之衷，外發英華之氣」。仁經義緯，敦倫紀於入事之餘；樂善好施，修睦好於外出之際。宗族稱其孝，鄉党稱其弟。風儀同秋月之朗朗，音徽若春日之熙熙。故挹其源者，涵泳而莫測」其深；仰其度者，優游而不覺其醉也。無如時運不齊，命途多舛。始而空乏，繼之兵焚，播棄其室家，廢蕩其資產。井臼弗給，藜菽弗供。家貧親老，計無復之。追維」田生致親之議，聊效毛子捧檄之情。殆勢所不得已耳。至若心存濟世，既精炎帝之經；手可回春，實参杏林之術。一時拜謁盈門，歡忻載道。士女戴德，邑宰旌」閭。非甚盛德，曷以至此！若夫義方之教，庭訓之遺，隆師以崇其學，重道以端其趨。刻惜字之篇，修奎文之閣。效于公之治獄，等竇氏之濟貧。陰隲廣行，善舉時」見。故今有子承考，既名貢於天家；厥後克昌，復蜚聲於藝苑。則其食斯文之報，啓象賢之裔，良有以也。即如順雖質慚佳器，亦得恩被素風。情意纏綿，嘗」申伏波之誡；叨蒙培植，猶見東山之遺。惠我後人，愛真如子；丕承家學，世守巾箱。豈非德動神鑒，福自天申也哉！所痛者，長兄楚，英才磊落，叔所鍾愛者也」，丁未冬歲試，病歸，奄然棄世。叔爾時痛苦無門，號泣頓地，遂致氣喘之疾，卒於不起。言念及此，情何以堪。而今哲人其萎，尚有典型；永哀深戚，無計挽留。思」所以克播徽音者，惟刊石立碑，以寓銘頌焉耳。其辞曰：

天生真人，非時所及。耿耿拔俗，介然獨立。仰惟叔父，望古遥集。夏后鍾祥，艾山啓秀。天水流長，東」鄉世第。堂堂洪族，公其嗣焉。柔而能峻，剛而不越。剛柔相濟，廉勇簡默。入而家庭，孝垂爲典。出而鄉党，弟示爲型。仔肩斯道，自得其真。逮下以仁，御衆以寬」。爲父止慈，教子以義。名成速退，其介如石。高蹈遠引，心期超曠。汲流舊巘，葺宇家林。晨煙暮靄，春煦秋陰。惟勤與儉，以示子孫。瀟灑出群，身無阿行。喬嶽峻峙」，緑水長存。少微下降，永昭典型。何期羲馭，流遷無停。年周甲子，朝露忽晞。泰山其頹，吾曹安仰。競羞野奠，争攀去轅。遵渚號追，臨歧涕泣。迴首塋園，逝者長夜」。荷蒙生成，萬言難寫。金石聊刊，謝而未謝。

胞姪文順謹述」（以上第三石）

按

碑所記艾氏之淵源、族系、遷徙，艾選瑞之生平事迹及其德行等，均可補史載之闕。

805.1861　曹映斗黃帝廟題記碑

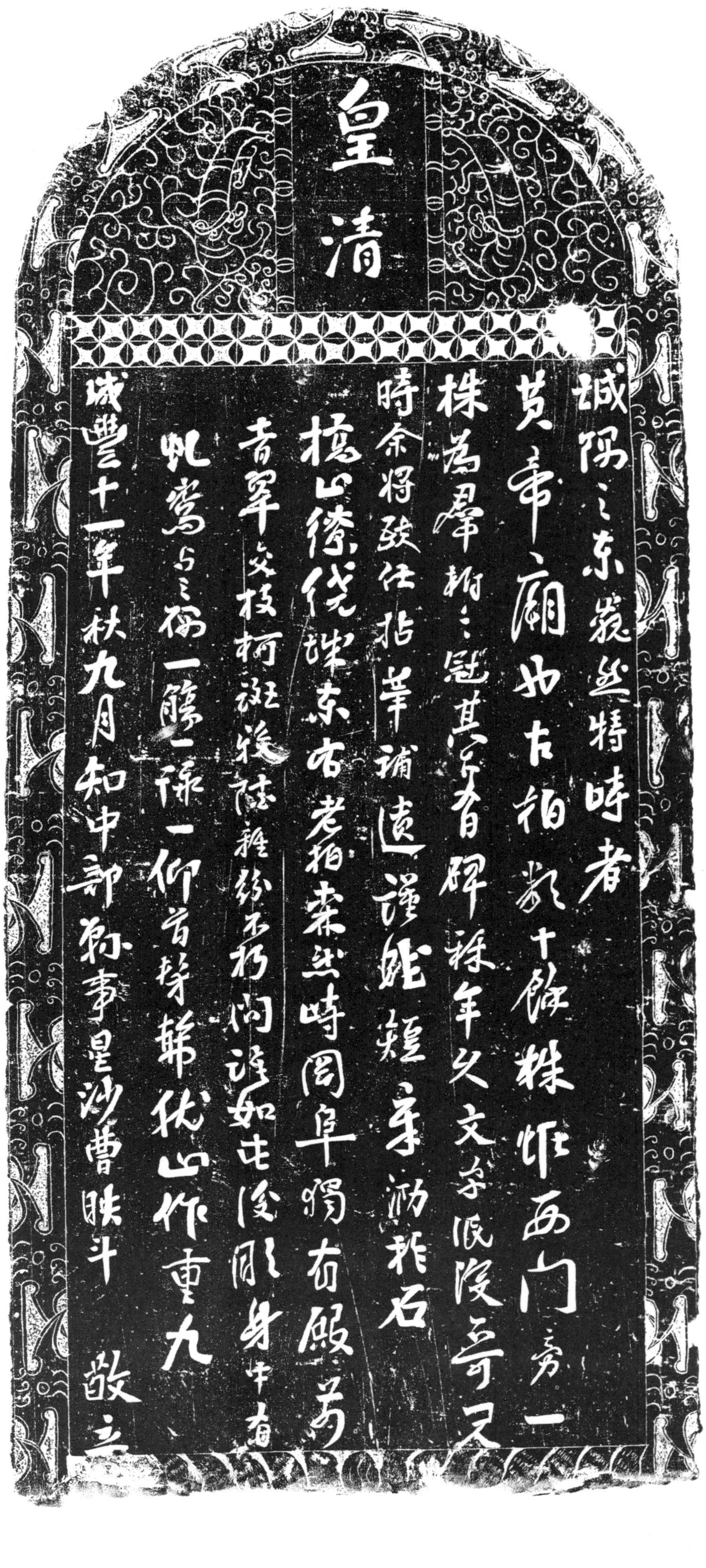

説 明

清咸豐十一年（1861）九月刻。碑砂石質。高218厘米，寬70厘米。碑額楷書“皇清”二字。正文行草8行，滿行15至21字不等。額文兩側飾雙龍圖案，碑身四周飾蝙蝠圖案。現存黄帝陵軒轅廟碑廊。《黄帝陵碑刻》著録。

釋 文

城隅之東，巍然特峙者」，黄帝廟也。古柏數十餘株，惟西門旁一」株爲群柏之冠。其下有碑，歷年久，文字泯没不可見」。時余將致仕，拈筆補遺，謹成短章，泐於石」：

橋山繚繞城東右，老柏森然峙岡阜。獨有殿前」青翠交，枝柯斑駁陸離紛不朽。問誰如此後彫身，中有」虬鸞與之偶。一觴一詠一仰首，髣髴龍山作重九」。

咸豐十一年秋九月

知中部縣事長沙曹映斗敬立」

按

曹映斗，字星槎，湖南長沙人，咸豐元年（1851）始任中部知縣。

806.1864　劉聯甲暨楊恭人合葬墓誌

皇清例授
朝議大夫
欽加知
府銜山西
試用直隸
州知州乙
峰劉公暨
德配楊恭
人合葬墓
誌銘

欽加同知銜
誥授奉政大夫即選知縣前儒
學訓導加二級
覃恩加一級宋雍通家眷弟段
綸頓首拜書丹

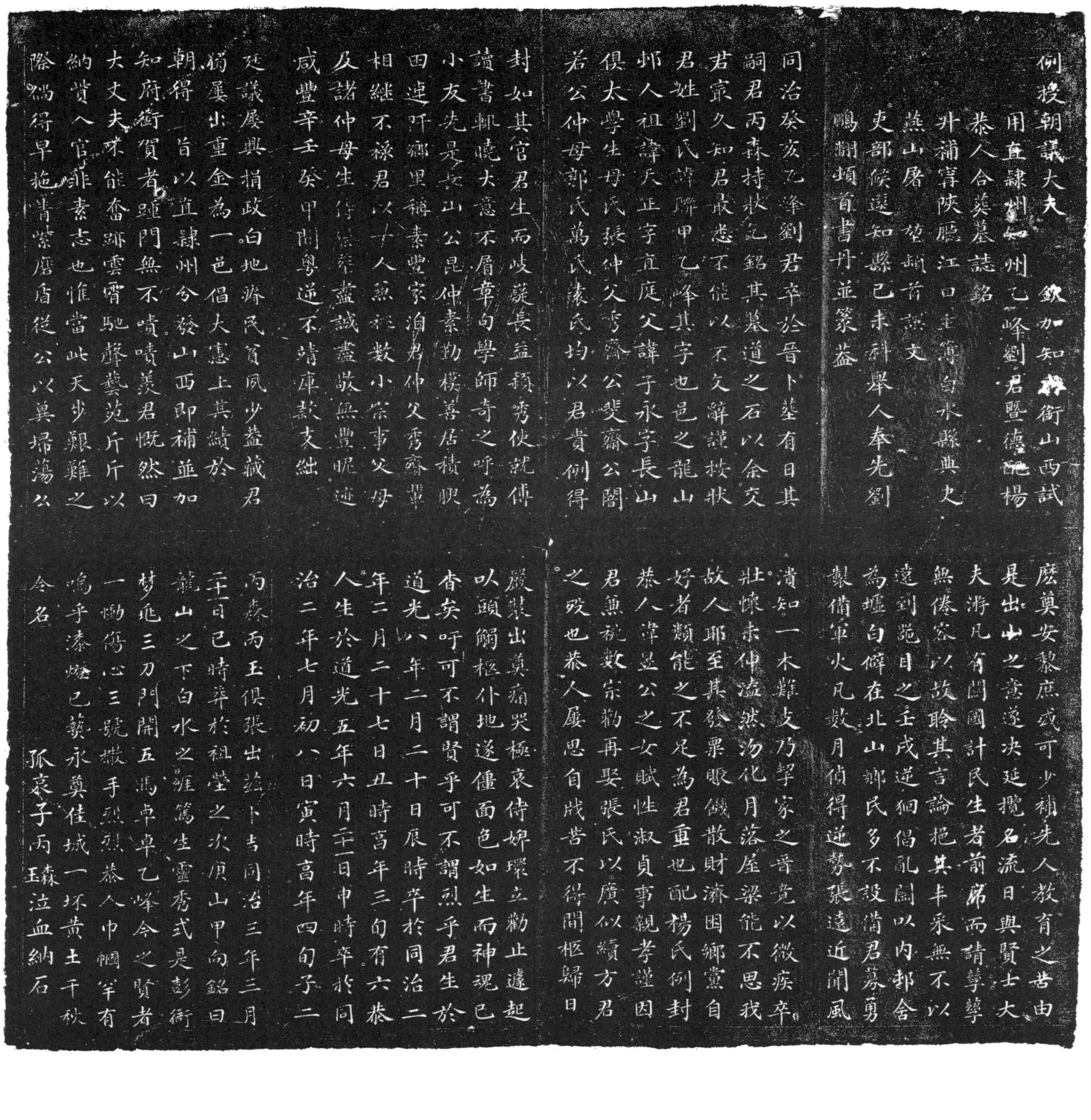

例授朝議大夫　欽加知府銜山西試
用直隸州知州乙峰劉君暨德配楊
恭人合葬墓誌銘
幷補寧陝廳江口主簿白水縣典史
燕山屠　楚翹首譔文
吏部候選知縣己未科舉人奉先劉
鴻翽頓首書丹並篆蓋
同治癸亥乙峰劉君卒於晉卜葬有日其
嗣君丙森持狀乞銘其墓道之石以余交
君最久知君最悉不能以不文辭謹按狀
君姓劉氏諱聯甲乙峰其字也邑之龍山
邨人祖諱天正字直庭父諱子永字長山
俱太學生母氏孫仲父秀齋公斐齋公闇
若公仲母郭氏萬氏蕭氏均以君貴例得
封如其官君生而岐嶷長益穎秀使就傅
讀書輒曉大意不屑章句學師奇之呼爲
小友先是長山公昆仲素勤樸善居積服
田連阡鄉里稱素豐家洎君仲父秀齋輩
相繼不祿君以一人兼祧數小宗事父母
及諸仲母生侍歿葬盡誠盡敬無豐昵逆
咸豐辛壬癸甲間粵逆不靖庫款支絀
廷議廣興捐政白地瘠民貧風少蓋藏君
獨屢出重金爲一邑倡大憲上其績於
朝得　旨以直隸州分發山西即補並加
知府銜賀者踵門無不嘖嘖羨君慨然曰
大丈夫未能奮跡雲霄馳聲藝苑斤斤以
納貲入官非素志也惟當此天步艱難之
際鳩得早施青紫磨盾從公以冀埽蕩公
歷奠安黎庶或可少補先人教育之苦由
是出山之意遂決延攬名流日與賢士大
夫游凡有關國計民生者前席而請孳孳
無倦容以故聆其言論挹其丰采無不以
遠到器目之壬戌逆回倡亂關以內郡舍
爲墟白僻在北山鄉民多不設備君募勇
製備軍火凡數月偵得逆勢張遠近聞風
潰知一木難支乃挈家之晉竟以微疾卒
壯懷未伸溘然物化月落屋梁能不思我
故人耶至其發粟賑饑散財濟困鄉黨自
好者類能之不足爲君重也配楊氏例封
恭人諱昱公之女賦性淑貞事親孝謹因
君兼祧數宗勸再娶張氏以廣似續方君
之歿也恭人屢思自戕昔不得間柩歸日
嚴裝出奠痛哭極哀侍婢環立勸止遽起
以頭觸柩仆地遂僵面色如生而神魂已
杳矣吁可不謂賢乎可不謂烈乎君生於
道光八年二月二十日辰時卒於同治二
年二月二十七日丑時高年三旬有六恭
人生於道光五年六月二十一日申時卒於同
治二年七月初八日寅時高年四旬子二
丙森丙玉俱張出茲卜吉同治三年三月
二十一日巳時葬於祖塋之次庚山甲向銘曰
龍山之下白水之涯篤生靈秀式是彭衙
夢兆三刀門開五馬卓卓乙峰今之賢者
一慟傷心三號撒手烈烈恭人巾幗罕有
嗚乎漆燈已爇永奠佳城一抔黃土千秋
令名　孤哀子丙森丙玉泣血納石

説 明

清同治三年（1864）三月刻。誌共二石。均正方形。邊長均59厘米。蓋文分上下兩段，有界行，大字10行，滿行4字，篆書“皇清例授」朝議大夫」欽加知」府銜山西」試用直隸」州知州乙」峰劉公暨」德配楊恭」人合葬墓」志銘」”；之後小字5行，滿行10字，楷書“欽加同知銜」誥授奉政大夫即選知縣前儒」學訓導加二級」覃恩加一級東雍通家眷弟段」繪頓首拜書丹」”。誌文亦分上下兩欄，楷書共56行，滿行16字。屠堃撰文，劉鵬翻書丹并篆蓋。現存白水縣西固鎮龍山村。

釋 文

例授朝議大夫欽加知府銜山西試」用直隸州知州乙峰劉君暨德配楊」恭人合葬墓誌銘」

升補寧陝廳江口主簿白水縣典史」燕山屠堃頓首撰文」

吏部候選知縣己未科舉人奉先劉」鵬翻頓首書丹並篆蓋」

同治癸亥，乙峰劉君卒於晋。卜葬有日，其」嗣君丙森持狀乞銘其墓道之石，以余交」君最久，知君最悉，不能以不文辭。謹按狀」，君姓劉氏，諱聯甲，乙峰其字也，邑之龍山」村人。祖諱天正，字直庭；父諱子永，字長山」，俱太學生。母氏張。仲父秀齋公、斐齋公、闇」若公，仲母郭氏、萬氏、袁氏，均以君貴，例得」封如其官。君生而岐嶷，長益穎秀，使就傅」讀書，輒曉大意，不屑章句學，師奇之，呼爲」小友。先是長山公昆仲素勤樸，善居積，腴」田連阡，鄉里稱素豐家。洎君仲父秀齋輩」相繼不禄，君以一人兼祧数小宗事，父母」及諸仲母生侍祭葬，盡誠盡敬，無豐昵迹」。咸豐辛、壬、癸、甲間，粤逆不靖，庫款支絀」，廷議屢興捐政。白地瘠民貧，夙少蓋藏，君」獨屢出重金，爲一邑倡。大憲上其績於」朝，得旨以直隸州分發山西即補，並加」知府銜。賀者踵門，無不嘖嘖羨。君慨然曰」：“大丈夫不能奮迹雲霄，馳聲藝苑，斤斤以」納貲入官，非素志也。惟當此天步艱難之」際，倘得早拖青紫，磨盾從公，以冀掃蕩么」麽，奠安黎庶，或可少補先人教育之苦。”由」是出山之意遂決，延攬名流，日與賢士大」夫游。凡有關國計民生者，前席而請，孳孳」無倦容。以故聆其言論、挹其丰采，無不以」遠到器目之。壬戌，逆回倡亂，闔以内村舍」爲墟。白僻在北山，鄉民多不設備。君募勇」製備軍火。凡数月，偵得逆勢張，遠近聞風」潰，知一木難支，乃挈家之晋。竟以微疾卒」。壯懷未伸，溘然沕化。月落屋梁，能不思我」故人耶！至其發粟賑饑，散財濟困，鄉黨自」好者類能之，不足爲君重也。配楊氏，例封」恭人，諱昱公之女。賦性淑貞，事親孝謹，因」君兼祧数宗，勸再娶張氏以廣似續。方君」之殁也，恭人屢思自戕，苦不得間。柩歸日」，嚴裝出奠，痛哭極哀，侍婢環立勸止，遽起」，以頭觸柩，仆地遂僵，面色如生，而神魂已」杳矣。吁！可不謂賢乎？可不謂烈乎？君生於」道光八年二月二十日辰時，卒於同治二」年二月二十七日丑時，享年三旬有六。恭」人生於道光五年六月二十一日申時，卒於同」治二年七月初八日寅時，享年四旬。子二」，丙森、丙玉，俱張出。兹卜吉同治三年三月」二十一日巳時，葬於祖塋之次，庚山甲向。銘曰」：

龍山之下，白水之涯。篤生靈秀，式是彭衙」。夢兆三刀，門開五馬。卓卓乙峰，今之賢者」。一慟傷心，三號撒手。烈烈恭人，巾幗罕有」。嗚乎！漆燈已爇，永奠佳城。一抔黄土，千秋」令名。

孤哀子丙森、丙玉泣血納石」

按

文中“咸豐辛、壬、癸、甲間，粤逆不靖”，當指洪秀全、楊秀清等領導的反清武裝起義并建立太平天國之事。“逆回倡亂”，則指同治元年（1862）西北回民起義。

807.1866　洋縣正堂爲民除弊碑

説 明

清同治五年（1866）二月刻。碑高164厘米，寬78厘米。碑額横書1行楷書“永垂不朽”四字。正文楷書27行，滿行60至61字不等。現存佛坪縣大河壩鎮三組古墓嶺廟内。《漢中碑石》著録。

釋 文

署洋縣正堂加五級紀録五次范准定：從來立法必準，平□人□□利当□於除弊。洋邑自逆匪擾亂之後，舊章俱廢，諸事紛更，百」姓無所遵循。紳士爰詣范明府父台，備陳上下情形，除差務馬，已照規辦理，所有公事並在官人役，一切積弊均行裁去，重新酌定章程勒石，俾」公私悉協，無貽病民，用昭從欲以治之休，永垂不朽云。

一、凡差務均由驛站。查洋縣不通馹路，向無馬匹差事，惟兵差過境，旧由各地攤派，四十八地方，一地」派錢四十串，概交紳局買馬牧養，臨差支應；一切日行馬差，概不得與民間科派，所有紳庶家养騾馬，與官馬不同，俱不准擅拉支差」。

一、詞訟凡屬婚姻、田土、賬債，俱爲民間正案，只准其取保聽審，無須管押，並無費錢之例。陋規有差役官號一項，已係額外索求。查乱後凡遇詞訟，原差傳」唤，動輒六人，甚至九人、十二人，與鄉約窜通舞弊，往往草鞋錢数串，口案錢数十串，官號錢多者甚至八九十串、少者亦不下三四十串。此等惡習，殊堪痛恨。嗣」後仍照旧，每案照八股派錢。赤貧之家不得拘定数目，即殷实者，一案至多不許过三串二百文，送案到单錢在外。原差一般只准一名，五十里路者每名給口食」錢一百文，百里外者按路远近照算，發給口食，不得復索草鞋、口案等錢。如多取者，以詐贓告發究办。

一、例有名條，生員不得干預事，旁人亦不得誣牽」生員作證。生員如有要事，許遣家人代告。大乱之後，惡差不知法紀，竟有毆打生員，实屬玷辱斯文，大干刑律。以後差役如有不安本分，與生員毆」打情事，即照例稟官，從重懲办。

一、名分自有定制，凡在官人役，不准服上色綢緞，非有要緊公案，不准乘騾騎馬在街市往來，以昭名分而办等例」。

一、詞訟不論理之有無，往往欲占原告，先圖免費，嗣後官號到单，原、被二家均攤，庶無挾嫌捏告等弊。

一、凡居鄉、在山鄉約，遇差役執票叫人，必協同傳唤，一經」傳到，先説草鞋錢，次講飯館酒肉，動称口案錢若干，以少報多，鄉約均行分肥。是以一案每遲至一月十数日不到者，弊即在此。嗣後差役下鄉入山，按路遠」近，限以时日到縣。如案内人或有事故不在家，則責成該管鄉約稟明因何故出外，先使差役回衙，限几日鄉約將人送案，庶免窜通磕詐之弊」。

一、革退差役，名雖除而暗内用事，每藉口有未了公案，内革而外不革，遲延日久，更名復充。嗣後凡革退差役，即隨时除卯。非經本官当堂開充，如有私更名」字当差者，則以招摇撞騙，稟官懲办。

一、山林耳木土産，不过種竹樹木，等於禾稼，統归錢粮，完納地税，令其支差已屬額外。近來差役舞弊，討弄小」票，假公事爲名，下鄉要竹要板，而必折料價錢若干，折脚價錢若干，百姓受害無窮。以後如有要板要竹，只准飭差一人，將票傳到，該花户自行送」縣署内，發給脚價，差役不得索取分文。違者許種之家告官，以詐贓究办。

一、鄉約統管一鄉，鄉約公正，則鄉可以少訟；鄉約不肖，則撥是」弄非，遇有民間小事，伊從中索謝，稍不如意，便唆人兴訟，大爲地方之害。嗣後鄉約每週年終，各花户在公所大家议舉一人，進城具稟，方」准充膺。如有本地紳士不知，伊私捏名字具稟充膺者，一經告發，定從究办。再□大地方，鄉約只准二名，如有过多者，許該紳士稟裁」。

一、刑罚操自官長，非小民所能自專。近來年歲飢饉，田間小窃不肯經官，鄉約私自懲罚，原不欲壞其名節，冀其人自改也。乃近来鄉約」視爲利薮，遇有形迹可疑之事，使人具售狀，伊借庙会、船会爲名，動輒□錢数串或数十串文，無錢者折給地畝，鄉約自行收租。此」等惡習，更堪痛恨。嗣後鄉約與人只准説事，不得動接售狀。窃案大者隨時稟官，小者鄉間议罚。只准四五百錢文，如有過一串者，告發」後以詐贓究辦」。

憲主批示，成議各條，悉准勒石永行。

扃紳周碩齡、姚文藻、李應貞、楊震西

首士程建恒、王修元、張廷□、吴天順

鄉約吴天申、黄文才」

大清同治五年花月日，十畝地案板溝衆粮當花户等（下闕）」

按

文中洋縣正堂范即范榮光，河南修武人，同治三年（1864）始任洋縣知縣。

808.1866　留侯廟勘定廟界碑

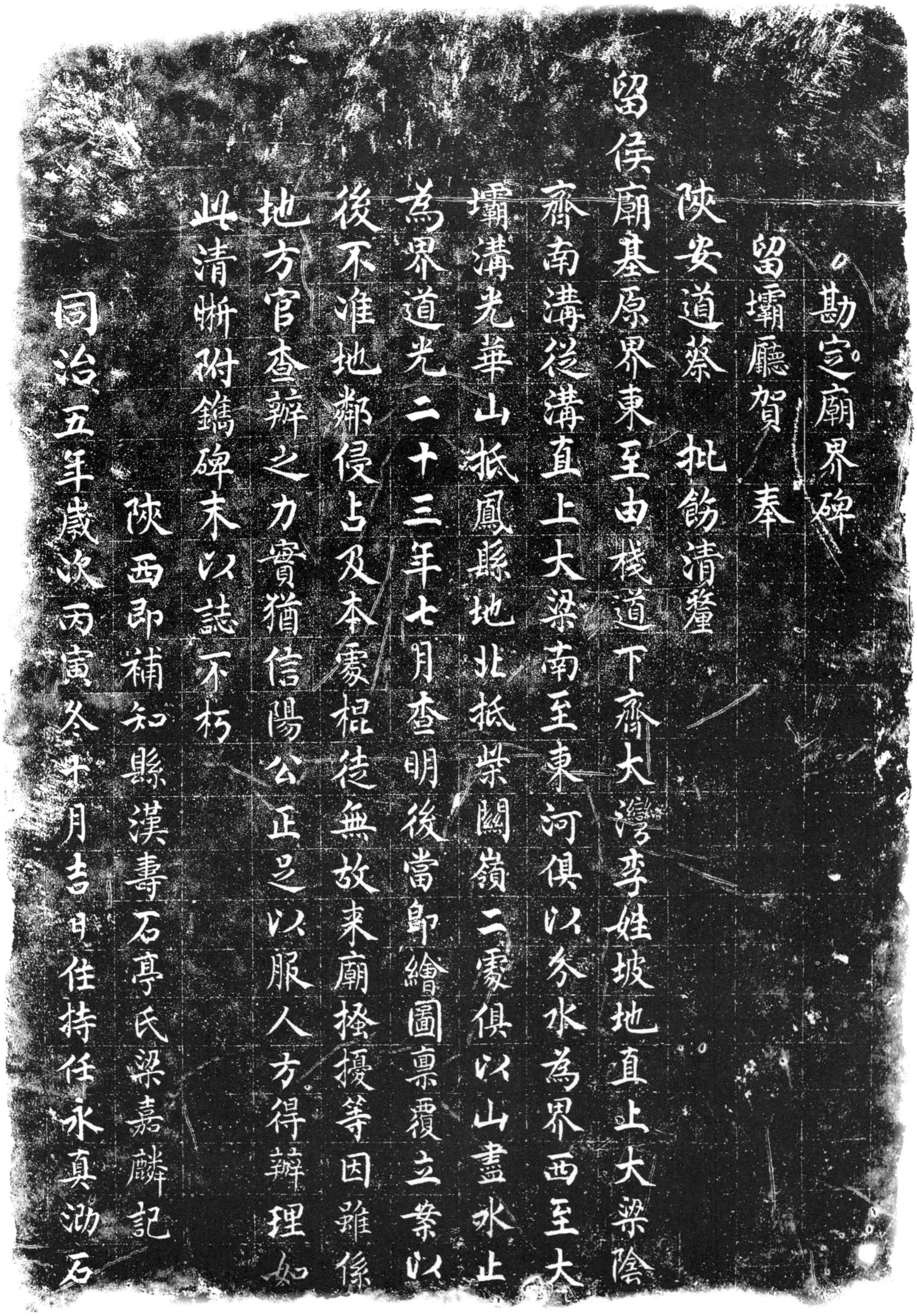
勘定廟界碑
留壩廳賀　奉
陝安道蔡　批飭清釐
留侯廟基原界東至由棧道下齋大灣李姓坡地直上大梁陰
齋南溝從溝直上大梁南至東河俱以分水為界西至大
壩溝光華山抵鳳縣地北抵柴關嶺二處俱以山盡水止
為界道光二十三年七月查明後當即繪圖稟覆立案以
後不准地鄰侵占及本處棍徒無故來廟撬擾等因雖係
地方官查辦之力實猶信陽公正足以服人方得辦理如
此清晰附鐫碑末以誌不朽
陝西即補知縣漢壽石亭氏梁嘉麟記
同治五年歲次丙寅冬十月吉日住持任永真泐石

説 明

清同治五年（1866）十月刻。碑圓首方座。通高158厘米，寬80厘米。正文楷書12行，滿行24字。梁嘉麟撰文。現存留壩縣張良廟文物管理所。《漢中碑石》著録。

釋 文

勘定廟界碑」

留壩廳賀奉」陝安道蔡批飭，清釐」留侯廟基原界：東至由棧道下齊大灣李姓坡地直上大梁，陰」齊南溝，從溝直上大梁；南至東河，俱以分水爲界；西至大」壩溝光華山，抵鳳縣地；北抵柴關嶺，二處俱以山盡水止」爲界。道光二十三年七月查明後，當即繪圖禀覆立案，以」後不准地鄰侵占及本處棍徒無故来廟搔擾等因。雖係地方官查辦之力，實猶信陽公正，足以服人，方得辦理如」此清晰。附鎸碑末以誌不朽」。

陝西即補知縣漢壽石亭氏梁嘉麟記」

同治五年歲次丙寅冬十月吉日住持任永真泐石」

按

留侯廟，即漢張留侯祠，俗稱張良廟，位於留壩縣留侯鎮，坐落於秦嶺南麓紫柏山下。始建於東漢末年。

文中“留壩廳賀”，即賀仲瑊，字葛山，號美珩，湖南長沙人。曾任褒城縣知縣。道光二十年（1840）始任留壩廳同知。“陝安道蔡”，即蔡瓊，字昆圃，號漁莊，雲南昆明人。官至陝西兵備道。“信陽”，即留侯廟住持任永真之號。

撰者梁嘉麟，四川廣元人。廣元增生。曾任鞏昌府同知、直隸州知州。

809.1867　洵陽縣令告示碑

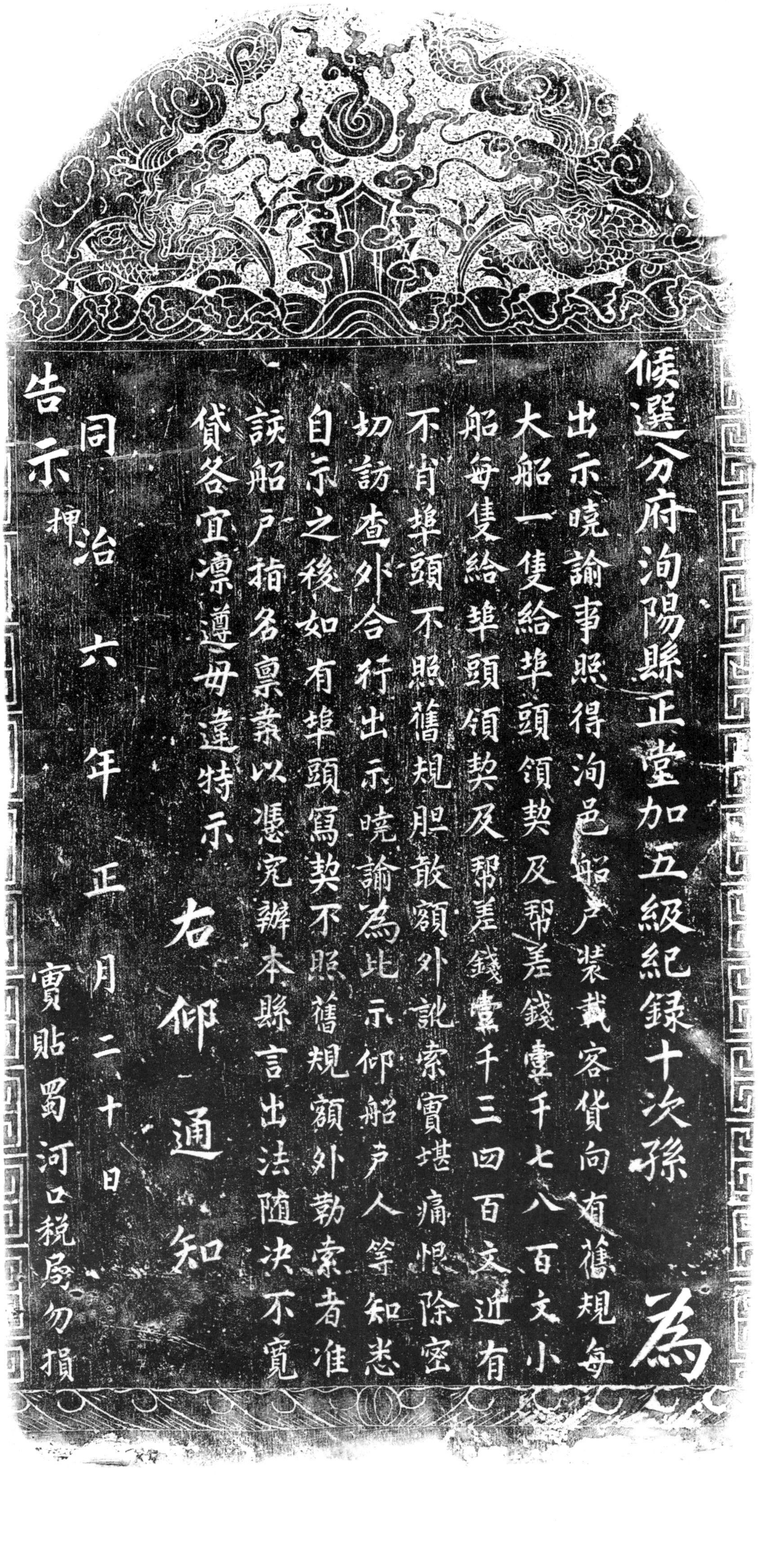
候選分府洵陽縣正堂加五級紀録十次孫　為
出示曉諭事照得洵邑船户裝載客貨向有舊規每
大船一隻給埠頭領契及帮差錢壹千七八百文小
船每隻給埠頭領契及帮差錢壹千三四百文近有
不肖埠頭不照舊規肥敢額外訛索實堪痛恨除密
切訪查外合行出示曉諭為此示仰船户人等知悉
自示之後如有埠頭寫契不照舊規額外勒索者准
該船户指名禀案以憑究辦本縣言出法隨決不寬
貸各宜凛遵毋違特示　右仰通知
同治六年正月二十日
告示　押
實貼蜀河口税局勿損

説 明

清同治六年（1867）正月刻。碑圓首方座。通高125厘米，寬65厘米。正文楷書12行，滿行20字。碑首飾二龍戲珠圖案，碑身四周飾幾何圖案。現存旬陽縣蜀河鎮楊泗廟。《安康碑石》著録。

釋 文

候選分府洵陽縣正堂加五級紀録十次孫，爲」出示曉諭事，照得洵邑船户裝載客貨向有舊規，每」大船一隻給埠頭領契及帮差錢壹千七八百文，小」船每隻給埠頭領契及帮差錢壹千三四百文。近有」不肖埠頭不照舊規，胆敢額外訛索，實堪痛恨。除密」切訪查外，合行出示曉諭爲此，示仰船户人等知悉」。自示之後，如有埠頭寫契不照舊規，額外勒索者，准」該船户指名稟案，以憑究辦。本縣言出法隨，决不寬」貸。各宜凛遵毋違。特示」。

右仰通知」

同治六年正月二十日」

告示押

實貼蜀河口税局勿損」

按

此碑所在楊泗廟，爲清代蜀河口船幫會館。蜀河口係蜀河與漢江匯合之處，是清代陝西與南方物資交流的重要口岸。此碑所記嚴禁埠頭勒索船户的告示，爲研究清代經濟社會發展特别是漢江航運史提供了珍貴資料。

810.1867　任永真墓碑

太上正宗全真道教演戒傳法老律師信陽任真人之墓
戊午季冬月初一日戌時建生
香山華山派義真受律職永真起美開創十方叢林
京都白雲觀繼龍門玄都律壇接法一十九代圓真
己卯年三月十二日吉時登真
監院同衆執事十方道衆敬立

説 明

清同治六年（1867）三月刻。碑高182厘米，寬86厘米。碑陽爲任永真墓碑，楷書6行，正中大字1行題“太上正宗全真道教演戒傳法老律師信陽任真人之墓”。右側上款2行題“戊午年冬月初一日戌時建生」，香山華山派義真受律職永真字起美開創十方叢林」”。左側下款3行題“京都白雲觀繼龍門玄都律壇接法一十九代上圓下真」，己卯年三月十二日吉時登真」，監院同衆執事十方道衆敬立」”。碑陰爲任永真生傳，楷書20行，滿行48字。梁嘉麟撰文，周振昌書丹。現存留壩縣張良廟西北任永真墓前。《漢中碑石》著録。

釋 文

贈紫柏山永真煉師生傳」

師法派永真，字起美，號信陽，誕生於遼東鐵嶺。少具慧性，貌極清奇，語通玄妙。始訪道於京都南極宫仁貴師，繼投白雲觀，從」教智師，持行數載，學益深，道益進。中年涉歷四海，遍謁名山洞府，後棲踪於關中之八仙庵，足迹滿天下，聲望四著，景慕者愈」衆。陝省之南有紫柏山，漢留侯辟穀處也。舊有留侯廟，主持乏人，道裔聞師名，詣請居之。師素聞其地爲長安名勝最，如所請」，欣然至。至則山川如舊，而殿宇荒圮，廟内香火地亦多爲俗人所侵占。師念山川之勝，不可無以興之；香火之資，不可無以復」之。乃遂不避嫌怨，躬自清釐，呈請於當道，辯數處、訟數載，而案始定、業始復。由是出所餘雲遊資，鳩工庀材，竭力修造，有不給」，則募金濟之。一時名公鉅卿，多願爲之助。凡自神殿以至客堂，旁及於橋亭古迹，無不焕然一新。遊是地者，睹今思昔，幾莫能」辨。師之佈置周矣，師之精力亦殫矣。師爲人和藹，博洽道氣，接人眉宇，而又地當孔道，過往名人，無不下車攬勝，與師接，輒流」連忘去。余以丙寅歲識師於此，初見即訂方外交，嗣後數過此，道途僕僕，甫入廟，即覺塵煩盡滌，藅然有仙凡之别。每與師盤」桓晨夕，仰視三清、東華、觀音、娘娘諸殿，則金碧莊嚴，觀瞻肅也。時而登鐘鼓、授書兩樓，則諸峰歷歷在目，雙眸豁也。有時評茶」於圜堂、齋堂、客堂暨雲水山堂，則窗明几净，神氣爲之清也。周視寮房、迎賓、官廳、當家院所，則執事井然，内外分明也。山門外」進履有橋，八卦有亭，傑閣巍然，散步其間，則古迹俱存，仙境招人，不啻作赤松遊也。至若齋供有厨，則精膳珍饈，香積厨不是」過也。十數載以前，幾成廢址，十數年之内，竟爲叢林，非師之經營建造，勞盡心力，曷能大觀如此。此余之所以一遇再遇，往復」流連而不忍與師倉猝别也。夫仙凡雖自各异，而作爲要自在人，高言修煉而居棲之所，乃至僻陋草萊，不能爲山川點綴名」勝，是亦猶世俗之家，堂構弗承，不足爲先人光也。余既慕師之爲人，而尤服師之能事，不揣固陋，仿古人生傳之例，謹綴數語」，俟異日壽之貞珉。後之過是者，苟有感於余言，則知勝迹之所由復新，而感歎師功之不朽矣。後之守是叢林者，苟能承其先」志，世世相傳，則知勝地之不可復湮，而並見師澤之無窮矣。是爲傳」。

欽差大臣陝甘爵督部堂營務處辦理陝西田賦採運漢中白水江軍米升用直隸州知州留甘補用知縣利州梁嘉麟敬撰」

前幫辦鳳縣釐務即選從九樂城周振昌蒿沚甫敬書」

大清同治六年歲次丁卯仲春月穀旦」

按

碑陰生傳所載任永真之生平事迹，及張良廟之修建歷史，對於研究清代宗教有一定的史料價值。

811.1868　卧龍寺重修碑記

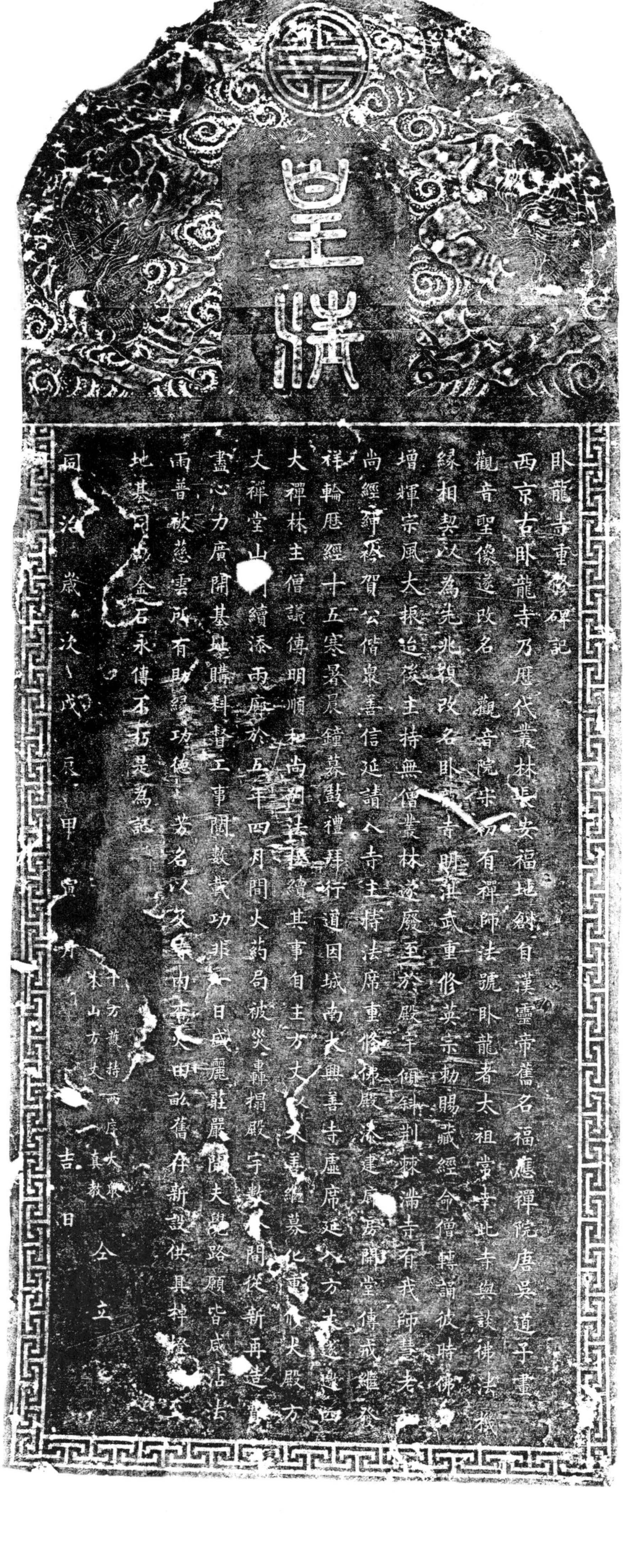

説明

清同治七年（1868）正月刻。碑圓首方座。通高166厘米，寬65厘米。碑額居中篆書“皇清”二字。正文楷書14行，滿行32字。碑首飾二龍戲珠圖案，碑身四周飾幾何圖案。現存西安市卧龍寺。

釋文

卧龍寺重修碑記」

西京古卧龍寺，乃歷代叢林，長安福地，創自漢靈帝，舊名“福應禪院”。唐吴道子畫」觀音聖像，遂改名“觀音院”。宋初，有禪師法號卧龍者，太祖常幸此寺，與談佛法，機」緣相契，以爲先兆，復改名“卧龍寺”。明洪武重修，英宗敕賜《藏經》，命僧轉誦。彼時佛日」增輝，宗風大振。迨後主持無僧，叢林遂廢。至於殿宇傾斜，荆棘滿寺。有我師慧老和」尚，經紳衿賀公偕衆善信延請入寺，主持法席，重修佛殿，添建廊房，開堂傳戒，繼發」祥輪。歷經十五寒暑，晨鐘暮鼓，禮拜行道。因城南大興善寺虚席，延入方丈，遂邀四」大禪林主僧，議傳明順和尚嗣法接續其事。自主方丈以來，善繼募化，重修大殿、方」丈禪堂、山門，續添兩廊。於五年四月間，火藥局被災轟揭，殿宇數□間從新再造。費」盡心力，廣開基址，購料督工。事閲數載，功非一日，盛麗莊嚴，開夫覺路。願皆咸沾法」雨，普被慈雲。所有助緣功德芳名以及寺内香火、田畝，舊存新設，供具棹橙，以至」地基，同勒金石，永傳不朽。是爲記」。

十方護持两序大衆本山方丈真教仝立」

同治歲次戊辰甲寅月吉日」

按

卧龍寺，位於今西安市碑林區柏樹林街，爲全國重點寺院。碑文所述卧龍寺沿革，是研究其歷史及中國佛教歷史的珍貴資料。

812.1869　劉映菁墓誌

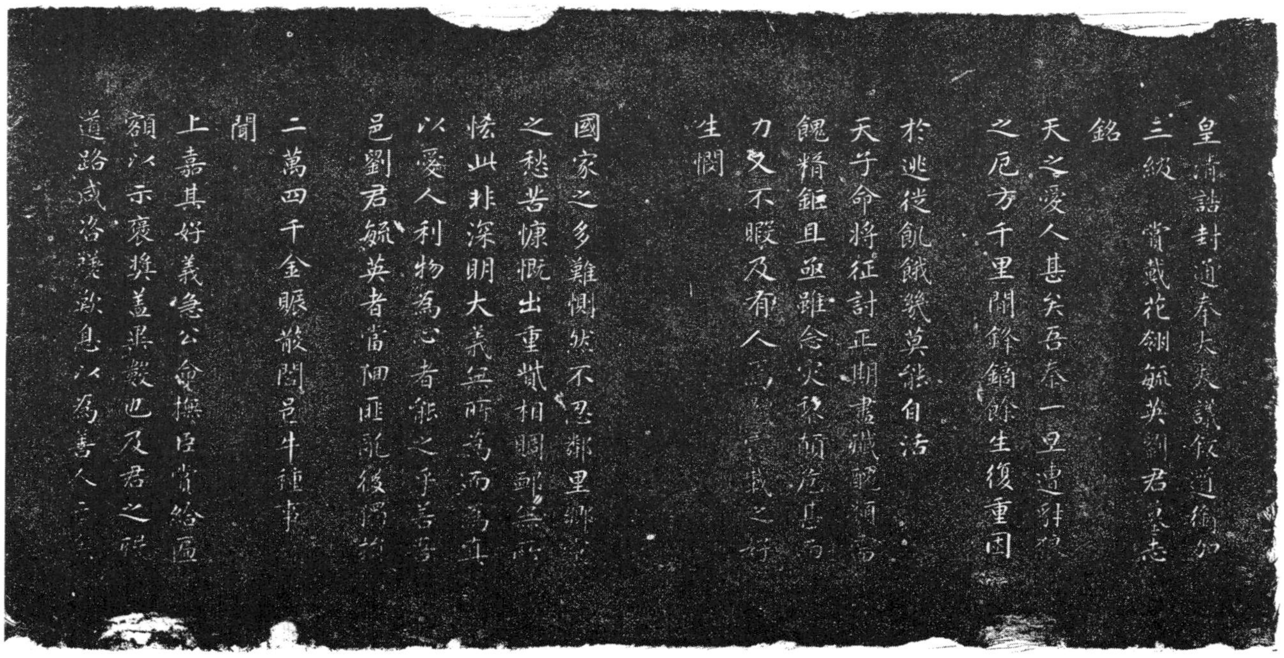
皇清誥封通奉大夫議敘道銜加
三級　賞戴花翎毓英劉君墓志
銘
天之愛人甚矣吾秦一旦遭[illegible]
之厄方千里間鋒鏑餘生復重困
於逃徙飢餓饑莫能自活
天子命將征討正期盡殲醜類當
餽糧鉅且亟雖念災黎顛危甚而
力又不暇及有人焉[illegible]哉之好
生惻
國家之多難惻然不忍鄉里鄉黨
之愁苦慷慨出重貲相賙卹無所
惜此非深明大義無所為而為其
以愛人利物為心者能之乎吾[illegible]
邑劉君毓英者當佃匪亂後獨捐
二萬四千金賑散閭邑牛種事
聞
上嘉其好義急公飭撫臣賞給匾
額以示褒獎蓋異數也及君之歿
道路咸咨嗟欷歔以為善人[illegible]

第一石

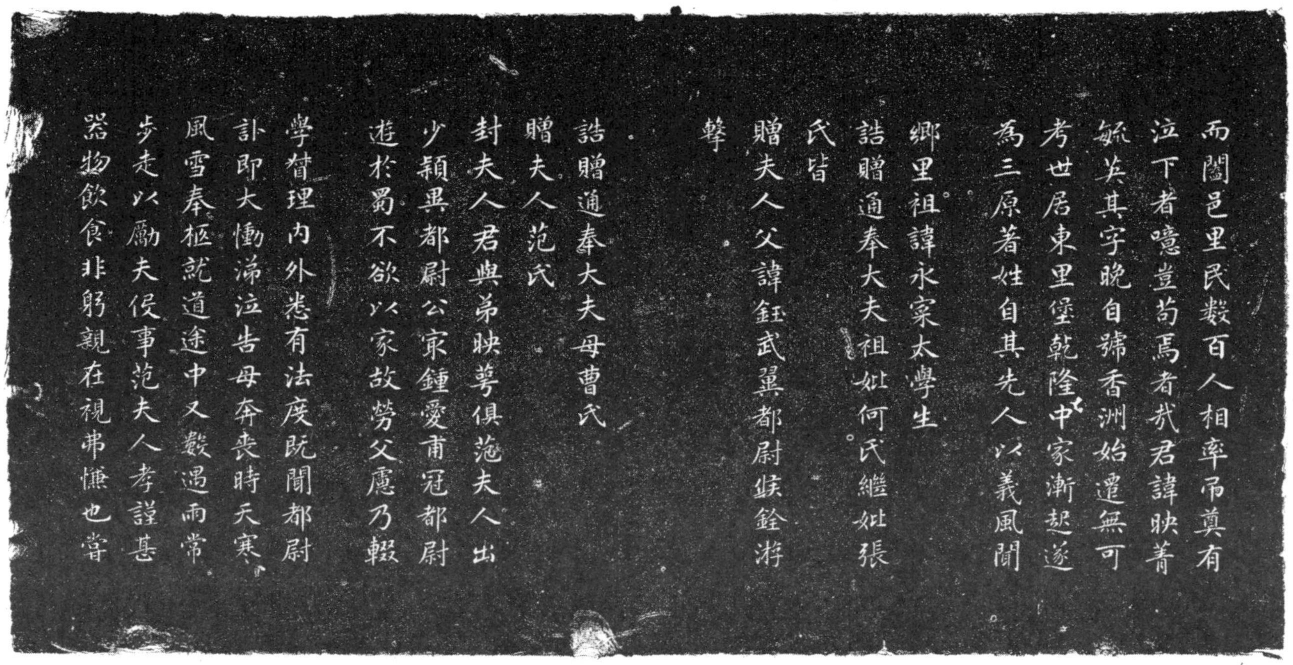
而閭邑里民數百人相率弔奠有
泣下者噫豈苟焉者哉君諱映菁
毓英其字晚自號香洲始遷無可
考世居東里堡乾隆中家漸起遂
為三原著姓自其先人以義風閭
鄉里祖諱永案太學生
誥贈通奉大夫祖妣何氏繼妣張
氏皆
贈夫人父諱鈺武翼都尉鋏銓游
擊
誥贈通奉大夫母曹氏
贈夫人范氏
封夫人君與弟映蓴俱范夫人出
少穎異都尉公冢鍾愛甫冠都尉
遊於蜀不欲以家故勞父慮乃輟
學督理內外悉有法度既聞都尉
訃即大慟涕泣告母奔喪時天寒
風雪奉柩就道途中又數遇雨常
步走以勵夫役事范夫人孝謹甚
器物飲食非躬親在視弗慊也嘗

第二石

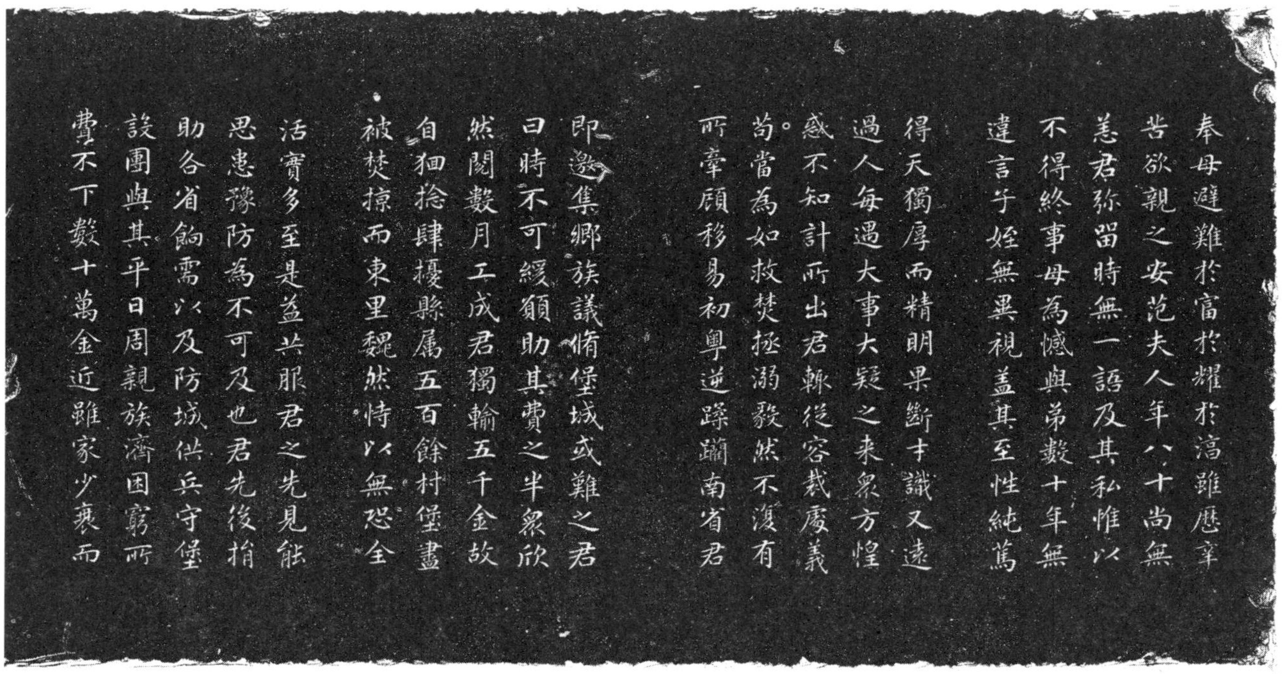
奉母避難於富於耀於涇雖歷辛
苦欲親之安范夫人年八十尚無
恙君彌留時無一語及其私惟以
不得終事母為憾與弟數十年無
違言于姪無異視蓋其至性純篤
得天獨厚而精明果斷才識又遠
過人每遇大事大疑之來衆方惶
惑不知計所出君輒從容裁處義
苟當為如救焚拯溺毅然不復有
所牽顧移易初舉逆蹤竄南省君
即邀集鄉族議脩堡城或難之君
曰時不可緩願助其費之半衆欣
然閱數月工成君獨輸五千金故
自回捻肆擾縣屬五百餘村堡盡
被焚掠而東里巍然恃以無恐全
活實多至是益共服君之先見能
思患豫防為不可及也君先後捐
助各省餉需以及防城供兵守堡
設團與其平日周親族濟困窮所
費不下數十萬金近雖家少衰而

第三石

説 明

清同治八年（1869）十一月十日刻。誌應共7石，一石疑爲蓋，已佚，今存六石。均長方形，均長64厘米、寬33厘米。誌文楷書，每石20行，滿行13字。賀瑞麟撰文，梁景先書丹，余庚陽篆蓋。現存三原縣文物管理委員會。《咸陽碑刻》著録。

釋 文

皇清誥封通奉大夫議叙道銜加」三級賞戴花翎毓英劉君墓志」銘」

天之愛人甚矣，吾秦一旦遭豺狼」之厄，方千里間鋒鏑，餘生復重困」於逃徙飢餓，幾莫能自活」。天子命將征討，正期盡殲醜類，需」餽糈鉅且亟，雖念灾黎顛危甚，而」力又不暇及。有人焉，體覆載之好」生，憫」國家之多難，惻然不忍鄰里鄉黨」之愁苦，慷慨出重貲相賙卹，無所」悋。此非深明大義，無所爲而爲，真」以愛人利物爲心者，能之乎？若吾」邑劉君毓英者，當回匪亂後，獨捐」二萬四千金，賑散闔邑牛種。事」聞」，上嘉其好義急公，命撫臣賞給匾」額，以示褒奬，盖異數也。及君之歿」，道路咸咨嗟歎息，以爲善人亡矣」（以上第一石）。而闔邑里民數百人相率吊奠，有」泣下者。噫！豈苟焉者哉。君諱映菁」，毓英其字，晚自號香洲。始遷無可」考，世居東里堡。乾隆中家漸起，遂」爲三原著姓。自其先人以義風聞」鄉里。祖諱永宗，太學生」，誥贈通奉大夫。祖妣何氏，繼妣張」氏，皆」贈夫人。父諱鈺，武翼都尉、候銓游」擊」，誥贈通奉大夫。母曹氏」，贈夫人；范氏」，封夫人。君與弟映蕚，俱范夫人出」。少穎異，都尉公最鍾愛。甫冠，都尉」游於蜀，不欲以家故勞父慮，乃輟」學，督理内外，悉有法度。既聞都尉」訃，即大慟涕泣，告母奔喪。時天寒」風雪，奉柩就道，途中又數遇雨，常」步走以勵夫役。事范夫人孝謹甚」，器物飲食，非躬親在視，弗慊也。嘗」（以上第二石）奉母避難於富、於耀、於淳，雖歷辛」苦，欲親之安。范夫人年八十尚無」恙。君弥留時無一語及其私，惟以」不得終事母爲憾。與弟數十年無」違言，子姪無異視，盖其至性純篤」，得天獨厚。而精明果斷，才識又遠」過人，每遇大事大疑之来，衆方惶」惑，不知計所出，君輒從容裁處。義」苟當爲，如救焚拯溺，毅然不復有」所牽顧移易。初，粤逆蹂躪南省，君」即邀集鄉族，議修堡城，或難之，君」曰：時不可緩，願助其費之半。衆欣」然。閲數月工成，君獨輸五千金。故」自回、捻肆擾縣属，五百餘村堡盡」被焚掠，而東里魏然恃以無恐，全」活實多。至是益共服君之先見，能」思患豫防，爲不可及也。君先後捐」助各省餉需，以及防城供兵，守堡」設團，與其平日周親族、濟困窮，所」費不下數十萬金。近雖家少衰，而」（以上第三石）賑米屯田、修渠幫運諸大務，未嘗」不勉力爲之，善行又烏可勝紀，豈」非所謂積而能散，好行其德者耶」。予於君僅一二見，而君謬重予，嘗」命其子昇之拜予於書院，求爲弟」子。余感其意，昇之屢来，未嘗不以」立身事親之道告也。顧更有感者」，道

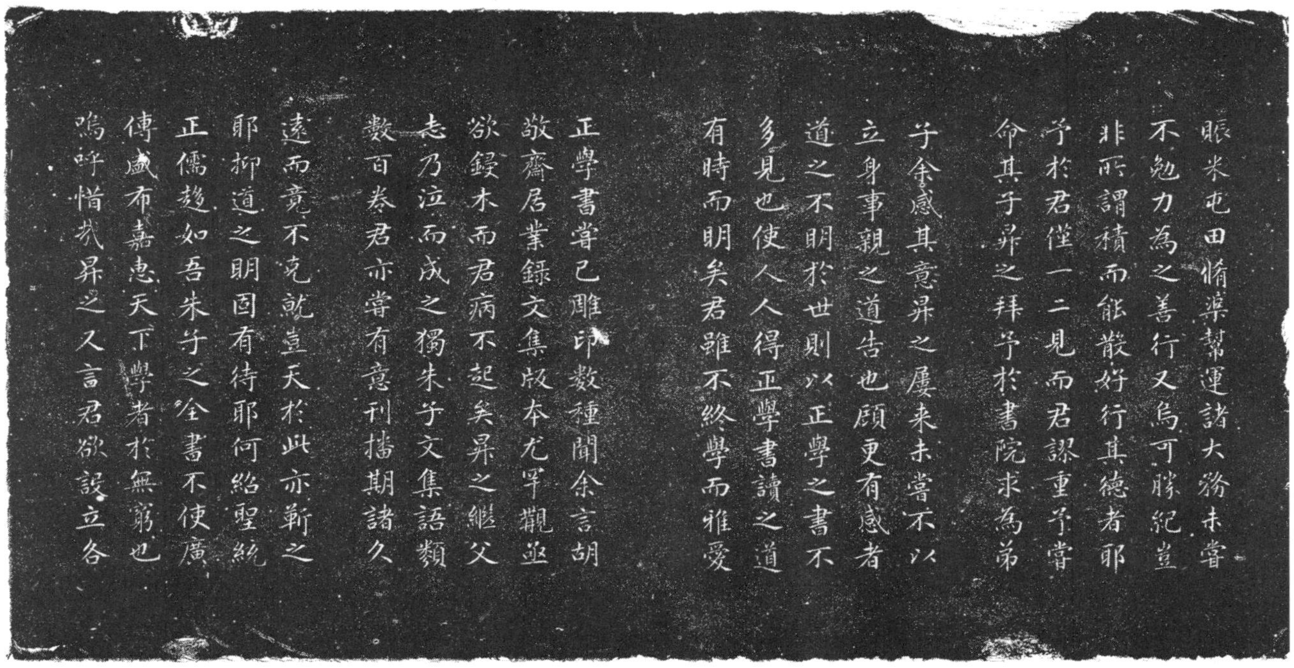
賑米屯田脩濬幫運諸大務未嘗
不勉力為之善行又烏可勝紀豈
非所謂積而能散好行其德者耶
予於君僅一二見而君謬重予嘗
命其子昇之拜予於書院求為弟
子余感其意昇之屢來未嘗不以
立身事親之道告也顧更有感者
道之不明於世則以正學之書不
多見也使人人得正學書讀之道
有時而明矣君雖不終學而雅愛
正學書嘗已雕印數種聞余言胡
敬齋居業錄文集叚本尤罕覯亟
欲鋟木而君病不起矣昇之繼父
志乃泣而成之獨朱子文集語類
數百卷君亦嘗有意刊播期諸久
遠而竟不克就豈天於此亦靳之
耶抑道之明固有待耶何紹聖統
正儒趨如吾朱子之全書不使廣
傳盛布嘉惠天下學者於無窮也
嗚呼惜哉昇之又言君欲設立各

第四石

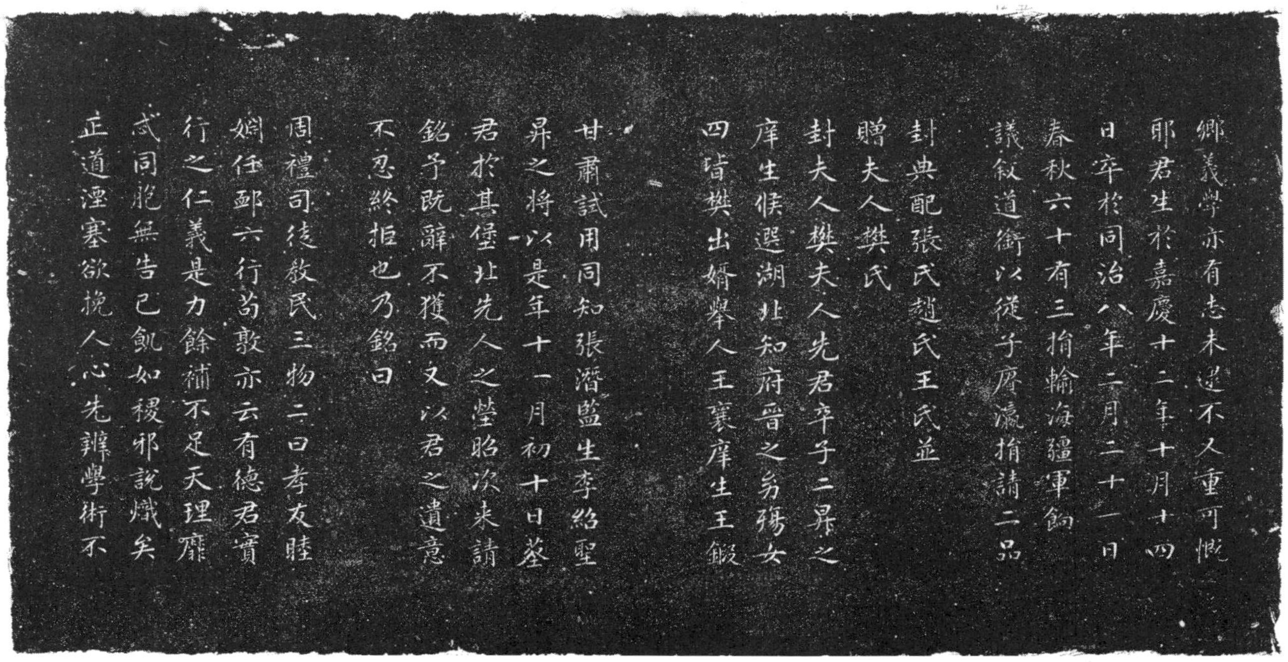
鄉義學亦有志未逮不久重可慨
耶君生於嘉慶十二年十月十四
日卒於同治八年二月二十一日
春秋六十有三捐輸海疆軍餉
議敘道銜以從子屑瀛捐請二品
封典配張氏趙氏王氏並
贈夫人樊氏
封夫人樊夫人先君卒子二昇之
庠生候選湖北知府晉之殤女
四皆樊出婿舉人王襄庠生王鍛
甘肅試用同知張濬監生李紹聖
昇之將以是年十一月初十日塟
君於其堡北先人之塋貽次來請
銘予既辭不獲而又以君之遺意
不忍終拒也乃銘曰
周禮司徒教民三物二曰孝友睦
婣任卹六行苟敦亦云有德君實
行之仁義是力餘補不足天理靡
忒同胞無告己飢如稷邪說熾矣
正道湮塞欲挽人心先辨學術不

第五石

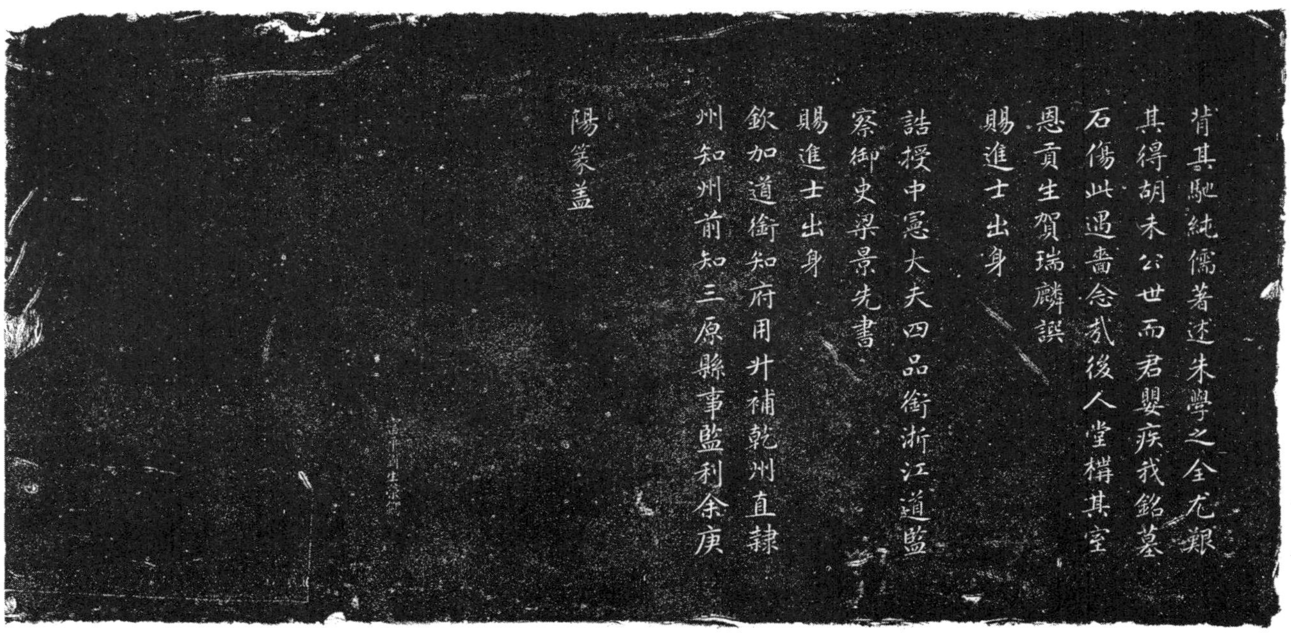
背其馳純儒著述朱學之全尤艱
其得胡朱公世而君嬰疾我銘墓
石傷此遇嗇念哉後人堂構其室
恩貢生賀瑞麟譔
賜進士出身
誥授中憲大夫四品銜浙江道監
察御史梁景先書
賜進士出身
欽加道銜知府用升補乾州直隸
州知州前知三原縣事監利余庚
陽篆蓋

第六石

之不明於世，則以正學之書不」多見也，使人人得正學書讀之，道」有時而明矣。君雖不終學而雅愛」正學書，嘗已雕印數種。聞余言胡」敬齋《居業録文集》版本尤罕覯，亟」欲鋟木，而君病不起矣。昇之繼父」志，乃泣而成之。獨《朱子文集》《語類」》數百卷，君亦嘗有意刊播，期諸久」遠，而竟不克就，豈天於此亦有靳之」耶？抑道之明固有待耶？何紹聖統」正儒趨如吾朱子之全書，不使廣」傳盛布，嘉惠天下學者於無窮也」。嗚呼惜哉！昇之又言君欲設立各」（以上第四石）鄉義學，亦有志未逮，不又重可慨耶！君生於嘉慶十二年十月十四」日，卒於同治八年二月二十一日」，春秋六十有三。捐輸海疆軍餉」，議叙道銜，以從子賡瀛捐，請二品」封典。配張氏、趙氏、王氏，並」贈夫人；樊氏」，封夫人，樊夫人先君卒。子二：昇之」，庠生，候選湖北知府；晋之，幼殤。女」四，皆樊出。婿：舉人王襄、庠生王鍛」、甘肅試用同知張潛、監生李紹聖」。昇之將以是年十一月初十日，葬」君於其堡北先人之塋昭次，来請」銘。予既辭不獲，而又以君之遺意」不忍終拒也。乃銘曰」：

《周禮·司徒》，教民三物。二曰孝友，睦」姻任衈。六行苟敦，亦云有德。君實」行之，仁義是力。餘補不足，天理靡」忒。同胞無告，己飢如稷。邪説熾矣」，正道湮塞。欲挽人心，先辨學術。不」（以上第五石）背其馳，純儒著述。朱學之全，尤艱」其得。胡未公世，而君嬰疾。我銘墓」石，傷此遇嗇。念哉後人，堂構其室」。

恩貢生賀瑞麟撰」

賜進士出身」誥授中憲大夫四品銜浙江道監」察御史梁景先書」

賜進士出身」欽加道銜知府用升補乾州直隸」州知州前知三原縣事監利余庚」陽篆盖」

富平劉生榮鐫」（以上第六石）

按

撰者賀瑞麟，原名賀均，榜名瑞麟，字角生，號復齋，又號清麓山人。清末關中理學領袖人物之一，受業於關學大儒李元春，與薛於瑛、楊樹椿并稱“關中三學正”。同治九年（1870）創清麓精舍，授徒講學。在此基礎上創建正誼書院。編著有《朱子五書》《信好録》《清麓文鈔》《三原縣新志》《三水縣志》等。

書者梁景先，字曦初，號頡臺。受業盩厔路德，道光二十五年（1845）進士。授工部主事，纍遷員外郎、郎中、御史等，歷主講學古、宏道兩書院。有《學圃詩存》六卷。民國《續修陝西通志》有傳。

篆者余庚陽，字葵階。道光十八年（1838）進士。歷官韓城、安塞、甘泉、富平、三原等縣知縣，以同州知府致仕，後主講宏道書院。有《池陽吟草》二卷。

813.1870　重修西嶽廟碑

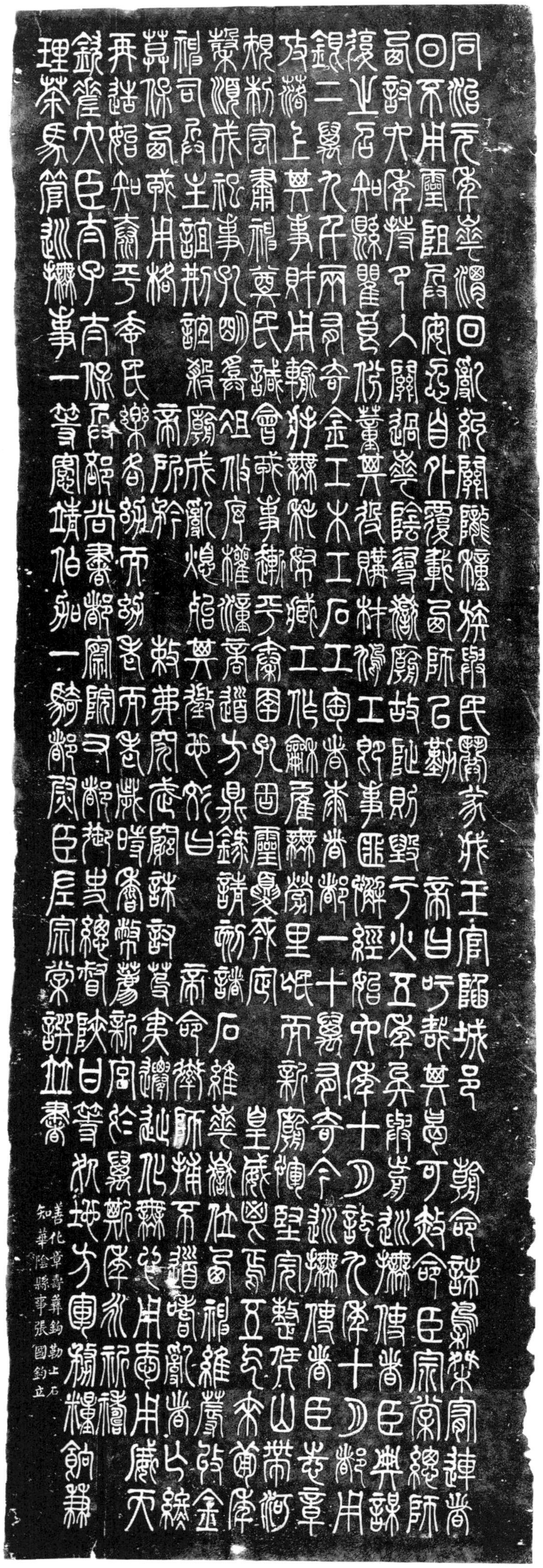

説明

清同治九年（1870）刻。碑螭首龜座。高360厘米，寬77厘米。正文篆書13行，滿行32字。左宗棠撰文并書丹。現存華陰西嶽廟内。《華山碑石》著録。

釋文

同治元年，華渭回亂，糾關隴種族與民哄，遂戕王官，陷城邑。朝命誅梟桀，宥連者」。回不用靈，阻兵安忍，自外覆載，西師以勤。帝曰："吁哉！其曷可赦？"命臣宗棠總師」西討。六年，持節入關，過華陰，尋嶽廟故址，則毁于火五年矣。與前巡撫使者臣典謀」復之，召知縣瞿良份董其役，購材鳩工，即事匪懈。經始六年十月，訖九年十月，都用」銀二萬九千兩有奇，金工、木工、石工、陶者、漆者都一十萬有奇。今巡撫使者臣志章」考落上其事，財用輸將，無耗帑藏；工作龢雇，無勞里氓。而新廟渾堅完整，凭山帶河」，規制宏肅，神奠民諴。會戎事漸平，秦圉孔固，靈夏咸定，皇威鬯焉。五氣來備，年」穀順成，祀事孔明，登俎攸序。權潼商道方鼎録請刻諸石。惟華嶽位西，神維蓐收，金」神司兵，主誼刑誼殺。廟成亂熄，殆其徵也。文曰：帝命率師捕不道，嗜亂者亡終」莫保。西戎用格帝所矜，敕弗究武窮誅討。芟夷遷徙化無心，用愛用威天」再造。始知泰平幸民樂，各幼而幼老而老。歲時香幣薦新宫，於萬斯年永祈禱」。

欽差大臣太子太保兵部尚書都察院右都御史總督陝甘等處地方軍務糧餉兼」理茶馬管巡撫事一等恪靖伯加一騎都尉臣左宗棠撰並書」

善化章壽彝鈎勒上石」

知華陰縣事張國鈞立」

按

文中所云陝西巡撫"臣典"即劉典，字伯敬，號克庵，湖南寧鄉人。隨左宗棠在贛浙等地進攻太平軍，升浙江按察使。同治七年任陝西巡撫。謚"果敏"。"臣志章"即蔣志章，原名志淳，字格卿，又字璞山，江西鉛山人，道光二十五年（1845）進士。同治八年（1869）任陝西巡撫。

撰、書者左宗棠，見本書826.1892條。

814.1871　石門道記

説 明

清同治十年（1871）七月刻。碑長方形。長160厘米，寬69厘米。正文隸書35行，滿行20字。倪蘭畹撰文，莫增奎題跋，羅秀書書丹。現存漢中市博物館。《石門石刻大全》著録。

釋 文

石門道記

倪蘭畹」

褒城縣治在連城山之陽，平地斗城。其東門外，兩山」夾一溪，東曰漢王城，西曰雞頭關。關之東麓曰石門」。夏秋水漲，没溢崖岸，不能問途。冬春始可挐舟而入」，不能徑達，則舍舟而步。山徑溜滑，亂石縱横，幾不能」容足。蓋登陟之難如此，故斯洞爲人迹所罕到。其洞」南向，高一丈，闊稱之，深四丈，高二丈餘。南北通達，石」無斧鑿痕。其東壁則王遠《石門銘》刻於頑石，凹凸不」平，罅縫綻裂。西壁則楊孟文《石門頌碑》，後附刻王府」君造作石積，再後則下玉表記楊伯邳、伯弼之生平」。餘則來游題名幾滿，皆宋人手筆也。洞之外南崖之」上，則潘宗伯、李苞題字。離數丈則晏袤醳文。稍東，則」紹熙五年晏袤《修堰碑》。再南半里，則鄐君之碑在焉」。晏袤醳字醳文附刻其下。按：釋字較原碑多數十字」。今觀鄐君之碑，崖石已盡，不知所多之字鐫於何所」，或者山石傾圮所致。蓋時歷二千餘年，陵谷之變誠」有不可考者。碑皆記開通褒斜道事，則古無七盤嶺」之路，皆沿山治橋閣而行，今山石皆有孔云。返棹而」行約三里餘，溪中有石一座，白如玉，其中凹，名曰玉」盆，宋人題字最夥。再南則乾道《修堰碑》及宋之源題」名，遂達於城外矣。謹按：洞之前後，石刻幾有四十餘」種，不爲不多。奈褒城久無乘志，即見於《漢中府志》者」，僅存王遠一銘，則散逸者久矣。壬寅之春，畢中丞採」入《關中金石記》。癸卯仲夏，三通館檄取入《金石略》。殘」碑斷碣久經湮没，一旦拂拭出土，比於劍氣珠光，自」能焜耀千古。物之顯晦，洵有時哉」。

辛未春，謝蔚青觀察調任潼商，瀕行，屬拓石門」碑碣四十餘種。亟命匠梯山鑿壁，費極經營，僅」得三十一種。未睹全璧，竊以爲憾。適讀倪蘭畹」先生《石門道記》，由漢迄宋，詳載本原，始悟觀察」之言信有徵也。爰鐫記於石，以爲好古問奇之」士導先路云」。

褒城令山陰莫增奎跋

司訓頻陽羅秀書隸」

少尉鑑湖徐廷鈺校

司廳岩渠王三寳監」

同治十年巧月穀旦鐫石」

按

石門道，位於古褒斜道南端，是陝西通往四川的交通要道。開鑿於東漢永平六年（63）。著名的石門摩崖石刻即分布於此。

815.1871　重修漢臺碑記

重脩漢臺碑記
府署之東有漢臺焉臺基極高四面雲山環繞遠眺漢江勢如匹練俯瞰城郭形若列屏考之郡志僅載其名未詳所自或云係漢高祖遺跡查郡南門外有淮陰侯拜將臺基址猶存想高祖當日由漢中命將出師滅無道秦卒成帝業後之人景仰雄風因築此臺以昭示來茲亦不為無因臺之正面有桂蔭堂左右配廳俱極宏敞故老云臺上桂樹扶疎秋時香飄雲外渾成金粟世界堂名桂蔭以此名花嘉卉尤四時不絶臺之四旁碧砌參差朱欄曲折天然圖畫實為漢郡名勝之區自同治二年遭賊擾後屋宇毀折過半花木刈除殆盡非復舊日景象矣余於同治四年冬忝膺
簡命來守是邦登臨古臺但見墻屋傾圮滿徑荒蕪不禁喟然歎息因念千古勝蹟豈可任其湮没惟兵燹以後瘡痍未復各屬庶難既不忍勸輸於百姓又不便苛派於同人勉捐俸錢鳩工庀材將一切傾頹剥落之處重加脩葺正屋配廳均已茍完惟臺之上前有後樂亭後有清暉亭四面皆有圍廊尚須重建花木亦待補栽余守郡數年宦橐蕭然無力復舊殊深慙愧此日所興聊以存廬山面目已耳是為記
賜進士出身
欽加道銜升用道漢中府知府劉塏謹譔并書
大清同治十年歲在辛未八月上澣穀旦勒石

説 明

清同治十年（1871）八月刻。碑長方形。長118厘米，寬68厘米。正文楷書28行，滿行16字。劉堃撰文并書丹。四周飾萬字紋。現存漢中市博物館。《漢中碑石》著録。

釋 文

重修漢臺碑記」

府署之東，有漢臺焉。臺基極高，四面雲山」環繞。遠眺漢江，勢如匹練；俯瞰城郭，形若」列屏。考之郡志，僅載其名，未詳所自。或云」係漢高祖遺迹。查郡南門外，有淮陰侯拜」將臺，基址猶存。想高祖當日由漢中命將」出師，滅無道秦，卒成帝業，後之人景仰雄」風，因築此臺，以昭示来兹，亦不爲無因。臺」之正面有桂蔭堂，左右配廳，俱極宏敞。故」老云，臺上桂樹扶疏，秋時香飄雲外，渾成」金粟世界。堂名桂蔭，以此名花嘉卉，尤四」時不絶。臺之四旁，碧砌参差，朱欄曲折，天」然圖畫，實爲漢郡名勝之區。自同治二年」遭賊擾後，屋宇毁折過半，花木刊除殆盡」，非復舊日景象矣。余於同治四年冬恭膺」簡命，来守是邦。登臨古臺，但見墻屋傾圮，滿徑」荒蕪，不禁喟然歎息。因念千古勝迹，豈可」任其湮没。惟兵燹以後，瘡痍未復，各属疲」難，既不忍勸輸於百姓，又不便苛派於同」人，勉捐俸錢，鳩工庀材，將一切傾頽剥落」之處，重加修葺。正屋配廳，均已苟完。惟臺」之上，前有後樂亭，後有清暉亭，四面皆有」圍廊，尚須重建，花木亦待補栽。余守郡數」年，宦橐蕭然，無力復舊，殊深慚愧。此日所」興，聊以存廬山面目已耳。是爲記」。

賜進士出身」欽加道銜升用道漢中府知府劉堃謹撰并書」

大清同治十年歲在辛未八月上澣穀旦勒石」

按

漢臺，位於漢中市中心。始於楚漢相争之時，爲劉邦當漢中王時之王府，故又稱古漢臺。現爲漢中博物館。

816.1873　重修完顏氏祖碑敘

重修完顏氏祖碑叙

慨自水源木本之思春露秋霜之感則凡戴高履厚者孰能忘報本追遠也哉所以鼻祖雖遙百世之箕裘永賴耳孫郎踐千秋之

祖立常新粤稽世系我始祖完顏氏諱准係殷箕子之後也大元至正年間封鎮西侯實關輔之屏藩乃天家之棟樑始卜居於

安王屯繼修府於洗馬庄虎帳宏開久標蕩掃之威風龍韜素具普著元戎之雅望迨其後椒支繁衍瓜瓞緜興遂世其家馬將安

王屯之地權為祭田以旌其德至本朝

雍正年間遭有他族來逼處此肆鯨吞蠶食之心生得隴望蜀之念誣佔其地事成莫須強霸厥田幾歸烏有且控余祖躬亮於葉縣

以無憑據兩造未決幸蒙天降暴雨水漲泛溢於地下舊碑忽閃於塚西十五世庠生丕承懇請縣主查驗訊明而安王屯之地始

不失於他人之手矣不料

同治二年狷逆擾境將先祖祠堂悉焚於灰燼之中凡先世碑碣盡焠於焦土之內因合族商議重修宗派敬立貞珉聊以示不朽云爾

一段坐落安王屯南北畛計地四畝三分五厘一段東西畛計地一畝三分四厘

一段東西畛計地一畝五分七厘一段東西畛計地十八畝八分二厘中有東西小道

一段南北畛計地二畝二分五厘一段東西畛計地一畝一分三厘　以上共計地二十九畝六分三厘共合粮五斗七升四合

一段南北畛計地一分七厘　因同治九年繼修窰庄以已地五分兌令姓地五分

一段塚子坜計地四畝五分一段祠堂計地一畝六厘一

董事裔孫　王明月　王金啟　大成　王應甲　懷義　得萍　好傑　兆瑞　敬立

邑庠儒學生員侯建官頓首撰文

郡庠儒學生員黃長庚頓首書丹

大清同治十二年歲次癸酉孟夏月穀旦

石工韓錫銀刻

説 明

清同治十二年（1873）四月刻。碑圓首方座。高153厘米，寬67厘米。正文楷書18行，滿行50字。侯建官撰文，黄長庚書丹。現存岐山縣蒲村鎮洗馬莊村。

釋 文

重修完顔氏祖碑叙」

慨自水源木本之思，春露秋霜之感，則凡戴高履厚者，孰能忘報本追遠也哉！所以鼻祖雖遥，百世之箕裘永賴；耳孫即賤，千秋之」俎豆常新。粤稽世系，我始祖完顔氏諱准，係殷箕子之後也。大元至正年間封鎮西侯，實關輔之屏藩，乃天家之棟梁。始卜居於」安王屯，繼修府於洗馬庄。虎帳宏開，久標蕩掃之威風；龍韜素具，普著元戎之雅望。迨其後，椒支繁衍，瓜瓞緜興，遂世其家焉。將安」王屯之地，權爲祭田以旌其德。至本朝」雍正年間，適有他族來逼處此，肆鯨吞蠶食之心，生得隴望蜀之念。誣占其地，事成莫須；强霸厥田，幾歸烏有。且控余祖躬亮於葉縣」，以無憑據，两造未决。幸蒙天降暴雨，水漲泛溢，於地下舊碑忽閃於冢西，十五世庠生丕承懇請縣主查驗訊明，而安王屯之地始」不失於他人之手矣。不料」同治二年，回逆擾境，將先祖祠堂悉焚於灰燼之中，凡先世碑碣盡粹於焦土之内。因合族商議，重修宗派，敬立貞珉，聊以示不朽云爾」。

一段座落安王屯，南北畛計地四畝三分五厘，一段東西畛計地一畝三分四厘」。一段東西畛計地一畝五分七厘，一段東西畛計地十八畝八分二厘，中有東西小道」。一段南北畛計地二畝二分五厘，一段東西畛計地一畝一分三厘。以上共計地二十九畝六分三厘，共合粮五斗七升四合」。

一段南北畛計地一分七厘，因同治九年繼修窑莊，以己地五分兑令姓地五分」。

一段冢子𡽾計地四畝五分，一段祠堂計地一畝六厘一」。

董事裔孫王明月、王金啓、王大成、王應甲、王好傑、王懷義、王兆瑞、王得萍敬立」

邑庠儒學生員侯建官頓首撰文」

郡庠儒學生員黄長庚頓首書丹」

大清同治十二年歲次癸酉孟夏月榖旦

石工韓錫銀刻」

按

碑記完顔氏自元至正年間始祖封爲鎮西侯，定居岐山縣安王屯，始爲岐山人。今岐山縣蒲村鎮仍有其祠堂保存。對於研究女真完顔氏之繁衍史，及其後世之姓氏變化等，有一定的資料價值。

817.1874　重修陝西貢院記

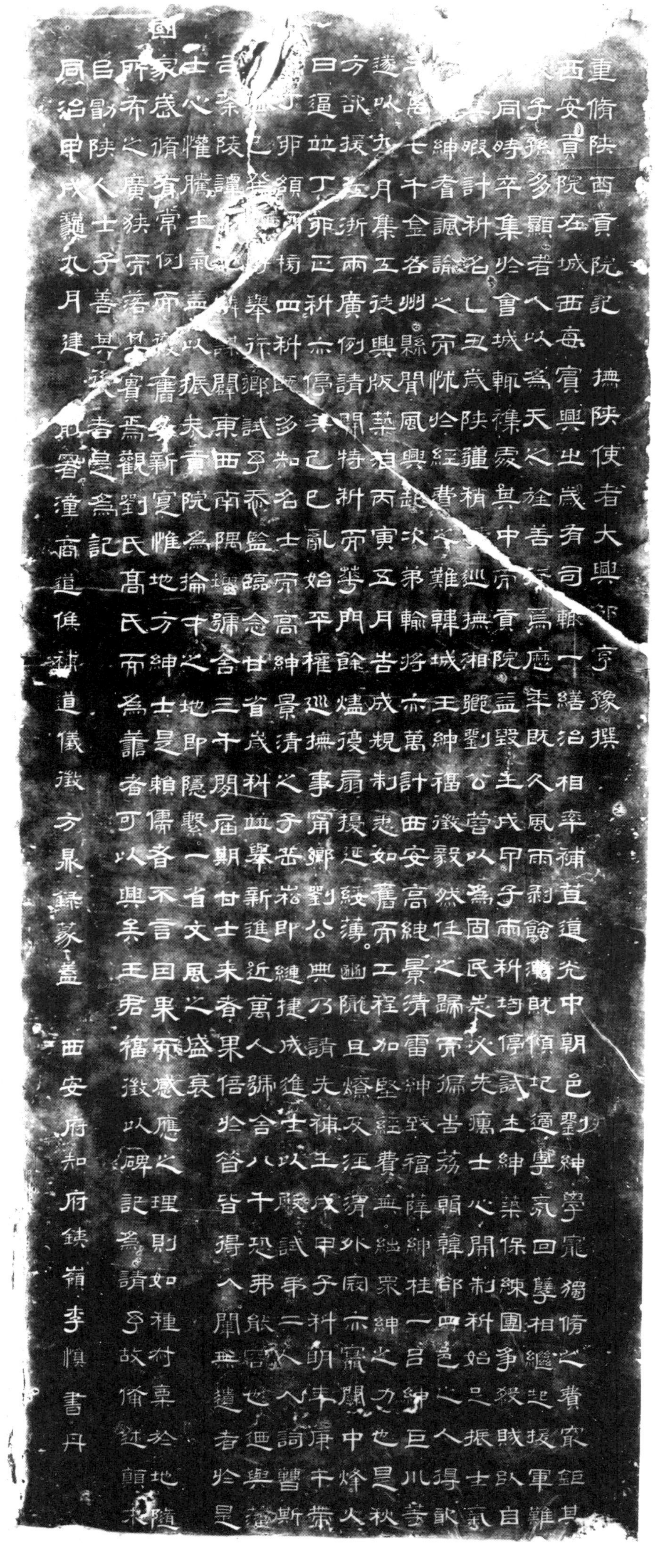

説 明

清同治十三年（1874）九月刻。碑高199厘米，寬76厘米。正文隸書18行，滿行38字。邵亨豫撰文，李慎書丹，方鼎録篆蓋。現存西安碑林博物館。《西安碑林全集》著録。

釋 文

重修陝西貢院記

撫陝使者大興邵亨豫撰」

西安貢院在城西，每賓興之歲，有司輒一繕治，相率補苴。道光中，朝邑劉紳學寵獨修之，費最鉅，其」後子孫多顯者，人以爲天之旌善行焉。歷年既久，風雨剥蝕，漸就傾圮。適粤氛回孽相繼起，援軍難」□同時卒集於會城，輒雜處其中，而貢院益毁。壬戌、甲子兩科均停試。士紳築保練團，争殺賊。以自」□無暇計科名。乙丑歲，陝疆稍靖，巡撫湘鄉劉公蓉以爲固民志必先厲士心，開制科始足振士氣」，□□紳耆諷諭之，而怵於經費之難。韓城王紳福徵毅然任之，歸而遍告荔、朝、韓、郃四邑之人，得資」三萬七千金，各州縣聞風興起，次弟輸將，亦萬計。西安高紳景清、雷紳致福、薛紳桂一、吕紳巨川等」，遂以九月集工徒，興版築。洎丙寅五月告成，規制悉如舊，而工程加堅，經費無絀，衆紳之力也。是秋」，方欲援江浙兩廣例，請開特科，而花門餘燼復扇，擾延綏，薄鄜隴，且燎及涇渭，外寇亦竄關中。烽火」日逼，并丁卯正科亦停矣。己巳，亂始平，權巡撫事甯鄉劉公典乃請先補壬戌、甲子科。明年庚午，帶」□丁卯額。兩榜四科既多知名士，而高紳景清之子岳崧即縺捷成進士，以殿試第二人入詞曹，斯」□盛已。癸□□舉行鄉試，予忝監臨，念甘省歲科并舉，新進近萬人，號舍八千，恐弗能容也。乃與藩」司茶陵譚公鍾麟謀，闢東西南隅，增號舍三千間。届期甘士来者果倍於昔，皆得入闈無遺者。於是」士心懽騰，士氣益以振。夫貢院爲掄才之地，即隱繫一省文風之盛衰」，國家歲修有常例，而徹舊務新，寔惟地方紳士是賴，儒者不言因果，而感應之理則如種叔稟於地，隨」所布之廣狭而落其實焉。觀劉氏、高氏而爲善者，可以興矣。王君福徵以碑記爲請，予故備述顛末」，以勖陝人士子善其後者。是爲記」。

同治甲戌秋九月建

前署潼商道候補道儀徵方鼎録篆蓋

西安府知府銕嶺李慎書丹」

按

陝西貢院，位於西安市西大街北側，是古代學子的科舉考場，始建於明景泰年間。今不存。

撰者邵亨豫，字子立、汴生，别署雪泥鴻爪，寄籍順天宛平縣，道光三十年（1850）進士，同治間爲陝西巡撫。

書者李慎，字勤伯，號柏孫，隸漢軍旗。咸豐三年（1853）進士，官陝西布政使。

篆者方鼎録，字符仲，號劍漁、悟齋、董翕。

818.1875　李天培暨配扈氏李氏淡氏合葬墓誌

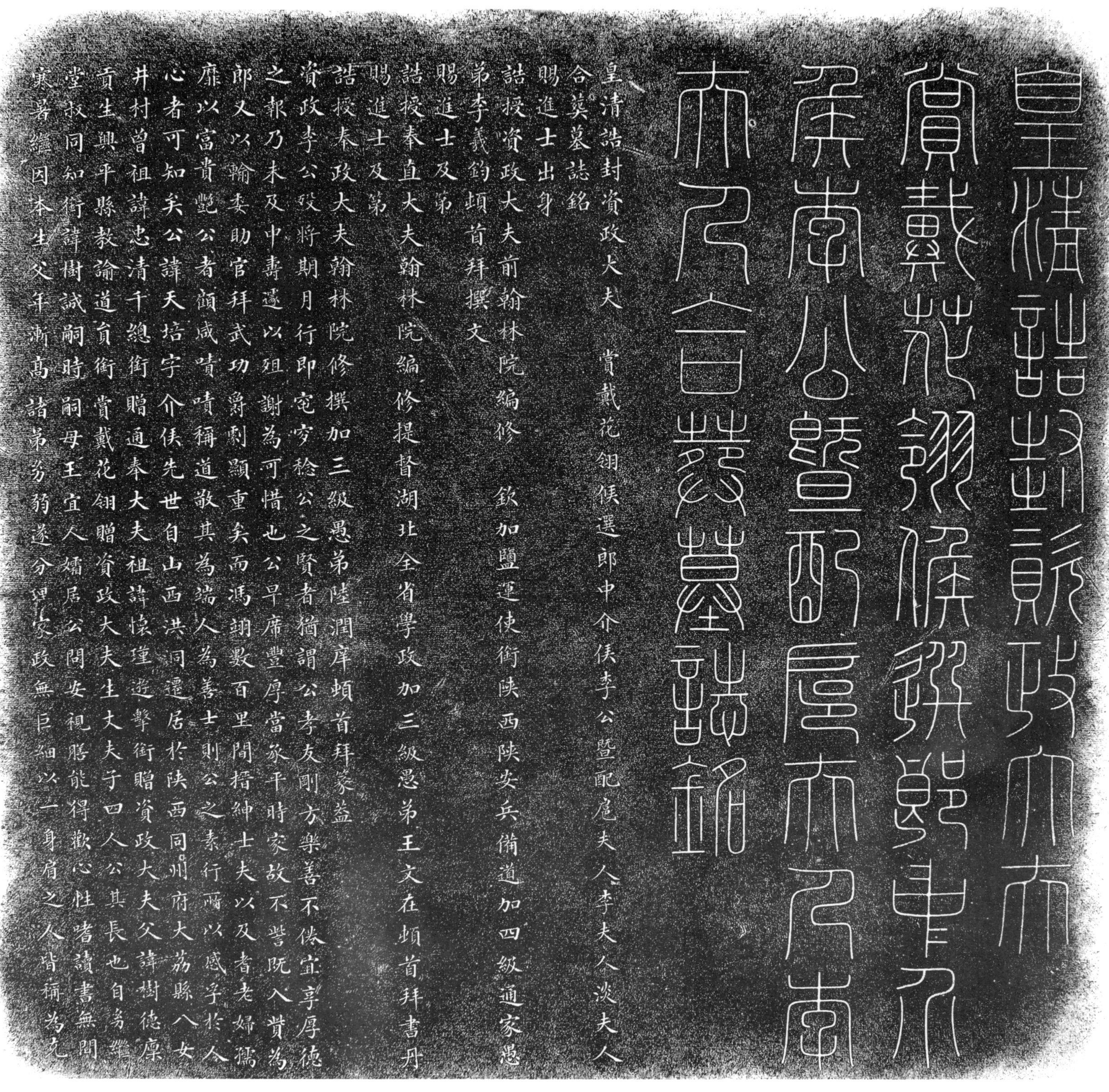

皇清誥封資政大夫
賞戴花翎候選郎中介
俟李公暨配扈夫人李
夫人淡夫人合葬墓誌銘

皇清誥封資政大夫　賞戴花翎候選郎中介俟李公暨配扈夫人李夫人淡夫人
合葬墓誌銘
賜進士出身
誥授資政大夫前翰林院編修　欽加鹽運使銜陝西陝安兵備道加四級通家愚
弟李義鈞頓首拜撰文
賜進士及第
誥授奉直大夫翰林院編修提督湖北全省學政加三級愚弟王文在頓首拜書丹
賜進士及第
誥授奉政大夫翰林院修撰加三級愚弟陸潤庠頓首拜篆蓋
資政李公歿將期月行即窀穸稔公之賢者猶謂公孝友剛方樂善不倦宜享厚德
之報乃未及中壽遽以殂謝為可惜也公早席豐厚當家平時家故不訾既入貲為
郎又以輸委助官拜武功爵剩顯重矣而馮翊數百里間搢紳士夫以及耆老婦孺
靡以富貴豔公者顧咸嘖嘖稱道敬其為端人為善士則公之素行所以感孚於人
心者可知矣公諱天培字介俟先世自山西洪洞還居於陝西同州府大荔縣八女
井村曾祖諱忠清千總銜贈通奉大夫祖諱懷瑾遊擊銜贈資政大夫父諱樹德庠
貢生興平縣教諭道員銜賞戴花翎贈資政大夫生丈夫子四人公其長也自幼繼
堂叔同知銜諱樹誠嗣時嗣母王宜人孀居公問安視膳能得歡心性嗜讀書無閒
寒暑繼因本生父年漸高諸弟幼弱遂分理家政無巨細以一身肩之人皆稱為克

説 明

清光緒元年（1875）九月刻。誌、蓋合一，子母扣式。正方形，邊長均73厘米。蓋文4行，滿行9字，篆書“皇清誥封資政大夫」賞戴花翎候選郎中介」侯李公暨配扈夫人李」夫人合葬墓誌銘」”。誌文楷書51行，滿行32字。李羲鈞撰文，王文在書丹，陸潤庠篆蓋。2001年3月大荔縣八魚村出土。現存大荔縣八魚清代石墓群文管所。《大荔李氏家族墓地》《新中國出土墓誌（陝西叁）》著録。

釋 文

皇清誥封資政大夫賞戴花翎候選郎中介侯李公暨配扈夫人李夫人淡夫人」合葬墓誌銘」

賜進士出身」誥授資政大夫前翰林院編修欽加鹽運使銜陝西陝安兵備道加四級通家愚」弟李羲鈞頓首拜撰文」

賜進士及第」誥授奉直大夫翰林院編修提督湖北全省學政加三級愚弟王文在頓首拜書丹」

賜進士及第」誥授奉政大夫翰林院修撰加三級愚弟陸潤庠頓首拜篆蓋」

資政李公歿，將期月，行即窀穸。稔公之賢者，猶謂公孝友剛方，樂善不倦，宜享厚德」之報。乃未及中壽，遽以殂謝，爲可惜也。公早席豐厚，當承平時，家故不訾。既入貲爲」郎，又以輸委助官，拜武功爵，劇顯重矣。而馮翊數百里間，搢紳士夫以及耆老婦孺」，靡以富貴艷公者，顧咸嘖嘖稱道，敬其爲端人、爲善士。則公之素行，所以感孚於人」心者可知矣。公諱天培，字介侯，先世自山西洪洞遷居於陝西同州府大荔縣八女」井村。曾祖諱忠清，千總銜，贈通奉大夫。祖諱懷瑾，遊擊銜，贈資政大夫。父諱樹德，廩」貢生，興平縣教諭，道員銜，賞戴花翎，贈資政大夫。生丈夫子四人，公其長也。自幼繼」堂叔同知銜諱樹誠嗣，時嗣母王宜人孀居，公問安視膳，能得歡心。性嗜讀書，無間」寒暑。繼因本生父年漸高，諸弟幼弱，遂分理家政，無巨細以一身肩之，人皆稱爲克」家令子。而公究以此曠讀，未遂顯揚之志，爲畢生憾。區區分任代勞，不敢自謂克盡」子職也。同治初元，逆回倡亂，被剿後，遠竄西北。忽於六年上元黎明時，突如而来，公」弟三人皆遇害，又强逼公父入其營，將挾以取贖。會賊中有近村回人，曾受賑貸恩」者，請於賊目，稍緩其防。時公先一日赴朝邑，聞變至郡，集鄉勇數百人，欲求父所在」。適父自營脱歸，公迎之途，泫然流涕曰：不意父之得離虎口，而父子猶能相見也。哭」且慰哀痛之情，旁觀爲之歔欷。次日，備棺衾，躬覓諸弟遺骸葬之。後皆奏恤入祀節」義祠，世襲雲騎尉。嗚呼！此可見公之孝於親、友於弟矣。亂定後，念諸弟俱亡，而己身」幸存，而父乃乏嗣，恒戚戚不安於心。族黨僉曰：嗣母已終其養，宜仍歸爲大宗。後顧」中有尼之者，時守同州

家令子而公究以此職請未遂顧揚之志為畢生憾區區分任代勞不敢自謂克盡
子職也同治初元逆回倡亂攻剽後遠竄西北忽於六年上元祭期時突如而來公
弟三人皆遇害又強逼公父入其營將挾以取時會賊中有近村四人曾受賑貸恩
者請於賊日稍緩其防時公先一日赴郡邑聞變至郡集鄉勇數百人欲求父所在
道父自營脫歸公迎之途泣然流涕曰不意父之得離虎口而父子猶能相見也哭
且慰哀痛之情旁觀為之歔欷次日備棺衾躬覔諸弟遺骸葬之後皆奉鄉入祀節
義祠世襲雲騎尉嗚呼此可見公之孝於親友於弟矣亂定後念諸弟俱亡而己身
幸存而父乃乏嗣恒戚戚不安於心族黨僉曰嗣母已終其養宜仍歸為大宗後顧
中有尼之者時守同州余君以循良稱遂往取決焉太守引經傳律判歸其本宗而
公心始大慰同郡文廟被兵燹傾圮公獨任修葺前後煥然一新當事欲以上聞公
力辭之謂自大父以來捐貲修濟橋修試院助軍儲種種善端不可枚舉今重修文
廟亦欲紹述前人之志耳豈敢邀為一己之光寵歟歲癸酉命子赴秋闈諭以偏助
邑士應試之費及偕計北上欲助倍豐一時寒畯之士頌聲載路而公行所欲為始
無吝心雖亦無德色也性好篤實遇端士至其家輒倒屣以迎治有酒微飲終日或
論子史或品題書畫至夜分不倦若遇浮華之輩竊亦不忤而涇渭必分古人有曰
不言臧否而內具陽秋者公庶乎其近之公之教子也以敦品為先以節儉為要奉
祭祀則教以敬愛族黨則教以和待臧獲則教以寬以故家庭之間咸守禮法非飾
之物不尚奢華循其教則悅違其教則剛直之性形於外且為之嚴加督責也至於
歲饑賑濟施惠閭閻公雖不自以為德而德之所被者廣矣公生於道光十年八月
初一日巳時卒於光緒元年正月初八日申時春秋四十有六配危氏監生諱宗立
女繼配李氏寶雞縣教諭拔貢生諱汝梅女繼配淡氏從九諱元煥女三夫人皆以
賢淑稱於戚黨佐理內政敬戒無違公所為善事能贊成之俱先公卒贈夫人今存
者繼配葛氏毗封承德郎禮部主事諱光廷女封夫人子二長元吉候選府經歷娶
從九危諱甲女先公卒危夫人出次安吉郎中加六級分部行走聘郭氏甲辰科舉
人陝西長安縣知縣郭昌時之孫女未婚而殤娶貢生雷積祥女李夫人出女一為
夫人出今擇於光緒元年九月十三日午時葬村北祖塋之次啟危夫人李夫人淡
夫人之壙而合葬焉余從宦關中十有餘年聞公之名而未識其人此歲主講關中
書院公之子安吉未昔弟子偕述公之行事尤詳茲者遠日既卜求乞文以掩諸幽
余乃按狀敘其生平梗概而系以銘曰
太華之北洛水前中有人兮資富而能賢孝親友弟兮出自性天輕財重義兮紹厥
家傳動直而靜專行方而智圓胡彼蒼之不眷兮弗永其年覩佳城之鬱鬱兮卜子
孫其繩繩子丑寅卯辰巳午未申酉戌亥。不孝男安吉泣血納石
午　戌

余君以循良稱，遂往取决焉。太守引經傳律，判歸其本宗，而」公心始大慰。同郡文廟被兵燹傾圮，公獨任修葺，前後焕然一新。當事欲以上聞，公」力辭之。謂自大父以来，捐貲修灞橋、修試院、助軍儲，種種善端，不可枚舉。今重修文」廟，亦欲紹述前人之志耳，豈敢遽爲一己之光寵歟？歲癸酉，命子赴秋闈，諭以遍助」邑士應試之費，及偕計北上，佽助倍豐，一時寒畯之士頌聲載路。而公行所欲爲始」無吝心，繼亦無德色也。性好篤實，遇端士至其家，輒倒屣以迎，治肴酒歡飲，終日或」論子史，或品題書畫，至夜分不倦。若遇浮華之輩，貌亦不忤，而涇渭必分。古人有曰」不言臧否，而内具陽秋者，公庶乎其近之。公之教子也，以敦品爲先，以節儉爲要，奉」祭祀則教以敬，處族黨則教以和，待臧獲則教以寬。以故家庭之間，咸守禮法。服飾」之物，不尚奢華。循其教則悦，違其教則剛直之性形於外，且爲之嚴加督責也。至於」歲饑賑濟，施惠閭閻，公雖不自以爲德，而德之所被者廣矣。公生於道光十年八月」初一日巳時，卒於光緒元年正月初八日申時，春秋四十有六。配扈氏，監生諱崇立」女；繼配李氏，賓雞縣教諭拔貢生諱汝椿女；繼配淡氏，從九諱元焕女。三夫人皆以」賢淑稱於戚黨，佐理内政，敬戒無違。公所爲善事，能贊成之。俱先公卒，贈夫人。今存」者繼配葛氏，貤封承德郎、禮部主事諱光珽女，封夫人。子二：長元吉，候選府經歷，娶從九扈聯甲女，先公卒，扈夫人出；次安吉，郎中加六級，分部行走，聘郭氏，甲辰科舉」人、陝西長安縣知縣郭昌時之孫女，未婚而殤，娶貢生雷禎祥女，李夫人出。女一，葛」夫人出。今擇於光緒元年九月十三日午時，葬村北祖塋之次，啓扈夫人、李夫人、淡」夫人之壙而合葬焉。余從宦關中十有餘年，聞公之名而未識其人。比歲主講關中」書院，公之子安吉来著弟子籍，述公之行事尤詳。兹者遠日既卜，来乞文以掩諸幽」。余乃按狀叙其生平梗概，而系以銘曰」：

太華之北洛水前，中有人兮資富而能賢。孝親友弟兮出自性天，輕財重義兮紹厥」家傳。動直而静專，行方而智圓。胡彼蒼之不眷兮，弗永其年。覘佳城之鬱鬱兮，卜子」孫其綿綿。

子丑寅卯辰巳午未申酉戌亥

不孝男安吉泣血納石」

午戌」

按

書者王文在，字念堂，號杏塢，山西稷山人。清同治七年（1868）殿試一甲第三名探花，欽點翰林院編修。光緒元年（1875）授湖北學政。

819.1877　高思嶺墓誌

説 明

清光緒三年（1877）正月刻。誌、蓋均爲青石質。蓋邊長44厘米，誌邊長45厘米。蓋文5行，滿行3字，篆書“皇清大戎元」崧菴高」公老先」生大人」墓誌銘」”。誌文楷書32行，滿行24字。梁樹年撰文并書丹。四周飾捲雲花卉紋。1980年銅川陳爐鎮出土。現存銅川陳爐鎮那坡村。《新中國出土墓誌（陜西叁）》著録。

釋 文

皇清大戎元崧菴高公老先生大人墓誌銘」

崧菴高公者，衆号五福老人，予之二母舅也。予舅氏昆弟四人」，予大舅與予三舅后先去世，惟予二舅五福公五世同堂。其時」年逾古稀，步履不杖，所謂熙朝人瑞者非耶。然予生也晚，予之」母尝謂予曰：高氏之基業，始於耕陶，盛於耕陶，而成之以詩書」。祖宗之艱難辛苦，後人之光大門庭，此高氏傳家之大概也。伏」維予舅氏壯盛之丰規不可再見，而老成之德量，無怨無惡，而」人服其性之剛；不忮不求，而人信其心之直。以故率予二表兄」室家於徐家那坡，而予舅氏雖不讀書，動於（與）古合。爲子孫延師」設館，故子孫之得列膠庠者，莫不嘖嘖称盛焉。爲後人垂統緒」，則稼穡惟宝。迄今中田之庐，疆埸之瓜，鄉里間莫不共相追慕」焉。夫事必舉其大者，而小者可知；功必悉其重者，而輕者亦可」勿論。蓋以五福公之盛德，即壽届期頤，亦内外所當共願者」。不意年前五月内，予舅氏竟不疾而賓天。予表兄思亡人安土」之義，且以日月之有時，將葬，命予爲文，以予有外甥之誼也。予」亦不能文，爰即目之所見者而誌之。公舉子二：長名先昇，娶」郭氏。生子七：長埔，食廩膳而亡，娶崔氏，振崗公女；次均，娶閆氏」，又娶范氏；次陵，娶李氏；次坊，娶李氏，又娶和氏；次垣，娶梁氏；次」墠，娶趙氏；次堉，聘趙氏，未娶。生女三：一適張門，一適王門，一許梁門。出嗣」子一，名先曙，娶傅氏。生子二：長名城，娶吴氏；次墀，娶趙氏，又娶」張氏。生女三：一適崔門，一適李門，一尚幼。五福公共生元孫」十：長名占魁，娶郭氏；次占元，聘張氏；次勒青；次吉太；次治太；次」得太；次富太；次遂太，予二表兄孫也。一名善書，一名官書，予三」表兄孫也。曾孫女一，尚幼。公痛于光緒二年五月初八日戌」時，距生于嘉慶元年四月廿八日吉時，享寿八旬。今卜葬于光」緒三年正月廿二日，安厝于村西梁家凹，巳山亥向。是爲誌并銘」。銘曰：

哲人降世，与造化通。惟予舅氏，号五福公。治家訓子，大」其心胸。待人接物，氣量含宏。正直之概，本于降衷。敢以数語」，泐載石中」。

邑儒學廩生愚外甥梁樹年撰文並書丹」

孤哀子先昇率孫等仝泣血上石」

光緒三年正月吉日立」

按

此誌文多處呈現如今之簡化字，如“後先”作“后先”、“嘗”作“尝”、“稱”作“称”、“寶”作“宝”、“廬”作“庐”、“號”作“号”、“壽”作“寿”、“與”作“与”、“數”作“数”等，對於漢字書寫之演變提供了可供參考的史料。

820.1881　漢中府批示武侯祠呈文碑

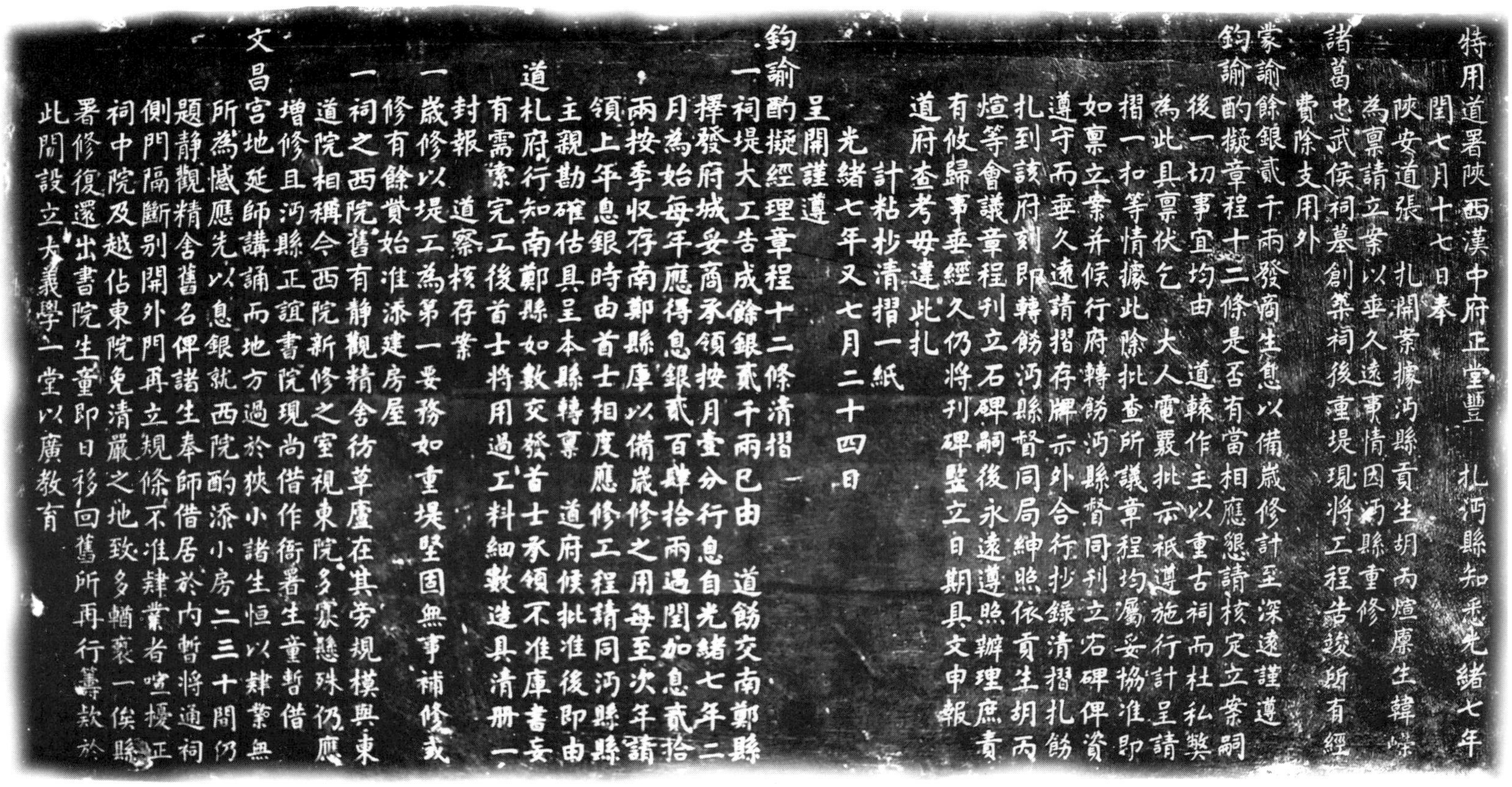

第一石

説明

清光緒七年（1881）十月刻。碑共二石。均長方形。均長138厘米、寬70厘米。正文楷書83行，滿行20字。現存勉縣武侯祠。《漢中碑石》著録。

釋文

特用道署陝西漢中府正堂豐札沔縣知悉：光緒七年」閏七月十七日，奉」陝安道張札開：案據沔縣貢生胡丙煊、廪生韓嶸」爲稟請立案以垂久遠事，情因沔縣重修」諸葛忠武侯祠墓，創築祠後重堤，現將工程告竣，所有經」費，除支用外」，蒙諭餘銀貳千兩，發商生息，以備歲修，計至深遠。謹遵」鈞諭，酌擬章程十二條，是否有當，相應懇請核定立案。嗣」後一切事宜，均由道轅作主，以重古祠，而杜私弊」。爲此具稟，伏乞大人電覈批示，祇遵施行。計呈請」摺一扣等情。據此，除批查所議章程，均屬妥協，准即」如稟立案，并候行府轉飭沔縣，督同刊立石碑，俾資」遵守，而垂久遠。請摺存牌示外，合行抄録清摺札飭」，札到該府，刻即轉飭沔縣，督同局紳，照依貢生胡丙」煊等會議章程，刊立石碑，嗣後永遠遵照辦理，庶責」有攸歸，事垂經久。仍將刊碑竪立日期，具文申報」道府查考毋違。此札」計粘抄清摺一紙」。

光緒七年又七月二十四日」

呈閲，謹遵」鈞諭，酌擬經理章程十二條清摺」：

一、祠堤大工告成，餘銀貳千兩，已由道飭交南鄭縣」，擇發府城妥商承領，按月壹分行息，自光緒七年二」月爲始，每年應得息銀貳百肆拾兩，遇閏加息貳拾」兩，按季收存南鄭縣庫，以備歲修之用。每至次年，請」領上年息銀時，由首士相度應修工程，請同沔縣縣」主親勘確估，具呈本縣，轉稟道府，候批准後，即由」道扎府行知南鄭縣，如數交發首士承領，不准庫書妄」有需索。完工後，首士將用過工料細數，造具清册一」封，報道察核存案」。

一、歲修以堤工爲第一要務，如重堤堅固，無事補修，或」修有餘貲，始准添建房屋」。

一、祠之西院，舊有静觀精舍、彷草廬在其旁，規模與東」道院相稱。今西院新修之室，視東院多寡懸殊，仍應」增修。且沔縣正誼書院現尚借作衙署，生童暫借」文昌宫地，延師講誦，而地方過於狹小，諸生恒以肄業」無所爲憾。應先以息銀就西院酌添小房二三十間，仍」題静觀精舍舊名，俾諸生奉師借居於内，暫將通祠」側門隔斷，别開外門，再立規條，不准肄業者喧擾正」祠中院及越占東院，免清嚴之地，致多輶褻。一俟縣」署修復，還出書院，生童即日移回舊所，再行籌款，於」此間設立

第二石

大義學一堂，以廣教育」。（以上第一石）

一、祠堤大工雖已蕆事，而舊有之覩江樓、彷草廬、讀書」臺、雅音閣尚缺。侯墓雖修葺，亦難即復舊觀，應」俟西院落成後，逐年次第補修，則規模益宏備矣」。

一、此項息銀，祇准祠墓堤工程動用，此外無論何項公」事，官紳士庶不得少請挪移。其本銀永遠存儲，即歲」修工大，亦不得借撥分厘，必俟不得不移祠之時，始」可稟請勘估提用」。

一、祠東抱鄒山房，以備官府憩息之地，務宜責成住持」洒掃潔凈，不許閑人居住，以致踐踏」。

一、經理祠墓首士，蒙諭陳景虞、郭陳範坐當，以資熟」手。仍遵保城鄉公正紳士各一人爲副手，公同經管」，以備更替。如所保或有未妥，爲原保之人是問。遇有」工程之時，仍責成地方官隨時稽察，即無事之時，每」逢朔望，該首士輪班一人，至廟查看堤工，如有應行」補葺情形，即時報縣勘辦」。

一、祠内自有田地五拾餘畝，並馬公祠旱地五拾」餘畝，足敷香火食用之資，與留侯祠本不干涉」，因咸、同之間，偶招留侯祠道士住祠，遂謂」武侯祠係留侯祠之分廟，竟有將出息歸入」留侯廟之事，殊非情理。嗣後田地出入之項，由首士」秉公稽察，不准留侯廟道士攙越遥制。其住持」道士是否安静齋潔，亦由首士察看，稟明縣官募充」。

一、祠内前後院及東西院，洒掃拔草除穢等事，即責成」住持道士，逐日小心經管，所有古柏等樹、凌霄花，均」係漢代舊物，亦令以時灌溉，加意保護，並就隙地栽」種成材樹木，他年取用。至石琴、石碑，更屬古器，辟水」、神符二軸，關係祠堤，尤宜敬謹看守。祠墓誌各板片，亦宜」點清頁數，妥爲收藏，毋任鼠嚙蟲穿。倘查有蕪穢不」治及或損傷缺失，將該管道人，稟官責逐更易」。

一、堤外木樁，所以保固堤脚，一有動摇缺折，則堤脚不」復堅牢，應責成道人隨時看護。如有無知樵牧，戲摇」偷拔，許令道人告知首士，稟官責罰，倘道人看護不」謹，由首士酌量稟官責懲」。

一、堤上種柳，原取樹木繁密，可以聯絡堤石，而枝條一」傷，則其根不旺，不准祠内道人私行砍伐，仍責成道」人照木樁一律看護辦理」。

一、馬公祠既歸住侯祠道人管業，所有敬稟香火」，洒掃培護等事，即責成道人照侯祠一律經理」，毋得稍有懈忽」。

監臨首士貢生邑人胡丙煊，廩生邑人韓嶸」

大清光緒七年歲次辛巳小陽月上浣吉日勒石」（以上第二石）

821.1882　培修智果寺暨八景詩碑

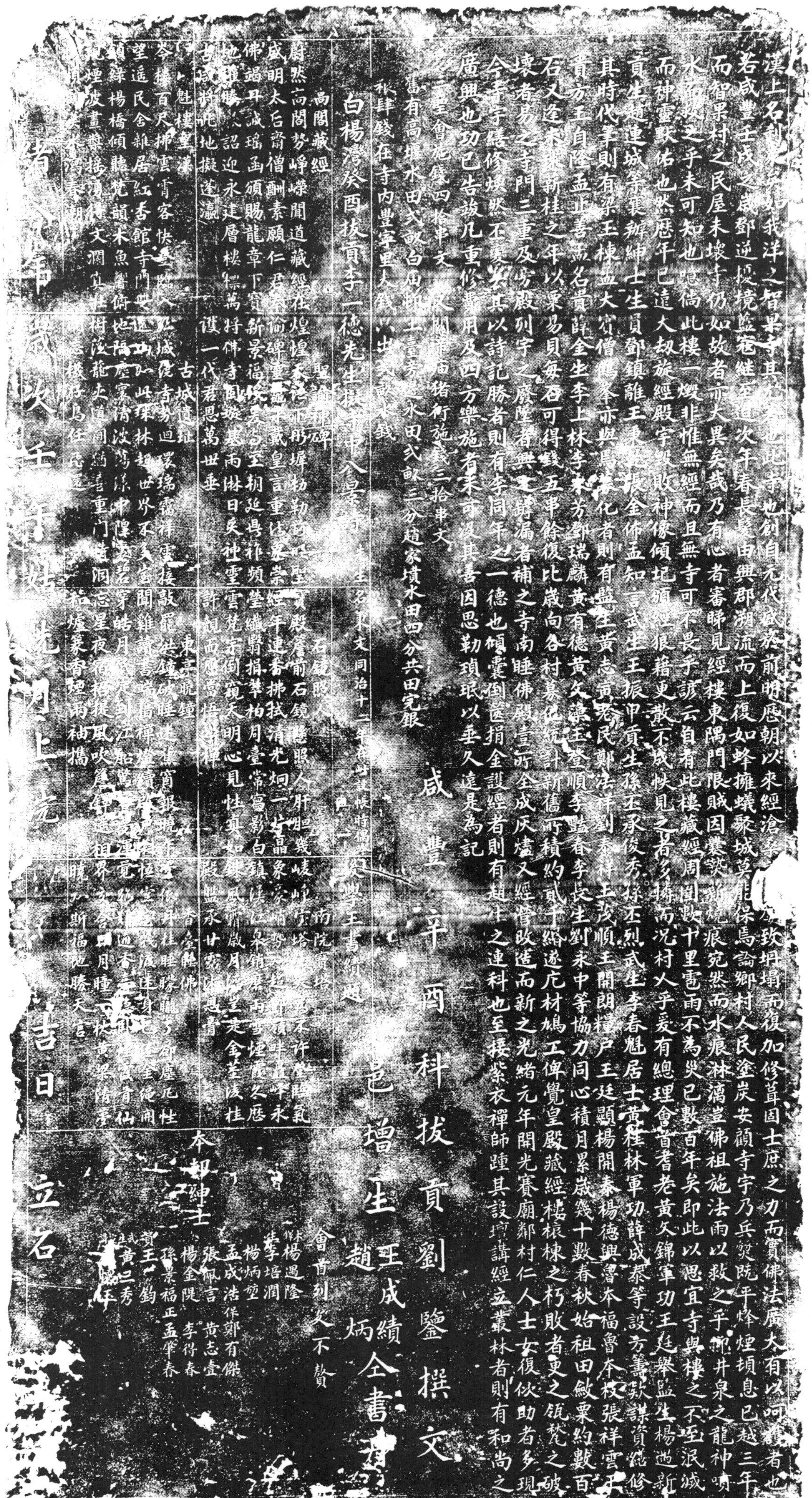
漢上名刹[illegible]我泮之智果寺其[illegible]也此寺也創自元代盛於前明歷朝以來經滄桑[illegible]致坍塌而復加修葺固士庶之力而實佛法廣大有以呵護者也
若咸豐壬戌之歲鄧逆擾境藍寇繼至越次年春長髮由興郡溯流而上復如蜂擁蟻聚城莫能保焉論鄉村人民塗炭安顧寺宇乃兵燹既平烽煙頓息已越三年
而智果村之民屋未壞寺仍如故者亦大異矣哉乃有心者審睇見經樓東隅門限賊因爨爇[illegible]痕宛然而水痕淋漓豈佛祖施法雨以救之乎抑井泉之龍神噴
水而救之乎未可知也噫倘此樓一燬非惟無經而且無寺可不畏乎諺云自有此樓藏經周圍數十里雹雨不為災已數百年矣即此以思宜寺與樓之不至泯滅
而神靈默佑也然歷年已遠大劫旋經殿宇毀敗神像傾圮頹經狼藉更散不成帙見之者多憐而況村人乎爰有總理會首耆老黃文錦軍功王廷舉監生楊逍新
貢生趙連城等襄辦紳士生員鄧鎮離王秉[illegible]張金佈孟知言武生王振甲貢生孫丕承俊秀孫丕烈武生李春魁居士黃桂林軍功薛成泰等設方籌款謀資鳩修
其時代筆則有梁王棟孟大賓僧德峯亦與焉[illegible]化者則有監生黃志寅耆民鄭法祥劉泰祥王茂順王開朗糧戶王廷顯楊開泰楊德興魯本福魯本枝張祥雲于
貢方王自隆孟上善孟名貴薛金生李上林李[illegible]芳鄧瑞麟黃有德黃文藻王登順李豔春李長生劉永中等協力同心積月累歲幾十數春秋始祖田斂粟約數百
石又逢米珠薪桂之年以粟易貝每石可得錢五串餘復比歲向各村募化統計新舊所積約貳千緡遂庀材鳩工俾覺皇殿藏經樓榱棟之朽敗者更之瓴甓之破
壞者易之寺門三重及旁殿列宇之廢墜者興之罅漏者補之寺南睡佛殿壹所全成灰燼又經營改造而新之光緒元年開光賽廟鄰村仁人士女復佽助者多現
今寺宇繕修煥然丕變矣其以詩記勝者則有李同年之一德也傾囊倒篋捐金護經者則有趙千之連科也至接紫衣禪師踵其設壇講經立叢林者則有和尚之
廣興也功已告竣凡重修費用及四方樂施者未可沒其善因思勒瑱珉以垂久遠是為記

咸豐辛酉科拔貢劉鑒撰文

一壁會施錢四拾串文　又關帝廟豬行施錢三拾串文
舊有高堰水田弍畝白廟邨土臺旁又水田弍畝三分趙家墳水田四分共田完銀
秋肆錢在寺內豐寧里大錢[illegible]出弍畝水錢

邑增生王成績　趙炳仝書

會首列文不贅

白楊灣癸酉拔貢李一德先生擬寺中八景詩　先生名秉文同治十二年在此設帳時偶[illegible]一從學王書續趙[illegible]

高閣藏經
蔚然高閣勢崢嶸聞道藏經在
盛明太后齋僧酬素願仁君論
佛竭丹誠瑤函頒賜龍章下寶
地催勝[illegible]詔迎永建層樓標萬
古城將此地擬蓬瀛

聖諭碑
煌煌[illegible]下彤墀勅勒[illegible]聖
碑靈[illegible]戴皇言重法象崇
新景福[illegible]至朝廷冀祥頻
將佛寺[illegible]旋甚兩淋日炙神靈
護一代君恩萬世垂

石鏡照人
殿簷前石鏡懸照人肝膽幾崚
經年連香拂拭清光炯一片晶象
瑩纖翳捐華柏月臺常寫影白鎮
雲梵宇倒窺天明心見性真如
許觀面應當悟[illegible]禪

南院寶塔
峋宝塔[illegible]不許塵臨氣
[illegible]超[illegible]鎮畔[illegible]峰永
江阜鎮[illegible]兩雪煙霞久歷
風霜歲月[illegible]定金莖凌桂
殿楹承甘露浹恩膏

魁樓望漢
岑樓百尺拂雲霄客快登臨入
望遙民舍雜居紅香館寺門要
頃綠楊橋傾聽梵韻木魚響俯
[illegible]煙波畫槳搖遙傳文瀾莫
[illegible]水灣春潮

古城遺址
[illegible]城從寺勢迴環瑞靄祥雲接
[illegible]江如此珠林超世界不
[illegible]隔塵囂清波蕩漾中隱碧
[illegible]樹落花來道同猶差重門
[illegible]樓樹鳥任飛還

東亭曉鐘
敲罷[illegible]鐘破睡迷蕉窗報曉
聞雞讀書端倚禪燈續[illegible]
穿皓月[illegible]到江船驚[illegible]覺
忘星夜宿招提風吹[illegible]遠相
和爐篆香煙兩袖攜

香臺睡佛
[illegible]臺睡佛[illegible]臥塵凡性
[illegible]依丹桂睡朦朧[illegible]全德圓
[illegible]迷身[illegible]骨仙
[illegible]月瞳[illegible]秋黃粱清夢
[illegible]曉[illegible]斯福地勝天宫

本邨紳士
楊遇隆　李培潤　楊炳塑　孟成浩　保鄭有傑　張佩言　黃志壹　楊金隄　李得春　孫景福　正孟肇春　王一鈞　黃[illegible]秀　[illegible]年

光緒八年歲次壬午姑洗月上浣吉日立石

説明

清光緒八年(1882)三月刻。碑高164厘米，寬84厘米。正文分兩部分，右楷書記重修智果寺事，15行，滿行63字，劉鑒撰文，王成績、趙炳書丹；左行書《詠智果寺八景》詩，分别用界行隔開，每格6行，滿行12字，李一德撰詩，王書績書丹。現存洋縣智果寺。《漢中碑石》著録。

釋文

漢上名刹衆矣，如我洋之智果寺，其尤著也。此寺也，創自元代，盛於前明。歷朝以來，經滄桑之□，屢致坍塌，而復加修葺，固士庶之力，而實佛法廣大，有以呵護者也」。若咸豐壬戌之歲，鄧逆擾境，藍寇繼至。迨次年春，長髪由興郡泝流而上，復如蜂擁蟻聚，城莫能保，焉論鄉村。人民塗炭，安顧寺宇。乃兵燹既平，烽煙頓息，已越三年」，而智果村之民屋未壞，寺仍如故者，亦大異矣哉。乃有心者審睇，見經樓東隅門限，賊因爨熱薪，燒痕宛然，而水痕淋灕，豈佛祖施法雨以救之乎？抑井泉之龍神噴」水而救之乎？未可知也。噫！倘此樓一燬，非惟無經，而且無寺，可不畏乎。諺云：自有此樓藏經，周圍數十里雹雨不爲災，已數百年矣。即此以思，宜寺與樓之不至泯滅」，而神靈默佑也。然歷年已遠，大劫旋經，殿宇毁敗，神像傾圮，頒經狼藉，更散不成帙，見之者多憐，而况村人乎。爰有總理會首耆老黄文錦、軍功王廷舉、監生楊遇新」、貢生趙連城等襄辦，紳士生員鄧鎮離、王秉乾、張金佈、孟知言，武生王振甲，貢生孫丕承，俊秀孫丕烈，武生李春魁，居士黄桂林，軍功薛成泰等，設方籌款，謀資繕修」。其時代筆則有梁玉棟、孟大賓，僧鶴峰亦與焉。募化者則有監生黄志寅，老民鄭法祥、劉泰祥、王茂順、王開朗，糧户王廷顯、楊開泰、楊德興、魯本福、魯本枝、張祥雲、王」貴方、王自隆、孟止善、孟名貴、薛金生、李上林、李永芳、鄧瑞麟、黄有德、黄文藻、王登順、李艷春、李長生、劉永中等，協力同心，積月累歲，幾十數春秋，始租田斂粟約數百」石，又逢米珠薪桂之年，以粟易貝，每石可得錢五串餘。復比歲向各村募化，統計新舊所積約貳千緡，遂庀材鳩工，俾覺皇殿、藏經樓榱棟之朽敗者更之，瓴甓之破」壞者易之，寺門三重及旁殿列宇之廢墜者興之，罅漏者補之。寺南睡佛殿壹所，全成灰燼，又經營改造而新之。光緒元年，開光賽廟，鄰村仁人士女復佽助者多，現」今寺宇繕修，焕然丕變矣。其以詩記勝者，則有李同年之一德也；傾囊倒篋，捐金護經者，則有趙生之連科也；至接紫衣禪師踵，其設壇講經立叢林者，則有和尚之」廣興也。功已告竣，凡重修費用及四方樂施者，未可没其善。因思勒頊珉，以垂久遠。是爲記」。

三聖會施錢四拾串文。又關帝廟豬行施錢三拾串文」。舊有高堰水田貳畝，白庙村土臺旁邊水田貳畝三分，趙家墳水田四分，共田完銀」粮肆錢，在寺内豐寧里，夫錢只出貳畝水錢」。

咸豐辛酉科拔貢劉鑒撰文」

邑增生王成績、趙炳仝書丹」(以上爲碑石右半部分)

白楊灣癸酉拔貢李一德先生擬寺中八景詩先生名秉文，同治十二年在此設帳時偶吟，後學王書績題」。

高閣藏經」

蔚然高閣勢崢嶸，聞道藏經在」盛明。太后齋僧酬素願，仁君奉」佛竭丹誠。瑶函頒賜龍章下，寶」地幢騰鳳詔迎。永建層樓標萬」古，咸將此地擬蓬瀛」。

聖諭神碑」

煌煌天語下彤墀，敕勒前明聖」諭碑。靈龜永戴皇言重，法象崇」新景福綏。爰与聖朝延鼎祚，頻」將佛寺固璇基。雨淋日炙神靈」護，一代君恩萬世垂」。

石鏡照人」

寶殿簷前石鏡懸，照人肝胆幾」經年。連番拂拭清光炯，一片晶」瑩纖翳捐。翠柏月臺常寫影，白」雲梵宇倒窺天。明心見性真如」許，覿面應當悟學禪」。

南院寶塔」

崚峥寶塔聳天高，不許登臨氣」象豪。峭勢如超鄠嶺畔，矗峰永」鎮漢江皋。銷磨雨雪煙霞久，歷」練風霜歲月滔。豈是金莖凌桂」殿，盤承甘露沐恩膏」。

魁樓望漢」

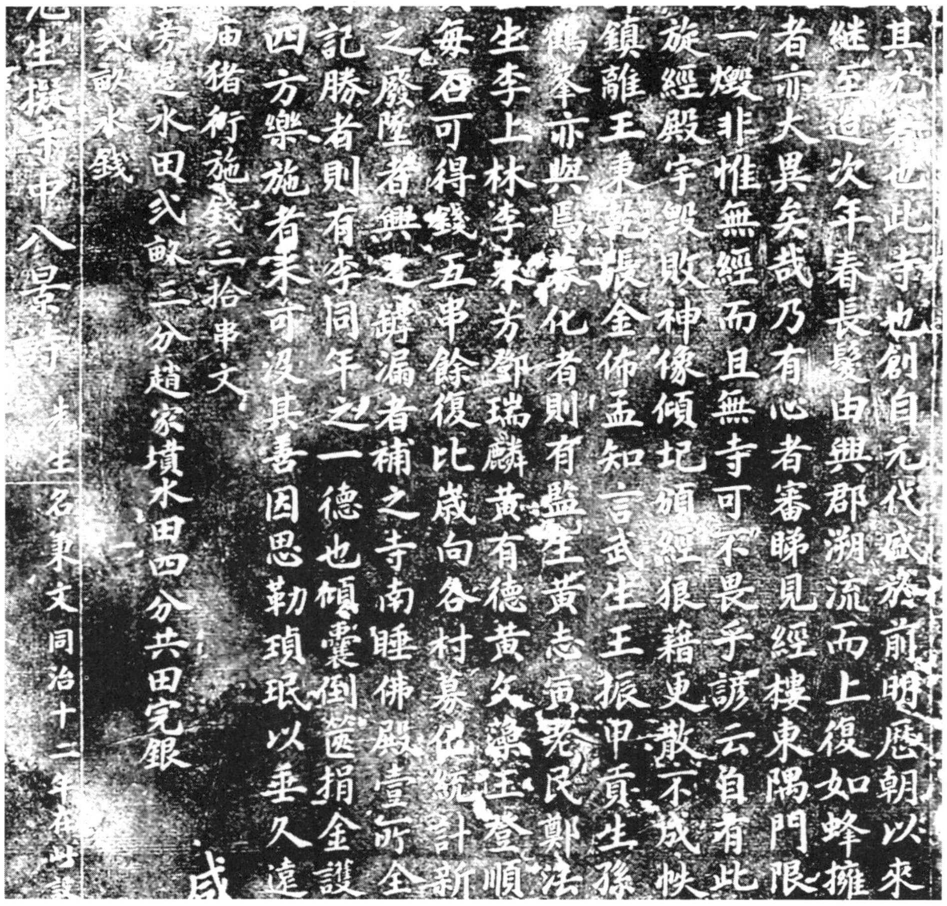
其□也此寺也創自元代盛於前明歷朝以來
繼至道次年春長憂由興郡溯流而上復如蜂擁
者亦大異矣哉乃有心者審睇見經樓東隅門限
一爕非惟無經而且無寺可不畏乎諺云自有此
旋經殿宇毀敗神像傾圮殘經狼藉吏散不成快
鎮離王東□張金佈孟知言武生王振甲貢生孫
鶴峯亦與焉募化者則有監生黃志貢秀民鄭法
生李上林李□芳鄭瑞麟黃有德黃文藻王登順
每石可得錢五串餘復比歲向各村募化統計新
之廢墜者興之罅漏者補之寺南睡佛殿壹所全
記勝者則有李同年之一德也傾囊倒篋捐金設
四方樂施者未可沒其善因思勒瑱珉以垂久遠
庙猪衍施錢三拾串文　成
旁邊水田弍畝三分趙家墳水田四分共田完銀
芸畝水錢　一
□生拔貢中八晏蔚　先生名秉文　同治十二年在此□

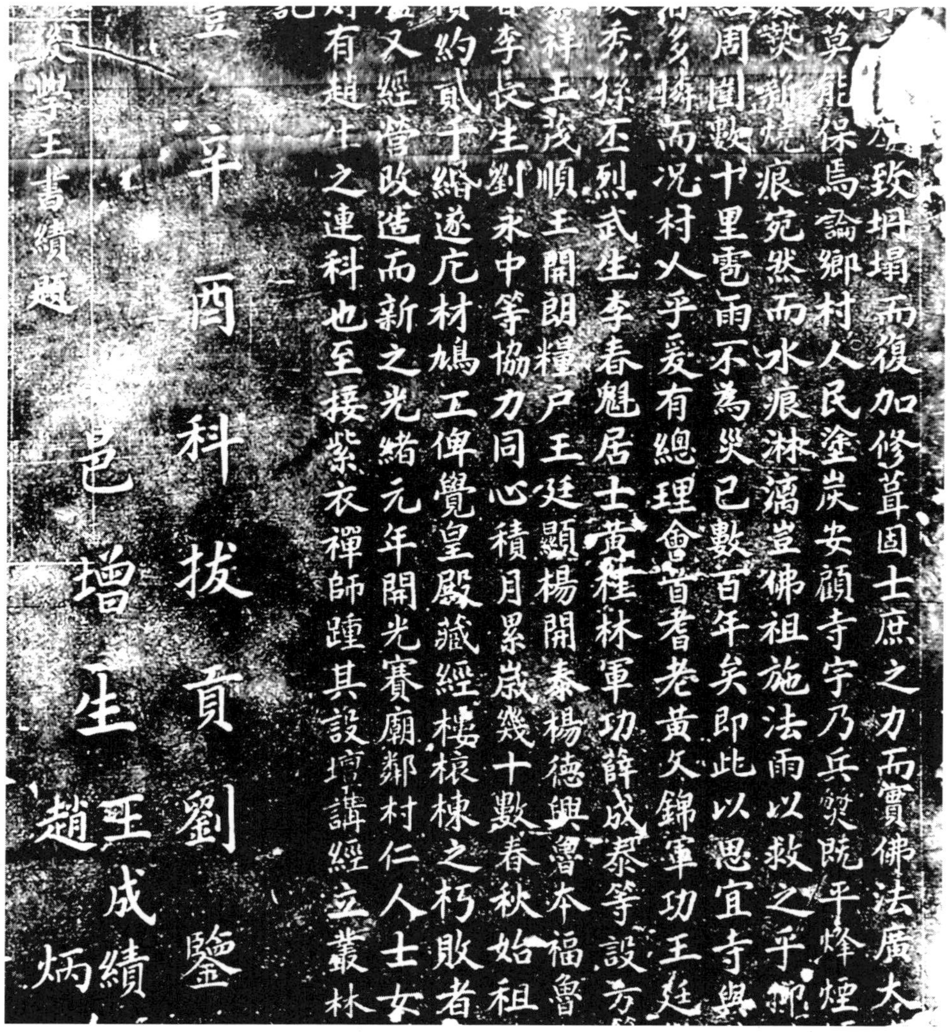
□致坍塌而復加修葺固士庶之力而實佛法廣大
歲莫能保焉論鄉村人民塗炭安顧寺宇乃兵燹既平烽煙
去燹新燒痕宛然而水痕淋漓豈佛祖施法雨以救之乎抑
經周圍數十里雹雨不為災已數百年矣即此以思宜寺與
倚乡倚而況村人乎爰有總理會首者老黃文錦軍功王廷
俊秀孫丕烈武生李春魁居士黃桂林軍功薛成泰等設方
祥王茂順王開朗糧戶王廷顯楊開泰楊德興魯本福魯
君李長生劉永中等協力同心積月累歲幾十數春秋始祖
價約貳千緡遂庀材鳩工俾覺皇殿藏經樓椽棟之朽敗者
又經營改造而新之光緒元年開光賽廟鄰村仁人士女
府有趙仕之連科也至接紫衣禪師踵其設壇講經立叢林
記
壹　辛酉科拔貢劉　鑒
邑增生　王成績　趙炳
□學王書績題

局部

岑樓百尺拂雲霄，客快登臨入」望遥。民舍雜居紅杏館，寺門雙」鎖緑楊橋。傾聽梵韻木魚響，俯」視煙波畫槳摇。湧得文瀾真壯」闊，頻觀漢水瀉春潮」。

古城遺址」

孤城繞寺勢迴環，瑞靄祥雲接」遠山。如此珠林超世界，不多宝」地隔塵寰。清波蕩漾中隍裏，碧」樹蓯蘢夾道間。猶喜重門時洞」闢，忘機好鳥任飛還」。

東亭曉鐘」

敲罷洪鐘破睡迷，蕉窗報曉乍」聞雞。讀書端藉禪燈續，啓户斜」穿皓月低。定到江船驚客夢，渾」忘星夜宿招提。風吹簷鐸遥相」和，爐篆香煙兩袖攜」。

香臺睡佛」

堂依丹桂睡朦朧，了卻塵凡性」悟空。宝筏渡迷身已倦，金繩開」覺路難通。香臺稳卧煙霞骨，仙」界交含日月瞳。一枕黄粱清夢」曉，如斯福地勝天宫」。

會首列文不贅」。

本村紳士：木鐸楊遇隆，生員李培潤、楊炳堃、孟成浩、張佩言、楊金隄、孫景福、王鈞，武生黄三秀，宣講□懷玉，保正鄭有傑、黄志壹、李得春、孟肇春」。

光緒八年歲次壬午姑洗月上浣吉日立石」

按

智果寺始建於唐儀鳳年間，此文記創自元代。明代因智果寺僧人紫衣禪師雲游京師時，醫好慈聖文明肅皇太后眼疾，神宗朱翊鈞特頒賜藏經一部、牌匾一面，以表謝意，智果寺由此蜚聲遐邇。

正文所云“咸豐壬戌之歲”事，“鄧逆”指四川農民起義軍首領鄧天王，“藍寇”指雲南農民起義軍首領藍大順，同治元年（1862）起義軍相繼進攻漢中。“長髮”指太平天國，同治二年亦圍攻漢中。起義軍互相配合，於是年八月攻入漢中城。九月，藍大順率軍攻克盩厔，進入關中，在渭河南岸活動，聲勢壯大。三年五月，起義軍轉戰陝南，在紫陽遭民團伏擊，藍大順陣亡。後起義軍餘部仍在漢中周邊活動，至同治四年被朝廷鎮壓。

822.1882　吴蔚文墓表

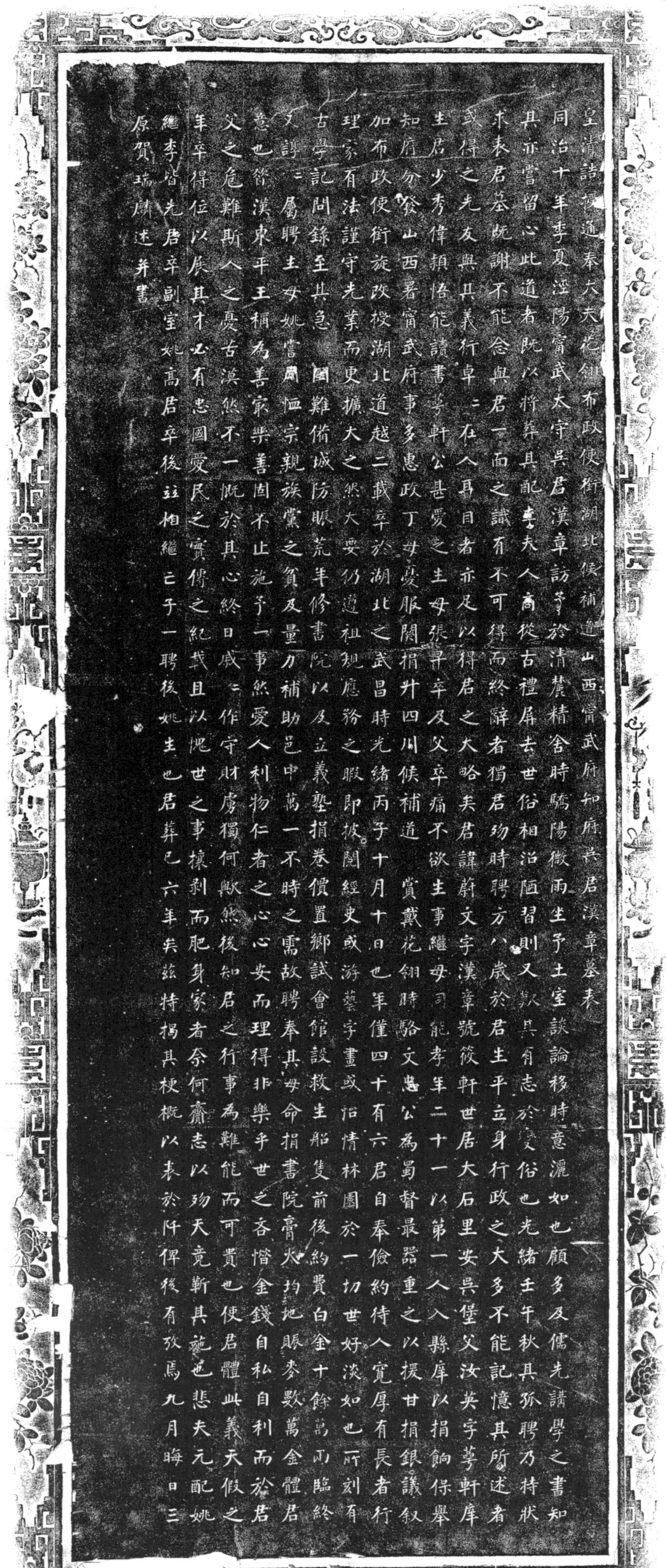

皇清誥授通奉大夫花翎布政使銜湖北候補道山西甯武府知府吳君漢章墓表

同治十年季夏涇陽甯武太守吳君漢章訪予於清麓精舍時驕陽微雨坐予土室談論移時意灑如也顧多及儒先講學之書知其亦嘗留心此道者既以將葬其配李夫人商從古禮屏去世俗相沿陋習則又歎其有志於變俗也光緒壬午秋其孤聘乃持狀求表君墓既謝不能念與君一面之識有不可得而終辭者獨君殁時聘方八歲於君生平立身行政之大多不能記憶其所述者或得之先友與其義行卓卓在人耳目者亦足以得君之大略矣君諱蔚文字漢章號筱軒世居大石里安吳堡父汝英字蓴軒庠生君少秀偉穎悟能讀書蓴軒公甚愛之生母張早卒及父卒痛不欲生事繼母司能孝年二十一以第一人入縣庠以捐餉保舉知府分發山西署甯武府事多惠政丁母憂服闋捐升四川候補道賞戴花翎時駱文忠公為蜀督最器重之以援甘捐銀議叙加布政使銜旋改授湖北道越二載卒於湖北之武昌時光緒丙子十月十日也年僅四十有六君自奉儉約待人寬厚有長者行理家有法謹守先業而更擴大之然大要仍遵祖規應務之暇即披閱經史或游藝字畫或怡情林園於一切世好淡如也所刻有古學記問錄至其急國難備城防賑荒年修書院以及立義塾捐卷價置鄉試會館設救生船隻前後約費白金十餘萬而臨終又諄諄屬聘生母姚嘗[illegible]恤宗親族黨之貧及量力補助邑中萬一不時之需故聘奉其母命捐書院膏火均地賑麥數萬金體君意也昔漢東平王稱為善最樂善固不止施予一事然愛人利物仁者之心心安而理得非樂乎世之吝惜金錢自私自利而於君父之危難斯人之憂若漠然不一慨於其心終日戚戚作守財虜獨何歟然後知君之行事為難能而可貴也使君體此義天假之年卒得位以展其才必有忠國愛民之實傳之紀載且以愧世之朘剝而肥身家者奈何齎志以殁天竟靳其施也悲夫元配姚繼李皆先君卒副室姚高君卒後茲相繼已子一聘後姚生也君葬已六年矣茲特揭其梗概以表於阡俾後有攷焉九月晦日三原賀瑞麟述并書

説明

清光緒八年（1882）九月刻。碑圓首方額。通高341厘米，寬95厘米。碑額楷書“皇清”二字。正文楷書16行，滿行50字。賀瑞麟撰文并書丹。額文兩側雕二龍戲珠。碑身左右邊飾花卉及壽字紋，上下邊飾波浪紋。現存涇陽縣安吴鎮安吴堡。《咸陽碑刻》著録。

釋文

皇清誥授通奉大夫花翎布政使銜湖北候補道山西甯武府知府吴君漢章墓表」

同治十年季夏，涇陽甯武太守吴君漢章訪予於清麓精舍，時驕陽微雨，坐予土室，談論移時，意灑如也。頗多及儒先講學之書，知」其亦嘗留心此道者。既以將葬，其配李夫人商從古禮，屏去世俗相沿陋習，則又歎其有志於變俗也。光緒壬午秋，其孤聘乃持狀」求表君墓。既謝不能，念與君一面之識，有不可得而終辭者，獨君殁時聘方八歲，於君生平立身行政之大多不能記憶，其所述者」，或得之先友，與其義行卓卓在人耳目者，亦足以得君之大略矣。君諱蔚文，字漢章，號筱軒，世居大石里安吴堡。父汝英，字尊軒，庠」生。君少秀偉穎悟，能讀書，尊軒公甚愛之。生母張早卒，及父卒，痛不欲生。事繼母同能孝。年二十一以第一人入縣庠，以捐餉保舉」知府，分發山西，署甯武府事，多惠政。丁母憂，服闋，捐升四川候補道，賞戴花翎。時駱文忠公爲蜀督，最器重之。以援甘捐銀，議叙」加布政使銜，旋改授湖北道。越二載，卒於湖北之武昌，時光緒丙子十月十日也，年僅四十有六。君自奉儉約，待人寬厚，有長者行」。理家有法，謹守先業，而更擴大之，然大要仍遵祖規。應務之暇，即披閲經史，或游藝字書，或怡情林園，於一切世好淡如也。所刻有」《古學記問録》。至其急國難，備城防，賑荒年，修書院，以及立義塾，捐卷價，置鄉試會館，設救生船隻，前後約費白金十餘萬兩。臨終」，又諄諄屬聘生母姚，嘗周恤宗親族黨之貧，及量力補助邑中萬一不時之需。故聘奉其母命，捐書院膏火，均地賑麥數萬金，體君」意也。昔漢東平王稱爲善最樂。善固不止施予一事，然愛人利物，仁者之心，心安而理得，非樂乎。世之吝惜金錢，自私自利，而於君」父之危難，斯人之憂苦，漠然不一慨於其心，終日戚戚作守財虜，獨何歟？然後知君之行事，爲難能而可貴也。使君體此義，天假之」年，卒得位以展其才，必有忠國愛民之實，傳之紀載，且以愧世之事攘剥而肥身家者。奈何！齎志以殁，天竟靳其施也。悲夫！元配姚」，繼李，皆先君卒。副室姚、高，君卒後，並相繼亡。子一，聘，後姚生也。君葬已六年矣，兹特揭其梗概以表於阡，俾後有考焉。

九月晦日

三」原賀瑞麟述并書」

按

文中“駱文忠公”，即駱秉章，號儒齋，廣東花縣人。道光十二年（1832）進士，選庶吉士。歷授江南道、四川道監察御史等職。

撰、書者賀瑞麟，見本書812.1869條。

823.1882　抵抗白蓮教記事碑

説 明

清嘉慶六年（1801）三月初刻，光緒八年（1882）十一月重刻。碑高92厘米，寬46厘米。碑額正中篆書“皇清”二字，左右楷書“日、月”二字。正文楷書13行，滿行34字。馬鳴鑾撰文并書丹，寇序臣重書。四周飾忍冬紋及幾何圖案。現存洛南縣麻坪鎮農興村。

釋 文

在昔趙伐匈奴，李牧争前。大破林胡，開地三千。英雄二字，萬古稱傳。兹值我」皇上臨御之元年，白蓮教屢擾商雒石門、庵溝、左洛三保。紳士、軍民、團練、鄉勇尚有幾千，常守」地界，從無所失。不意五年四月二十七日，賊匪入境。期門候戰，人民驚恐，鳴鐘以傳，瞬息」而至者僅數百人。執戈挾矢，一往直前。兵刃相接，自朝至暮，而一決生死，賊人遠遯矣。越」翌日，復守斯地，始見枕骸遍野，指而識之，賊死者三百餘名，民亡者一十九人。以數百之」寡，而敵百萬之衆。則傷者少而全者多，固屬□□之嘆賞也，而开捐軀赴敵爲」國家生民之衛者，豈非李牧之流，而爲一世之英雄歟？或曰：此數人者，生長編伍之間，未聞」步武之訓，禦敵身亡，忍令其湮没而弗彰乎！於是三保公議，立石以志千秋不朽。視夫富」貴畏縮之徒，疾病而死，聲名不足道者，亓顯晦爲何如哉？爰命石工，勒名於左」：

石門保：馮青現、樊世成、覃恩正、王國仁、王道平、樊世茂、樊世剛；庵溝保：蘇自英、張守財、楊進起、劉興周、雷進成、郭得財；左洛保：蘇成真、張鑾子、劉學道、先恒興、蘇眼兒。以上仝亡」。

首事人劉中全、齊成福、樊世孝、張其祥、王明銀，庵溝、石門、左洛保鄉約張□林、蘇成興、楊進學、馮青孝、何進成等仝建立。

邑儒學庠生馬鳴鑾撰並書

石匠孟進朝刻」

大清嘉庆陸年歲次辛酉季春穀旦

至光緒八年歲次壬午冬月

廪生寇序臣重書

石匠劉必花重刻」

按

清代嘉慶年間在鄂、豫、陝三省交界地區爆發的白蓮教起義，前後持續9年之久。嘉慶元年（1796）、二年、三年、五年，均有白蓮教軍隊進攻洛南，與鄉團作戰。此文所叙即嘉慶五年四月之戰。

824.1886　修改武侯祠舊章示諭碑

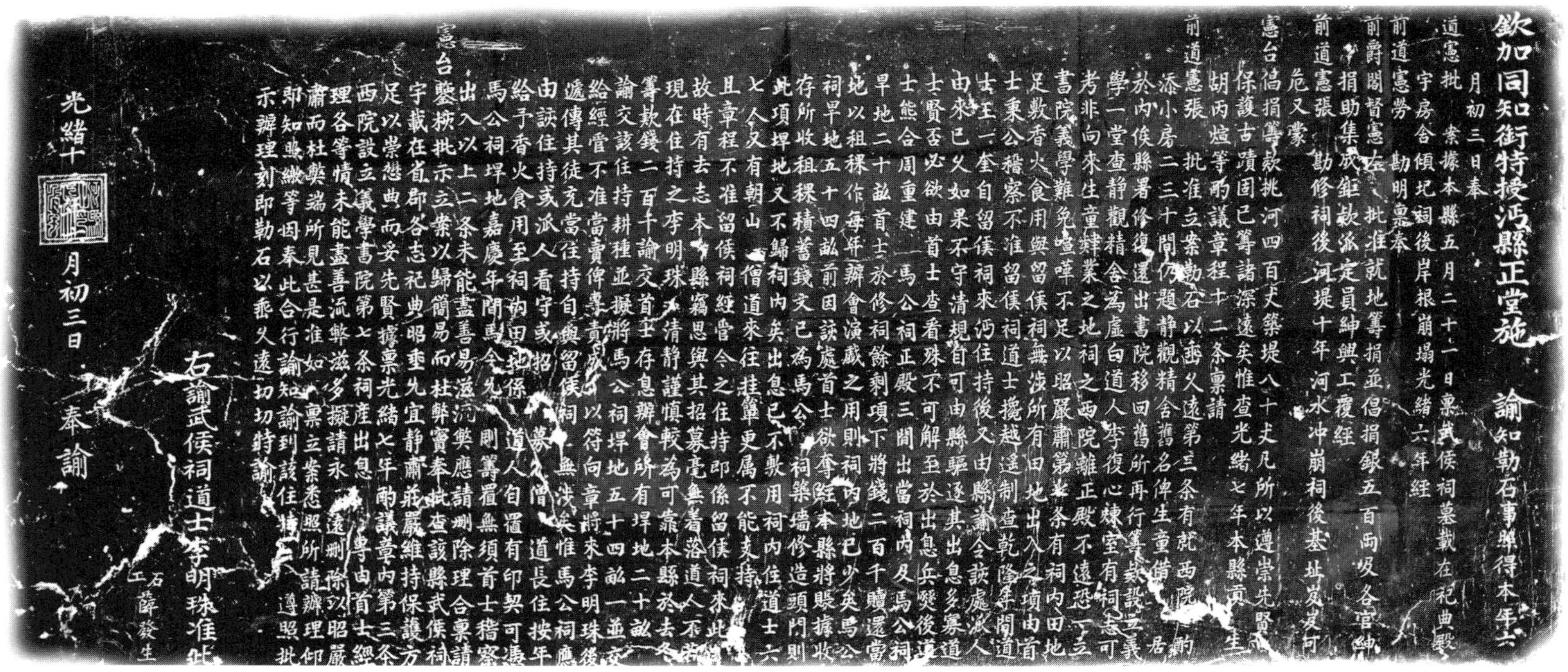

説明

清光緒十二年（1886）六月刻。碑長方形。長144厘米，寬63厘米。正文楷書52行，滿行22字。現存勉縣武侯祠。《漢中碑石》著録。

釋文

欽加同知銜特授沔縣正堂施，諭知勒石事：

照得本年六」月初三日，奉」道憲批：案據本縣五月二十一日禀：武侯祠墓，載在祀典，殿」宇房舍傾圮，祠後岸根崩塌，光緒六年經」前道憲勞勘明，禀奉」前爵閣督憲左批准，就地籌捐，並倡捐銀五百兩及各官紳」捐助，集成鉅款，派定員紳興工。覆經」前道憲張勘修祠後河堤。十年，河水冲崩，祠後基址岌岌可」危。又蒙」憲台倡捐籌款，挑河四百丈，築堤八十丈。凡所以遵崇先賢」，保護古迹，固已籌諸深遠矣。惟查光緒七年，本縣貢生」胡丙煊等，酌議章程十二条，禀請」前道憲張批准，立案勒石，以垂久遠。第三条有就西院酌」添小房二三十間，仍題“静觀精舍”舊名，俾生童借居」於内，俟縣署修復，還出書院，移回舊所，再行籌款，設立義」學一堂。查静觀精舍爲虚白道人李復心煉室，有祠志可」考，非向來生童肄業之地。祠之西院，離正殿不遠，恐一立」書院義學，難免喧嘩，不足以昭嚴肅。第七条有祠内田地」足敷香火食用，與留侯祠無涉，所有田地出入之項，由首」士秉公稽察，不准留侯祠道士攙越遥制。查乾隆年間，道」士王一奎自留侯祠來沔住持，後又由縣諭令該處派人」，由來已久，如果不守清規，自可由縣驅逐。其出息多寡，道」士賢否，必欲由首士查看，殊不可解。至於出息，兵燹後，道」士熊合周重建馬公祠正殿三間，出當祠内及馬公祠」旱地二十畝，首士於修祠餘剩項下，將錢二百千贖還當」地，以租稞作每年辦會演戲之用，則祠内地已少矣。馬公」祠旱地五十四畝，前因該處首士欲奪，經本縣將賬據收」存，所收租稞、積蓄錢文，已爲馬公祠築墻、修造頭門，則」此項埠地，又不歸祠内矣。出息已不敷用，祠内住道士六」七人，又有朝山僧道來往挂單，更属不能支持」。且章程不准留侯祠經管，今之住持，即係留侯祠來此」，故時有去志。本縣竊思與其招募毫無着落道人，不若」現在住持之李明珠，清静謹慎，較爲可靠。本縣於去冬」籌款錢二百千，諭交首士，存息辦會，所有埠地二十畝」，諭交該住持耕種，並擬將馬公祠埠地五十四畝一並交」給經管，不准當賣。俾專責成，以符向章。將來李明珠後」遞傳其徒，充當住持，自與留侯祠無涉矣。惟馬公祠應」由該住持或派人看守，或招募僧道長住，按年」給予香火食用。至祠内田地，係道人自置，有印契可憑」。馬公祠埠地，嘉慶年間，馬令允剛籌置，無須首士稽察」出入。以上二条，未能盡善，易滋流弊，應請删除。理合禀請」憲台鑒核，批示立案，以歸簡易，而杜弊竇。奉批：查該縣武侯祠」宇，載在省郡各志，祀典昭垂，允宜静肅莊嚴，維持保護，方」足以崇懋典而妥先賢。據禀：光緒七年酌議章内第三条」“西院設立義學書院”，第七条“祠産出息，專由首士經」理”各等情，未能盡善，流弊滋多，擬請永遠删除，以昭嚴」肅，而杜弊端。所見甚是，准如禀立案，悉照所請辦理，仰」即知照繳等因奉此，合行諭知。諭到，該住持遵照批」示辦理，刻即勒石，以垂久遠。切切，特諭」。

右諭武侯祠道士李明珠准此」

石工薛發生」

光緒十二年六月初三日奉諭」

按

文中所稱沔縣知縣施，指施邵。馬允剛，見本書755.1792條。

825.1891　陝西藩署增置顏柳碑記

説 明

清光緒十七年（1891）三月刻。碑長方形，長100厘米，寬55厘米。正文楷書29行，滿行21至24字不等。陶模撰文并書丹。現存西安碑林博物館。《西安碑林全集》著録。

釋 文

陝西藩署增置顔柳碑記」

陝西藩署爲唐中書省故址，雍正間襄平楊君開藩於此，得顔」魯公書《郭家廟碑》及柳誠懸書《魏公先廟碑》於土中，顔碑尚」完好，柳碑則斷裂爲五，闕其左方及右趺。其詳見於朱楓」《雍州金石記》。楊君舉二碑升置廊廡，刻石爲記。今百五十餘」年矣。余以光緒戊子備藩陝右，越四年辛卯，葺治藩署庫門」，於土中得斷碑，洗剔審視，知爲《唐扶風郡王馬璘碑》，碑横裂」，佚其中段，上方存二百餘字，大半漫滅，下方僅四十餘字。碑」額闕四字，撰書姓名及置碑年月均不可見，然其字體端毅」嚴重，則灼然魯公筆也。按《唐書·馬璘傳》，璘卒於代宗大曆十」一年，魯公方爲元載所擠，出刺撫、湖二州，十二年，載誅，公因楊」綰薦，入爲刑部尚書，年六十有九。馬氏廟碑當書於是時。以」視《郭家廟碑》書於廣德甲辰者，相去又十許年，宜乎書體遒」勁，益臻老境。碑經燔爍，又爲土氣所蝕，石理疏薄，初出土時」，下方第二行有“字仁傑”字、“不數日”字，字已刓泐，併仁字一畫」缺焉。信古物之難於護持也。《唐書》璘傳失其表德，今亦可補」其闕云。同時又得殘碑一方，有“持盈之理”等百七十餘字，以」嵌《魏公廟碑》之左方，若合符節。别一小石，有“立四廟”等」十餘字，則碑之右趾也。按碑文，“鄭國文貞公在貞觀立」家廟於長安昌樂里，二百三十五年有来孫”云云，是碑之」建當在大中、咸通間，是時誠懸已耄年，而字畫精勁，與顔」書同源異流，致可寶也。撰人爲崔璵，《唐書》無傳，附見於《柳公」綽傳》，謂綽“取士如許康佐、鄭朗、盧簡辭、崔璵、夏侯孜，皆知」名顯貴”云云，則璵亦晚唐聞人也。余既立《馬璘碑》於堂皇」之後，與《郭家廟碑》對峙，又葺綴柳碑，嵌置廳事壁間，以」資椎拓。二顔一柳，珠聯劍合，以爲三輔藩條光，不亦嫩乎。余」今且受代，去後有好奇嗜古者，能搜訪闕佚於瓴甓泥滓間」，使馬、魏二碑與郭氏同一完整，則尤所願幸者耳」。

光緒十七年三月

秀水陶模記

富平趙吉安鎸」

按

撰者陶模，字方之，浙江秀水人。同治七年（1868）進士。先後任甘肅省文縣、皋蘭縣知縣，甘州知府，迪化知州，甘肅新疆巡撫，陝甘總督等職。《清史列傳》有傳。

826.1892　柏景偉墓誌

清故居安柏子俊先生墓誌銘
皇清誥授奉政大夫 特旨交部議敘 賞戴
藍翎 欽加同知銜分省補用知縣定邊
縣訓導乙卯科舉人柏公灃西先生墓誌
銘
光緒十七年辛卯冬十月既望越日昧旦前關
中院長灃西先生卒於長安馮籍村里第遠近
聞之悵失所依奔走而弔哭者千餘人士之奮
於庠序者謂安仰於天胡不憖遺遽奪先生是
降大割於西土也先生貌魁梧望而懍然處事
接物不撓以私進退必歸於義性抗爽剖別是
非不嫗煦作長厚態赴人之急如謀其身友教
四方善啟發其規過必直抉根株而示以所能

第一石

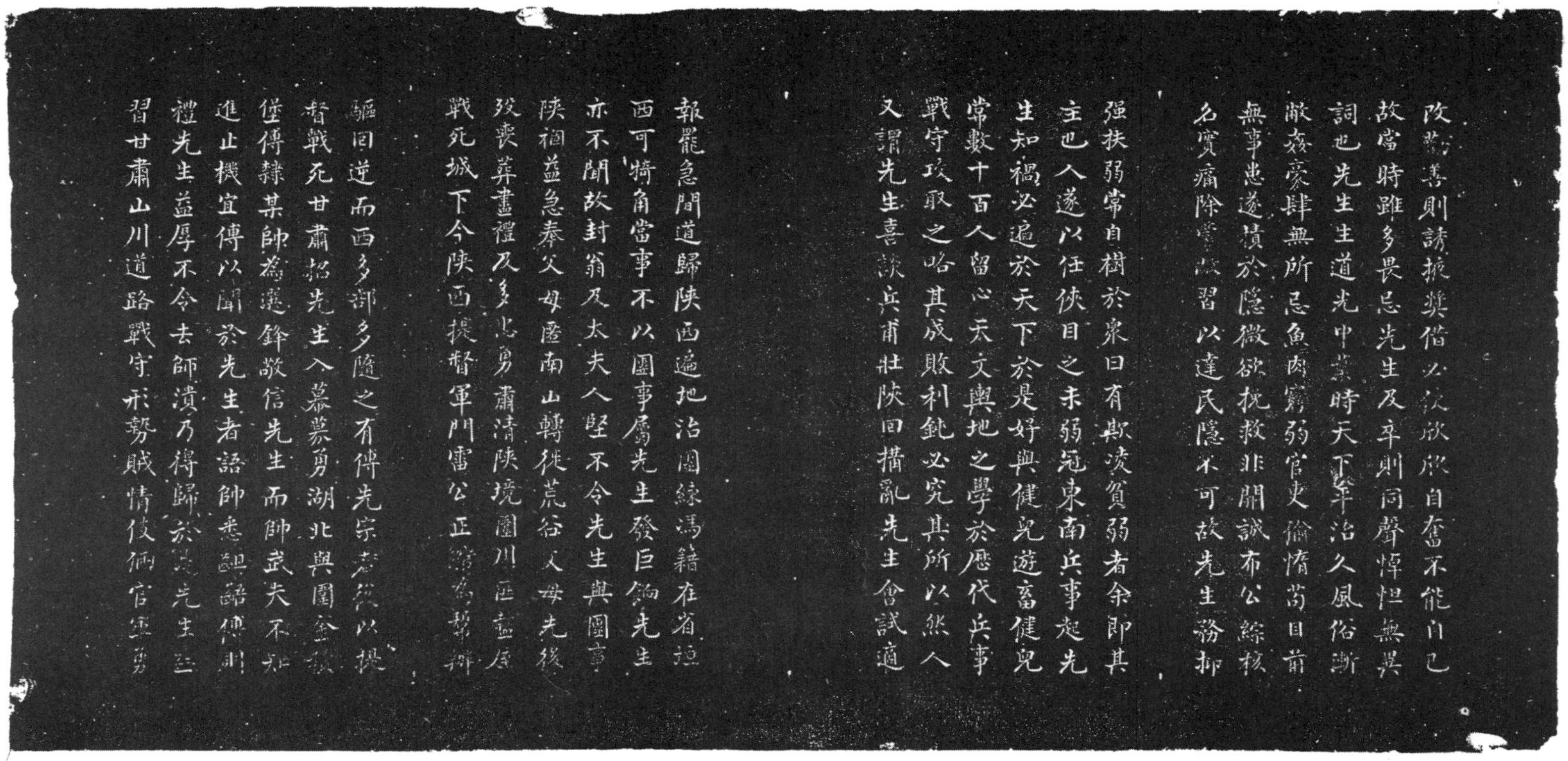
改勸善則誘掖奬借必欲欣欣自奮不能自已
故當時雖多畏忌先生及卒則同聲悼惜無異
詞也先生生道光中葉時天下承治久風俗漸
敝姦豪肆無所忌魚肉窮弱官吏偷惰苟目前
無事患遂積於隱微欲挽救非開誠布公綜核
名實痛除[illegible]習以達民隱不可故先生務抑
强扶弱常自樹於衆曰有欺凌貧弱者余即其
主也人遂以任俠目之未弱冠東南兵事起先
生知禍必遍於天下於是好與健兒遊畜健兒
常數十百人留心天文輿地之學於歷代兵事
戰守攻取之略其成敗利鈍必究其所以然人
又謂先生喜談兵甫壯陝回搆亂先生會試適
報罷急間道歸陝西遍地治團練馮籍在省垣
西可犄角當事不以團事屬先生發巨餉先生
亦不聞故封翁及太夫人堅不令先生與團事
陝禍益急奉父母匿南山轉徙荒谷父母先後
歿喪葬盡禮及多忠勇肅清陝境圍川匪盩厔
戰死城下今陝西提督軍門雷公正綰為幫辦
驅回逆而西多部多隨之有傅先宗者從以提
督戰死甘肅招先生入幕募勇湖北與團金[illegible]
俾傳隸某帥為選鋒敬信先生而帥武夫不知
進止機宜傳以聞於先生者語帥悉與語傳則
禮先生益厚不令去師潰乃得歸於[illegible]先生至
習甘肅山川道路戰守形勢賊情僞備官軍勇

第二石

説 明

清光緒十八年（1892）二月刻。誌、蓋合一，共8石。均長方形。均長64厘米、寬31厘米。蓋文4行，滿行3字，篆書“清故長」安柏子」俊先生」墓誌銘」”。誌文楷書164行，滿行18字。劉光蕡撰文，賀瑞麟書丹，張恩榮篆蓋。現存西安市長安博物館。《長安碑刻》著録。

釋 文

皇清誥授奉政大夫特旨交部議叙賞戴」藍翎欽加同知銜分省補用知縣定邊」縣訓導乙卯科舉人柏公灃西先生墓誌」銘」

光緒十七年辛卯冬十月既望越日昧旦，前關」中院長灃西先生卒於長安馮籍村里第。遠近」聞之，悵失所依，奔走而弔哭者千餘人。士之奮」於庠序者，謂安仰放，天胡不慭遺，遽奪先生，是」降大割於西土也。先生貌魁梧，望而懔然，處事」接物，不撓以私。進退必歸於義性抗爽，剖别是」非，不嫗煦作長厚態。赴人之急，如謀其身。友教」四方，善啓發。其規過必直抉根株，而示以所能」（以上第一石）改。勸善則誘掖奬借，必使欣欣自奮，不能自已」。故當時雖多畏忌，先生及卒，則同聲悼怛，無異」詞也。先生生道光中葉，時天下平治久，風俗漸」敝，奸豪肆無所忌，魚肉窮弱，官吏偷惰苟。目前」無事，患遂積於隱微。欲挽救，非開誠布公，綜核」名實，痛除蒙敝習，以達民隱不可。故先生務抑」强扶弱，常自樹於衆曰：“有欺凌貧弱者，余即其」主也。”人遂以任俠目之。未弱冠，東南兵事起，先」生知禍必遍於天下，於是好與健兒遊，畜健兒」常數十百人。留心天文輿地之學，於歷代兵事」戰守攻取之略，其成敗利鈍，必究其所以然。人」又謂先生喜談兵。甫壯，陝回搆亂，先生會試適」報罷，急間道歸。陝西遍地治團練，馮籍在省垣」西，可犄角。當事不以團事屬先生，發巨餉，先生」亦不聞。故封翁及太夫人堅不令先生與團事」。陝禍益急，奉父母匿南山，轉徙荒谷。父母先後」歿，喪葬盡禮。及多忠勇肅清陝境，圍川匪盩厔」，戰死城下。今陝西提督軍門雷公正綰爲幫辦」，驅回逆而西，多部多隨之。有傅先宗者，復以提」督戰死甘肅，招先生入幕。募勇湖北，與圍金積」堡。傅隸某帥爲選鋒，敬信先生，而帥武夫，不知」進止機宜。傅以聞於先生者語帥，悉齟齬。傅則」禮先生益厚，不令去。師潰，乃得歸。於是先生益」習甘肅山川道路，戰守形勢，賊情伎倆，官軍勇」（以上第二石）怯。而劉忠壯逐捻陝西，先生爲嚮導，又得所以」制捻匪之法。蕡時避賊省垣，與同邑李編修寅」始交先生。先生屢入左文襄、劉果敏兩帥幕，方」籌築堡寨以衛民

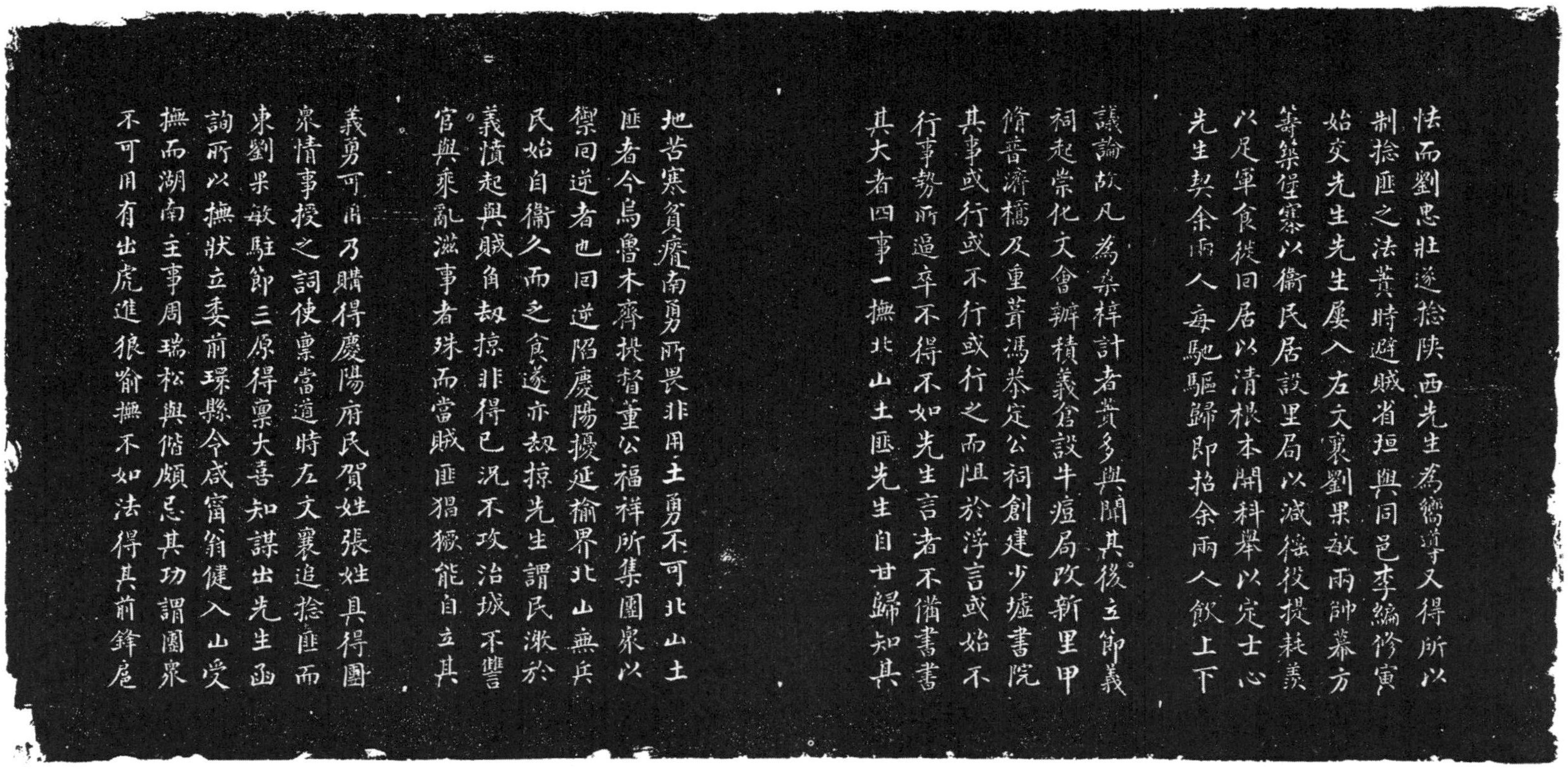

怯而劉忠壯遂捻陝西先生為嚮導又得所以
制捻匪之法甞時避賊省垣與同邑李編修寅
始交先生先生屢入左文襄劉果敏兩帥幕方
籌築堡寨以衛民居設里局以減徭役提耗羨
以足軍食從回居以清根本開科舉以定士心
先生契余兩人每馳驅歸即招余兩人飲上下
議論故凡為桑梓計者貲多與聞其後立節義
祠起崇化文會辦積義倉設牛痘局改新里甲
脩普濟橋及重葺馮恭定公祠創建少墟書院
其事或行或不行或行之而阻於浮言或始不
行事勢所逼卒不得不如先生言者不備書書
其大者四事一撫北山土匪先生自甘歸知其
地苦寒貧瘠南勇所畏非用土勇不可北山土
匪者今烏魯木齊提督董公福祥所集團衆以
禦回逆者也回逆陷慶陽擾延榆界北山無兵
民始自衛久而乏食遂亦刼掠先生謂民激於
義憤起與賊角刼掠非得已況不攻治城不讐
官與乘亂滋事者殊而當賊匪猖獗能自立其
義勇可用乃購得慶陽府民賀姓張姓具得團
衆情事授之詞使稟當道時左文襄追捻匪而
東劉果敏駐節三原得稟大喜知謀出先生函
詢所以撫狀立委前環縣令咸甯翁健入山受
撫而湖南主事周瑞松與偕頗忌其功謂團衆
不可用有出虎進狼喻撫不如法得其前鋒危

第三石

獐壯士五千人勒令歸農董遂遠颺不可撫其
後劉忠壯由鄜延進攻甯靈收而用之深得其
力轉戰甘肅出關至今屹為巨鎮一辦理回逆
臆議左文襄之進兵甘肅也駐節西安議所向
先生首陳十六事畧謂回逆性貪多疑勝則散
掠敗即聚守而各詭以求撫彼既以撫愚我我
何妨以撫制彼大軍宜分三路中由邠乾以出
涇原汧隴回既受撫有漢團牽制必不敢動犨
昌新復秦州通川漢粟貸即為進勦河州根本
河州平時為回逆淵藪苟能克復即絶蘭州以
東各回西竄之路馬化龍必已膽懾以北路勁
兵入甯夏搗金積堡之背而扼其吭勢可待其
內潰惟陝回窮凶極惡不能使藉口為漢民所
逼必奮死衝突而南勇輕脆不如北人堅苦耐
勞宜少調南師多用土勇及土司土番教以官
軍陣法必易成功議上幕府士湘陝參半謂論
南勇觸時忌宜去先生不可曰吾非薄南勇也
湘楚各勇平洪逆捻匪功名富貴倦而思歸强
之來不譁潰即倩雇頂替游勇降衆雜湊成軍
今各營其為湘楚產者有幾回逆誠易平惟惜
二十餘年軍興流弊盡驅而歸之陝甘事定後
不無隱憂耳乃辭去然文襄才先生屬劉果敏
既而高忠壯為部下所戕果敏思先生言力延
入幕先生雅不欲以方清理長安差徭不能不

第四石

居，設里局以減徭役，提耗羨」以足軍食，徙回居以清根本，開科舉以定士心」。先生契余兩人，每馳驅歸，即招余兩人飲，上下」議論。故凡爲桑梓計者，賛多與聞。其後立節義」祠，起崇化文會，辦積義倉，設牛痘局，改新里甲」，修普濟橋，及重葺馮恭定公祠，創建少墟書院」，其事或行，或不行，或行之而阻於浮言，或始不」行，事勢所逼，卒不得不如先生言者，不備書。書」其大者四事：一、撫北山土匪。先生自甘歸，知其」地苦寒貧瘠，南勇所畏，非用土勇不可。北山土」匪者，今烏魯木齊提督董公福祥所集團衆以」禦回逆者也。回逆陷慶陽，擾延榆界，北山無兵」，民始自衛，久而乏食，遂亦劫掠。先生謂民激於」義憤，起與賊角，劫掠非得已，况不攻治城，不讎」官，與乘亂滋事者殊。而當賊匪狷獗，能自立，其」義勇可用。乃購得慶陽府民賀姓、張姓，具得團」衆情事，授之詞，使稟當道。時左文襄追捻匪而」東，劉果敏駐節三原，得稟大喜，知謀出先生，函」詢所以撫狀，立委前環縣令咸寧翁健入山受」撫。而湖南主事周瑞松與偕頗忌其功，謂團衆」不可用，有出虎進狼喻，撫不如法。得其前鋒扈」（以上第三石）璋壯士五千人，勒令歸農，董遂遠颺不可撫。其」後劉忠壯由鄜延進攻寧靈，收而用之，深得其」力。轉戰甘肅，出關，至今屹爲巨鎮。一、辦理回逆」臆議。左文襄之進兵甘肅也，駐節西安，議所向」。先生首陳十六事，略謂：回逆性貪多疑，勝則散」掠，敗即聚守，而各詭以求撫。彼既以撫愚我，我」何妨以撫制彼。大軍宜分三路，中由邠乾以出」涇原汧隴，回既受撫，有漢團牽制，必不敢動。鞏」昌新復，秦州通川漢粟貨，即爲進剿河州根本」。河州平時爲回逆淵藪，苟能克復，即絶蘭州以」東各回西竄之路。馬化龍必已膽懾，以北路勁」兵入寧夏，拊金積堡之背，而扼其吭勢，可待其」内潰。惟陝回窮凶極惡，不能使藉口爲漢民所」逼，必奮死衝突。而南勇輕脆，不如北人堅苦耐」勞，宜少調南師，多用土勇及土司、土番，教以官」軍陣法，必易成功。議上，幕府士湘、陝參半，謂論」南勇觸時忌，宜去。先生不可，曰：“吾非薄南勇也」。湘、楚各勇，平洪逆、捻匪，功名富貴，倦而思歸。强」之来，不譁潰，即倩雇頂替。游勇降衆，雜凑成軍」。今各營其爲湘、楚産者有幾？回逆誠易平，惟惜」二十餘年軍興流弊，盡驅而歸之陜甘。事定後」，不無隱憂耳。”乃辭去。然文襄才先生，屬劉果敏」。既而高忠壯爲部下所戕，果敏思先生言，力延」入幕。先生雅不欲，以方清理長安差徭，不能不」（以上第四石）借力於大府，乃勉赴。數月即歸。其後，甘隴兵事」多符先生言。先生已入南山，讀儒先身心性命」書，不復慷慨談天下事矣。一、爲咸長振荒。光緒」丁丑，晋、豫、陜大旱，無麥禾。先生方病肺，憂甚。既」偕同人聞於朝，得賜振。時宫農山太守署」西

借力於大府乃勉赴數月即歸其後甘隴兵事
多待先生言先生已入南山讀儒先身心性命
書不復慷慨談天下事矣一為咸長振荒光緒
丁丑晉豫陝大旱無麥禾先生方病肺憂甚既
偕同人聞於　朝得　賜振時官農山太守署
西安府事請咸長首邑為四方則宜敬慎將事
躬延先生主之先生創為各村保各村法以貧
民稽富民衆使無藏匿以富民核貧民户使無
冒濫不足以巨室之捐輸濟之富不苦抑勒而
貧得實惠古所謂救荒無善策者得先生法弊
悉除蓋全活數十萬人一為創立求友齋課先
生之入山也門弟子强之出請授制舉業其後
各書院延主講席先生思造士以濟時艱天下
雖大定西夷日强恃水戰踞我沿海各口必講
求陸戰以窺我內地其患已棘而陝士習帖括
病空疏無實用乃創立求友齋以經史道學政
事天文輿地掌故算法與士子相講習三原胡
觀察礪廉出千金以為貲涇陽嫠婦吳周氏以
兩千金益之彙刻有用書籍士習丕變今學使
柯遜菴擴為味經書院刊書處先生雖不及見
其端則自先生發之也生平誼篤師友張星垣
孝廉先生課師也令宜君罣吏議負債卒不得
歸先生葬之村東貸百金資其幼子歸湖南同
邑杜子賓先生蒙師也没無子先生為立嗣鄖

第五石

其夫人終身先生為邑弟子員受制舉業及治
經史法於同始蔣子瀟孝廉孝廉移講豐登書
院以先生從適孝廉以猝中風疾卒有典史單
澐者素嗛孝廉造蜚語謂死於非命院中士皇
皇不知所為先生謂院長死無子府縣官皆主
人宜視含斂待三日不至而單澐率皂役數人
突至坐講堂拘院夫鬥夫訊院長死狀諸生不
勝其忿先生直上批其頰捽以下拳而數之曰
此何地汝何人師座可容汝鞫獄耶且院長死
無言非命者汝獨言則汝自知故汝欲誣何人
而刑逼門院夫取證耶院中士聞先生言悉氣
壯譁而和之澐大懼叩頭哀乞先生曰府縣至
恕汝澐致書府縣須臾至諸生輿視斂實病無
他故事乃解其勇決赴義多類此先生講學宗
陽明良知之說而充之以學問博通經史熟習
本朝掌故期於坐言起行其學外似陳同甫
王伯厚而實以劉念臺慎獨實踐為的故不流
於空虛泛濫同時賀復齋講學三原恪守程朱
與先生聲氣相應致相得也先生刻關學編未
竟屬復齋續成之先生以乙卯舉人大挑得定
邊訓導軍興未赴其　賞戴藍翎也以鞏昌解
圍攻克熱陽城功其　奏以知縣升用也以回
逆起辦團城防績其　奏請分省補用並加同
知銜也以幕府勞勳劉果敏特保之均先生去

第六石

安府事，謂咸、長首邑，爲四方則，宜敬慎將事」，躬延先生主之。先生創爲“各村保各村法”，以貧」民稽富民粟，使無藏匿；以富民核貧民户，使無」冒濫。不足，以巨室之捐輸濟之。富不苦抑勒而」貧得實惠。古所謂“救荒無善策”者，得先生法，弊」悉除。蓋全活數十萬人。一、爲創立求友齋課。先」生之入山也，門弟子强之出，請授制舉業。其後」各書院延主講席。先生思造士以濟時艱，天下」雖大定，西夷日强，恃水戰踞我沿海各口，必講」求陸戰以窺我内地。其患已棘，而陝士習帖括」，病空疏，無實用，乃創立求友齋，以經史、道學、政」事、天文、輿地、掌故、算法與士子相講習。三原胡」觀察礪廉出千金以爲貲，涇陽嫠婦吴周氏以」兩千金益之，兼刻有用書籍，士習丕變。今學使」柯遜庵擴爲味經書院刊書處，先生雖不及見」，其端則自先生發之也。生平誼篤師友。張星垣」孝廉，先生課師也，令宜君，罣吏議負債，卒不得」歸。先生葬之村東，貸百金資其幼子歸湖南。同」邑杜子賓，先生蒙師也，没無子，先生爲立嗣，卹」（以上第五石）其夫人終身。先生爲邑弟子員，受制舉業，及治」經史，法於固始蔣子瀟孝廉，孝廉移講豐登書」院，以先生從。適孝廉以猝中風痰卒。有典史單」澐者，素嗛孝廉，造蜚語謂死於非命，院中士皇」皇不知所爲。先生謂“院長死，無子，府縣官皆主」人，宜視含斂”。待三日，不至。而單澐率皂役數人」突至，坐講堂，拘院夫、門夫，訊院長死狀。諸生不」勝其忿。先生直上批其頰，捽以下拳而數之曰」：“此何地？汝何人？師座可容汝鞫獄耶？且院長死」，無言非命者，汝獨言，則汝自知故，汝欲誣何人」而刑逼門院夫取證耶？”院中士聞先生言，悉氣」壯，譁而和之。澐大懼，叩頭哀乞。先生曰：“府縣至」，恕汝。”澐致書府縣，須臾至。諸生與視斂，實病，無」他故，事乃解。其勇决赴義，多類此。先生講學宗」陽明良知之説，而充之以學問。博通經史，熟習」本朝掌故，期於坐言起行。其學外似陳同甫」、王伯厚，而實以劉念臺慎獨實踐爲的，故不流」於空虛泛濫。同時，賀復齋講學三原，恪守程朱」，與先生聲氣相應，致相得也。先生刻《關學編》未」竟，屬復齋續成之。先生以乙卯舉人，大挑得定」邊訓導，軍興未赴；其賞戴藍翎也，以鞏昌解」圍、攻克熟陽城功；其奏以知縣升用也，以回」逆起，辦團城防績；其奏請分省補用並加同」知銜也，以幕府勞勩，劉果敏特保之：均先生去」（以上第六石）後，主者心稔先生功，借他事以酬，先生不知也」。今秋鹿中丞、柯學使，以經明行修歷主書院勤」勞特薦。先生辭講席已二年，特旨“交部議」叙”。朝命未聞，先生已疾亟，不能待矣。先生」高祖萬青，貢生，行載《省志·孝友》《義行》及《經籍志》」。祖世樸，考松齡，郡庠生。妣劉，以先生貴，贈奉」政大夫宜人。弟景倬，性友愛。

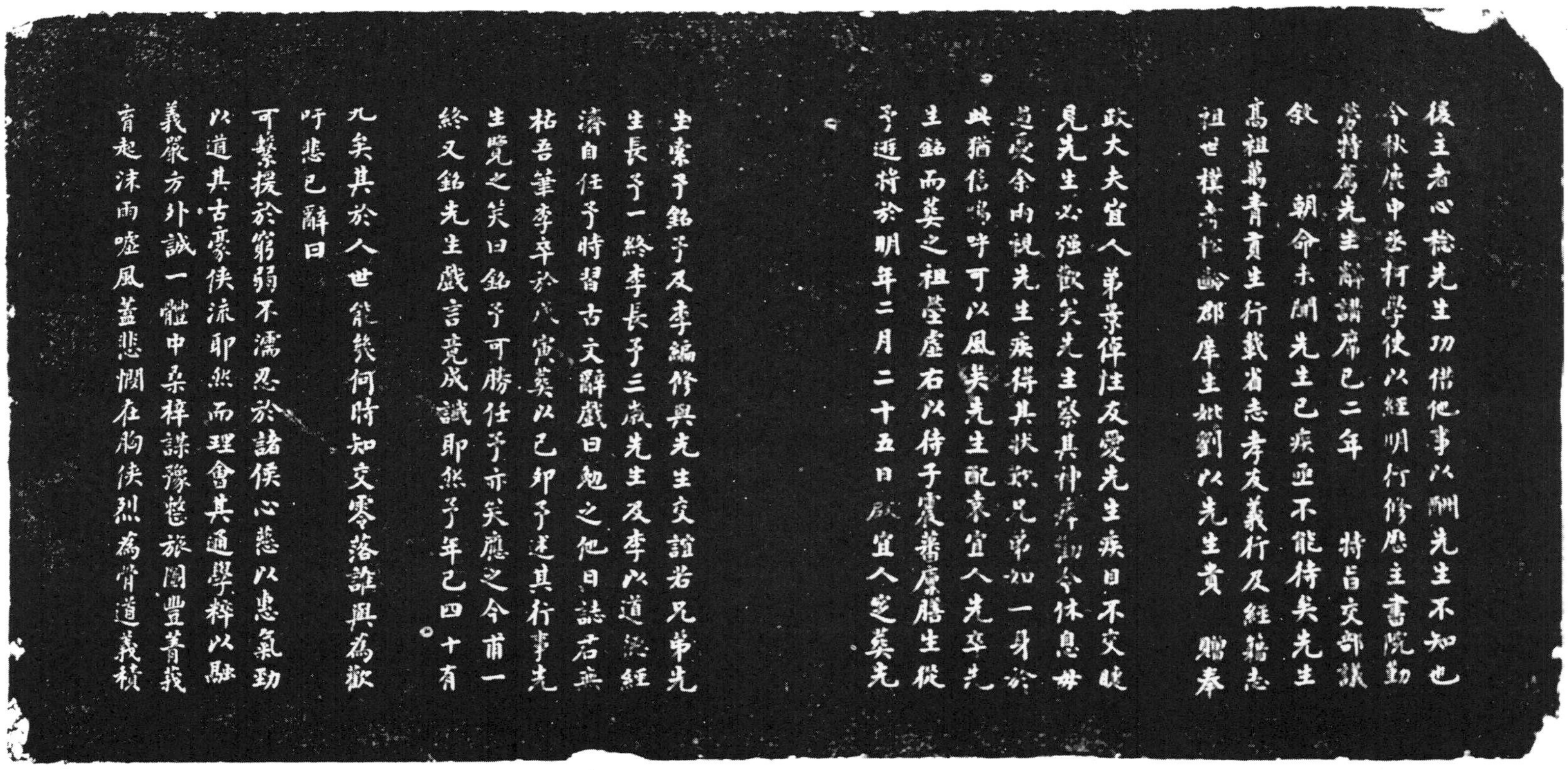
後主者心稔先生功借他事以酬先生不知也
今秋庚中丞衍學使以經明行修恩主書院勤
勞特薦先生辭講席已二年　特旨交部議
敘　朝命未聞先生已疾亟不能待矣先生
高祖萬青貢生行載省志孝友義行及經籍志
祖世樸壽松齡郡庠生妣劉以先生貴　贈奉
政大夫宜人弟景偉注友愛先生疾目不交睫
見先生必強歡笑先生察其神瘁勸令休息毋
過憂余內視先生疾得其狀歎兄弟如一身於
此猶信嗚呼可以風矣先生配袁宜人先卒先
生銘而葬之祖塋虛右以待子震藩廩膳生從
予遊將於明年二月二十五日啟宜人之葬先
生柩予銘予及李編修與先生交誼若兄弟先
生長予一終李長予三歲先生及李以道德經
濟自任予特習古文辭戲曰勉之他日誌君無
枯吾筆李卒於戊寅葬以己卯予述其行事先
生覽之笑曰銘予可勝任予亦笑應之今甫一
終又銘先生戲言竟成讖耶然予年已四十有
九矣其於人世能幾何時知交零落誰與為歡
吁悲已辭曰
可繫援於窮弱不濡忍於諸侯心懸以患氣勁
以道其古豪俠流耶然而理會其通學粹以馴
義嚴方外誠一體中桑梓謀豫甍旅圖豐菁莪
育起沫雨噓風蓋悲憫在胸俠烈為骨道義積

第七石

躬也歷講涇干味經關中多士喁喁矣此何人
哉子俊字景偉名避難以石樵自署晚築學稼
園以躬耕蒼龍右繞灃左縈魄產靈芝氣呈精
畢郢劉光蕡曰是為灃西柏先生之佳城
咸陽劉光蕡譔文
三原賀瑞麟書丹
同邑張恩榮篆蓋
頻陽楊家麟雕

第八石

先生疾，目不交睫」，見先生必强歡笑。先生察其神瘁，勸令休息，毋」過憂。余兩視先生疾，得其狀，歎兄弟如一身，於」此猶信。嗚呼！可以風矣。先生配袁宜人先卒，先」生銘而葬之祖塋，虚右以待。子震蕃，廪膳生，從」予遊，將於明年二月二十五日，啓宜人窆葬先」生，索予銘。予及李編修與先生交誼若兄弟，先」生長予一終，李長予三歲。先生及李以道德經」濟自任，予時習古文辭，戲曰："勉之，他日誌君無」枯吾筆。"李卒於戊寅，葬以己卯，予述其行事。先」生覽之，笑曰："銘予，可勝任。"予亦笑應之。今甫一」終，又銘先生，戲言竟成讖耶！然予年已四十有」九矣，其於人世能幾何時，知交零落，誰與爲歡」？吁！悲已。辭曰」：

可繫援於窮弱，不濡忍於諸侯。心慈以惠，氣勁」以道，其古豪俠流耶！然而理會其通，學粹以融」。義嚴方外，誠一體中。桑梓謀豫，整旅圖豐。菁莪」育起，沫雨嘘風。蓋悲憫在胸，俠烈爲骨，道義積」（以上第七石）躬也。歷講涇干、味經、關中，多士喁喁矣，此何人」哉！子俊字景偉，名避難，以石樵自署，晚築學稼」園以躬耕。蒼龍右繞灃左縈，魄産靈芝氣星精」。畢郢劉光蕡曰："是爲灃西柏先生之佳城」！"

咸陽劉光蕡撰文」

三原賀瑞麟書丹」

同邑張恩榮篆蓋」

頻陽楊家麟雕」（以上第八石）

按

文中所涉人物：雷正綰，字偉堂。同治元年（1862）擢陝西提督。參與鎮壓陝甘回亂。《清史稿》有傳。傅先宗，字堃庭。參與鎮壓陝甘回亂，屢立戰功，以身殉國。劉忠莊即劉松山，字壽卿。以功擢千總、守備、肅州鎮總兵。賜謚忠壯。劉果敏即劉典，字伯敬，號克庵。參與了平定太平天國、陝甘回變、阿古柏之亂等重大歷史事件。賜謚果敏。《清史稿》有傳。左文襄即左宗棠，字季高、樸存。晚清重臣。經歷平定太平天國運動、洋務運動、收復新疆等重要歷史事件。官至東閣大學士、軍機大臣。賜謚文襄。《清史稿》有傳。董福祥，字星五。周瑞松，字雲先。同治二年（1863）進士，任刑部主事，前往陝西參與鎮壓回民起義。胡礪廉，字子周。倡實學，出巨資，助柏景偉、劉光蕡創立"求友齋"，指導學生學習天文、地理、算術等經世致用之學。蔣子蘅即蔣湘南，絶意仕進，專事講學，潛心研究經學，先後主講於關中書院、同州書院。鹿中丞即鹿傳霖，字滋軒，曾任陝西巡撫。馬化龍，又名朝清。回族。宮爾鐸，字農山，號退園，又號師吕。同治年間由軍功保薦陝西知府，後歷知西安、延安、同州府事。

827.1892　監修一步崖碑記

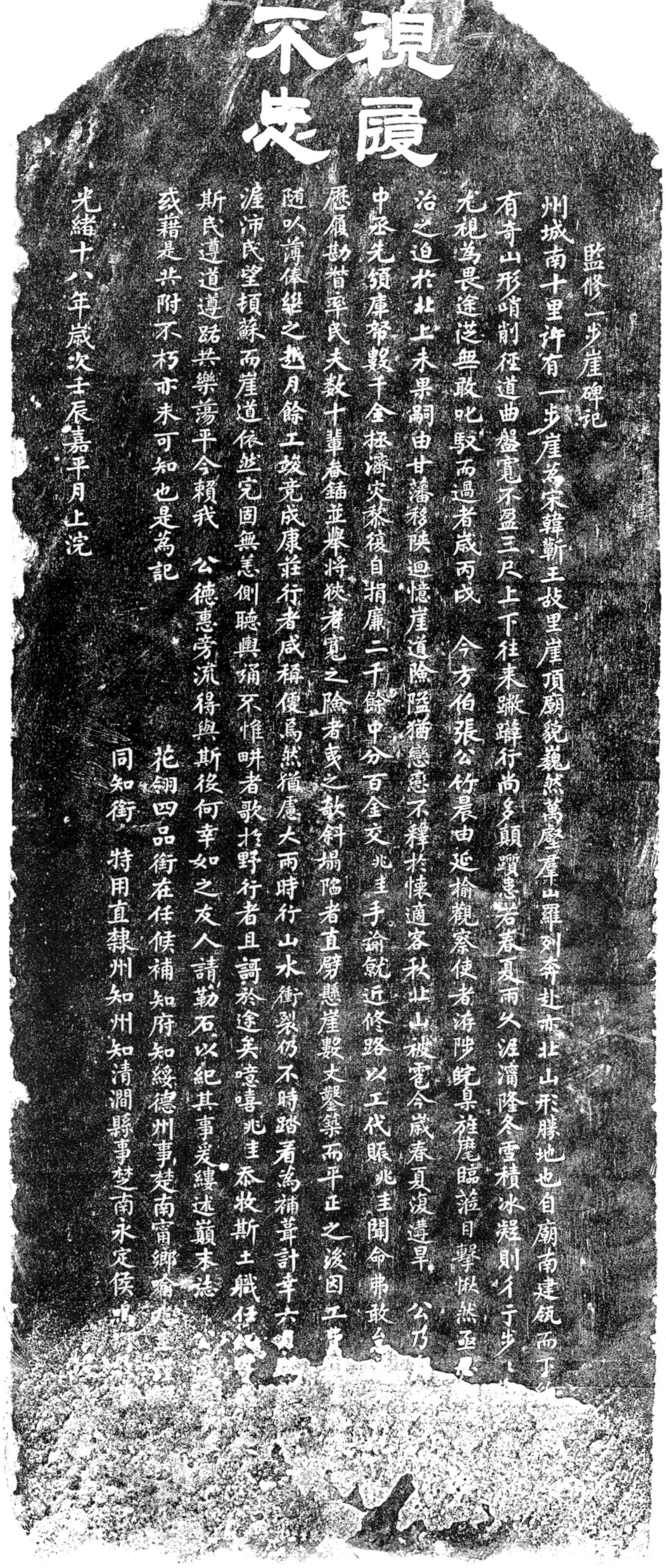

説明

清光緒十八年（1892）十二月刻。碑砂石質。平首方座。通高157厘米，寬62厘米。額文2行，滿行2字，隸書“視履｣不忘｣”。正文楷書13行，滿行47字。喻兆圭撰文，鳴可書丹。碑底部剥蝕。現存綏德縣名州鎮七里鋪村一步崖蘄王廟。《榆林碑石》著録。

釋文

監修一步崖碑記｣

州城南十里許有一步崖，爲宋韓蘄王故里，崖頂廟貌巍然，萬壑群山羅列奔赴，亦北山形勝地也。自廟南建瓴而下，□□｣有奇，山形峭削，徑道曲盤，寬不盈三尺，上下往来，蹩躠行，尚多顛躓患。若春夏雨久泥濘，隆冬雪積冰凝，則彳亍，步步□□｣，尤視爲畏途，從無敢叱馭而過者。歲丙戌，今方伯張公竹晨，由延榆觀察使者洊陟皖臬，旌麾臨莅，目擊愀然，亟思□□｣治之。迫於北上未果，嗣由甘藩移陝迴，憶崖道險隘，猶戀戀不釋於懷。適客秋北山被雹，今歲春夏復遘旱，公乃□□□｣中丞先頒庫帑數千金拯濟災黎，復自捐廉二千餘，中分百金交兆圭，手諭就近修路，以工代賑。兆圭聞命，弗敢怠□□□｣歷履勘督，率民夫数十輩畚鍤並舉，將狹者寬之，險者夷之，欹斜塌陷者直劈懸崖數丈鑿築而平正之。後因工費□□□｣，随以薄俸繼之。越月餘，工竣，竟成康莊，行者咸稱便焉。然猶慮大雨時行，山水衝裂，仍不時踏看，爲補葺計。幸六月□□□｣渥沛，民望頓蘇，而崖道依然完固無恙。側聽輿誦，不惟畊者歌於野，行者且歌於途矣。噫嘻！兆圭忝牧斯土，職任□□□□｣斯民，遵道遵路，共樂蕩平，今賴我公德惠旁流，得與斯役，何幸如之。友人請勒石以紀其事，爰縷述巔末，誌公□□｣。或藉是共附不朽，亦未可知也。是爲記。

花翎四品銜在任候補知府知綏德州事楚南寧鄉喻兆圭謹撰｣

同知銜特用直隸州知州知清澗縣事楚南永定侯鳴可□□｣

光緒十八年歲次壬辰嘉平月上浣｣

按

監修者張竹晨即張岳年，浙江人。撰者喻兆圭，字竹泉，湖南人。

828.1893　司鐸吕公墓

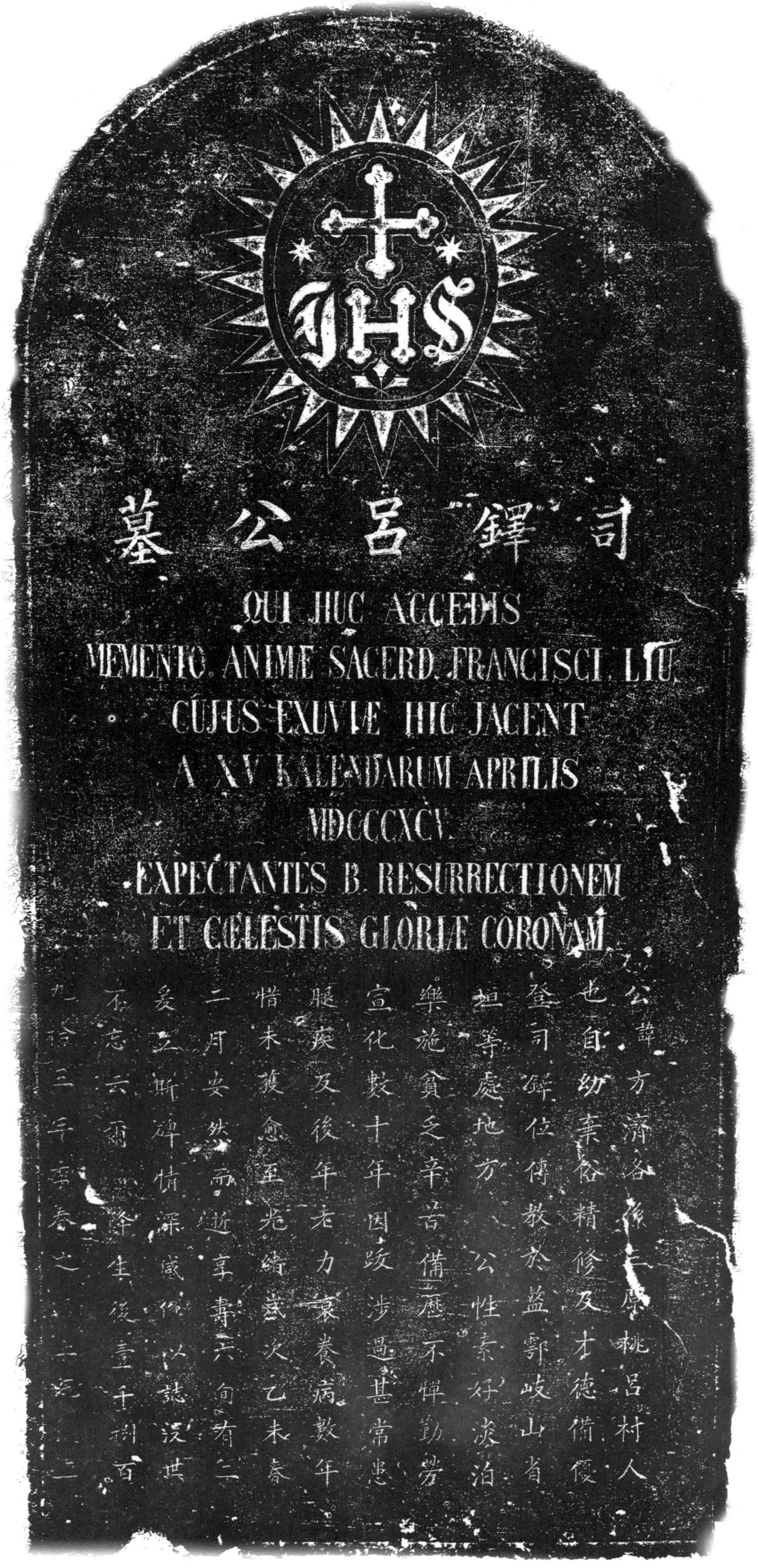

IHS
司鐸吕公墓
QUI HUC ACCEDIS
MEMENTO ANIMÆ SACERD. FRANCISCI LIU
CUJUS EXUVIÆ HIC JACENT
A XV KALENDARUM APRILIS
MDCCCXCV.
EXPECTANTES B. RESURRECTIONEM
ET CŒLESTIS GLORIÆ CORONAM
公諱方濟各係三原桃吕村人
也自幼棄俗精修及才德備優
登司鐸位傳教於盩鄠岐山省
垣等處地方公性素好淡泊
樂施貧乏辛苦備歷不憚勤勞
宣化數十年因跋涉過甚常患
腿疾及後年老力衰養病數年
惜未獲愈至光緒歲次乙未春
二月安然而逝享壽六旬有二
爰立斯碑情深感佩以誌沒世
不忘云爾降生後壹千捌百
九拾三年季春之二既二

說 明

清光緒十九年（1893）三月刻。碑圓首。通高125厘米，寬69厘米。碑額上方飾以太陽，内爲天主聖號，下爲漢字楷書“司鐸呂公墓”。碑身上方爲七行横書拉丁文，下方爲竪書之正文，楷書12行，滿行12字。現存西安市高陵區通遠坊。

釋 文

公諱方濟各，係三原桃呂村人」也。自幼棄俗精修。及才德備優」，登司鐸位，傳教於盩、鄠、岐山、省」垣等處地方。公性素好淡泊」，樂施貧乏，辛苦備歷，不憚勤勞」。宣化數十年，因跋涉過甚，常患」腿疾。及後年老力衰，養病數年」，惜未獲愈。至光緒歲次乙未春」二月，安然而逝，享壽六旬有二」，爰立斯碑，情深感□，以誌没世」不忘云爾。

降生後壹千捌百」九拾三年季春之上浣立」

829.1893　通三氏刊石

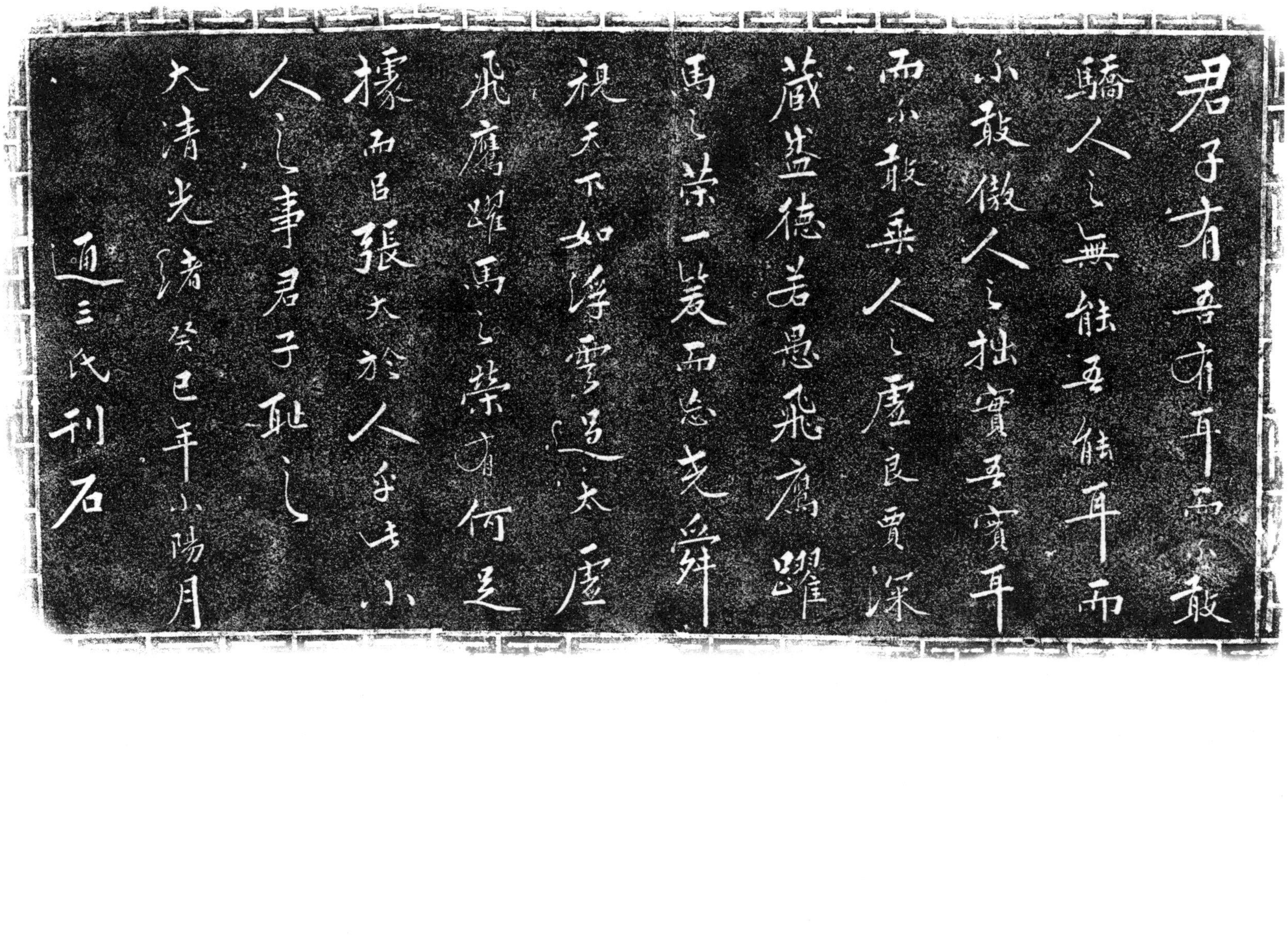

説 明

清光緒十九年（1893）十月刻。碑長方形。長67厘米，寬35厘米。正文行書12行，行字不等。現存西安市鄠邑區甘亭鎮摇西村。《户縣碑刻》著録。

釋 文

君子有吾有耳，而不敢」驕人之無；能吾能耳，而」不敢傲人之拙；實吾實耳」，而不敢乘人之虛。良賈深」藏，盛德若愚。飛鷹躍」馬之榮，一笑而忘尧舜」，視天下如浮雲過太虛」。飛鷹躍馬之榮，有何足」據而以張大於人乎？此小」人之事，君子耻之」。

大清光緒癸巳年小陽月」

通三氏刻石」

830.1893　五門堰定章告示碑

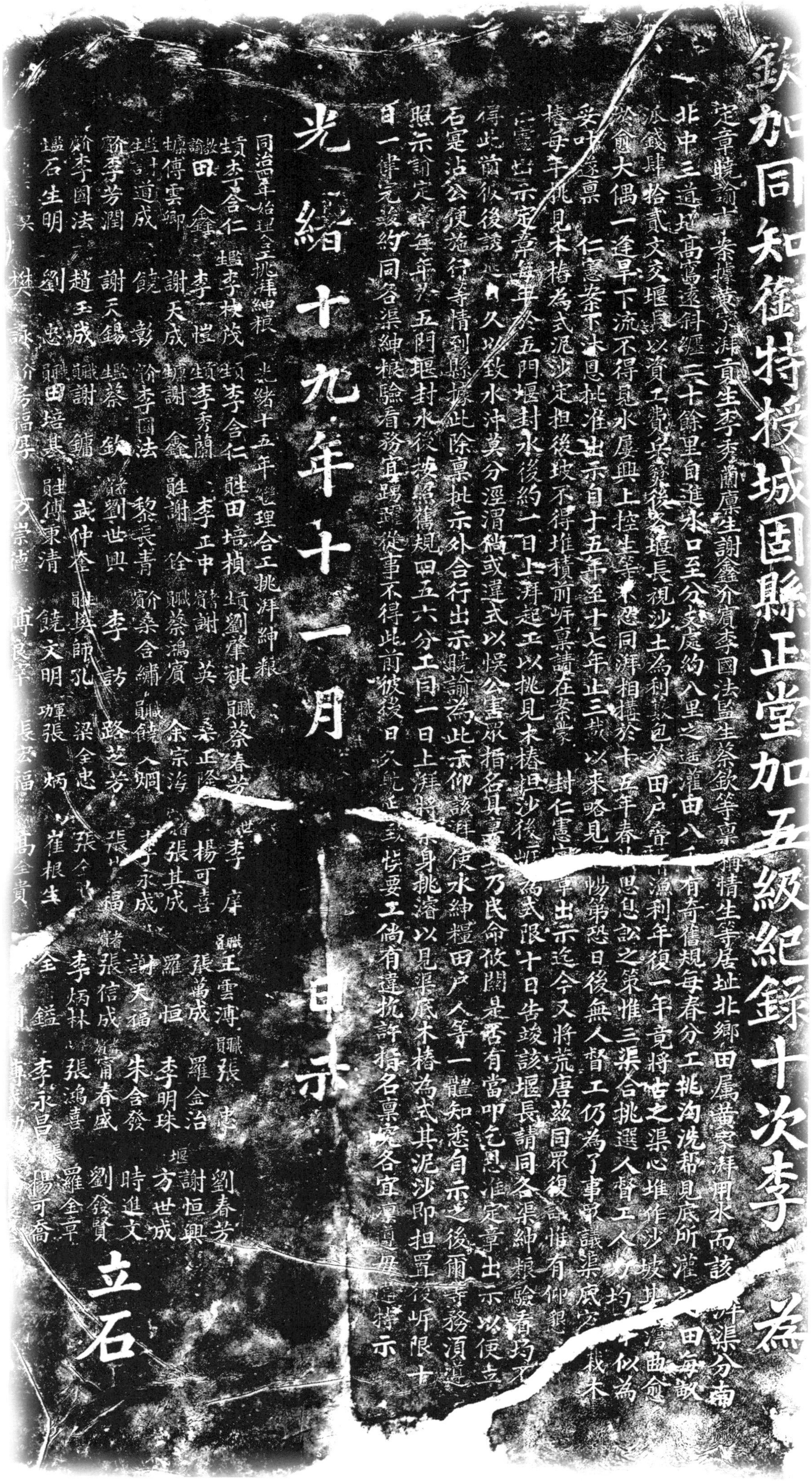
欽加同知銜特授城固縣正堂加五級紀錄十次李　為
光緒十九年十一月　日示
立石

説明

清光緒十九年（1893）十一月刻。碑高130厘米，寬70厘米。正文楷書22行，滿行51字。現存城固縣五門堰文物保管所。《漢中碑石》著録。

釋文

欽加同知銜特授城固縣正堂加五級紀録十次李，爲」定章曉諭事，案據黄家湃貢生李秀蘭、廪生謝鑫、介賓李國法、監生蔡欽等稟稱：情生等居址北鄉田屬黄家湃用水，而該湃渠分南」、北、中三道，地高窵遠，斜纏二十餘里，自進水口至分支處約八里之遥，灌田八千有奇。舊規每春分工挑淘，洗幫見底，所灌之田，每畝」派錢肆拾貳文，交堰長以資工費。兵燹後，各堰長視沙土爲利藪，包於田户，叠層漁利，年復一年，竟將古之渠心，堆作沙坡，其灣曲愈」淤愈大，偶一逢旱，下流不得見水，屢興上控。生等不忍同湃相搆，於十五年春，共思息訟之策，惟三渠合挑，選人督工，人力均等，似爲」妥叶。遂稟仁憲案下，沐恩批准出示。自十五年至十七年止，三載以来，略見通暢。第恐日後無人督工，仍爲了事，衆議渠底密栽木」樁，每年挑見木樁爲式，泥沙定担，後坡不得堆積前岸。稟請在案，蒙封仁憲定章出示。迄今又將荒唐。玆同衆復議，惟有仰懇」仁憲出示定章，每年於五門堰封水後約一日，上湃起工，以挑見木樁，担沙後岸爲式，限十日告竣，該堰長請同各渠紳粮驗看，均不」得此前彼後，誘延日久，以致水冲，莫分涇渭。倘或違式，以誤公害衆，指名具稟。此乃民命攸關，是否有當，叩乞恩准，定章出示，以便立」石，寔沾公便施行等情到縣。據此，除稟批示外，合行出示曉諭爲此示。仰該湃使水紳糧田户人等，一體知悉。自示之後，爾等務須遵」照示諭定章，每年於五門堰封水後，按照舊規，四五六分工，同一日上湃，將渠身挑濬，以見渠底木樁爲式，其泥沙即担置後岸，限十」日一律完竣，約同各渠紳粮驗看，務宜踴躍從事，不得此前彼後，日久耽延，致誤要工。倘有違抗，許指名稟究。各宜凛遵毋違，特示」。

光緒十九年十一月日示」

同治四年始理合工挑湃紳粮：貢生李含仁，教諭田鑫，廪生傅雲卿，監生謝道成，介賓李芳潤，介賓李國法，監生石生明、龔莫，監生李枝茂、李愷、謝天成、鐃彰、謝天錫、趙玉成、劉忠、樊詠

光緒十五年繼理合工挑湃紳粮：貢生李含仁，貢生李秀蘭，廪生謝鑫，介賓李國法，監生蔡欽，職員謝鏞，職員田培基，介賓房福厚，生員田培楨、李正中，生員謝銓、黎長青，耆賓劉世興、武仲奎，生員傅秉清、方崇德，貢生劉肇祺，耆賓謝英，職員蔡鴻賓，介賓桑含繡、李訪，生員樊師孔、鐃文明、傅良宰，職員蔡春芳、桑正隆、余宗海，職員饒文炯、路芝芳、梁全忠，軍功張炳、張宏福，世□李庠、楊可喜，耆賓張其成、李永成、張□福、張全□、崔根生、高全貴，職員王雲溥、張萬成、羅恒、謝天福，耆賓張信成、李炳林、全鎰、□剛，職員張忠、羅金治、李明珠、朱含發，耆賓甯春盛、張鴻喜、李永昌、傅成勳，堰長劉春芳、謝恒興、方世成、時進文、劉發賢、羅金章、楊可喬、□長忠」立石」

按

“欽加同知銜特授城固縣正堂加五級紀録十次李”指李均珩，廣東龍門人，光緒十四年（1889）爲城固縣知縣。

831.1895　唐鴻序墓誌

皇清誥封
通奉大夫
欽加四
品銜賞
戴花翎分
部行走郎
中鄰江唐
公墓誌銘

第一石

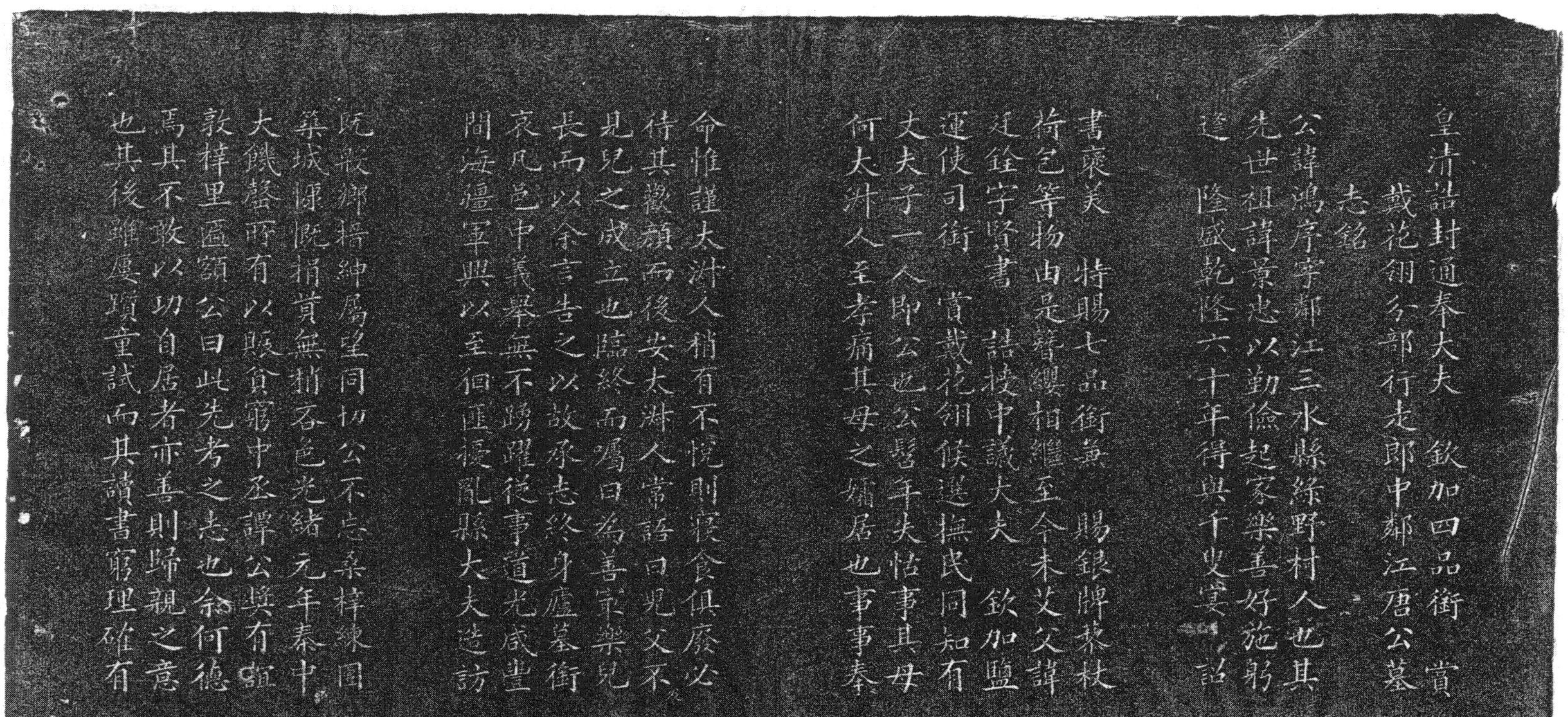
皇清誥封通奉大夫　欽加四品銜　賞
戴花翎分部行走郎中鄰江唐公墓
志銘
公諱鴻序字鄰江三水縣綠野村人也其
先世祖諱景忠以勤儉起家樂善好施躬
逢　隆盛乾隆六十年得與千叟宴　誥
書褒美　特賜七品銜兼　賜銀牌恭杖
荷包等物由是簪纓相繼至今未艾父諱
廷銓字賢書　誥授中議大夫　欽加鹽
運使司銜　賞戴花翎候選撫民同知有
丈夫子一人即公也公髫年失怙事其母
何太淑人至孝痛其母之孀居也事事奉
命惟謹太淑人稍有不悅則寢食俱廢必
待其歡顏而後安太淑人常語曰兒父不
見兒之成立也臨終而囑曰爲善家樂兒
長而以余言告之以故承志終身廬墓銜
哀凡邑中義舉無不踴躍從事道光咸豐
間海疆軍興以至徊匪擾亂縣大夫造訪
既殷鄉搢紳屬望同切公不忘桑梓練團
築城輸餉捐貲無措吝色光緒元年春中
大饑罄所有以賑貧窮中丞譚公獎有誼
敦梓里匾額公曰此先考之志也余何德
焉其不敢以功自居者亦善則歸親之意
也其後雖屢蹶童試而其讀書窮理確有

第二石

説 明

清光緒二十一年（1895）四月二十日刻。誌共4石。均長方形。均長65厘米、寬33厘米。第一石爲蓋文8行，滿行4字，篆書“皇清誥封」通奉大夫」欽加四」品銜賞」戴花翎分」部行走郎」中鄰江唐」君墓誌銘」”。誌文楷書54行，滿行16字。趙承翰撰文，蕭之葆書丹，張殿華篆蓋。現存旬邑縣唐家民俗博物館。《咸陽碑刻》著録。

釋 文

皇清誥封通奉大夫欽加四品銜賞」戴花翎分部行走郎中鄰江唐公墓」志銘」

公諱鴻序，字鄰江，三水縣緑野村人也。其」先世祖諱景忠，以勤儉起家，樂善好施，躬」逢隆盛，乾隆六十年得與千叟宴，詔」書褒美，特賜七品銜，兼賜銀牌、藜杖」、荷包等物，由是簪纓相繼，至今未艾。父諱」廷銓，字賢書，誥授中議大夫，欽加鹽」運使司銜，賞戴花翎，候選撫民同知。有」丈夫子一人，即公也。公髫年失怙，事其母」何太淑人至孝。痛其母之孀居也，事事奉」命惟謹。太淑人稍有不悦，則寢食俱廢，必」待其歡顔而後安。太淑人常語曰：“兒父不」見兒之成立也，臨終而囑曰：‘爲善最樂’。兒」長，而以余言告之。”以故承志終身，廬墓銜」哀。凡邑中義舉，無不踴躍從事。道光、咸豐」間，海疆軍興，以至回匪擾亂。縣大夫造訪」既殷，鄉搢紳屬望同切。公不忘桑梓，練團」築城，慷慨捐貲，無稍吝色。光緒元年，秦中」大饑，罄所有以賑貧窮，中丞譚公奬有“誼」敦梓里”匾額。公曰：“此先考之志也，余何德」焉。”其不敢以功自居者，亦善則歸親之意」也。其後雖屢躓童試，而其讀書窮理，確有」（以上第二石）見道，非尋常輩之所能及也。於敗簏中出」《建文年譜》一書，不忍聽其湮没，梓諸木以」公於世。其有關於名教綱常之大已如此」。他若設義塾，散藥書，凡孤寡無依、喪葬無」資者，無不極力賙恤，俾遂其志。晚年尤深」博雅，花鳥琴書而外，

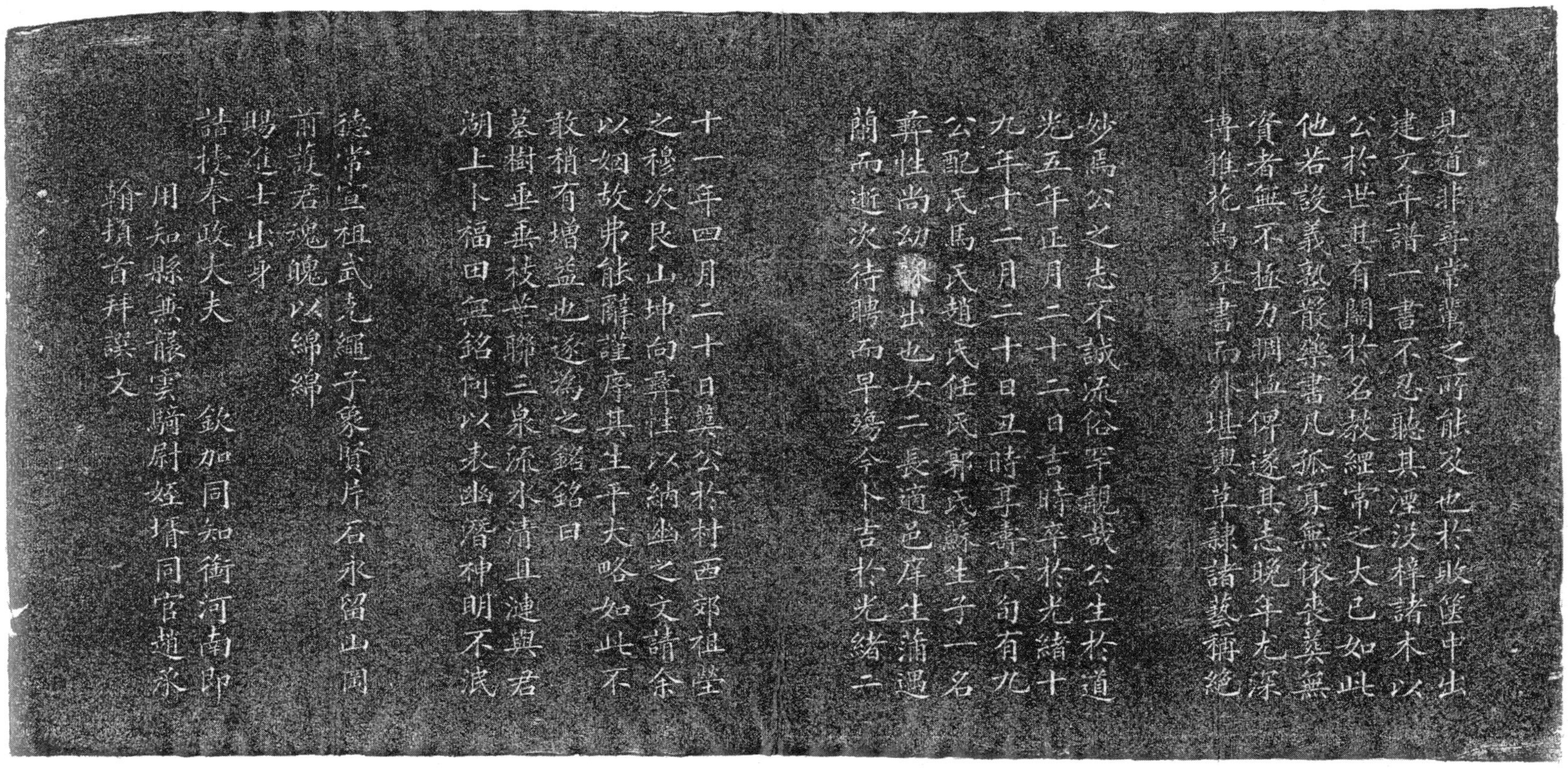
見道非尋常輩之所能及也於敗簏中出
建文年譜一書不忍聽其湮沒梓諸木以
公於世其有關於名教綱常之大已如此
他若談義塾散藥書凡孤寡無依喪葬無
資者無不極力調協俾遂其志晚年尤深
博雅花鳥琴書而外堪輿草隸諸藝稱絶
妙焉公之志不誠流俗罕覯哉公生於道
光五年正月二十二日吉時卒於光緒十
九年十二月二十日丑時享壽六旬有九
公配氏馬氏趙氏任氏郭氏繼生子一名
彝性尚幼繼出也女二長適邑庠生蒲遇
蘭而逝次待聘而早殤今卜吉於光緒二
十一年四月二十日奠公於村西郊祖塋
之穆次艮山坤向彝性以納幽之文請余
以姻故弗能辭謹序其生平大略如此不
敢稍有增益也遂為之銘銘曰
墓樹垂垂枝葉聯三泉流水清且漣與君
湖上卜福田無銘何以表幽潛神明不泯
德常宣祖武克繩子象賢片石永留山岡
前護君魂魄以綿綿
賜進士出身
誥授奉政大夫　欽加同知銜河南即
用知縣兼襲雲騎尉姪壻同官趙承
翰頓首拜譔文

第三石

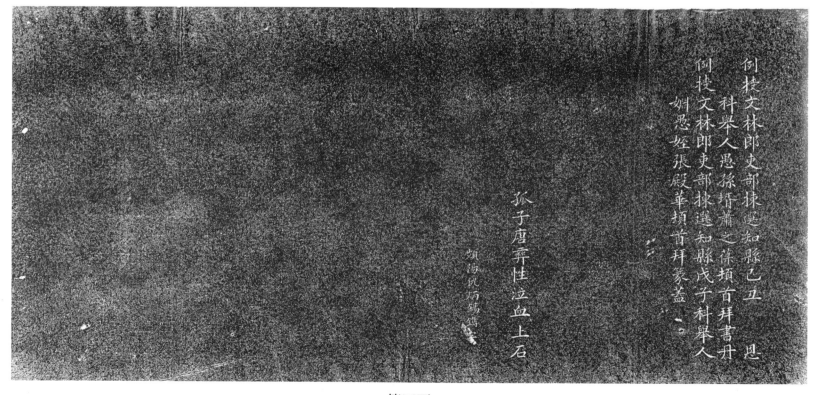
例授文林郎吏部揀選知縣己丑恩
科舉人愚孫壻蕭之蓀頓首拜書丹
例授文林郎吏部揀選知縣戊子科舉人
姻愚姪張殿華頓首拜篆蓋
孫子唐彝性泣血上石
頻陽侃炳錫鐫

第四石

堪輿、草隸諸藝，稱絶」妙焉。公之志不誠流俗罕覯哉。公生於道」光五年正月二十二日吉時，卒於光緒十」九年十二月二十日丑時，享壽六旬有九」。公配氏馬、氏趙、氏任、氏郭、氏蘇。生子一，名」彝性，尚幼，蘇出也。女二，長適邑庠生蒲遇」蘭而逝，次待聘而早殤。今卜吉於光緒二」十一年四月二十日，葬公於村西郊祖塋」之穆次，艮山坤向。彝性以納幽之文請余」，以姻故弗能辭，謹序其生平大略如此，不」敢稍有增益也。遂爲之銘。銘曰」：

墓樹垂垂枝葉聯，三泉流水清且漣。與君」湖上卜福田，無銘何以表幽潛。神明不泯」德常宣，祖武克繩子象賢。片石永留山岡」前，護君魂魄以綿綿」。

賜進士出身」誥授奉政大夫欽加同知銜河南即」用知縣兼襲雲騎尉姪婿同官趙承」翰頓首拜撰文」（以上第三石）

例授文林郎吏部揀選知縣已丑恩」科舉人愚孫壻蕭之葆頓首拜書丹」

例授文林郎吏部揀選知縣戊子科舉人」姻愚姪張殿華頓首拜篆蓋」

孤子唐彝性泣血上石」

頻陽仇炳錫鎸字」（以上第四石）

按

誌文中“中丞譚公”指譚鍾麟，初名譚二監，字雲覲，號文卿，湖南茶陵人。咸豐元年（1851）進士。同治十年（1871）授陝西布政使，光緒元年（1875）爲陝西巡撫。

832.1895　徐琢之繼配莊氏合葬墓誌

皇清敕授承德
郎晉封中憲
大夫候選布政
使司理問徐公
琢之繼配莊太
恭人合葬墓誌
銘

皇清敕授承德郎　晉封中憲大夫候選布政使司理問徐公琢之
繼配莊太恭人合葬墓誌銘
賜進士出身　誥授奉政大夫同知銜升用直隸州知州四川嘉定府
揵為縣知縣前翰林院庶吉士姻愚姪長安楊鼎昌頓首拜譔
誥授朝議大夫陝西漢中府佛坪廳同知姻侍生金壇王公亮頓首拜書
誥授奉政大夫花翎同知銜直隸州用分省補用知縣旌德譚麐謹篆蓋
太恭人莊氏江蘇武進人太學生端平公女布政使司理問徐公琢之繼
室也禮義名門端莊令則問馨於蕙儀馥於蘭秉型女宗芣苢之詩幼習
言告師氏葛覃之義夙嫺及笄于歸琴瑟在御閨闈以睦戚黨以諧事其
舅姑甘之以菽粟承其祭祀湘之以蘋蘩於時冢嗣永清蚤嬰痼疾太
恭人窮百草之性求三世之醫勤劬弗辭寒暑無間　中憲公曠懷莊惠
餘事岐黃歉歲施糜或竭貲以振貸塞門請藥輙罄術以調劑榮問之彰
聿資內助迨乎玉樓既召瑤瑟孤彈操畚以勤持門以健子有諭蒙之質
琢玉為章女有道韞之才弄珠於掌宜乎貽謀翼燕堂構承先快壻乘龍
門楣生色矣若乃敬姜力績鄭母贍姻韋氏傳經設紗帷而辨難安公表
德鐫石墨以飛華遺行所昭侈言曷貴初封安人以仲子永齡官晉恭人
既曰夫榮又云子貴不其懿歟夫慈蘐映景則風雨彫其英貞木敷陰則
雪霜霣其擇金膏云遠玉液無徵以光緒十八年閏六月初三日遘疾卒
距其生道光三年二月二十四日春秋七秩子永清候選檢元配程太
恭人出孫禮孫友　恭人出早殤永齡候選同知女二長適長安高樟甡
次適丹徒俞恆齡皆楊太恭人出孫毓麟孫女二永清將以光緒二十又
一年八月十二日葬於新開門先兆祔　中憲公墓狀其懿行俾銘厥幽
於虖棺椁雙魂樹黃絹之碑表山河萬禩式青松之墓門及茲無述奚以
昭來許銘曰
蘭陵山水靈秀所鍾誕育英淑女師是宗接尉承華作配君子郝鍾儷儀
仉湛齊軌相夫純孝訓子義方柔嘉維則婉嫕含章守果衣蘆古今同慨
異腹曰賢母氏勞瘁封之石窌號以宣文魚軒翟茀煇煌里閭曜靈不迴
神明離絕比婺韜華方娥斂魄合葬非古姬旦由之闌美泉壤於昭來茲

説 明

清光緒二十一年（1895）八月十二日刻。誌、蓋均爲正方形。邊長均65厘米。蓋文7行，滿行6字，篆書“皇清敕授承德」郎晋封中憲」大夫候選布政」使司理問徐公」琢之繼配莊」太」恭人合葬墓志」銘」”。誌文楷書28行，滿行28字。楊鼎昌撰文，王公亮書丹，譚廖篆蓋。出土具體時、地不詳。現存西安博物院。

釋 文

皇清敕授承德郎晋封中憲大夫候選布政使司理問徐公琢之」繼配莊太恭人合葬墓誌銘」

賜進士出身誥授奉政大夫同知銜升用直隸州知州四川嘉定府」犍爲縣知縣前翰林院庶吉士姻愚姪長安楊鼎昌頓首拜撰」

誥授朝議大夫陝西漢中府佛坪廳同知姻侍生金壇王公亮頓首拜書」

誥授奉政大夫花翎同知銜直隸州用分省補用知縣旌德譚廖謹篆蓋」

太恭人莊氏，江蘇武進人，太學生端平公女，布政使司理問徐公琢之繼」室也。禮義名門，端莊令則，問馨於蕙，儀馥於蘭。秉型女宗，《芣苢》之詩幼習」；言告師氏，《葛覃》之義夙嫻。及笄于歸，琴瑟在御，閨闈以睦，戚黨以諧。事其」舅姑，甘之以棗栗；承其祭祀，湘之以蘋蘩。於時冢嗣永清蚤嬰痼疾，太」恭人窮百草之性，求三世之醫，勤劬弗辭，寒暑無間。中憲公曠懷莊惠」，餘事岐黄。歉歲施糜，或竭貲以振貸；塞門請藥，輒罄術以調劑。榮問之彰」，聿資内助，迄乎玉樓既召，瑶瑟孤彈，操畚以勤，持門以健。子有諭蒙之質」，琢玉爲章；女有道韞之才，弄珠於掌。宜乎貽謀翼燕，堂構承先，快婿乘龍」，門楣生色矣。若乃敬姜力績，鄭母瞻姻。韋氏傳經，設紗帷而辨難；安公表」德，鐫石墨以飛華。遺行所昭，侈言曷貴。初封安人，以仲子永齡官晋恭人」。既曰夫榮，又云子貴，不其懿歟！夫慈蘐映景，則風雨彫其英；貞木敷陰，則」雪霜賈其薙。金膏云遠，玉液無徵。以光緒十八年閏六月初三日遘疾卒」，距其生道光三年二月二十四日，春秋七秩。子永清，候選巡檢，元配程太」恭人出。孫禮、孫友，恭人出，早殤。永齡，候選同知。女二：長適長安高樟牲」、次適丹徒俞恒齡，皆楊太恭人出。孫毓麟，孫女二。永清將以光緒二十又」一年八月十二日葬於新開門先兆，祔中憲公墓。狀其懿行，俾銘厥幽」。於虖！棺椁雙魂，樹黄絹之碑表；山河萬祼，式青松之墓門。及兹無述，奚以」昭來許。銘曰」：

蘭陵山水，靈秀所鍾。誕育英淑，女師是宗。接跗承華，作配君子。郝鍾儷儀」，仉湛齊軌。相夫純孝，訓子義方。柔嘉維則，婉嫕含章。守果衣蘆，古今同慨」。異腹曰賢，母氏勞瘁。封之石窌，號以宣文。魚軒翟茀，輝煌里闉。曜靈不迴」，神明離絶。比婺韜華，方娥斂魄。合葬非古，姬旦由之。闡美泉壤，於昭來兹」。

833.1897　南鄭縣八角山教案碑

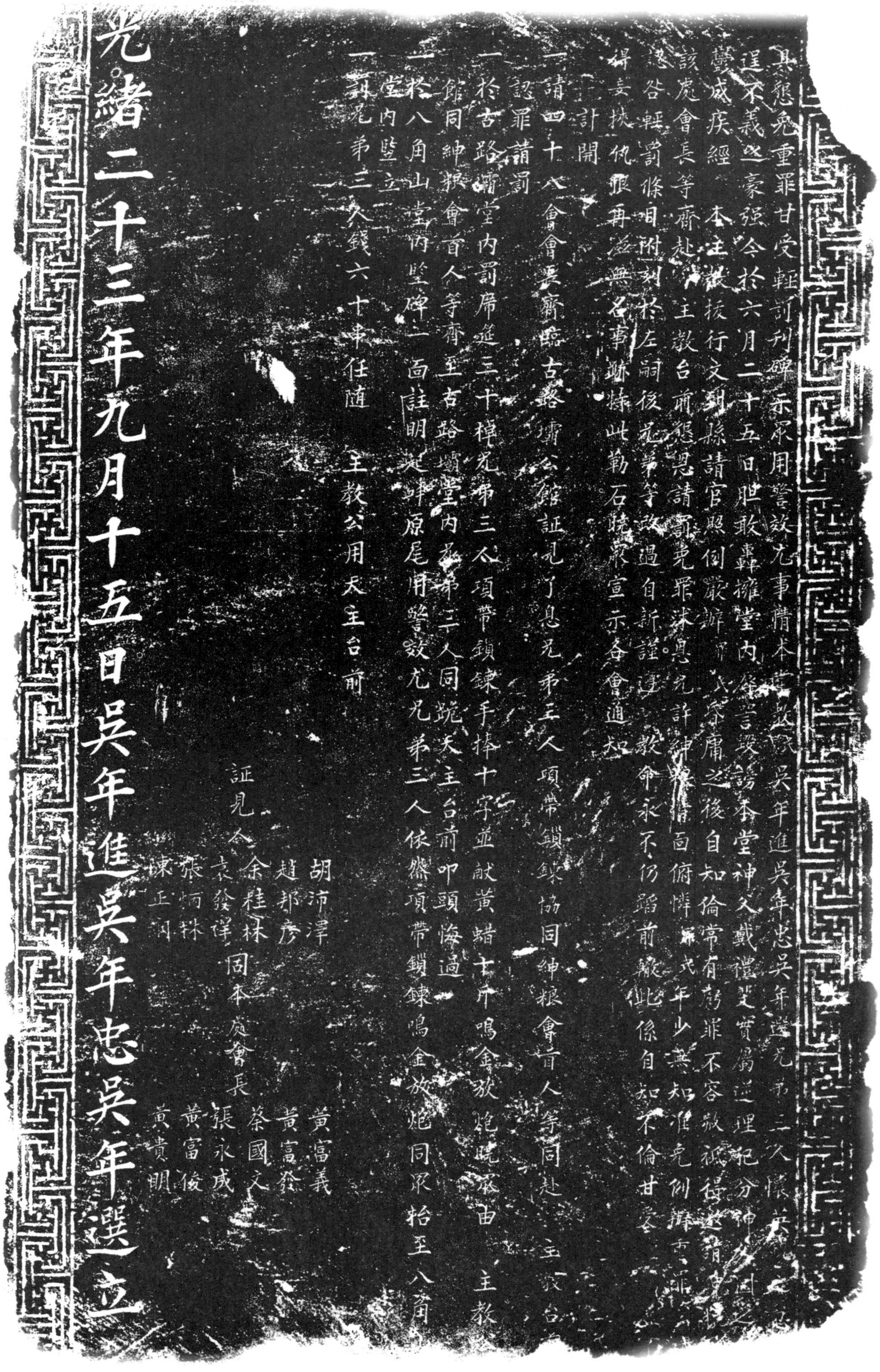

説 明

清光緒二十三年（1897）九月刻。碑高105厘米，寬67厘米。正文楷書20行，滿行42字。左右兩側飾幾何圖案。現存南鄭縣聖水寺文物保護管理所。《漢中碑石》著録。

釋 文

具“懇免重罪，甘受輕罰，刊碑示衆，用警效尤”事：情本堂教民吴年進、吴年忠、吴年選兄弟三人，懷英鋭之忿□」，逞不義之豪强，今於六月二十五日，胆敢轟擁堂内，辱詈毁謗本堂神父戴禮斐，實屬逆理犯分，神父因之□」鬱成疾，經本主教拔行文到縣，請官照例嚴辦。罪民昏庸之後，自知倫常有虧，罪不容赦，祇得邀請紳粮及」該處會長等，齊赴主教台前，懇恩請罰免罪。沐恩允許紳粮情面，俯憐罪民年少無知，准免例辦重罪，公議」認咎輕罰，條目附刻於左。嗣後兄弟等改過自新，謹遵教命，永不仍蹈前轍。此係自知不倫，甘受輕罰，並不」得妄挾仇恨，再滋無名事迹，特此勒石曉衆，宣示各會通知」。

計開」：

一、請四十八會會長，齊臨古路壩公館，証見了息。兄弟三人項帶鎖鏈，協同紳粮會首人等，同赴主教台前」，認罪請罰」。

一、於古路壩堂内罰席筵三十棹，兄弟三人項帶鎖鏈，手捧十字，並献黄蜡十斤，鳴金放炮曉衆，由主教公」館同紳粮會首人等，齊至古路壩堂内，兄弟三人同跪天主台前，叩頭悔過」。

一、於八角山堂内竪碑一面，注明起衅原尾，用警效尤。兄弟三人依然項帶鎖鏈，鳴金放炮，同衆抬至八角山」堂内竪立」。

一、罰兄弟三人錢六十串，任随主教公用天主台前」。

證見人：胡沛澤、趙邦彦、余桂林、袁發祥、張炳林、鄉約陳正綱，同本處會長：黄富義、黄富發、蔡國文、張永成、黄富俊、黄貴明」。

光緒二十三年九月十五日

吴年進、吴年忠、吴年選立」

按

此碑所叙係清末陝南三大教案之一，是研究清末天主教在中國的重要資料。文中“主教拔”即意大利籍傳教士拔士林，時任城固縣古路壩總教堂之主教，轄當時陝西漢中府屬十二縣之天主教堂。

834.1900　陳兆鳳墓誌

第一石

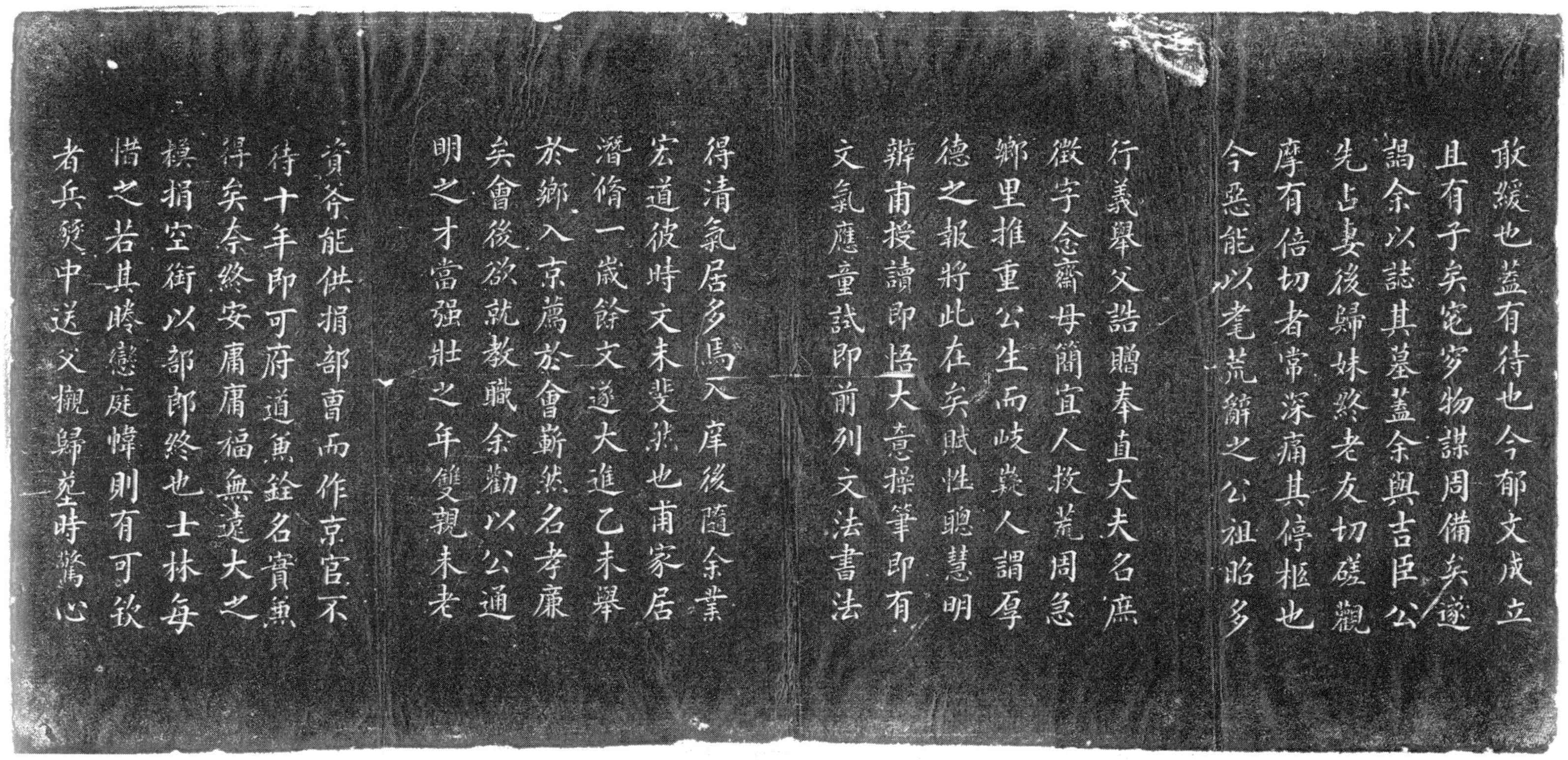

第二石

説明

清光緒二十六年（1900）刻。誌、蓋一體，共4石。均長方形。均長64厘米、寬32厘米。蓋文8行，滿行4字，篆書“皇清誥授」奉直大夫」户部郎中」賞戴藍翎」乙卯科舉」人前銓訓」導吉臣陳」公墓誌銘」”。誌文楷書77行，滿行12字。張文遇撰文，張懿書丹，張霖潤篆蓋。現存富平縣美原鎮陳氏後人家中。《富平碑刻》著録。

釋文

皇清誥授奉直大夫户部郎中」賞戴藍翎乙未科舉人前銓訓」導吉臣陳公墓誌銘」[1]

光緒乙酉秋，部郎吉臣陳公卒」於寓第。越十五年冬，令嗣郁文」始謀歸葬於頻陽祖塋之次，非」（以上第一石）敢緩也，蓋有待也。今郁文成立」，且有子矣，窀穸物謀周備矣，遂」謁余以誌其墓。蓋余與吉臣公」先占妻，後歸妹，終老友，切磋觀」摩有倍切者。常深痛其停柩也」，今惡能以耄荒辭之。公祖昭，多」行義舉。父誥贈奉直大夫，名庶」徵，字念齋。母簡宜人，救荒周急」，鄉里推重。公生而岐嶷，人謂厚」德之報將此在矣。賦性聰慧明」辨，甫授讀即悟大意，操筆即有」文氣。應童試，即前列文法、書法」，得清氣居多焉。入庠後，隨余業」宏道，彼時文未斐然也。甫家居」潛修一歲餘，文遂大進。乙未[2]，舉」於鄉。入京，薦於會，嶄然名孝廉」矣。會後欲就教職，余勸以公通」明之才，當强壯之年，雙親未老」，資斧能供，捐部曹而作京官，不」待十年，即可府道兼銓，名實兼」得矣。奈終安庸庸福，無遠大之」模，捐空銜以部郎終也。士林每」惜之。若其眷戀庭幃，則有可欽」者。兵燹中，送父櫬歸葬，時驚心」（以上第二石）竭力。甫平定，即所居築寄園焉」，架石通徑，蒔竹種花。當春秋佳」日，扶母看花，大婦從而小婦隨」，爲親設宴，子献酒而孫献彩，園」林中若可永駐春暉也。孰意母」喪未除，妻喪又及，含殮葬物，一」身任之，遂至過勞而成疾。余抱」病自耀任

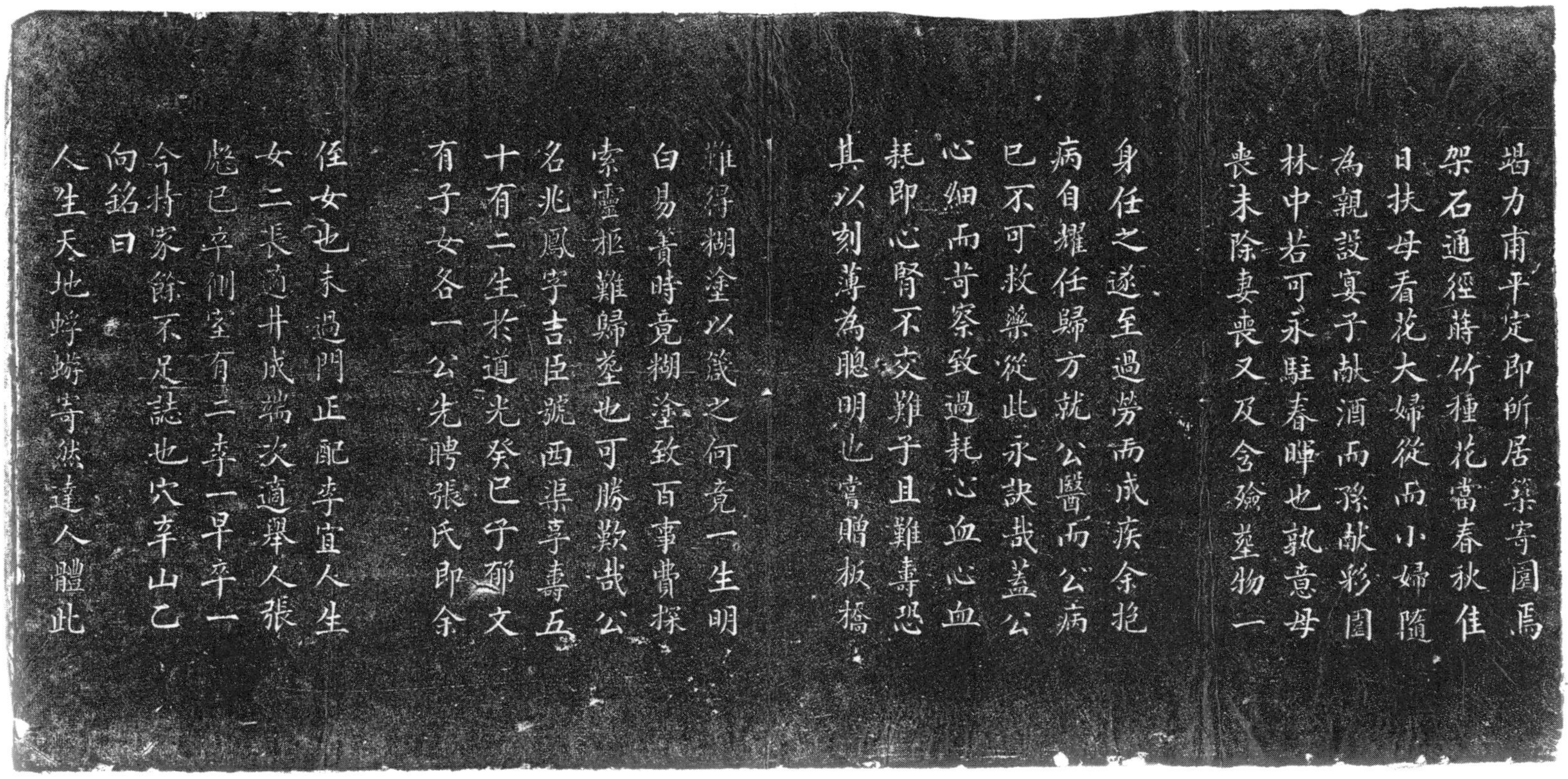
竭力甫平定即所居築寄園焉
架石通徑蒔竹種花當春秋佳
日扶母看花大婦從而小婦隨
為親設宴子獻酒而孫獻彩園
林中若可永駐春暉也孰意母
喪未除妻喪又及含殮塋物一
身任之遂至過勞而成疾余抱
病自耀任歸方就公醫而公病
已不可救藥從此永訣哉蓋公
心細而苛察致過耗心血心血
耗即心腎不交雖子且難壽恐
其以刻薄為聰明也嘗贈板橋
難得糊塗以箴之何竟一生明
白易簀時竟糊塗致百事費探
索靈柩難歸塋也可勝歎哉公
名兆鳳字吉臣號西渠享壽五
十有二生於道光癸巳子郁文
有子女各一公先聘張氏即余
侄女也未過門正配李宜人生
女二長適井成端次適舉人張
彪已卒側室有二李一早卒一
今持家餘不足誌也穴辛山乙
向銘曰
人生天地蜉蝣寄焉達人體此

第三石

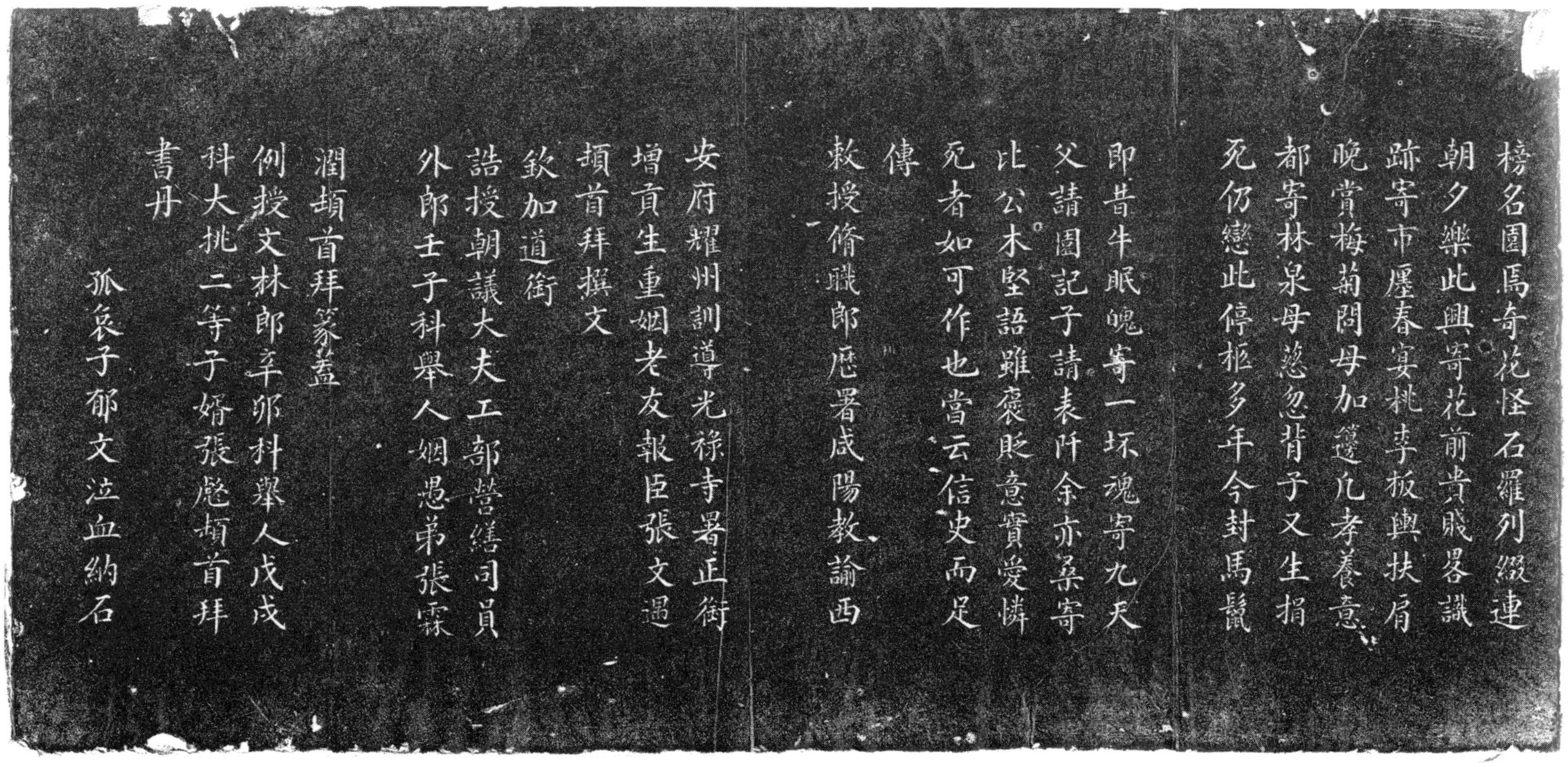
榜名園焉奇花怪石羅列綴連
朝夕樂此興寄花前貴賤器識
跡寄市廛春宴桃李板輿扶肩
晚賞梅菊問母加餐凡孝養意
都寄林泉母慈忽背子又生捐
死仍戀此停柩多年今封馬鬣
即昔牛眠魄寄一坏魂寄九天
父請園記子請表阡余亦桑寄
比公木堅語雖褒貶意實愛憐
死者如可作也當云信史而足
傳
敕授脩職郎歷署咸陽教諭西
安府耀州訓導光祿寺署正銜
增貢生重姻老友報臣張文遇
頓首拜撰文
欽加道銜
誥授朝議大夫工部營繕司員
外郎壬子科舉人姻愚弟張霖
潤頓首拜篆蓋
例授文林郎辛卯科舉人戊戌
科大挑二等子婿張彪頓首拜
書丹
孤哀子郁文泣血納石

第四石

歸，方就公醫，而公病」已不可救藥，從此永訣哉。蓋公」心細而苛察，致過耗心血，心血」耗即心腎不交，難子且難壽。恐」其以刻薄爲聰明也。嘗贈板橋」“難得糊塗”以箴之，何竟一生明」白，易簀時竟糊塗，致百事費探」索，靈柩難歸葬也，可勝嘆哉！公」名兆鳳，字吉臣，號西渠，享壽五」十有二，生於道光癸巳。子郁文」，有子女各一。公先聘張氏，即余」侄女也，未過門。正配李宜人生」女二，長適井成端；次適舉人張」彪，已卒。側室有二李，一早卒，一」今持家。餘不足誌也。穴辛山乙」向。銘曰」：

人生天地，蜉蝣寄然。達人體此」（以上第三石），榜名園焉。奇花怪石，羅列綴連」。朝夕樂此，興寄花前。貴賤略識」，迹寄市廛。春宴桃李，板輿扶肩」。晚賞梅菊，問母加籩。凡孝養意」，都寄林泉。母慈忽背，子又生捐」。死仍戀此，停柩多年。今封馬鬣」，即昔牛眠。魄寄一坏（抔），魂寄九天」。父請園記，子請表阡。余亦桑寄」，比公木堅。語雖褒貶，意實愛憐」。死者如可作也，當云信史而足」傳」。

敕授修職郎歷署咸陽教諭西」安府耀州訓導光禄寺署正銜」增貢生重姻老友報臣張文遇」頓首拜撰文」

欽加道銜」誥授朝議大夫工部營繕司員」外郎壬子科舉人姻愚弟張霖」潤頓首拜篆蓋」

例授文林郎辛卯科舉人戊戌」科大挑二等子婿張彪頓首拜」書丹」

孤哀子郁文泣血納石」（以上第四石）

校勘記

①②乙未，據誌文生於道光癸巳、卒於光緒乙酉，結合蓋文，當爲“乙卯”之譌。

835.1902　柴明玉墓碑記

碑陽

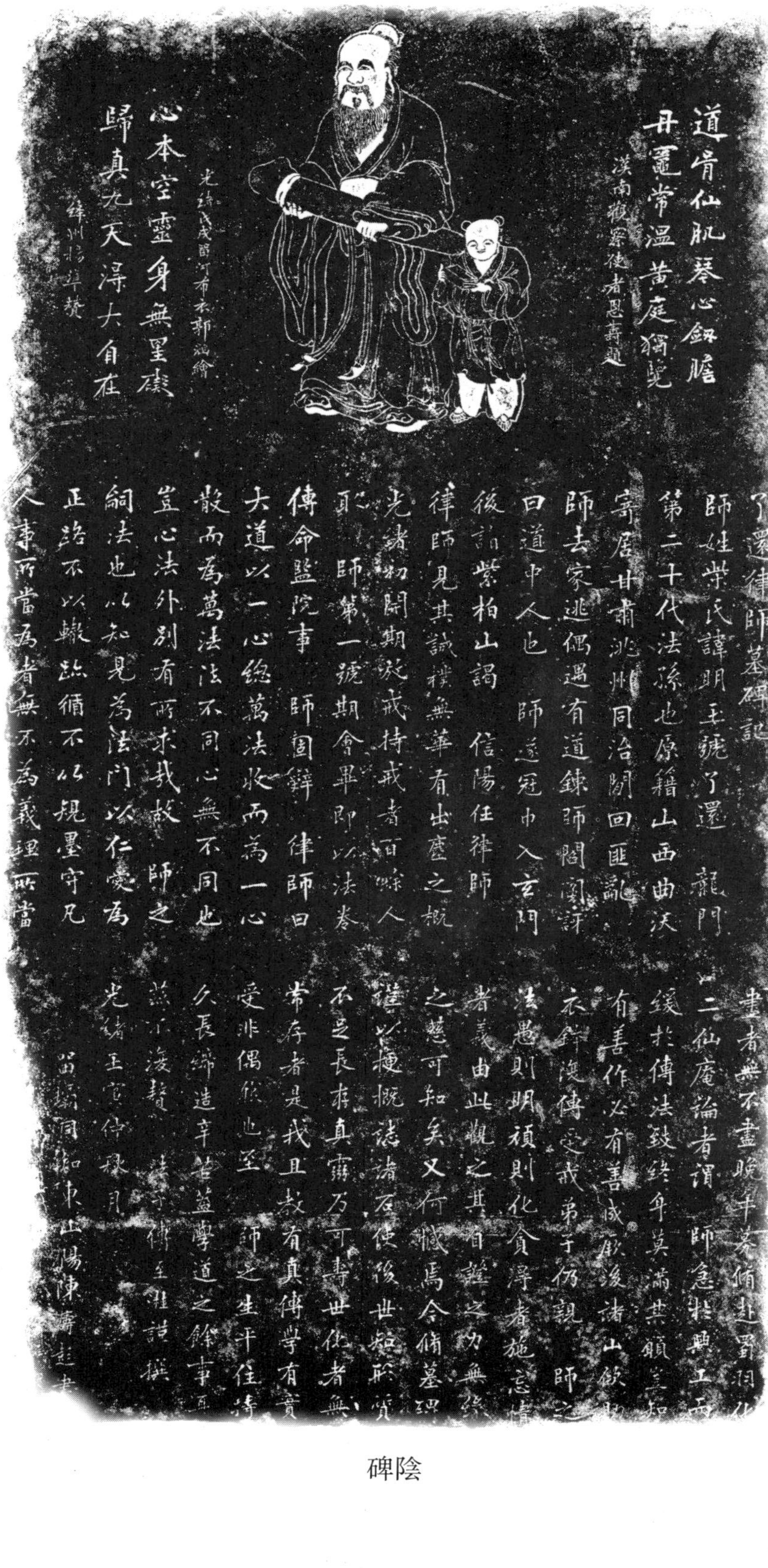

碑陰

説 明

清光緒二十八年（1902）八月刻。碑高157厘米，寬80厘米。雙面刻。碑陽正中竪書一行楷書“太上繼宗宏戒妙道柴老律師上明下玉號了還真人之墓”。碑陰上刻柴明玉遺像，下署“光緒戊戌留河布衣郭涵繪”。像右側題“道骨仙肌琴心劍膽」，丹竈常温黄庭獨覽」。漢南觀察使者恩壽題」”。左側題“心本空靈身無罣礙」，歸真九天得大自在」。絳州楊準贊」”。下爲正文，分上下兩欄。上欄楷書17行，下欄楷書16行，滿行均13字。傅至湝撰文，陳壽彭書丹。現存留壩縣張良廟西北柴明玉墓處。《漢中碑石》著録。

釋 文

了還律師墓碑記」

師姓柴氏，諱明玉，號了還，龍門」第二十代法孫也。原籍山西曲沃」，寄居甘肅洮州。同治間，回匪亂」，師去家逃，偶遇有道煉師閻，閻訝」曰：道中人也。師遂冠巾入玄門」。後詣紫柏山，謁信陽任律師」。律師見其誠樸無華，有出塵之概」。光緒初，開期放戒，持戒者百餘人」，取師第一號。期會畢，即以法卷」傳命監院事。師固辭，律師曰」：大道以一心總萬法，收而爲一心」，散而爲萬法，法不同，心無不同也」，豈心法外别有所求哉。故師之」嗣法也，以知見爲法門，以仁愛爲」正路，不以轍迹循，不以規墨守，凡」人事所當爲者無不爲，義理所當」盡者無不盡。晚年募修赴蜀，羽化」二仙庵。論者謂師急於興工，而」緩於傳法，致終身莫滿其願。豈知」有善作必有善成，厥後諸山佽助」，衣鉢復傳，受戒弟子仍親師之」法，愚則明，頑則化，貪得者施，忘情」者義。由此觀之，其自證之力，無緣」之慈可知矣，又何憾焉。今修墓碑」，謹以梗概誌諸石，使後世知形質」不足長存，真靈乃可壽世。化者無」常，存者是我。且教有真傳，學有實」受，非偶然也。至師之生平，住持」久長，締造辛苦，蓋學道之餘事耳」，兹不復贅。

法子傅至湝謹撰」

光緒壬寅仲秋月」

留壩同知東山陽陳壽彭書」

按

碑額題者恩壽，滿洲鑲白旗人。同治十三年（1874）進士。光緒二十三年（1897）任陝安道。後歷任江西按察使、江蘇巡撫、漕運總督等。三十二年（1906）改山西巡撫，次年調陝西巡撫。此當爲其任陝安道時所作。

836.1903　平利教案碑

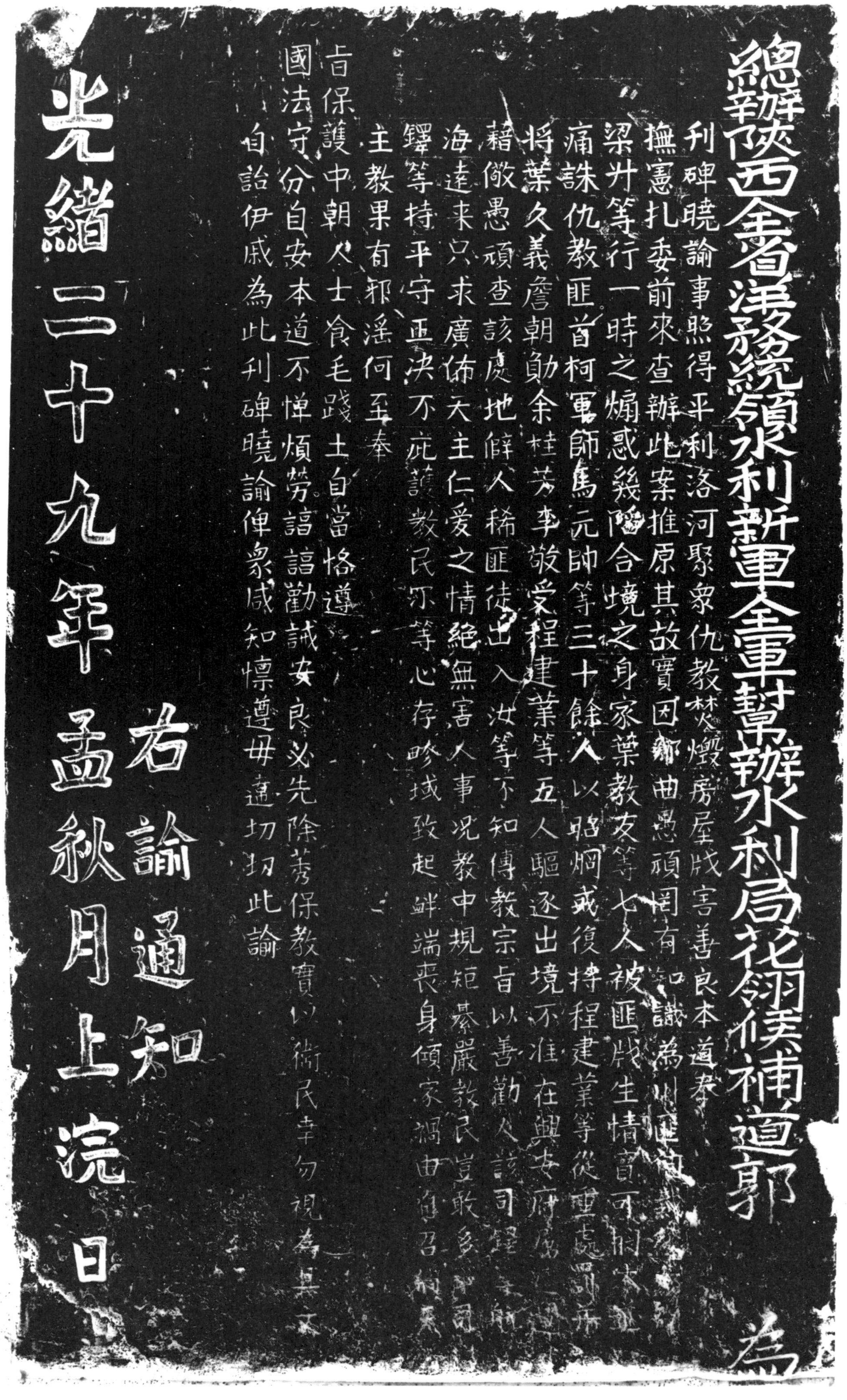
總辦陝西全省洋務統領水利新軍全軍幫辦水利局花翎候補道郭　為
刊碑曉諭事照得平利洛河聚衆仇教焚燬房屋戕害善良本道奉
撫憲扎委前來查辦此案推原其故實因鄉曲愚頑罔有知識為[illegible]
梁升等行一時之煽惑幾陷合境之身家藥教友等七人被匪戕生情實可[illegible]
痛誅仇教匪首柯軍師馬元帥等三十餘人以昭炯戒復將程建業等從[illegible]
將葉久義詹朝勛余桂芳李敬堂程建業等五人驅逐出境不准在興安府[illegible]
藉儆愚頑查該處地僻人稀匪徒出入汝等不知傳教宗旨以善勸人該司鐸[illegible]
海遠來只求廣佈天主仁愛之情絕無害人事況教中規矩綦嚴教民豈敢多[illegible]
鐸等持平守正決不庇護教民尔等心存畛域致起釁端喪身傾家禍由自召[illegible]
主教果有邪淫何至奉
旨保護中朝人士食毛踐土自當恪遵
國法守分自安本道不憚煩勞諄諄勸誡安良必先除莠保教實以衛民幸勿視為具文
自詒伊戚為此刊碑曉諭俾衆咸知懍遵毋違切切此諭
右諭通知
光緒二十九年孟秋月上浣日

説明

清光緒二十九年（1903）七月刻。碑高170厘米，寬73厘米。正文楷書15行，滿行32字。原存平利縣洛河街，1972年移入西安碑林。現存西安碑林博物館。《安康碑石》著録。

釋文

總辦陝西全省洋務、統領水利新軍全軍、幫辦水利局花翎候補道郭，爲」刊碑曉諭事，照得平利洛河聚衆仇教，焚燬房屋，戕害善良。本道奉」撫憲札委，前來查辦此案，推原其故，實因鄉曲愚頑，罔有知識，爲川匪何裁縫、□□」、梁升等，行一時之煽惑，幾陷合境之身家，葉教友等七人被匪戕生，情實可憫。本道」痛誅仇教匪首柯軍師、馬元帥等三十餘人，以昭炯戒。復將程建業等從重處罰，并」將葉久義、詹朝勳、余桂芳、李敬受、程建業等五人驅逐出境，不准在興安府屬逗留」，藉儆愚頑。查該處地僻人稀，匪徒出入，汝等不知傳教宗旨以善勸人。該司鐸等航」海遠來，只求廣佈天主仁爱之情，絶無害人事，况教中規矩綦嚴，教民豈敢多事？司」鐸等持平守正，决不庇護教民。尔等心存畛域，致起衅端，喪身傾家，禍由自召。倘天」主教果有邪淫，何至奉」旨保護。中朝人士食毛踐土，自當恪遵」國法，守分自安，本道不憚煩勞，諄諄勸誡：安良必先除莠，保教實以衛民，幸勿視爲具文」，自詒伊戚。爲此刊碑曉諭，俾衆咸知，懔遵毋違，切切。此諭」。

右諭通知」

光緒二十九年孟秋月上浣日」

按

此碑刻立背景爲光緒二十九年（1903），平利縣洛河鎮發生民教衝突。是年六月二十九日，川人何彩鳳（即正文中“何裁縫”）組織群衆數百人，焚燒教民房屋，殺教徒七人，并殺官兵高奉圖，盤踞洛河對岸的太白廟，共推馬進純（即正文中“馬元帥”）爲元帥，柯藍富（即正文中“柯軍師”）爲軍師，群衆響應者多達上千人，竪起“興漢滅洋”的旗幟。後被鎮壓，馬進純、柯藍富等處斬，賠償教會命價及房産費白銀八千兩，并刊碑曉諭。

837.1904　劉光蕡墓誌

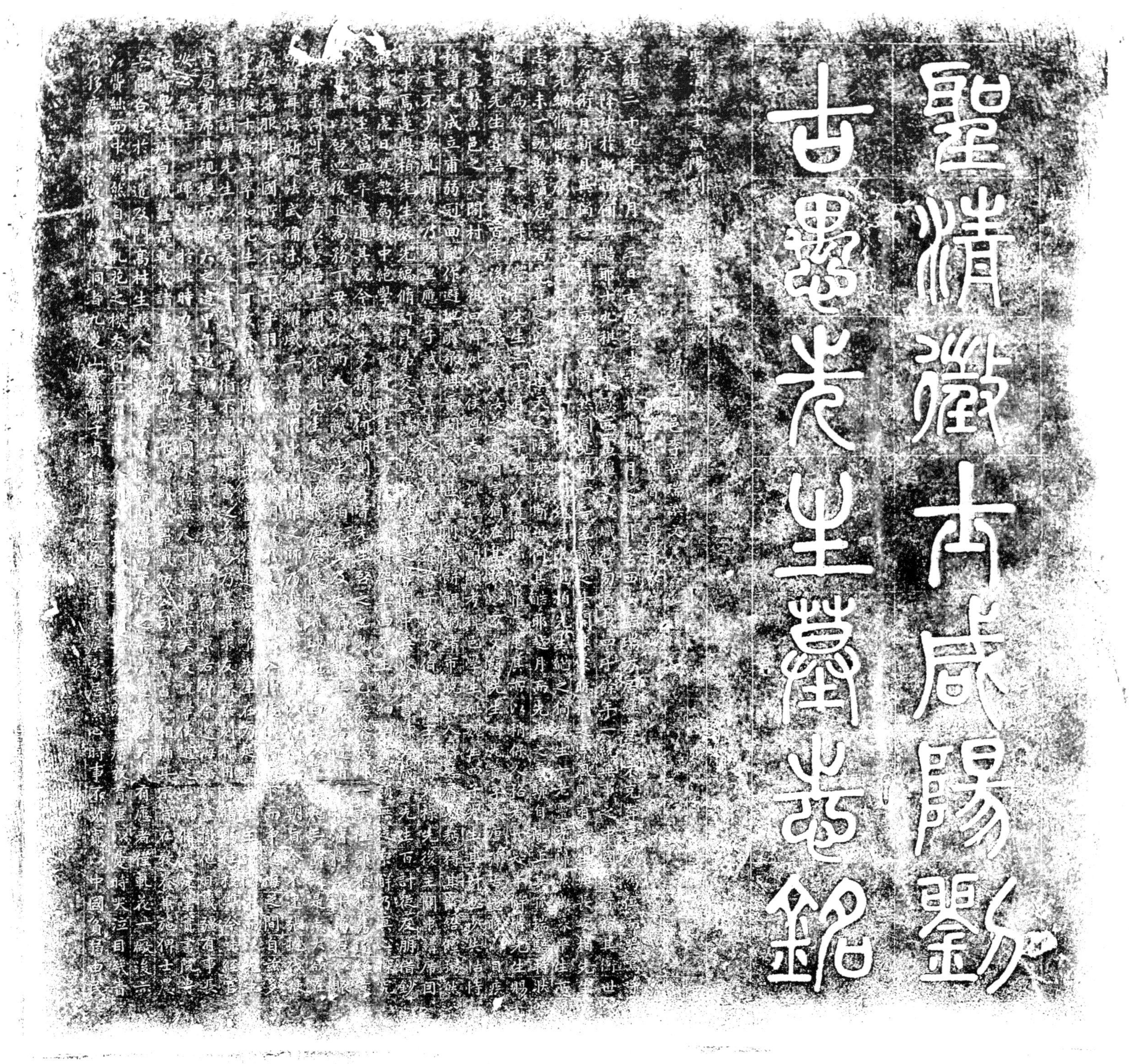

第一石

説 明

清光緒三十年（1904）二月刻。誌共二石，均正方形。邊長均87厘米。蓋文2行，滿行7字，篆書“聖清徵士咸陽劉」古愚先生墓志銘」”。誌文楷書72行，滿行44字。李岳瑞撰文，宋伯魯書丹并篆蓋。原存咸陽縣北天閣村。現存咸陽博物館。《咸陽碑石》著録。

釋 文

聖清徵士咸陽劉古愚先生墓志銘」

弟子同邑李岳瑞撰文」

醴泉宋伯魯書丹并篆蓋」

光緒二十九年八月十三日，古愚先生歿於蘭州。月之晦，訃至西安。岳瑞方居繼母憂，不克奔喪，乃爲位而哭。嗚呼」！天之降殃於斯世何其酷耶！十九稘以来，歐西富彊之效熾極旁溢，我四千餘年一統無事之中國，遂首當其衝。世」變學術，日新月異。獨吾秦僻處西垂，尚懵然罔覺，賴一二先識之士開其蒙昧，樹之宗風。則有先生與長安柏先生」及先編修，慨然厲實學爲鄉里倡。天不假年，老成凋謝。先君既逝，柏先生繼之。獨先生一老靈光，巋然歲暮。平生所」志，百未一就。孰謂蒼蒼者，竟奪之以去也。天之降殃於斯世何其酷耶！越月，而先生之喪歸自隴上。其孤瑞騊持狀」，督瑞爲銘墓之文。嗚呼！瑞學於先生三十有四年矣。少遘閔凶，長罹憂患。其所以稍保人格者，一知半解，皆先生賜」也。昔先生嘗語瑞："吾百年後，傳書銘墓，唯汝之責。"前言猶在，其敢以不文辭。先生諱光蕡，字焕唐，號古愚，晚以目疾」，又號瞽魚。邑之天閣村人。曾祖曰祥，妣氏侯。祖志舜，妣程，以節。顯考輝，邑學生，妣魏。生四子，先生其叔也。少失怙恃」，賴諸兄成立。甫弱冠，回亂作，避地醴泉、興平間。家貧甚，晝則具餅餌粥諸市，晚爲人轉磨屑麥麵，得其餘給饘粥。然」讀書不少輟。亂稍定，乃歸里，應童子試，冠其曹，入府庠。時貴築黄子壽方伯、武昌王孝鳳光禄先後主關中講席，因」師事焉。遂與柏先生及先編修訂昆弟交，益講求聖賢經世之學。關中兵火後，書肆少藏書，先生百計從友朋借鈔」，假讀無虚日。算數爲秦中絶學，無講習者。時先生方授瑞，讀得架上《四元玉鑒細草》，嗜之，顧無從索解，乃冥心探究」，忘寢食至嘔血，卒盡通其説。今陜士多精幾何，明測算，皆先生啓之也。光緒乙亥舉於鄉，一試禮部，不獲儁，遂絶意」仕進，益以啓迪後進爲務。丁丑秋不雨，秦大饑。先生與柏先生及先編修謀上書當道，請奏撥漕糧二十萬石，以賑」飢黎，未得可。有忌者以蜚語上聞，幾不測，先生處之怡然。庚辰，倭陷琉球。先生曰："倭人豈彈丸三島之是羡，大欲在」朝鮮耳。倭新變法，武備未嫻，欲耀威三韓而懼中朝，問罪之師乃小試於琉球，以窺伺朝旨。今不速張撻伐，使」彼知藩服非中國所愛，不二十年羽翼既成，横絶東海，朝鮮不支，必折而入於倭。俄將南下而争遼海之間，自兹多」事矣。"後十餘年，卒如先生言。丁亥春，黄公陳臬陜西，念當時從遊高弟唯先生在，乃延柏先生主講關中，而以先生」繼味經講席。先生以吾秦人才銷乏，學術不昌，由購書之不易，乃籌設求友齋，刊刻有用書籍，躬任校讎。今味經官」書局，實席其規模而擴大之。迨甲午遼禍起，先生曰："事棘矣！陜西爲神京右臂，今遼海藩籬盡撤，他日畿疆有事，長」安必爲駐蹕地。不於此時力籌保全之策，國家將無尺寸乾净土矣。"爰説學使趙芝山編修奏建崇實書院，專」課新學，試辦白蠟、蠶桑、軋花諸事，且擬鳩貲二十萬，創機器織紡公司，以與書院相輔。其宗旨在教養兼施，俾士農」工商，各競於學。遣及門高材生數人遊滬上，學習機器，期歸而實行之。卒以造端宏大，蔑有應者，僅軋花一廠，後亦」以費絀而中輟。然自此，軋花之機大行於渭北，陜人稍稍審機器之利矣。先生既盡瘁教育，重以憂時哭泣，目幾告」，乃移疾歸耕煙霞洞。煙霞洞者，九嵕山麓鄭子貞棲隱處也。先生雖養疾家居，繫心時事，不少寬。以中國貧弱，由民」（以上第一石）智之不開，而識字之難，實爲之最。冥坐默思，悟聲音轉注之奥，欲以聲統義，合中外文讀法爲一，使婦孺皆可一覽」而知，成《童蒙識字捷訣》十餘卷。目亦復明。潼商道延訓其子，先生念潼關綰轂山河，他日商務必以爲樞紐，思交其」豪儁以應世變，欣然往。已而拳難作，聯軍入京師，翠華西狩。先生朝夕哭，失聲咯血，疾復發，急解館，歸山中。疾」少愈，舊時生徒稍稍有從之者。時和議粗定，償款驟增數萬萬。先生曰："中原民力竭矣，非普興工藝，人自爲戰，生機」且立涸。"曩時，有自製紡紗手車，成紗速而不精，亟精思考核，欲使適用，蓋將以手機代汽機，俾成本輕而易舉，庶人」勸於工，利源漸闢。朝廷開經濟特科，徵天下才雋。趙編修督黔學，以先生名上貽書，敦促就試，先生婉謝之。有」頃，秦蜀兩督府争聘爲大學總教習，先生以秦隴一家，而隴據秦上游，西北逼强俄，五方雜處，種族之争，無歲無之」，非聯漢、回、蒙、番爲一體，不足以靖内訌而禦外侮，爰謝蜀而赴甘。至則説大府以今日興學之本義，將以普開民智」，而非徒以培養吏材，其要在遍開鄉校，其機在先儲師範，必兼營並進，庶幾成效可期。又欲俟學事稍有條理，將説」制府，廣開西北畜牧之利，收其皮革以西法腥脂，且修復左文襄所購機器，大織氈罽、呢羽之屬，以塞漏卮而闢富」源。未及上，而先生病棘矣，猶日登講筵教授。子弟有以節勞請者，先生曰："國事至此，敢惜身乎！且吾固樂此

第二石

不疲也」。”病危昏瞀中，時喃喃語，問堂中某事蕆否？某書已刊否？絶不及私。嗚呼！使先生少惜精力，勿爲勤劬以自耗折，安至」於病？即病，亦不至忽焉長逝無疑也。然又豈先生忘身殉國，犧牲其躬之所願也哉？先生之學，導源姚江，會通洛閩」，而其用歸於阜民富國。嘗曰：“今宇内大通，生齒日繁，養民而外，無所謂政，亦無所謂學。倫理學者，所以迪民志，使知」有公利也。科學者，所以擴生利之具也。至於講武明刑，則所以謀保富，而不使侵奪於外族，爭戰於同種也。”故終身」以農桑工藝爲事，鍥而不舍。雖百不一成，所志不少衰。自譯書盛行，自由平等之説囂囂横議，不可遏抑，先生憂之」，曰：“平等平權，西人之説。本自無弊，譯者亂之耳。夫曰等，則必有尊卑；曰權，則自分輕重。物之不齊，物之情也。使賢者」居上以臨下，不肖者居下以奉上，乃安而無傾，不平之平，平之至也。妄者樂其平而忘其等，昧其權則大亂之道矣」。”先生治古文，右陽湖而絀桐城，以柳州之峭潔，運廬陵之平易。故其爲文，深入顯出，善發名理。嘗語瑞曰：“十年以来」，吾讀書所得新理極夥，皆古人所未言者。當盡著之書，以諗天下。”顧以勞心教育，卒未成書。其微言精義，僅散見爲」生徒評點所讀書中及平生緒論所及而已。今之所存，不足傳先生於百一也。先生嘗謂：“孔學集諸子之大成，史公」所謂道家，即指孔學。老子之學，謂之黄老，不名道也。儒者，特孔學之支流耳。”於是爲《史記·儒林傳》《太史公自叙》及《漢」書·藝文志》今注。又謂：“中國之弱至今日而極，非行舉國皆兵之制，不足以起廢疾。”於是著《壕塹私議》及《管子内政寄」軍令説》。又謂：“欲興學校，當遍立鄉學、縣學，而寓西人議院及地方自治之規模，即以一學之人，治一鄉之事，庶官師」相合而政教一致。”於是著《學記臆解》。又謂：“西人立憲之制，具於《周官》六典，其精要則在立政一書。”於是著《立政臆解」》。又以“中國財政之棼，商務之壞，思本古義以救時危”，於是著《國債罪言》及《史記貨殖傳》今注。餘若《論語時習録》《大學」本義》《孝經本義》《孟子性善備萬物圖説》《詩大旨》《書微意》《讀通鑒日記》等及文集若干卷，瑞騏慎藏之。先生性仁厚，貌」和易。與人交，傾誠接納，不肯逆億。其視天下人莫非君子，幾無不可與共事者。精力絶人，夜分始寢，雞鳴即起。其主」講味經也，暇日嘗召生徒數人與共飲，使各質所疑，爲剖晰義藴，自朝至日昃，無倦容。或慷慨論時局艱危，則涙涔」涔下。淚痕酒痕，恒狼藉衣袂間。院中弟子著籍者百餘人，月課輒數百卷。每深夜，家人悉睡熟，先生獨坐燈下，左尊」酒、右卷册，且評且飲，時濡筆於酒，或引硯抵頤，尊中酒恒作烏色，而唇吻間墨痕黯然，先生不覺也。其專精如此。先」生之西行也，来省拜别先編修神主，涕泣不可仰，掖之始起。瑞心識其不祥，然見先生顔色晬然，神明不衰，竊自咎」其過慮也。嗚呼！孰謂其不幸而竟中耶！先生生於道光二十三年八月二十一日，春秋六十有一。始以教士有方，奉」旨賞加國子監學正銜，又以校書功晋五品銜。初娶於魏，次郝，次王。始，先生無子，以仲兄子瑞驤嗣。後生」子瑞駼，以嗣仲兄。駼入邑庠，先先生數月卒。次瑞騊，邑庠生。女二，長適内閣中書三原舉人胡均，次適醴泉附生王」夢簡，皆郝宜人出。瑞駜、瑞驚、一女，俱幼，均王宜人出。將以光緒三十年二月二十九日，祔先生於村西北祖塋。岳瑞」謹次先生行事言論之大者，而系以銘曰」：

天下興亡繫於學，茫茫墋黷誕先覺。嗟我同胞瘁貧弱，孰起膏肓予大樂。矯矯先生追冥搜，中西漢宋匯萬流。歐學」東漸世所鮨，先生洞焉通其郵。申椒苾芬棻施妒，閶闔蔓蔓日將暮。朝搴阰蘭夕攬莽，高邱反顧哀無女。瓊茅筳篿」命靈氛，胡不慭遺萎哲人。巫閭蒼蒼兵塵昏，魂兮歸来哀我民。清渭東流繞畢陌，風馬雲車返幽宅。神州安危後死」責，先生有靈鑒兹石」。

孤哀子劉瑞駜、瑞驤、瑞騊、瑞驚泣血内石」

關中孫維新、張向塑刻」（以上第二石）

按

劉光蕡爲近代關中著名維新思想家、教育家。他提出的“中國非變法不能自立”的主張與康有爲、梁啓超的維新思想不約而同，因此有人在評價戊戌變法時，將“南康北劉”并稱。此誌對於研究劉光蕡生平、思想等十分重要。

文中所云以實學倡於鄉里的三位大儒，劉光蕡之外，“柏先生”乃柏景偉，字子俊，號忍庵，晚年號灃西老農，長安人。本書收劉光蕡爲其所撰墓誌。“先編修”則爲撰此文者李岳瑞之父李寅，字敬恒，咸陽人。同治十年（1871）貢士，嘗爲翰林院編修，以母老請歸。《清儒學案》卷一九一《古愚學案》附其小傳。

撰者李岳瑞，字孟符，光緒九年（1883）進士，官工部主事，遷屯田員外郎兼充總理各國事務衙門章京，辦鐵路礦務事。曾積極參與康有爲發起的“公車上書”活動。書者宋伯魯，字子鈍，號芝田，晚號鈍叟、心太平軒老人，醴泉人，光緒十二年（1886）進士，官御史。兩人均爲著名的陝西籍維新人士，光緒二十四年（1898），兩人與其他在京的陝西籍官員發起成立“關西學會”，後又擴大其組織，改“關西學會”爲“關學會”（又稱“陜學會”），爲挽救民族危機，宣傳變法，啓蒙陝西民衆思想做出了不懈努力。

838.1905　張元際教恩碑

清國子監學正銜張仁齋先生教恩碑
先生姓張氏諱元際字曉山號仁齋籍隸陝西興平清貢生以撫院端公保薦加國子監學正銜曾祖諱爵庠生妣氏郜祖
諱德修妣氏劉父諱芳貢生以次子元惠貲誥封武德騎尉妣氏楊誥封宜人先生岐嶷平頂廣額方頤豐下多有至性
同治丁卯世亂歲饑家窘甚先生負糧渭河南忍饑趨進食奉親相對泣下至老言及猶嗚咽不已父母沒廬墓六年輦土
成墳家祭必敬必誠雖疾病支離不使人代事叔如父事叔母如所生兄弟四人先生居長仲元惠字子和叔元熙字緝堂
季元勳字鴻山先生友愛諸弟備至財物皆付之經理無纖毫私蓄。幼習舉業有聲庠序既念科第浮榮無關學修三十後
即淡於進取謁賀復齋先生於清麓志益堅毅然以繼往聖絕學為己任闢學始於橫渠橫渠教人以知禮成性變化氣質
為要以父乾母坤民胞物與為量惻隱之心仁也聖人心同天地天下弌家中國弌人亦舉是心加諸彼而已然人莫不有
是心而不能擴而充之者氣拘物蔽自私自利雖其父母兄弟猶不免物我之見遑論民物先生號仁齋常存萬物弌體之
[illegible]壯年授徒貧寒概不受脩脯立同仁堂生徒入泮登賢書者謝儀皆峻拒辭不獲已乃令少助財物以濟寒微立周急會
捐銀兩於歲除以息金購食物散濟貧民光緒庚子三輔大饑江南義紳唐桐卿攜款入關賑濟先生助邑宰楊公泣請與
平所獲獨優賑訖旋藥開井餘款設立義生善堂妥立章程期垂永久己巳庚午連歲奇荒將軍朱子橋善士胡駿卿以鉅
款來賑關中先生已老病猶輿疾赴城會晤為民請命歲暮家用已苦不給猶扶杖督子孫輩購糧散給閭里已溺己飢之
懷老而彌篤濟世利物汲汲如恐不及嗚呼仁已君子體仁之功真積力久氣稟悉化物我無間先生有焉惜其窮居終老
僅施及弌方弌邑不克操有為之權宏胞與之量仁覆天下耳先生初謁清麓即聞變化氣質之訓生平最重講學每至弌
處即與友朋結社會講在涇初有輔仁社繼有臨涇社在省有嶽雲社歸里後有槐里社嘗言某友某友各有所長恒愧學
焉未能某友某友剛克柔克皆於己有益又言余性許直屢受觀摩而未能變由先生之言觀之則其所以變化氣質者固
自脩精擇克治之功而要以會友輔仁取人之善以自益為多

説明

清光緒三十一年（1905）後刻。碑高163厘米，寬66厘米。正文隸書18行，滿行47字。現存興平市莊頭鄉。《咸陽碑刻》著録。

釋文

清國子監學正銜張仁齋先生教恩碑」

先生姓張氏，諱元際，字曉山，號仁齋，籍隸陝西興平。清貢生，以撫院端公保薦，加國子監學正銜。曾祖諱爵，庠生，妣氏郭。祖」諱德修，妣氏劉。父諱芳，貢生，以次子元惠貴，誥封武德騎尉。妣氏楊，誥封宜人。先生生歧嶷，平頂廣額，方頤豐下，幼有至性」。同治丁卯，世亂歲饑，家窘甚，先生負糧渭河南，忍饑歸，進食奉親，相對泣下。至老言及，猶嗚咽不已。父母没，廬墓六年，葦土」成墳。家祭必敬必誠，雖疾病支離，不使人代。事叔如父，事叔母如所生。兄弟四人，先生居長；仲元惠，字子和；叔元熙，字緝堂」；季元勳，字鴻山。先生友愛諸弟備至，財物皆付之經理，無纖毫私畜。幼習舉業，有聲庠序，既念科第，浮榮無關，學修三十，後」即淡於進取。謁賀復齋先生於清麓，志益堅，毅然以繼往聖絶學爲己任。關學始於横渠，横渠教人以知禮成性、變化氣質」爲要，以父乾母坤、民胞物與爲量。惻隱之心，仁也。聖人心同天地，天下一家，中國一人，亦舉是心加諸彼而已。然人莫不有」是心而不能擴而充之者，氣拘物蔽，自私自利，雖其父母兄弟，猶不免物我之見，遑論民物。先生號仁齋，常存萬物一體之」懷。壯年授徒，貧寒概不受修脯。立同仁堂，生徒入泮，登賢書者，謝儀皆峻拒，辭不獲已，乃令少助財物，以濟寒微。立周急會」，捐銀兩，於歲除以息金購食物，散濟貧民。光緒庚子，三輔大饑，江南義紳唐桐卿携款入關賑濟，先生助邑宰楊公泣請，興」平所獲獨優。賑訖，施藥、開井，餘款設立義生善堂，妥立章程，期垂永久。己巳、庚午連歲奇荒，將軍朱子橋、善士胡馭卿以鉅」款来賑關中。先生已老病，猶輿疾赴城會晤，爲民請命。歲暮，家用已苦不給，猶扶杖督子孫輩購糧散給閭里。己溺己飢之」懷，老而彌篤，濟世利物，汲汲如恐不及。嗚乎仁已！君子體仁之功，真積力久，氣稟悉化，物我無間，先生有焉。惜其窮居終老」，僅施及一方一邑，不克操有爲之權，宏胞與之量，仁覆天下耳。先生初謁清麓，即聞變化氣質之訓。生平最重講學，每至一」處，即與友朋結社會講。在涇，初有“輔仁社”，繼有“臨涇社”。在省，有“嶽雲社”。歸里後，有“槐里社”。嘗言：某友某友，各有所長，恒愧學」焉未能；某友某友，剛克柔克，皆於己有益。又言：余性訐直，屢受觀摩，而未能變。由先生之言觀之，則其所以變化氣質者，固」自有矯揉克治之功，而要以會友輔仁，取人之善以自益爲多。表上」。

長安張炳炎刻字」

按

文中所云庚子（1900）、己巳（1929）陝西兩次重大災荒，特别是1929年大旱災，是20世紀陝西全省所遭受的最爲嚴重的災害。文中亦提到兩次災荒都有江南義紳善士持款前來賑災。前有唐桐卿，無錫人，實業家。其來興平賑災事，民國《興平縣志》有記載，云唐桐卿、劉樸生籌集義款30萬來陝賑濟，縣令楊宜瀚與其懇談興平災情，撥得賑款2萬。後有朱慶瀾，字子橋，紹興人，曾任督軍，人稱朱將軍；胡馭卿，名士選，淮陰人。陝西大荒，兩人均多方呼籲，力籌賑濟，關中災民得以延命。

主要參考文獻

（清）畢沅《關中金石記》，《石刻史料新編（第二輯）》，新文豐出版公司1979年

曹發展、李慧《咸陽碑刻》，三秦出版社2003年

曹永斌《藥王山碑刻》，三秦出版社2013年

陳顯遠《漢中碑石》，三秦出版社1996年

陳　垣《道家金石略》，文物出版社1988年

（清）董誥等《全唐文》，中華書局1983年

董國柱《高陵碑石》，三秦出版社1993年

高峽等《西安碑林全集》，廣東經濟出版社1999年

郭榮章《石門石刻大全》，三秦出版社2001年

（宋）洪适《隸釋》，《石刻史料新編（第一輯）》，新文豐出版公司1982年

康蘭英、宋英等《榆林碑石》，三秦出版社2003年

劉蘭芳、劉秉揚《富平碑刻》，三秦出版社2013年

劉蘭芳等《潼關碑石》，三秦出版社1999年

劉兆鶴、王西平《重陽宫道教碑石》，三秦出版社1998年

（清）陸耀遹《金石續編》，《石刻史料新編（第一輯）》，新文豐出版公司1982年

（清）陸增祥《八瓊室金石補正》，《石刻史料新編（第一輯）》，新文豐出版公司1982年

羅新、葉煒《新出魏晋南北朝墓誌疏證》，中華書局2016年

（清）毛鳳枝《關中金石文字存逸考》，《石刻史料新編（第二輯）》，新文豐出版公司1979年

——《關中石刻文字新編》，《石刻史料新編（第一輯）》，新文豐出版公司1982年

——《金石萃編補遺》，《石刻史料新編（第二輯）》，新文豐出版公司1979年

穆曉軍等《長安新出墓誌》，文物出版社2011年

（宋）歐陽修《集古録》，《石刻史料新編（第一輯）》，新文豐出版公司1982年

（清）錢大昕《潛研堂金石文跋尾》，《石刻史料新編（第一輯）》，新文豐出版公司1982年

陝西省考古研究所《大荔李氏家族墓地》，三秦出版社2003年

——《西安北周安伽墓》，文物出版社2003年

陝西省考古研究院《西安南郊明墓》，三秦出版社2013年

——《長安高陽原新出土隋唐墓誌》，文物出版社2016年

（清）王昶《金石萃編》，《石刻史料新編（第一輯）》，新文豐出版公司1982年

王勁等《西安交通大學博物館藏品集錦》，陝西人民美術出版社2013年

王其禕等《隋代墓誌銘彙考》，綫裝書局2007年

（清）王士禛《帶經堂集》，清康熙五十年七略書堂刻本

王忠信《樓觀臺道教碑石》，三秦出版社1995年

魏叔剛、黨斌等《大荔碑刻》，陝西人民出版社2013年

（清）翁方綱《兩漢金石記》，《石刻史料新編（第一輯）》，新文豐出版公司1982年

吴鋼等《隋唐五代墓誌匯編》，天津古籍出版社1991年
——《新中國出土墓誌（陝西壹）》，文物出版社2000年
——《新中國出土墓誌（陝西貳）》，文物出版社2003年
吴鋼、吴敏霞等《全唐文補遺》，三秦出版社1995~2000年
吴敏霞、劉兆鶴《户縣碑刻》，三秦出版社2005年
吴敏霞、宋英等《長安碑刻》，陝西人民出版社2014年
吴敏霞等《黄帝陵碑刻》，陝西人民出版社2014年
——《新中國出土墓誌（陝西叁）》，文物出版社2015年
（宋）無名氏《寶刻類編》，《石刻史料新編（第一輯）》，新文豐出版公司1982年
（清）武樹善《陝西金石志》（附《補遺》），《石刻史料新編（第一輯）》，新文豐出版公司1982年
張伯齡《北朝墓誌英華》，三秦出版社1988年
張鴻杰《咸陽碑石》，三秦出版社1990年
張江濤《華山碑石》，三秦出版社1995年
張進忠《澄城碑石》，三秦出版社2005年
張　沛《安康碑石》，三秦出版社1991年
——《昭陵碑石》，三秦出版社1993年
張廷皓、余華青、吴敏霞等《陝西碑石精華》，三秦出版社2006年
趙　超《漢魏南北朝墓誌彙編》，天津古籍出版社2008年
（明）趙崡《石墨鐫華》，《石刻史料新編（第一輯）》，新文豐出版公司1982年
趙康民《臨潼碑石》，三秦出版社2006年
趙力光等《西安碑林博物館新藏墓誌彙編》，綫裝書局2007年
——《西安碑林博物館新藏墓誌續編》，陝西師範大學出版社2014年
（宋）趙明誠《金石録》，《石刻史料新編（第一輯）》，新文豐出版公司1982年
趙萬里《漢魏南北朝墓誌集釋》，《石刻史料新編（第三輯）》，新文豐出版公司1986年
中國人民政治協商會議商洛市委員會《商洛文史（第二輯）》，内部發行，2003年